Relations familiales dans les littératures française et francophone des XXe et XXIe siècles

© L'Harmattan, 2008
5-7, rue de l'Ecole polytechnique, 75005 Paris

http://www.librairieharmattan.com
diffusion.harmattan@wanadoo.fr
harmattan1@wanadoo.fr

ISBN : 978-2-296-05831-6
EAN : 9782296058316

Sous la direction de
Murielle Lucie Clément et Sabine van Wesemael

Relations familiales dans les littératures française et francophone des XXᵉ et XXIᵉ siècles

La figure de la mère

L'Harmattan

Introduction

Murielle Lucie Clément et Sabine van Wesemael

En littérature, une large place est accordée à l'être humain et ses pérégrinations sentimentales. Les liens entretenus avec ses semblables se nouent et se dénouent au fil des intrigues en une trame complexe de relations parfois confuses, mais toujours riches en rebondissements. Ainsi, Télémaque part à la recherche de son père, le narrateur de Proust soupire vers l'amour inconditionnel de sa mère, Phèdre se perd dans un amour coupable envers son beau-fils Hippolyte et la petite Marguerite dans *L'Amant* de Duras se sent refusée par sa mère qui ne cache pas sa préférence pour son fils aîné Pierre. Dans ce roman aussi, le thème de l'inceste est très important parce que la narratrice projette son besoin d'amour sur son petit frère Paul. Ces relations de famille ont déjà souvent été décrites dans des travaux individuels. Painter offre une approche psychanalytique de la relation entre Proust et sa mère ; Murielle Lucie Clément, dans son étude *Houellebecq. Sperme et sang,* discute, entre autres, la relation entre les deux demi-frères des *Particules élémentaires*, Bruno et Michel, qui tous les deux ont souffert de l'absence de leur mère et Lori Saint-Martin analyse dans *Le Nom de la mère* la relation mère-fille dans la littérature québécoise. Il est toutefois frappant que peu d'études générales au sujet des relations de famille dans la littérature soient parues à l'heure actuelle. Cet ouvrage se propose de remédier à cet état de choses. Les articles inclus sont le résultat d'un grand congrès international tenu les 25 et 26 octobre 2006 à l'Université d'Amsterdam aux Pays-Bas et auquel plus de 90 chercheurs internationaux ont pris part. Le thème « Les relations familiales dans la littérature française et francophone des XXe et XXIe siècles » indique en soi l'ampleur de la perspective choisie.

Bien qu'il contienne des contributions sur Sartre, Colette, Proust et Bataille, et qu'il vise un survol diachronique de la littérature au XXe siècle, l'accent de ce recueil est toutefois mis sur l'époque contemporaine. La plupart des participations traitent des auteurs actuels comme Ernaux, Vilain, Bergounioux, Michon, Nothomb, Germain, Makine, Tremblay, Halimi, Boudjedra, Djebar, pour n'en nommer que quelques-uns. Ce recueil espère ainsi contribuer à l'étude de l'extrême contemporain, une période de l'histoire de la littérature relativement encore peu étudiée par la critique universitaire. Du reste, aucune distinction entre la littérature française et les auteurs de la francophonie ne sera faite. Bien que les différences culturelles soient naturellement déterminantes pour les relations de famille, il ressort des contributions de ce recueil aussi beaucoup de similarités dans la manière dont sont regardées dans la culture française et par exemple africaine les relations de famille : le pouvoir des pères a une longue tradition dans les deux cultures. Le conflit entre le père et le fils est une constante de l'histoire littéraire jusqu'au jour d'aujourd'hui. Par exemple, Balzac, Mauriac, Driss Chraïbi, Mongo Béti, Michon et Weyergans écrivent de façon pénétrante sur le conflit générationnel où des pères se retrouvent face à leurs enfants. Nous reviendrons sur cette question. Ce recueil vise donc à jeter un pont entre les différentes cultures et ainsi contribuer à une meilleure compréhension de part et d'autre.

Par ailleurs, la famille s'est avérée de tout temps un soutien important de la culture. Plusieurs articles traitent spécifiquement ce sujet. Dans *Le Testament français* d'Andreï Makine, la grand-mère Charlotte transmet la culture française à son petit-fils ; pour les Acadiens de Louisiane, la famille joue un rôle crucial lors du transfert des traditions françaises qui doivent combattre l'hégémonie anglo-américaine et Normand Beaupré et Robert B. Perrault écrivent au sujet de l'intérêt de la conservation de la culture franco-canadienne. À l'inverse, la littérature donne une image percutante des changements qui interviennent dans la culture et la société. *Le Roi des Aulnes* de Michel Tournier annonce la conception de la famille postmoderne laquelle a lâché les liens traditionnels ; *Les Particules élémentaires* de Houellebecq traite les résultats désastreux de la libéralisation engendrée par les soixanthuitards et *La Maison rose, L'Orphelin* et *Miette* de Bergounioux traitent aussi des conséquences de la conception moderne de la famille. Les liens de famille traditionnels et les normes et les valeurs culturelles sont souvent remis en question dans la littérature d'aujourd'hui tout comme dans la société. Beaucoup d'auteurs occidentaux rejettent, par exemple, l'image traditionnelle de la femme à laquelle la maternité était accouplée et propagent plutôt une conception sexuelle libertine. On pense, par exemple, à Ernaux qui écrit franchement au sujet de ses expériences érotiques dans *Se perdre* et *Passion simple* ou à Chloé Delaume qui dans *Certainement pas* proclame aussi une moralité sexuelle détachée des normes en vigueur.

Ce recueil pense aussi être rénovateur dans le domaine méthodologique. Jusqu'à présent, la discussion concernant les relations de famille dans la littérature a été largement déterminée par la critique de littérature féministe. L'accent a été mis sur la relation mère-fille. *Le Nom de la mère. Mère, filles et écriture dans la littérature québécoise au féminin* de Lori Saint-Martin (1999), *La jeune née* d'Hélène Cixous et Catherine Clément (1975), *Ce sexe qui n'en est pas un* de Luce Irigaray (1977) et *L'Amour en plus. Histoire de l'amour maternel du XVIIe au XXe siècle* d'Élisabeth Badinter en sont un bon exemple. Le présent recueil offre un éventail plus riche d'angles d'approches méthodologiques. L'approche psychanalytische est toujours présente au premier plan mais il y a aussi des approches sociologiques, culturelles, historiques, poético-rhétoriques, interdisciplinaires et pédagogiques. En outre, la relation mère-fille n'est pas absente de ce recueil mais beaucoup de contributions concernent d'autres relations pour l'analyse desquelles sont appelés les mythes fondamentaux comme celui de Cain et Abel pour la relation entre frères et celui d'œdipe pour les liens entre père et fils. Ainsi se trouvent des contributions sur la relation frère-sœur dans le théâtre de Tremblay, sur la figure de l'oncle dans le travail de Claude Simon, sur le deuil d'un enfant chez Camille Laurens, Philippe Forest et Laure Adler et sur la relation à la grand-mère chez Andreï Makine et Colette.

De ce qui précède, il est évident que plusieurs genres sont abordés avec une prédominance pour le théâtre et le roman. Toutefois, la littérature de jeunesse n'est pas laissée dans l'ombre : quelles sont les relations familiales dans le roman pour adolescents (d'Alain Fournier *Le Grand Meaulnes* à l'*Antéchrista* d'Amélie Nothomb) et qu'en est-il de la figure du baby-sitter dans la littérature française pour la jeunesse ?

Ce qui apparaît à la lecture de ce recueil sont les problèmes inhérents aux relations familiales ; il s'agit presque toujours d'un manque d'intimité et de chaleur, de mères et de pères en colère. Une vie de famille heureuse ne semble pas un bon terreau pour la littérature. L'illustration en réside dans la représentation de la relation du parent et de l'enfant qui est central dans la plupart des contributions.

L'image de la mère est souvent négative et colorée de désir incestueux ou castrateurs envers le fils et de rivalité envers la fille. *Naître et mourir* de Franz Hellens traite la fascination érotique d'un fils, Frédéric, pour sa mère. Cet érotisme sublimé mais simultanément castrateur est aussi central dans, par exemple, *L'Immoraliste* de Gide (Michel choisit comme amante la maternelle Marceline) et dans *Le Crime d'Olga Arbélina* d'Andreï Makine. À l'encontre de ce à quoi l'on pourrait s'attendre, car la relation entre mère et fils est souvent profondément idéalisée, la relation entre les deux est souvent problématique en littérature. Le personnage principal dans *La Promesse de l'aube* de Romain Gary avance courbé sous l'amour suffocant de sa mère, Ludovic dans *Les Noces barbares* de Yann Queffelec, qui est l'aboutissement d'un viol collectif, est élevé par la mère-enfant Nicole qui n'est pas adaptée à sa tâche. *Incendies* de Wajdi Nawal peut être lu comme une interprétation moderne du mythe d'Œdipe et Bruno et Michel des *Particules élémentaires* sont abandonnés dans leur enfance par leur mère avec toutes les conséquences qui en découlent.

À l'encontre de cette mère étouffante ou négligente, on trouve ici et là la figure de la mère idéale, qui est, par ailleurs, souvent difficile d'approche. Albert Cohen dans *Le Livre de ma mère* et Charles Juliet dans *Lambeaux* portent tous les deux un hommage à la mère décédée, Rachid Boudjedra dans *L'Escargot entêté* adore la mère comme un exposant de la culture orale à laquelle il est si attaché et dans *La Chair décevante* de Jovette Bernier et *L'Homme invisible à la fenêtre* de Monique Proulx le rôle crucial de la mère dans l'élaboration identitaire du fils est souligné.

La relation mère-fille n'est pas à meilleure enseigne. La mère dans *L'Enfant de sable* de Tahar Ben Jelloun se soumet aux conceptions patriarcales de son mari en ce qui concerne les intérêts de l'héritier mâle et de la subordination des filles ; dans *La Virevolte* de Nancy Huston et *Desirada* de Maryse Condé, les filles sont abandonnées par leur mère et dans l'ouvrage de Duras veille une mère autoritaire, plutôt sans amour, sur sa fille. Seulement çà et là s'agit-il de la célèbre relation symbiotique entre mère et fille comme dans le travail d'Aline Schulman, Solange Fasquelle, Claire Castillon, Noëlle Châtelet et Annie Ernaux. Cette dernière, dans *Une femme* et *La Honte* décrit d'une manière pénétrante les désirs de sa mère confrontée à une fille qui la dépasse intellectuellement et abandonne la morale sexuelle étouffante des années cinquante avec les problèmes allant de soi pour les liens mère-fille.

À partir des années quatre-vingt, la figure du père est très importante dans les littératures française et francophone. On pense, entre autres, au rôle proéminent du père dans *La Place* d'Annie Ernaux, *Des hommes illustres* de Jean Rouaud, *Vies minuscules* de Pierre Michon et *L'Orphelin* de Pierre Bergounioux. La représentation littéraire en regard de la relation au père est souvent concernée par les relations traditionnelles de pouvoir et de dépendance. Ceci apparaît dans les nombreuses représentations de pères abusifs. La nouvelle « Hélène » dans *Varouna* de Julien Green raconte l'histoire d'un père qui nie l'identité de sa fille et ses désirs incestueux. Hélène en est si traumatisée qu'elle entre au couvent. Dans *La Favorite de dix ans* de Makhāli Phāl, une fille est envoyée par son père en France où elle épouse son oncle. Lorsqu'elle revient au Cambodge son père la renie et elle meurt de manière horrible assassinée par des sauvages. Christine Angot parle ouvertement de son expérience incestueuse dans *L'Inceste*.

Les filles et les fils se soulèvent en général contre l'autorité patriarcale à laquelle ils sont soumis. *Le Passé simple* de Chaïbi et *La Répudiation* de Boudjedra traitent la révolte d'un jeune adulte contre toute forme d'autorité et de pouvoir où le père est vu comme le symbole de l'oppression instinctive, intellectuelle et sociale. L'auteur tunisien Gisèle Halimi raconte dans ses écrits autobiographiques *La Lait de l'oranger* et *Fritna* comment, alors que jeune femme, elle se révolta contre la société patriarcale et ses normes et valeurs effrayantes tel le mariage forcé des femmes. Dans *La Voyeuse interdite*, Nina Bouraoui décrit les conséquences psychologiques de la maltraitance psychique et corporelle d'un père sur ses trois filles : anorexie, automutilation et névrose. Dans la littérature du Maghreb et d'Afrique, il y a peu de valorisation du père si celui-ci est prêt à relativiser son rôle de patriarche et offre à ses enfants une certaine liberté à s'émanciper. Dans *Vaste est la prison* d'Assia Djebbar, la figure du père est fortement idéalisée car il n'oblige pas sa fille à se voiler et ne l'enferme pas et dans *L'Amour, la fantasia* du même auteur, un père, professeur de français, stimule le développement intellectuel de sa fille en lui faisant suivre une formation. Mais la culture occidentale est également pénétrée de la figure patriarcale du père contre laquelle il faut se révolter. *Les Thibault* de Roger Martin du Gard raconte la révolte de Jacques contre son père qui est extrêmement autoritaire ; dans *Nikolki* de Nicolas Dickner le *pater familias* est un référent vide ; les romans de Julien Green comprennent un père tyrannique et Philippe Vilain décrit dans ses romans comment l'alcoolisme de son père le jeta dans une crise identitaire.

C'est surtout pour les fils que la figure du père est d'un intérêt essentiel dans leur élaboration identitaire. Beaucoup d'auteurs masculins, quelquefois les fils d'écrivains célèbres, décrivent comment la littérature est un moyen pour donner corps à leur relation vis-à-vis de leur père. Le statut d'écrivain sert alors ou à retrouver le père, ou bien l'honorer ou bien le dépasser. *L'Africain* de Le Clézio est un roman d'apprentissage qui raconte l'histoire d'un fils à la recherche de son père qui a abandonné sa famille pour partir travailler comme médecin en Afrique. Le protagoniste prend lentement connaissance de son père et d'un continent étranger et découvre son propre statut d'écrivain. Dans *Géricault* d'Andrée Chédid, le fils illégitime du peintre célèbre essaie de reconstruire une image de son père à l'aide de documents et de construire par là son identité. Marie Nimier procède plus ou moins de même. À l'aide de documents, lettres et témoignages, elle essaie dans *La Reine du silence* de faire vivre son père, Roger Nimier, qui est décédé alors qu'elle avait cinq ans. François Weyergans et Jean Muno essaient aussi dans leurs travaux littéraires de faire les comptes avec leurs pères célèbres, Franz Weyergans et Constant Burniaux. Mais pour les écrivains féminins la figure du père est aussi souvent une source d'inspiration pour l'écriture. Dans *La Place*, Annie Ernaux déclare la simple élocution de son père et son attitude devant la vie comme ayant été de grande influence sur son écriture : elle désire écrire comme son père parlait, sobrement, retenu et sans élucubrations psychologisantes. De même Sibylle Lacan part à la recherche de son célèbre père dans *Un père*. L'écriture apparaît souvent d'un intérêt primordial pour résoudre des problèmes émotionnels et psychiques parus dans la tendre enfance à l'encontre des parents.

En bref, les relations familiales sont un thème récurrent de la littérature. Ce recueil a pour ambition générale de procurer une compréhension dans l'approche polyvalente d'un grand nombre d'écrivains français et francophones. Dans le premier volume sont réunis les articles concernant en grande partie la figure du père et le second volume, celle de la mère. Les deux volumes sont complétés par des études sur les relations familiales plus générales.

Le fils, la mère et la patrie dans
Le Crime d'Olga Arbélina d'Andreï Makine

Marek Mosakowski
Université de Gdańsk

De l'*Œdipe roi* de Sophocle au fameux complexe d'Œdipe de Freud nombreux sont les avatars littéraires de ce personnage, tous visant à dévoiler sa complexité psychologique et les conséquences de ses actes. Affligé par la fatalité inexorable ou victimisé par les Dieux, Œdipe reste néanmoins, par son destin exemplaire, un mythe fondateur non seulement de l'ordonnance logique du monde et de ses interdits, mais aussi de la culture occidentale tout court. Mais Œdipe, le fils qui tue son père, qui le remplace sur le trône, centre de toute signification, et qui finalement épouse sa propre mère, Œdipe, un héros emblématique que le destin pousse dans l'engrenage d'événements qui provoquent sa malédiction et sa chute, est surtout un individu en quête de son identité. Il veut répondre aux questions existentielles basiques : qui suis-je et que sais-je ? Quand à la fin de son enquête il trouve la réponse, elle s'avère mortifère. Car le savoir, comme trop de lumière, tue. Œdipe est en fait une figure paradigmatique de la connaissance déroutante de soi, figure profondément déchirée qui symbolise le rapport ambivalent de l'homme au monde extérieur, et surtout de l'homme à soi-même[1]. Car la quête d'Œdipe implique le déchiffrage du monde illisible, la tentative de définir l'indéfinissable ou, comme dans le roman d'Andreï Makine *Le Crime d'Olga Arbélina*, de nommer l'innommable qui résiste toujours au sens, plongé dans l'éternel oubli de la *chora*, la métaphore de Platon dont Julia Kristeva s'est servie pour désigner l'espace maternel du pur désir, l'espace du polylogue et de la polyvalence originaires[2]. Lacan définit cet espace présymbolique comme le réel, le commencement avant le commencement, le terrain libre de contraintes du langage, de la logique et du Logos[3]. Car ces trois dernières catégories sont des piliers de l'ordre symbolique, l'ordre de la loi du père postérieur à l'ordre du désir maternel. La recherche œdipienne, une relecture de soi visant à maîtriser le chaos sémiotique de la *chora*, est une grande narration de l'aventure individuelle, un processus infini, mais en même temps tortueux, de l'individuation. Toujours déclinée au masculin.

---

[1] Christian Biet, *Œdipe*, Paris, Éditions Autrement, 1999, p. 10 *sqq.*
[2] Julia Kristeva, *Pouvoirs de l'horreur*, Paris, Éditions du Seuil, 1980, p. 21.
[3] Joanna Bator, *Feminizm, postmodernizm, psychoanaliza*, Gdansk, slowo/obraz terytoria, 2001, p. 180 *sq.*

un processus infini, mais en même temps tortueux, de l'individuation. Toujours déclinée au masculin.

C'est dans ce contexte œdipien que nous voulons analyser *Le Crime d'Olga Arbélina*, un roman qui se déroule dans le milieu fermé, pour ne pas dire reclus, des émigrés russes en France. Il raconte une relation incestueuse entre le fils et la mère, traumatisés tous les deux par l'hémophilie du garçon, l'expérience de l'exil politique et l'expulsion hors de leur contexte identitaire natal. *Le Crime d'Olga Arbélina* décrit l'amour d'un couple interdit qui se situe délibérément en marge de la société et qui habite le cercle vicieux de l'autosuffisance et de l'autoconsommation. Car l'espace d'Olga et de son fils subit au cours du roman un rétrécissement progressif. Il culmine dans une réclusion totale au bord de la rivière, dans une petite baraque inaccessible aux autres. L'explosion de cet espace autarcique du désir maternel, divinisé par Olga prise d'un mysticisme incestueux, explosion provoquée par l'intervention des codes du monde extérieur, a pour corollaire l'aliénation mentale. Car dans l'espace de l'ordre symbolique la quête identitaire féminine est interdite. Elle est une pure contradiction ontologique. Seule l'identité du mâle est permise dans cet ordre[4]. Elle comporte la propulsion du sujet masculin de l'intérieur de la *chora* vers l'extérieur de la loi où les choses acquièrent leurs définitions stables et fixes. L'ascension de l'ombre à la lumière ne se fera jamais par Olga, car sa quête identitaire prendra le chemin inverse. Celui de la descente, de l'amour d'une mère séduite par son fils. La vérité déroutante de cette séduction est d'abord cachée à Olga. Au commencement, elle en jouit d'une manière inconsciente, mais les signes qu'elle déchiffre lui dévoilent insensiblement le mystère, puis elle entre dans le jeu, elle se crée un espace privilégié de la jouissance, mais finalement elle sombre dans la folie et le crime imaginaire. De l'apothéose à la perdition, voilà son destin. Car le bonheur coïncide chez Olga avec la découverte de l'abject et de la monstruosité. La dernière étape de sa quête identitaire en tant que femme-sujet comporte une chute dans l'horreur de l'abjection et la perte de son amour. Mais cet amour, elle veut le garder. Son seul désir est de perpétuer l'unité berceuse de la *chora*, reconquise pendant quelques nuits d'hiver. L'unité d'autant plus précieuse qu'elle constitue le terrain libre de la non-signifiance, le calme rassurant hors de l'univers violent de l'ordonnance logique. Le seul moyen pour la femme de faire revivre cette unité jouissive est la folie.

Le fils d'Olga, adolescent maladif, dont le prénom nous reste inconnu, suit son propre chemin de la quête. Séducteur et bourreau de sa mère, un véritable boa constricteur, il relit, et pour ainsi dire, délimite, jusqu'à l'étouffement final, l'espace d'Olga. Retrouver son identité russe, jouer le rôle du père disparu en revêtant son manteau lors de chaque visite nocturne

---

[4] *Ibidem*, p. 180.

chez Olga, posséder la Patrie perdue, puiser de l'essence ravivante dans le corps insouciant et victimisé de la mère, la création du sujet masculin à la base du vampirisme exercé sur la femme, voilà les thèmes majeurs du texte d'Andreï Makine. Car le vampirisme du fils d'Olga est à la fois symbolique, et réel, vampirisme d'un jeune hémophile en danger permanent de perte de sang, et d'essence, qui dès le début jusqu'à la fin du roman se nourrit de sa mère. La séparation du garçon et d'Olga, séparation définitive opérée par la décision arbitraire du prince Arbéline, père et mari, sommet du triangle familial, signifie littéralement la mort de l'enfant. Transporté par son père aux entrailles de la Russie stalinienne, restitué donc à la Patrie, à l'incarnation, pour ainsi dire, de l'ordre symbolique, le fils est destiné à la perdition. La loi du père tue, la mère, plongée dans la profondeur de l'innommable, nourrit, voilà un autre message paradoxale du roman. *Le Crime d'Olga Arbélina*, valorise-t-il l'ordre présymbolique, la jouissance incestueuse et la non-signifiance de la *chora* comme seule nourriture comestible ? Voilà un dilemme à résoudre.

Dans l'ouverture du roman apparaît une autre quête identitaire, quête vampirique, pareille à celle du garçon. Comme les deux autres, elle implique la lecture attentive des signes. Les touristes, qui visitent le cimetière russe, avides d'anecdotes et d'historiettes, plongent, guidés par le vieux gardien, magicien de la narration, dans le passé lointain et mystérieux des morts. Le gardien se nourrit d'histoires de ces morts aussi bien que tous ceux qui désirent l'écouter. Dans cet univers du déchiffrage omniprésent ou chaque pierre tombale a quelque chose à dire et à révéler arrive un jeune homme en veste de velours à l'allure d'étudiant. Plus curieux et plus perspicace que les autres visiteurs il demande au gardien des renseignements sur le tombeau d'une femme qu'il déniche parmi tant d'autres. C'est ainsi, à travers la curiosité du jeune homme, qu'on apprend l'histoire tragique d'Olga Arbélina, l'histoire que le gardien n'avait jamais révélée à personne. Un homme racontant l'histoire d'une femme à un autre homme qui ensuite va la raconter aux autres, voilà un scénario digne du vampirisme narratif d'un abbé Prévost et de sa célèbre *Manon Lescaut*[5]. Vampirisme qui constitue une maladie transmissible, car le désir d'écouter les histoires et de les faire passer aux autres est contagieux. L'affinité entre *Manon Lescaut* et le texte d'Andreï Makine est d'autant plus évidente que le jeune homme, écoutant l'histoire d'Olga lors d'une longue nuit d'automne, parachève, comme l'homme de qualité prévostien, sa propre quête identitaire. Enchanté par la narration du gardien, il découvre sa vocation littéraire, car ce mangeur avide d'histoires, présent à l'ouverture du roman à la troisième personne, se révèle dans le dernier paragraphe à la première, comme narrateur, narrateur encadrant le reste du texte. Sa quête d'identité accomplie, il va se mettre à

---

[5] Catherine Cusset, *Les Romanciers du plaisir*, Paris, Honoré Champion, 1998, p. 21.

écrire. Et à encadrer. Car la structure du roman a plus d'un niveau d'encadrement. Et c'est elle-même qui fonctionne comme boa constricteur, le serpent invoqué à plusieurs reprises. Il y a donc l'encadrement extérieur, la visite au cimetière du narrateur, narrateur *in statu nascendi* écoutant le gardien. Cet épisode, divisé en deux parties, constitue les limites extrêmes du texte au niveau de la chronologie. Mais il y a aussi un autre encadrement, encadrement intérieur. Après quelques scènes initiales au cimetière le texte se dirige directement vers l'accident sur la rivière. Le moment exact où Olga sombre dans la folie d'un côté, et la postérité de son aliénation de l'autre, c'est-à-dire les conséquences de sa maladie mentale, encadrent le milieu du texte, l'histoire chronologiquement cohérente et plus ou moins linéaire de l'amour incestueux. À l'intérieur, au tréfonds du roman, ils sont toujours deux, inséparables l'un de l'autre, Olga et son fils, reclus dans une petite cabane, où lors d'un hiver particulièrement rude, séparés du reste du monde par la neige et les courtes journées sans soleil, ils trouvent la plénitude de l'existence. La plénitude qu'ils cherchent est celle de la non signifiance, l'espace qu'ils désirent est celui du rétrécissement absolu de l'imaginaire. Mais ce rétrécissement final est consciemment préparé par degrés. Le champ existentiel d'Olga subit des limitations progressives, pareilles au destin historique de la Russie. La grande demeure nobiliaire de son enfance, la vie de bohême à Saint-Pétersbourg, les privilèges d'une carrière aristocratique, tout cela disparaît en 1917, comme d'ailleurs le territoire de la Russie blanche qui à la fin de la révolution est borné à quelques arpents de terre et quelques bourgades en Crimée, d'où Olga s'évade et finalement quitte sa patrie pour vivre en France. Mais en France elle continue son destin de réclusion progressive. Lasse du grand paraître des aristocrates russes, elle fuit délibérément Paris, choisit la vie simple dans un village provincial et, qui plus est, étrangère aux autres et toujours mal comprise, elle s'installe avec son fils hémophile en marge de toute société humaine. Son seul but est de limiter, de contenir son espace vital comme d'ailleurs contenir le sang dans les veines de son fils est sa seule vocation. Ainsi, prise dans l'engrenage du désir naissant de son fils, elle découvre au tréfonds de son être la douceur de l'amour. L'amour absolu, le seul véritable de sa vie. Elle quitte son amant parisien et se consacre entièrement à l'expérience transgressive de l'inceste. Enfouie dans un espace purement imaginaire de la *chora*, étrangère aux règles morales de la société civilisée, elle invoque Dieu, seul capable de la comprendre :

> C'est ce soir-là, ou le suivant peut-être, qu'une pensée la blessa par sa vérité douloureuse et belle. Si ce qu'ils vivaient pouvait se dire l'amour, alors c'était un amour absolu car frappé d'un interdit inviolable et pourtant violé, un amour vu par le seul regard de Dieu car monstrueusement inconcevable pour les hommes, un amour vécu comme l'éternel premier instant d'une autre vie…

Depuis des mois ses pensées débouchaient sur l'impensable et étaient devenues inutiles.[6]

Quelle divinité Olga réclame-t-elle pour bénir ses amours illicites ? Quel Dieu, seul capable de comprendre l'absolu de son expérience, invoque-t-elle ? Dieu de la tradition judéo-chrétienne, celui de la justice infinie, législateur et juge punissant sévèrement les transgresseurs lors du jugement dernier ? Ou encore sa variante philosophique, Dieu qui chez Platon couronne la quête rationnelle de la vérité, Dieu des espaces solaires, du savoir lumineux des formes et des idées ? Dieu qu'Olga s'imagine est-il celui du Logos, gardien de l'ordre symbolique, décliné, depuis Platon jusqu'à Lacan, au masculin, où la femme est un sexe qui n'en est pas un, relégué au domaine de la non signifiance, de l'innommable et de l'indicible? Pour un tel Dieu seule la relation entre le père et le fils est ontologiquement justifiée. Celles qui existent entre la mère et la fille ou la mère et le fils, elles ne lui plaisent pas. Il les destine à la rupture immédiate, à l'intervention du Père. Quelle est donc la Divinité d'Olga? Dieu omniscient de la lumière de la Loi, ou Dieu du commencement avant le commencement, un Dieu chtonien, Dieu de la caverne de Platon, Dieu des ombres, de l'espace reclus et de l'étouffement constricteur ? Or, Olga Arbélina, telle Phèdre de Racine, fuit la lumière. Elle se cache dans le vide, elle choisit l'isolement, tous les vains ornements lui pèsent, la lumière lui nuit, et quand elle se met à déchiffrer les signes dans sa propre quête d'identité, sa période de prédilection est la nuit, la lune, les traces laissées sur la neige lors d'une promenade nocturne de son fils sorti de la maison pour ramasser du bois pour chauffer la chambre, où il dort avec Olga. Comme l'amour de Phèdre son amour est transgressif. Comme l'héroïne éponyme de la tragédie de Racine, elle aussi représente la monstruosité, le serpent, un élément de prime importance dans les deux textes. Dieu de l'ordre symbolique n'est pas Dieu d'Olga, ni d'ailleurs celui de Phèdre. Mais à l'encontre de cette dernière Olga ne dévoile son secret à personne. Elle ne prend pas la parole trois fois comme l'héroïne de Racine. Elle ne révèle pas son désir maternel, inhérent au monde présymbolique qui précède la construction du sens des mots et des choses. Craignant explosion de son espace privé, menacée par l'œil extérieur qui l'épiait dès le début de son amour, elle choisit le silence de la folie où la vérité du Logos est abolie. Ainsi Olga rétablit sa tranquillité. Elle restitue le paysage originaire de l'enfance, la forêt russe couverte de neige, qu'elle s'imagine comme un paradis perdu, assise à la fenêtre du grenier dans son isolement de l'asile. Car l'hiver, l'hiver rude et froid, sans lumière, comme dans la Russie de ses souvenirs lointains, est la saison préférée d'Olga, saison de la révélation de l'innommable du désir chtonien. À l'arrivée du

---

[6] Andreï Makine, *Le Crime d'Olga Arbélina*, Paris, Mercure de France, 1998, p. 278.

printemps, et du soleil, elle souffre. Son espace privilégié éclate. Elle est propulsée violemment de sa caverne, des tréfonds de sa vérité nocturne, vers la lumière réprobatrice du Logos, qui n'est pas la sienne et qui l'anéantit. Le mouvement, le changement, le soleil qui brille trop, même les premières plantes qui commencent à percer le sol et à croître lui nuisent. Elle a peur de ce monde :

> Et quand elle jetait un regard dehors, le flux de la vie printanière l'aveuglait par sa précipitation joyeuse. Tout dans ce monde changeait à vue d'œil - les arbres, nus encore la veille, se couvrirent du voile bleuté des premières feuilles, une longue tige sauvage perçait vers le soleil à travers les planches du perron, les gens comme sur un signe convenu quittèrent les tanières calfeutrées de la Horde. Ils étaient incroyablement nombreux, bruyants, pleins de familiarité et d'une vulgaire avidité de vivre.... Tout l'aveuglait, l'assourdissait, la bousculait dans ce monde de lumières et de bruits.[7]

L'arrivée du printemps et puis de l'été amène une grande catastrophe, la séparation définitive entre Olga et son fils. Pour conjurer sa condition de malade et pour récupérer ses forces vitales le garçon sort de plus en plus de la maison. Il cherche un champ élargi pour se constituer comme individu adulte, pour se libérer, en tant qu'homme, de l'espace de la mère. Mais sa quête identitaire provoque chez Olga une crise de jalousie. Un jour son fils, accompagné de deux autres garçons et trois filles, se dirige vers la rivière pour sauter dans l'eau du sommet d'une poutre d'acier, poutre fatidique, le débris du vieux pont. Cette même poutre sera bientôt site de l'accident et du crime imaginaire. Olga a le pressentiment de la fin. Cachée derrière les branches d'un arbre elle épie son fils accompagné de ses deux copains et de quelques filles pour qui les trois garçons font les sauts dangereux. Olga se meurt. Dans sa cachette elle imagine la trahison, car son fils, illuminé par les rayons du soleil estival, désire impressionner une de ses amies. Son comportement d'adolescent s'inscrit ainsi dans la logique du monde de la Loi. Mais Olga n'appartient pas à ce monde. Accablée par la jalousie, par la hantise de la perte, elle réagit violemment, recroquevillée dans sa souffrance. Elle sait qu'elle a déjà perdu son fils, très différent d'ailleurs de ses amis plébéiens, le fils, qui craint pourtant cette différence, ne voulant pas l'accepter :

> Plus incroyable encore était ce guet affolé, torturant derrière le branchage des saules, près des ruines du pont. Elle était là, cachée, les yeux meurtris par ce qu'elle voyait à travers l'ondoiement des branches. Sur l'une des poutres d'acier, à quelques mètres de la rive, se dressaient trois jeunes corps en maillot de bain. Un par un, ils sautaient dans l'eau, en plongeant au milieu des blocs de béton qui hérissaient leur armature rouillée... Elle distingua la silhouette de son fils par une violente sensation de fragilité

---

[7] *Ibidem*, p. 285 *sqq.*

qu'irradiait ce corps très clair, élancé et si différent des deux autres – robustes, rougis par le soleil, aux jambes un peu courbes et courtes, des corps qui préfiguraient déjà la carrure masculine ordinaire.[8]

Ce souvenir estival constituera pour Olga une véritable obsession. Sa pensée va dorénavant osciller entre la lumière artificielle de sa chambre et la plénitude du soleil de l'extérieur. Mais elle se sent plus à l'aise dans sa réclusion. Elle veut revivre éternellement les longues nuits d'hiver, avec le lit, la lampe et le poêle froid, ou son fils mettait parfois du bois lors de ses visites nocturnes. Hantée par la perte du garçon, par son exode volontaire de l'espace du désir maternel, Olga aura toujours au fond de la conscience un jeune couple purement imaginaire, son fils et sa bien-aimée putative se promenant ensemble un soir d'été. Cette promenade imaginaire, effectuée dans l'espace publique, abolit l'importance de l'espace privé d'Olga. Inscrite dans la logique du monde extérieur cette promenade condamne l'expérience de l'Absolu hivernal au silence et à l'oubli. Que va-t-il faire maintenant, son fils, de cette chambre, caverne platonicienne - révélation de la *chora*, chambre illuminée par l'étroite fente de la nuit ? Quel souvenir en gardera-t-il une fois le seuil de la maturité franchi, seuil qui va le restituer inévitablement à la loi du père. Car l'ordre du Logos doit comporter sur l'ordre de l'ombre. Trop de soleil, trop de logique, trop de sens, voilà la véritable source de la souffrance d'Olga. La souffrance d'une femme qui cherche à s'exprimer dans le monde masculin, celui qui s'étend à l'exterieur de la caverne, à l'extérieur de sa propre chambre. Mais là-bas elle ne trouvera jamais son langage à elle. Car dans ce monde, celui de la poétique du mâle, la femme ne sera jamais sujet. Elle devra chercher sa parole ailleurs :

> D'un bond elle s'arracha à cette rêverie, se releva, alluma la lampe dont le socle était recollé avec des bandes de papier. Cette lampe. Le lit. Le poêle noir, froid. Les rideaux avec l'étroite fente de la nuit. Et au fond de son regard, ce couple, deux jeunes amoureux par un soir d'été... La dissonance était déchirante. Tout ce qui s'était passé dans cette chambre, durant les nuits d'hiver, était accepté et acceptable, pardonnable et pardonné à cette unique condition: après il n'y aurait rien, un vide, un néant sans fond... la mort. À present, ce printemps, cette promenade d'été imaginée et si probable, ces amours si stupidement naturelles et légitimes, toute cette niaise et souriante robustesse de la vie rejetait leur hiver dans l'innomable. Et puis, lui, qu'allait-il faire, lui, de cette chambre!? Sa pensée se débattait entre mille objets, cherchait la protection d'un souvenir, l'ombre d'une journée, mais le soleil d'été la poursuivait, la chassait sur la rive, vers les bruits, vers les voix. (....) Trop de soleil.[9]

L'ombre, la folie, la catastrophe, la mort voilà le seul destin d'Olga. Voilà son télos, celui d'une femme qui aspire à la subjectivité dans l'univers

---

[8] *Ibidem*, p. 288 *sq.*
[9] *Ibidem*, p. 292 *sqq.*

des codes masculins. Son espace privé du bonheur chtonien, libre de contamination du Logos, est envahi de toutes parts et commence à éclater. Son fils choisit la lumière et l'espace ouvert de l'été. Il se libère de l'espace maternel. En plus, il y a cette âme sournoise, qui épiait Olga pendant l'hiver, témoin inopportun de son amour, exigeant maintenant le prix du silence. Dans son imagination maladive Olga succombe au chantage. Soumise, elle accepte les caresses de Goletz, qui la conduit en bateau sur la rivière vers la poutre fatidique, où le garçon a récemment franchi le seuil de la délivrance et de la maturité, et où maintenant Goletz va trouver la mort. Est-ce un crime, cet accident, ou plutôt la revanche de l'ordre chtonien qui demande une victime masculine pour l'offrir à la Divinité de la caverne, seule à bénir les amours incestueuses ? Car Goletz, boa constricteur menaçant l'espace du désir maternel, devait périr. On l'élimine car il n'a pas le droit de vivre dans la logique pré-œdipienne du monde hivernal d'Olga. Dans ce seul sens Olga est coupable et son crime n'est pas purement imaginaire. Car s'il existe une Divinité chtonienne, celle qu'Olga réclame dans sa vision de l'amour absolu, c'est elle qui l'a vengée. Et c'est elle qui la réintègre dans l'infini de la *chora*, où les souvenirs de l'hiver dernier s'allient aux souvenirs lointains de l'enfance. Dans cet espace de la pure jouissance le fils, mort depuis longtemps en Russie, coexiste éternellement avec la mère. Ainsi s'achève la quête identitaire d'Olga. Libérée définitivement de l'étreinte du Logos, elle peut enfin réclamer sa parole à elle dans la folie.

Le rôle de la mère dans le processus créatif ou l'existence de l'artiste par procuration : *La Promesse de l'aube* de Romain Gary

Anna Lushenkova
Université de Limoges

> He was always going to be a great writer.
> His mother had decided that.
> Lesley Blanch[1]

Romain Gary est un écrivain français unique du XXe siècle, mais également l'un de ses plus grands mystificateurs. En effet, il n'existe aucun avis unanime sur sa vie même, y compris sur ses origines, cela étant dû aux mystères qu'il entretenait. La reconstitution de son enfance et de ses relations avec sa mère dans *La Promesse de l'aube* est l'un des mythes créés par Gary. D'ailleurs, l'auteur précise que ce n'est pas une biographie : « Ce livre est d'inspiration autobiographique, mais ce n'est pas une autobiographie. [...] Sous la plume, sous le pinceau, sous le burin, toute vérité se réduit seulement à une vérité artistique[2] ». Faut-il chercher une vérité autre qu'artistique dans son œuvre, dans ses personnages qu'il n'a jamais cessé d'inventer, non seulement dans ses livres mais encore en lui-même[3], dans ses multiples identités, dans les légendes inventées par Gary sur son passé, sur ses origines et sur lui-même ? La réponse de l'écrivain, donnée dans l'un de ses entretiens, était la suivante : « La vérité ? Quelle vérité ? La vérité est peut-être que je n'existe pas[4] ». Cette affirmation est à rapprocher de la phrase finale de *La Promesse de l'aube*, « J'ai vécu[5] », qui signale le manque de certitude du protagoniste quant à la réalité de son existence.

Dès le début de la narration, l'aspiration première du héros se place au centre du récit : « devenir quelqu'un[6] ». Cette nécessité formulée ainsi lui vient de sa mère, celle qui est non seulement le pilier de l'histoire et de la vie du personnage, mais encore celle qui, dans un certain sens, se trouve à l'origine de cette œuvre.

---

[1] Joe Boyd, «Time Traveller» dans *The Guardian*, Saturday, July 9, 2005.
[2] Romain Gary, « Quatrième de couverture », *La Promesse de l'aube*, Paris, Gallimard, coll. Blanche, 1960.
[3] Voir Romain Gary, « Un picaro moderne » (entretien avec K. A. Jelenski), dans Jean-François Hangouët et Paul Aussi (dir.), *Romain Gary*, Paris, L'Herne, 2005, pp. 11-15.
[4] Myriam Anissimov, *Romain Gary, le caméléon*, Paris, Denoël, 2004, p. 11.
[5] Romain Gary, *La Promesse de l'aube*, Paris, Gallimard, coll. Folio, 1980, p. 391.
[6] *Ibidem*, p. 49.

« Tu seras d'Annunzio ! Tu seras Victor Hugo, Prix Nobel[7] ! » Ce n'est pas seulement la future réussite de Romain que sa mère prédit. Elle préfigure l'identité de son fils, et elle ne lui impose, ni plus ni moins, que la mission (se référant à son propre vocabulaire militaire) de réparer l'injustice de la vie envers elle et de devenir son « *happy end*[8] ».

La justice consistait dans le fait de donner un sens à la vie de Nina, aux constants sacrifices et à toutes les humiliations auxquels elle a fait face. Cette justice prend un sens plus large pour le narrateur puisqu'elle implique la nécessité de la victoire sur la bêtise et la méchanceté humaines, le besoin de rendre la dignité aux hommes.

Toutefois, il y a également une autre signification de la justice que la mère attend de son fils et qui semble être essentielle dans la pré-définition du destin d'artiste de Romain. En effet, tandis que plusieurs exemples dans le roman permettent de supposer en elle un certain don d'artiste, Nina elle-même n'a jamais été reconnue en tant qu'artiste de talent. Ainsi, sa récitation de *Waterloo* de Victor Hugo et l'effet que cela produit sur le narrateur le démontrent. D'ailleurs, elle s'avère aussi capable de concevoir toute une mythologie qui, nourrissant l'imagination de son fils, en modela sa personnalité. De plus, elle contribue à former en Romain sa « vocation d'insoumis[9] » en lui faisant la narration de dieux ennemis avec une telle force de conviction qu'ils devinrent pour lui « plus réels et plus visibles que les objets les plus familiers[10] ».

D'autres exemples de ses capacités créatrices peuvent être relevés, d'une part dans le mythe du père brillant de Romain ou d'autre part dans l'image de la France qu'elle crée. D'ailleurs, le narrateur reconnaît la force d'influence du talent de sa mère sur lui : « Ma mère m'avait raconté trop de jolies histoires, avec trop de talent et dans ces heures balbutiantes de l'aube où chaque fibre d'un enfant se trempe à jamais de la marque reçue, nous nous étions fait trop de promesses et je me sentais tenu[11] ».

Elle apparaît non seulement en tant que conteuse de talent, mais elle agit également en tant qu'auteur de lettres inspirées.

Dans toutes les manifestations de ses capacités artistiques, le principal spectateur et lecteur est toujours présent – Romain, impressionné et influencé. D'ailleurs, il est son œuvre la plus réussie. Non seulement elle l'a engendré, mais également elle participe à la formation de sa personnalité. Elle le crée, comme un écrivain crée le narrateur d'un roman, en le dotant de son propre type de conscience existentielle, de sa vision du monde, avec

---

[7] *Ibidem*, p. 23.
[8] *Ibidem*, p. 48.
[9] *Ibidem*, p. 17.
[10] *Ibidem*, p. 19.
[11] *Ibidem*, p. 314.

l'ensemble de ses impressions et de ses émotions, en reproduisant de ce fait l'image de sa propre personnalité artistique. De cela provient la manière de Romain d'aborder sa vie « comme une œuvre artistique en élaboration[12] ».

À travers lui, elle aspire à réaliser son désir le plus profond : être reconnue par d'autres en tant que grande artiste, c'est-à-dire avoir l'identité d'une artiste, si l'on définit l'identité de la façon suivante : « Mon identité, c'est ce par quoi je me définis et me connais, ce par quoi je me sens accepté et reconnu comme tel par autrui[13] ».

C'est de cela que son fils lui fait promesse.

D'ici proviennent les recherches désespérées d'une vocation pour Romain. Les échecs consécutifs en musique, chant, danse, tennis engendrent des reproches et un sens de la culpabilité – notions qui vont imprégner le roman. Pourtant, au crépuscule de sa vie, le narrateur résume cette époque de sa vie à une seule et unique ambition : « faire plaisir à celle que j'aimais tant[14] ». Il accepte même pour sa mère de jouer le rôle de « quelqu'un d'autre[15] ». Ce ne sont pas seulement des passages quand elle lui fait lever les yeux vers le ciel pour voir dans son visage celui de la personne qu'elle avait aimée. Ce sentiment étrange apparaît aussi quand sa mère le regarde pour la première fois avec gratitude, au moment où le mandat de cinq cents francs leur parvient. Cette scène augure celle de *La Vie devant soi*, le deuxième livre écrit sous le pseudonyme d'Émile Ajar : le chagrin insoutenable de Momo apprenant que Madame Rosa s'occupait de lui « seulement pour toucher un mandat à la fin du mois[16] », et la déception profonde du garçon : « Je croyais que Madame Rosa m'aimait pour rien et qu'on était quelqu'un l'un pour l'autre[17] ».

Les deux personnages, qui sont en quelque sorte les doubles, éprouvent à un certain moment de leur existence une profonde angoisse : ils craignent de ne pas pouvoir être aimés juste pour ce qu'ils sont. Finalement, Romain arrive à accepter comme inévitable le fait qu'il puisse y avoir des motifs plus ou moins intéressés dans les sentiments que l'on exprime à son égard. Il ne cherche plus à savoir ce qui se trouve derrière la manifestation des sentiments, mais veut d'avance répondre aux souhaits des autres. Le cas du chat qui vient consoler le garçon, en réalité attiré par les miettes du gâteau, apprend à Romain : « J'ai toujours pensé depuis qu'il vaut mieux avoir quelques miettes de gâteau sur soi, dans la vie, si on veut être aimé d'une manière vraiment désintéressée[18] ».

---

[12] *Ibidem*, p. 299.
[13] *Encyclopaedia Universalis*, Paris, Encyclopaedia Universalis France S. A., 1996, p. 898.
[14] *Ibidem*, p. 67.
[15] *Ibidem*, p. 163.
[16] Émile Ajar (Romain Gary), *La Vie devant soi*, Paris, Gallimard, 2002, p. 21.
[17] *Ibidem*, p. 22.
[18] Romain Gary, La Promesse de l'aube, *op. cit.*, p. 56.

Avec sa mère, il aspire de tout son for intérieur à correspondre à ses attentes. Il cherche à prouver qu'il a droit à son amour.

Il est prêt à changer son identité et à trouver un pseudonyme, puisqu'elle le souhaite. Mais, la pré-définition de l'identité de Romain par sa mère ne s'arrête pas là ; elle touche à ses différentes composantes : professionnelle, sexuelle, sociale et émotive. Ainsi, elle lui impose le choix de sa sexualité : « L'idée que son fils pût être autre chose qu'un homme aimant les femmes lui était intolérable[19] ». Ses récits inspirés de futures victoires amoureuses de son fils n'y sont pas pour rien.

De la même façon, elle modèle la perception par Romain du monde extérieur et de ses relations avec autrui – l'idée que leur union soit entourée par un univers hostile étant constamment sous-entendue dans ses propos. Dans le langage de Nina, cela se reflète dans l'usage du pronom personnel « ils » signifiant ce monde hostile : « Ils le regretteront [...][20] », « – Tu as peut-être du génie, et alors, ils te feront crever de faim[21] », « Ils ne savent pas à qui ils ont affaire[22] », ou dans le dernier cri de Nina qui est entré dans le cœur de Romain pour y demeurer à tout jamais : « On les aura[23] ! »

Nina ne mène pas une vie mais une lutte, dans laquelle elle entraîne son fils. Sa façon de parler rappelle celle d'un général au champ de bataille. Même si « ils » ne sont pas forcément les gens qui entourent l'union de la mère et du fils, mais plutôt les dieux-ennemis de la mythologie créée par Nina, la présentation de la vie au petit Romain comme un combat épique finit par influencer ses rapports avec tous ceux qui l'environnent. Le narrateur revoit un épisode qui lui permit d'examiner sa conscience et d'essayer de changer ses rapports avec le monde extérieur. Cela arrive le jour où il s'évanouit de faim et de la rage que cette inanition provoque en lui, n'ayant pas osé demander de l'aide. Même au moment où on le trouve évanoui, Romain refuse de confier les raisons de son malaise. Comme souvent, la rage devient la source de son inspiration artistique, et, tout en créant, une réflexion lui vient à l'esprit : « J'avais aussi manqué de confiance dans mes semblables et n'avais pas tenté d'explorer suffisamment les possibilités de la nature humaine, laquelle ne pouvait tout de même pas être entièrement dépourvue de générosité[24] ».

Malgré les efforts qu'il fait pour changer ses relations avec autrui, il reconnaît avoir manqué de fraternité dans sa vie. Il hérite de la solitude de

---

[19] *Ibidem*, p. 28.
[20] *Ibidem*, p. 23.
[21] *Ibidem*, p. 30.
[22] *Ibidem*, p. 52.
[23] *Ibidem*, p. 284.
[24] *Ibidem*, p. 217.

Nina, tout en se rendant compte que la focalisation de ses sentiments envers un seul et unique être sort de l'ordre de l'ordinaire.

En ce qui concerne le domaine émotif, Romain ne possède pas non plus d'autonomie. La coïncidence réitérée de ses émotions avec celles de sa mère démontre que le personnage, vivant à travers les sensations de sa mère, devient son miroir. D'abord, le fils découvre que la façon dont il répond psychologiquement aux événements s'avère souvent être tout à fait similaire à celle de sa mère, comme par exemple sa réaction à la lecture de l'analyse psychanalytique, faite par une lectrice du manuscrit de son roman. Dans ce passage rempli d'ironie et d'humour on ne peut plus garyens, la mère et le fils, géographiquement séparés l'un de l'autre, réagissent de façon tout à fait identique, avec une fierté démesurée, à cet événement ressenti par eux deux comme le premier signe que Romain devenait finalement « quelqu'un[25] ».

Plus tard, après leur séparation due à la guerre, cet effet se renforce, se traduisant par une impossibilité pour Romain de s'autogérer. Il reconnaît que la personnalité de sa mère s'est révélée être plus forte que la sienne. Elle est devenue la partie constitutive de sa personnalité à lui :

> [...] son souffle vint m'habiter et se substitua au mien, et [...] elle devint véritablement moi, avec toute sa violence, ses sautes d'humeur, son manque de mesure, son agressivité, ses attitudes, son goût du drame, tous ces traits d'un caractère excessif qui finirent par me valoir, dans la période qui suivit, auprès de mes camarades et de mes chefs, la réputation d'une tête brûlée.[26]

Cette situation étrange est vécue par le narrateur comme un malaise de son esprit[27], et il fait de grands efforts pour libérer sa conscience de cette emprise. Il cherche significativement à le réaliser à travers l'art (même si ce n'est pas sa propre création artistique mais celle des autres). Il contemple les créations artisanales orientales, s'y plongeant totalement afin de briser les chaînes maternelles. Ce besoin de nouvelles impressions, formes, couleurs (nouvelles dans le sens de jamais vues ni par lui ni – surtout – par sa mère) transcrit la tentative d'échapper au giron maternel dans l'univers tout nouveau pour le narrateur, où la présence de sa mère lui semble impossible. Cependant, ses efforts ne sont que des palliatifs, et parmi tous les horribles épisodes que le personnage a pu vivre, y compris les évènements de la guerre, il considère que le plus abject accident de sa vie a été l'un des moments où sa conscience s'est trouvée sous l'emprise de sa mère, et où il ne parvenait pas à empêcher les reproches maternels de résonner dans sa tête.

---

[25] *Ibidem*, p. 201.
[26] *Ibidem*, p. 302.
[27] *Ibidem*.

En modelant l'identité de son fils, Nina détruit inlassablement les caractéristiques qu'il essaie de s'approprier à son gré, gardant pour elle seule le monopole du domaine de la construction d'identités de Romain. Ainsi, dès sa première apparition dans le roman, dans la scène qui est le modèle caractéristique de leur relation, elle renverse la réputation de son fils « péniblement acquise de "dur", de "vrai" et de "tatoué"[28] ».

En outre, les reproches qui s'attaquent aux discordances entre ce que la mère de Romain voulait qu'il soit et ce qu'il était vraiment, résonnent tel un·refrain dans le roman, comme par exemple l'accusation de ne pas avoir au fond de lui ce qu'il fallait pour faire un Français.

Tout cela provoque de lourdes dissonances intérieures dans la personnalité de l'artiste. Romain, ne sachant plus différencier ce qu'était le rêve de sa mère et ce qu'il était réellement, navigue entre ses identités oscillantes. Il tente de correspondre à ce que sa mère attend de lui, insatisfait par sa nature profonde, qui ne correspond pas toujours à son image tracée par Nina. À ce propos, la réponse de Romain Gary au questionnaire de Proust, ou à la question « Ce que je voudrais être ? » est significative ; il répond : « Romain Gary, mais c'est impossible[29] ».

« Ecrasé par l'horreur[30] » de ne pas pouvoir réaliser les rêves de sa génitrice, le narrateur n'ose même pas se considérer en tant que personnalité libre. Tout en espérant rendre justice à tous les hommes, il se prive du droit fondamental de vivre librement. Il accepte l'idée de sa mère selon laquelle sa vie doit être jetée « dans le plateau de la balance pour rétablir l'équilibre d'une vie de sacrifices et d'abnégation[31] », celle de Nina.

Son désir de se libérer de la personnalité maternelle reste inassouvi tout en se traduisant par des efforts inconscients pour séparer son identité de celle de sa mère. Ainsi, l'acquisition de la nationalité française, imposée par sa mère, est en elle-même la seule caractéristique qui permet à Romain d'essayer de le faire. Si partout ailleurs dans le roman le pronom personnel singulier « je » tend à être remplacé par sa forme plurielle « nous », comme si Romain n'existait pas séparément de sa mère, le protagoniste emploie l'adjectif possessif singulier « mon » (pays) par rapport à la France, en accentuant son appartenance à ce pays, à la différence de sa mère qui pour lui est restée Russe, même si elle connaissait parfaitement « notre » langue – ce qui veut dire la langue de « nous », les Français.

---

[28] *Ibidem*, p. 15.
[29] Romain Gary, « Dictionnaire de Marcel Proust », dans Jean-François Hanouët et Paul Audi (dir.), *Romain Gary*, Paris, L'Herne, 2005, p. 32.
[30] Romain Gary, *La Promesse de l'aube*, *op. cit.*, p. 33.
[31] *Ibidem*, p. 48.

Malgré l'idée exprimée par des personnages garyens et ajariens que « la famille ça ne veut rien dire[32] » et que « le nom du père, de la mère, c'est du snobisme[33] », la quête des origines est omniprésente dans *La Promesse de l'aube*, ainsi que dans sa version inversée qu'est *La Vie devant soi*.

Dès le premier paragraphe de *La Promesse de l'aube*, la notion de famille apparaît : une famille de phoques contemplée par le narrateur lui fait songer à « quelque tendresse essentielle[34] ». D'ailleurs, le père de cette famille animale attire particulièrement son attention, puisque c'est un père « dévoué[35] », comme Romain le caractérise significativement. Le fait que ce père-phoque soit représenté au moment de la distribution de la nourriture, souvent associée au rôle maternel, est très équivoque. Le renoncement évident au père coexiste chez le narrateur avec le désir inassouvi du père.

« Un père aurait fait beaucoup mieux l'affaire[36] », avoue Romain avec une certaine amertume en parlant des nombreux professeurs embauchés par sa mère dans le seul but de découvrir ses talents. Il revient sur son manque de présence paternelle dans son commentaire d'une interprétation psychanalytique faite par une lectrice de l'une de ses œuvres : il annonce être atteint par tous les complexe possibles, « [...] à l'exception du complexe d'Œdipe, je me demande bien pourquoi[37] ».

Le héros de *La Vie devant soi* cherche quant à lui la solution en faisant un appel désespéré à son pouvoir créatif pour imaginer « un flic[38] » qui allait s'occuper de tout et qui allait être comme un père pour lui[39].

Deux raisons principales sont à l'origine de la quête du père. D'un côté, Romain est convaincu qu'il n'aurait pas à subir « cette charge d'amour[40] » si sa mère avait un autre homme à ses côtés. Dans ce cas, toute l'histoire de la vocation du héros aurait pu être différente. Ainsi, le père, ou plutôt son absence, y joue un rôle définitif. Désirant se libérer de l'emprise maternelle, Romain cherche à arranger le mariage de M. Zaremba avec sa mère, tout comme Momo celui de Madame Rosa avec Monsieur Hamil. D'un autre côté, la quête parentale en révèle une autre : la recherche des origines. En espérant le mariage de sa mère avec M. Zaremba, Romain rêve non seulement de pouvoir être libéré de l'amour écrasant de sa mère, mais encore de pouvoir hériter des ancêtres à travers cette union : « A son doigt, je voyais la chevalière marquée des armes de notre vieille race, le *herb* des

---

[32] Émile Ajar (Romain Gary), *op. cit.*, p. 22.
[33] *Ibidem*, p. 107.
[34] Romain Gary, *La Promesse de l'aube*, *op. cit.*, p. 13.
[35] *Ibidem*, p. 107.
[36] *Ibidem*, p. 74.
[37] *Ibidem*, p. 201.
[38] Émile Ajar (Romain Gary), *op. cit.*, p. 153.
[39] *Ibidem*, p. 153-154.
[40] Romain Gary, *La Promesse de l'aube*, *op. cit.*, p. 185.

Zaremba. Il allait sûrement me donner son nom. J'allais avoir non seulement un petit frère, mais aussi des ancêtres[41] ».

Le désir du héros de *La Promesse de l'aube* de mettre un terme à ses vacillements identitaires le conduit à chercher des points de repères dans ses origines. Il souligne ses racines quelque peu asiatiques[42], ses ancêtres tartares[43], son mélange de sang juif, cosaque et tartare[44].

Pourtant, c'est le récit de la mère qui prévaut sur l'histoire des origines du héros.

Romain choisit alors, encore une fois, de recourir à l'art. La découverte de ses aspirations artistiques (le « goût de chef-d'œuvre[45] »), qui se trouve être l'un des traits de sa nature profonde, devient très importante pour lui, comme tout ce que lui permet de découvrir son Moi propre. Ce qui l'attire le plus dans le monde imaginaire, c'est la possibilité de vivre une vie différente, pleine de justice, à travers les personnages qu'il invente[46].

Ainsi, l'art se trouve être le seul moyen de vivre réellement, puisque seule la création lui permet de jouir du rôle de créateur d'existences, même si elles ne sont qu'imaginaires, et de se les approprier. Comme lui-même ne vit que par procuration, de la même façon ses personnages n'existeront qu'à travers sa genèse. La création littéraire lui apparaît ainsi être « une feinte pour tenter d'échapper à l'intolérable, une façon de rendre l'âme pour demeurer vivant[47] ». Cela implique de tuer en soi l'identité engendrée par sa mère, en la remplaçant par les identités de ses personnages, et ainsi rester en vie à travers eux ; de même pour Momo, qui invente des clowns, une lionne, un policier et d'autres personnages. Il est capable de doter de vie et d'identité même un parapluie, qui lui devient un compagnon inséparable.

Dans le cas de Romain, sa mère, facteur primordial dans la formation de son Moi, détermine complètement la genèse de sa conscience artistique. Étant le médiateur des vecteurs qui ont formé la dominante de la conception ontologique de son fils et de sa représentation du monde, elle se trouve à l'origine de sa formation en tant qu'artiste tel qu'il le devint, sensible à des aspects existentiels bien prédéfinis par elle. Nina s'oppose ainsi à son envie de s'exprimer à travers la peinture et d'explorer sa vocation dans ce champ. Malgré le sentiment d'une vocation manquée, le fils obéit.

Le simple fait de créer ne lui suffit donc pas pour exister – car ce n'est pas lui, mais sa mère qui s'exprime à travers son œuvre littéraire. Le passage

---

[41] *Ibidem*, p. 192.
[42] *Ibidem*, p. 79.
[43] *Ibidem*.
[44] *Ibidem*, p. 284.
[45] *Ibidem*, p. 299.
[46] *Ibidem*, p. 160.
[47] *Ibidem*, p. 175.

où le narrateur apprend que son premier roman va être publié aurait pu être interprété comme la naissance de sa propre identité, si l'analyse se faisait à partir uniquement de la version française de *La Promesse de l'aube*. Mais la confrontation avec la version écrite par Romain Gary en anglais confirme que c'est la personnalité artistique de sa mère qui se manifeste à travers son œuvre. Ce n'est pas « J'étais né[48] » mais « Nous étions nés[49] ».

C'est pour cela qu'après avoir vu sa première œuvre publiée, au lieu d'en éprouver de la joie, le narrateur se sent étrangement triste, son espoir de se ré-inventer s'avérant irréalisé. Lui-même caractérise cette triste découverte ainsi : « [...] je venais de donner mon premier coup d'épée dans l'eau[50] ».

Ce qui compte pour lui, c'est de se recréer. Cela prend forme dans l'influence que ce personnage exerce sur son auteur même. De la sorte, la création par Romain Gary[51] d'Émile Ajar peut être expliquée par son envie de s'inventer par lui-même. D'ailleurs, il le dit lui-même dans *Vie et mort d'Émile Ajar* : « *C'était une nouvelle naissance. Je recommençais. Tout m'était donné encore une fois. J'avais l'illusion parfaite d'une nouvelle création de moi-même, par moi-même*[52] ». L'envie de se libérer de son identité, laquelle lui avait été « collée sur le dos une fois pour toutes[53] », résulte dans l'expérience de devenir l'auteur, non seulement d'une œuvre littéraire, mais encore d'une nouvelle identité artistique. Il joue le rôle de géniteur en créant Émile Ajar, et choisit quelqu'un de sa famille – son petit-cousin Paul Pavlowitch – pour l'incarner.

De nombreuses recherches démontrent la différence fondamentale de l'œuvre signée Émile Ajar par rapport à celle de Romain Gary, même si leur parenté reste évidente. C'est à la fois la transformation du style de l'écriture, et l'apparition de nouveaux thèmes ou plus exactement une autre façon de traiter les sujets déjà abordés : c'est une autre conscience artistique qui surgît. La liberté avec laquelle l'auteur traite de certains sujets, ceux-ci n'ayant été qu'implicitement abordés dans les romans signés Romain Gary, démontre aussi cette transformation. Paul Pavlowitch remarque, en parlant du premier roman d'Ajar, *Gros-Câlin* : « Romain [...] répéta plusieurs fois que, sans ce pseudonyme, il n'aurait pas pu écrire cette œuvre. Trop nu, trop à découvert, avec ses demandes et ses besoins[54] ».

---

[48] *Ibidem*, p. 374.

[49] Romain Gary, *Promise at Dawn*, New York, Simon and Schuster, 1961, p. 252. Traduction est la nôtre.

[50] *Ibidem*, p. 212.

[51] L'évocation de Romain Gary, l'écrivain, repose fondamentalement sur ce paradoxe en littérature, celui d'un auteur créé par son personnage.

[52] *Vie et mort d'Émile Ajar*, Paris, Gallimard, 1981, p. 30.

[53] *Ibidem*, p. 28.

[54] *L'homme que l'on croyait*, Paris, Fayard, 1981, p. 41.

Tout en faisant exister Ajar, l'écrivain continue de se publier sous le pseudonyme de Romain Gary, en montrant d'ailleurs une productivité prodigieuse. A toutes les identités oscillantes de l'artiste s'en rajoute une nouvelle, peut-être la plus problématique d'entre toutes les autres.

> Après avoir signé plusieurs centaines de fois, si bien que la moquette de ma piaule était recouverte de feuilles blanches avec mon pseudo qui rampait partout, je fus pris d'une peur atroce : la signature devenait de plus en plus ferme, de plus en plus à elle-même pareille, identique, telle quelle, de plus en plus fixe. Il était là. Quelqu'un, une identité, un piège à vie, une présence d'absence, une infirmité, une difformité, une mutilation, qui prenait possession, qui devenait moi. Émile Ajar.
> Je m'étais incarné.[55]

---

[55] Émile Ajar (Romain Gary), *Pseudo*, Paris, Mercure de France, Gallimard, 1976, p. 76.

Écrire la mère disparue : Albert Cohen et Charles Juliet

Sylvie Lannegrand
University College Galway, Ireland

Bien que publiés à quelque quarante ans de distance, *Le livre de ma mère* d'Albert Cohen et *Lambeaux* de Charles Juliet (parus respectivement en 1954 et 1995) sont fort intéressants à comparer dans le cadre d'une étude du rapport entre la mère et l'écriture, rapport complexe et douloureux dans les deux ouvrages. Par l'écriture, et dans *Lambeaux* en particulier, Charles Juliet redonne vie et réalité à une mère qu'il n'a pas connue, morte dans des circonstances tragiques. Ce faisant, il retrouve la force d'accepter le passé et l'équilibre nécessaire à une approche sereine de la vie. Les obstacles jusque-là rencontrés dans le processus créatif et dans la vie de tous les jours sont surmontés par la rédaction même de ce livre, que l'auteur aura mis plus de dix ans à écrire, et qui marque un réel tournant dans son parcours tant personnel que littéraire. Avec *Le livre de ma mère*, Cohen consacre lui aussi un ouvrage à la mère décédée. Il y révèle les qualités d'une femme modeste et effacée et lui exprime l'amour qu'il n'a pas toujours su lui montrer. Ce livre-hommage est toutefois empli de la conscience de ses limites, et parsemé de commentaires qui disent l'inanité de l'écriture quand celle-ci vise à retrouver l'amour perdu et à se délester d'un sentiment de culpabilité difficilement supportable.

S'écrire en écrivant la mère : *Lambeaux* ou l'écriture libératrice[1]

Lambeaux se présente comme un diptyque aux deux parties de longueur à peu près équivalente. Dans la première, centrée sur la mère et rédigée à la deuxième personne du singulier, Charles Juliet s'adresse à cette femme qu'il n'a pour ainsi dire pas connue. Il la fait revivre en évoquant son existence, depuis l'enfance paysanne rude et solitaire, marquée par l'abnégation et par le désir tenaillant de s'éduquer pour s'évader d'un environnement trop étroit, jusqu'à la maturité, tout aussi frustrante que l'ont été les années de jeunesse, avec la mort du jeune homme qu'elle aimait, puis un mariage dénué de passion, et quatre maternités rapprochées. Le récit de cette existence de sacrifice se clôt par l'évocation de l'enfermement en asile psychiatrique et par la mort qui s'ensuit, mettant une fin tragique à un parcours de vie qui ne l'était pas moins. La deuxième partie de l'ouvrage est également rédigée à la deuxième personne du singulier, mais l'auteur s'adresse cette fois à lui-

---

[1] Charles Juliet, *Lambeaux*, Paris, P.O.L Éditeur, 1995, 160 p. Les références données entre parenthèses sont à cette édition originale.

même. Il retrace l'enfance passée au sein d'une famille adoptive à laquelle il
est très attaché, l'adolescence dans une école d'enfants de troupe, puis l'âge
adulte, et à travers les années, toujours ce sentiment diffus de l'écart, de la
différence. Désir de mourir et soif de connaissance dominent par ailleurs ce
récit de soi comme ils dominaient celui de la mère.

De cette composition en deux parties et des procédés d'écriture qui y
sont mis en œuvre, découlent plusieurs remarques. Sur la forme retenue par
Juliet, tout d'abord. L'approche novatrice de ce récit de vie(s) peut
s'expliquer par le besoin de trouver son propre langage, tant d'un point de
vue personnel que littéraire. Il s'agit d'élucider ce qui, de l'aveu de l'auteur,
l'a toujours hanté ; il lui faut trouver ce qui est à l'origine de sa timidité
maladive et de sa souffrance. Seule une écriture personnelle, sans référence
obligée à un genre, offre un moyen d'expression approprié. Avec ce livre qui
puise au plus profond et au plus douloureux de l'être, Juliet opte pour une
forme originale, mêlant biographie et autobiographie : une biographie, mais
reconstruite, faite à partir de parcelles de vie, sur une mère qu'il n'a pas
connue, et où l'imagination par conséquent joue un rôle ; une
autobiographie, mais écrite à la deuxième personne, et succédant à la partie
biographique. Cette succession biographie / autobiographie, m'amène à ma
deuxième remarque : la biographie de la mère est nécessaire pour
l'avènement de l'autobiographie du fils. Elle est une étape essentielle, vitale
même, sans laquelle la seconde ne peut être. Les images de parturition et de
naissance, en fin d'ouvrage, sont à ce titre significatives et du poids de
l'enjeu, et de la valeur accordée à ce qui a précédé la redécouverte de soi[2].
Dans l'écriture de ce livre, un être est à la forge, une personnalité se façonne,
et c'est à son élaboration que nous assistons. Enfin, la conception de
l'identité que révèle ce texte de manière implicite, est celle d'une identité en
devenir, tout comme est en devenir l'écriture qui se déroule et le processus
identitaire qu'elle génère et accompagne. Dans les dernières lignes du texte,
empreintes d'un espoir qui tranche sur la tonalité du reste de l'ouvrage, le
regard est orienté vers les jours à venir et ce qu'ils portent de promesses. Le
passé a été évoqué, accepté et compris. Place peut être faite au présent et
l'avancée est désormais possible. On peut ainsi parler de dynamique dans ce
récit qui pourtant, pour une grande part de l'ouvrage, s'inscrit sous le signe
de l'immobilisme (mère prisonnière de son milieu, puis enfermée dans une
institution ; fils se sentant lui aussi retenu, en difficulté à l'école, puis, plus
tard, se heurtant à la difficulté de l'écriture)[3]. Le texte permet de libérer

---

[2] L'une des dernières phrases du texte reprend ces deux images : « La parturition a duré de
longues, d'interminables années, mais tu as fini par naître et pu enfin donner ton adhésion à la
vie » (p. 156).
[3] La dynamique soulignée est d'autant plus notoire que des allusions récurrentes à un temps
figé parsèment le récit : au « tic-tac de l'horloge scandant les secondes d'un temps qui ne
s'écoule plus » de la première partie (p. 62) fait écho la « nausée du temps qui ne coule plus »

l'énergie créatrice en même temps qu'il libère l'expression de soi par la lumière faite sur le passé. Longtemps crue impossible, une progression s'est enfin réalisée.

L'écriture est donc inextricablement liée chez Juliet à la construction de l'identité personnelle et à la mère. Elle est une activité lentement acquise, difficile et marquée par la souffrance, une conquête sur le langage, mais aussi sur soi, les deux se nourrissant l'un de l'autre. Car si l'auteur a eu besoin des mots pour se raconter, il lui fallait également se connaître et cerner ce qui l'entravait (en particulier un sentiment de culpabilité envers la mère) pour pouvoir le formuler et ainsi s'en délivrer. Ajoutons que l'écriture est le lien qui rend possible la relation à la figure maternelle disparue. Sans elle, point de rapport fils-mère, et point d'identité non plus. Le texte est l'espace dans lequel ce rapport s'effectue et l'écriture l'acte par lequel il advient. Ceci est implicite dans les deux pages de la préface, où il est question de « ces instants que je voudrais revivre avec toi » (p. 8), aveu qui fait de l'entreprise littéraire le moyen de réaliser une proximité et une connivence qui n'ont jamais été. Quelques lignes plus loin est explicitée la démarche dont procède l'ouvrage : « Te ressusciter. Te recréer. Te dire au fil des ans et des hivers avec cette lumière qui te portait, mais qui un jour, pour ton malheur et le mien, s'est déchirée » (p. 8). Le but que se fixe l'auteur est très précisément énoncé : redonner vie à la mère disparue et ce faisant, resouder ce que le destin avait irrémédiablement séparé.

L'auteur est semblable à un démiurge qui crée à partir de l'informe pour lui donner consistance et cohérence. Ceci est d'autant plus vrai que Juliet a dû reconstituer une vie sur laquelle il savait peu de choses. À partir de bribes, il lui a fallu retisser le dess(e)in de la mère, et recomposer un tout signifiant, c'est-à-dire, conférer un sens à la tragédie de sa vie, à celle de sa mort, pour rendre plus supportable l'absence. Par la page et l'encre interposées, la vie de la mère prend peu à peu forme et épaisseur. La question de la véracité demeure secondaire, voire superflue. Peu importe en effet que les détails donnés relèvent de la vie réelle ou de la vie imaginée. Ce qui compte est l'acte de reconstruction auquel ils contribuent et ce qui en résulte, une reconstruction, notons-le, au sens quasi chirurgical du terme, comme on le dit d'un visage défiguré ou d'un membre déchiqueté qu'il s'agit de réparer ; car c'est bien d'êtres et de vies meurtris qu'il est question, que l'écriture cherche, et parvient, à soulager[4].

---

de la seconde (p. 144). Le sentiment du fils d'être « prisonnier de ce temps immobile » (p. 118) rappelle la « vie figée » de la mère (p. 37), comme l'enfermement du premier dans sa solitude et sa souffrance et à rapprocher de l'internement de la seconde en hôpital psychiatrique : « Celui qui se bat contre lui-même, il est claquemuré dans sa solitude [...] » (p. 139).

[4] Un passage en particulier illustre cette fonction de l'écriture : « Médecin, enseignant, écrivain. Selon toi les trois plus belles professions qu'on puisse imaginer. Soigner les corps et

En faisant revivre la mère, le fils s'auto-engendre. Il permet l'avènement d'un nouveau moi, régénéré, rasséréné, enfin délivré d'une culpabilité oppressante, celle d'avoir précipité la mort de la mère. Il est révélateur que soit utilisée à la fin de l'ouvrage la même expression qu'au tout début du texte, « te recréer » (p. 8, p. 140), mais concernant cette fois l'auteur lui-même, non la mère disparue. Par ailleurs se retrouve appliquée au fils la même démarche que pour la mère : un processus de reconstitution de la personne, en faisant « place nette » (p. 140) pour être à même de découvrir son être véritable : « repousser tes limites, trancher tes entraves, te désapproprier de toi-même tout en te construisant un visage » (p. 144). Pour compléter cette analyse, ajoutons que l'auteur note à plusieurs reprises le « besoin » dont procède sa démarche[5]. Il ne s'agit pas d'une entreprise élaborée selon un plan précis répondant à un choix, mais de l'expression d'une demande lancinante qui exige réponse :

> Dès l'adolescence un besoin était apparu en toi, et quand il s'est fait impérieux, si les circonstances avaient empêché que tu lui cèdes, ta santé mentale en aurait été gravement perturbée. Ce besoin, absolument vital, te commandait de travailler sur toi-même en vue de t'unifier, t'amender, croître, accéder à toujours plus de lumière, un espace toujours plus vaste. (p. 150)

L'écriture de *Lambeaux* émane du besoin d'éclairer la part de soi restée dans l'ombre, qui se confond en l'occurrence avec la figure maternelle[6]. Écrire la mère pour devenir fils, « déchiffrer l'énigme » (p. 146) de la mère pour gagner son autonomie, ainsi se présente ce texte où, au fil des mots comme au fil de ces saisons qui scandent l'ouvrage, se façonne un être neuf, adulte, et surtout plus serein[7].

---

les psychés. Former de jeunes esprits, les préparer à la vie. En écrivant, se délivrer de ses entraves, et par là même aider autrui à s'en délivrer. Parler à l'âme de certains. Consoler cet orphelin que les non-aimés, les mal-aimés, les trop-aimés portent en eux. Et en cherchant à apaiser sa détresse, peut-être adoucir d'autres détresses, d'autres solitudes » (p. 126).
[5] On notera le passage suivant : « Jamais tu n'as connu une telle angoisse. Ta volonté ne peut rien contre ce besoin qui s'est emparé de toi et qui vient tout bouleverser. Un besoin de tu ne sais quoi, mais qui te pousse à réfléchir, lire, t'interroger, te demander entre autres si la vie a un sens » (p. 127). Ou encore : « Tu voudrais abandonner. Mais un besoin te possède. Il est si impérieux que tu te sens impuissant à le combattre. Tu ne peux ni écrire ni renoncer à l'écriture. Une situation proprement infernale » (p. 136) ; « cette aventure de la quête de soi dans laquelle tu as été contraint de t'engager. Tenter d'élucider d'où t'est venu ce besoin d'écrire » (p. 152).
[6] La mère adoptive doit aussi être mentionnée. Elle apparaît en effet dans la deuxième partie, et l'auteur note en fin d'ouvrage qu'il a écrit son texte « autant pour elles » (ses deux mères) que pour lui (p. 152).
[7] Charles Juliet s'est exprimé à plusieurs reprises sur la valeur libératoire et régénératrice de l'écriture. On pourra consulter à ce sujet le livre de Rodolphe Barry, *Charles Juliet en son parcours*, Paris, Les Flohic Éditeurs, 2001, 165 p., et l'introduction (rédigée par l'auteur) au

Une illusoire consolation : *Le livre de ma mère* **ou l'écriture ressassante[8]**
Le livre d'Albert Cohen est également un récit autobiographique, mais
presque entièrement dédié à la mère et rédigé à la troisième personne du
singulier, les passages écrits à la première personne étant peu nombreux. Par
ailleurs, alors que chez Juliet, nous avons affaire à une mère que l'auteur n'a
pas connue et qu'il recrée par l'écriture, chez Cohen, la mère a été très
présente dans la vie de l'auteur et son souvenir est encore vivace au moment
de la narration. À la reconstruction à partir du vide chez Juliet, s'oppose
donc la remémoration d'une présence chez Cohen. Mais une analyse plus
serrée permet tour à tour de contraster et de rapprocher les deux ouvrages.
Prenons les premières lignes du livre de Cohen :

> Chaque homme est seul et tous se fichent de tous et nos douleurs sont une île déserte.
> Ce n'est pas une raison pour ne pas se consoler, ce soir, dans les bruits finissants de la
> rue, se consoler, ce soir, avec des mots. Oh, le pauvre perdu qui, devant sa table, se
> console avec des mots, devant sa table et le téléphone décroché, car il a peur du
> dehors, et le soir, si le téléphone est décroché, il se sent tout roi et défendu contre les
> méchants du dehors, si vite méchants, méchants pour rien. (p. 7)

L'évocation de la solitude et de l'enfermement, et le recours à l'écriture pour
tenter d'y faire face ne peuvent manquer de rappeler Juliet. La douleur (mot
souvent repris) est d'ailleurs omniprésente dans les deux textes. Toutefois, la
remise en question implicite de la capacité de l'écriture à panser les
blessures indique déjà l'une des différences majeures entre les deux auteurs.
D'emblée, chez Cohen, le ton désabusé est donné. On peut ainsi lire
quelques pages plus loin, cette constatation sur la futilité d'une évocation
écrite qui donne l'illusion de la proximité :

> Somptueuse, toi, ma plume d'or, va sur la feuille, va au hasard tandis que j'ai quelque
> jeunesse encore, va ton lent cheminement irrégulier, hésitant comme en rêve,
> cheminement gauche mais commandé. Va, je t'aime, ma seule consolation, va sur les
> pages où tristement je me complais et dont le strabisme morosement me délecte. Oui,
> les mots, ma patrie, les mots, ça console et ça venge. Mais ils ne me rendront pas ma
> mère. Si remplis de sanguin passé battant aux tempes et tout odorant qu'ils puissent
> être, les mots que j'écris ne me rendront pas ma mère morte. (pp. 8-9)

Ce constat, d'entrée de texte, indique une démarche à l'opposé de celle de
Juliet. L'écriture et la maîtrise du langage sont en effet pour ce dernier les
moyens privilégiés de cicatriser les blessures et d'accéder à l'autonomie, en

---

recueil de poèmes *Fouilles*, Paris, P.O.L Éditeur, 1998, 240 p. Il faut aussi mentionner le
travail incontournable de Stéphane Roche, *Charles Juliet : Écriture de l'intime et journal de
l'écriture*, Lille, ANRT, « Thèses à la carte », 2004, 718 p.
[8] Albert Cohen, *Le Livre de ma mère*, Paris, Gallimard, 1954, 222 p. Les références données
entre parenthèses sont à l'édition de 1970.

grande partie par la recréation de la vie de la mère. Chez Cohen par contre, l'écriture est perçue dans ses limitations et dans sa pauvreté. La consolation qu'elle offre est présentée comme illusoire, ou au mieux éphémère[9].

Les souvenirs relatifs à la mère sont l'occasion pour Cohen de reconnaître son ingratitude de fils et son insouciance. L'écrire ne sert qu'à se heurter à l'évidence, comme dans ces lignes, représentatives de beaucoup d'autres : « Ô prêtresse de son fils, ô majesté que je fus trop longtemps à reconnaître. Trop tard maintenant » (p. 16)[10]. De telles phrases scandent le récit, comme des sentences venant mettre un terme au souvenir qui fait irruption, par le rappel de la mort et de l'absence. Parfois même, tout un chapitre est consacré au sentiment de la perte et de l'irrémédiable qui étreint l'auteur et le ramène à sa solitude sans qu'il y ait, semble-t-il, d'autre issue possible. Il en est ainsi du chapitre IV, qui commence par ces lignes : « Elle ne parle plus, celle qui parlait si gentiment. Elle est piteusement finie. On l'a ôtée de mes bras comme en rêve. Elle est morte pendant la guerre, en France occupée, tandis que j'étais à Londres » (p. 35). Suit une évocation très directe de la mort, par une succession de phrases à la tournure impersonnelle : « On l'a soulevée, muette, et elle ne s'est pas débattue, celle qui s'était tant affairée dans sa cuisine. On l'a soulevée de ce lit où elle avait tant songé à son fils, tant rêvé des cauchemars où son fils était en péril. On l'a soulevée, raidie, on l'a enfermée et puis on a vissé la boîte » (p. 36). Le chapitre se termine sur la notation d'une double solitude, celle de la mère, dans sa tombe, celle du fils, dans l'espace clos de sa chambre où il transcrit le souvenir qui le ramène implacablement, cruellement, au vide du présent.

Plus le lecteur avance dans le récit, plus précis se fait le portrait d'une relation mère-fils caractérisée par la connivence et une totale dépendance (« chacun était l'unique société de l'autre » p. 58). À cet amour fusionnel vécu au quotidien s'oppose chez Juliet un amour qui s'exprime par-delà la mort et par texte interposé. Le récit de Juliet est propulsé vers un avenir prometteur par la vertu d'une écriture réconciliatrice. Celui de Cohen consacre un immobilisme dû à l'effet paralysant de la mort de la mère et de souvenirs qui ne font que réactualiser la douleur. Quand dans le récit de Juliet se succèdent les étapes de la vie, de l'enfance à la maturité, dans celui de Cohen l'auteur reste le « petit garçon obéissant de dix ans » (p. 64) de son enfance, mais un enfant qui n'a d'autre horizon que la mort, comme s'il ne pouvait survivre à l'existence de celle qu'il adorait : « […] ô sons morts du

---

[9] Ces premières pages sont commentées par Jack Abecassis dans le livre qu'il consacre à l'œuvre d'Albert Cohen, *Dissonant Voices,* Baltimore, The Johns Hopkins University Press, 2004, 246 p. (pp. 89-90).

[10] On citera aussi : « Je ne la reverrai plus jamais et jamais je ne pourrai effacer mes indifférences ou mes colères » (p. 92). Tout le chapitre X (pp. 92-106) pourrait illustrer cette conscience douloureuse d'un passé révolu, en particulier de l'ingratitude filiale que l'auteur, par la force des choses, doit assumer.

passé, fumées enfuies et dissoutes saisons. Les rives s'éloignent. Ma mort approche » (p. 70). La pensée de la mort devient une hantise, investissant le temps et l'espace du narrateur : sa propre mort, mort de la mère, mort imminente d'inconnus croisés dans la rue, mort comme thème littéraire ou encore comme question philosophique. Le texte, qualifié dans les dernières pages de « chant de mort », s'obscurcit par l'ombre portée de la disparition de la mère tant aimée[11]. Parallèlement, la culpabilité envers la mère devient un leitmotiv du texte : culpabilité de ne pas avoir été suffisamment attentif, patient, affectueux, fier d'elle, de lui avoir « si peu donné » (p. 142) ; culpabilité même de vivre quand elle, est déjà morte.

Ces deux ouvrages se font écho (place centrale accordée à la mère, souffrance causée par sa disparition, besoin d'en laisser une trace écrite, sentiment de culpabilité) tout autant qu'ils se distinguent (structure du texte, aboutissement de l'acte de création). L'écriture du *Livre de ma mère* est pour le fils le seul et bien piètre recours ; un pis-aller par lequel l'auteur tente, vainement, de compenser sa négligence passée : « C'est le seul faux bonheur qui me reste, d'écrire sur elle [...] » (p. 103). Il sait la supercherie, mais préfère croire en ces chimères : « Je suis là, trompant ma peine d'orphelin avec des signes à l'encre [...] » (p. 159)[12]. Dans *Lambeaux* par contre, loin d'être un pis-aller, l'écriture est un outil privilégié, un pilier sur lequel se bâtit, certes avec lenteur et difficulté, l'identité personnelle. Elle comble un vide. Chez Cohen, elle ne fait que renvoyer à une absence qu'elle ressasse de manière obsessionnelle, et dont elle ravive la conscience plutôt que de la rendre plus supportable en la transmuant par la création artistique. Libératrice chez l'un, asservissante chez l'autre, l'écriture de ces deux textes révèle non seulement la manière dont sont perçus l'identité personnelle et le rapport à l'absence maternelle, mais aussi l'écriture elle-même quand celle-ci est envisagée dans le réseau des liens qu'elle tisse avec la mère disparue. Nourri par la douleur dans les deux cas envisagés, le processus de reconstruction de la figure maternelle mène à une découverte de soi par l'écriture de la mère chez Juliet quand chez Cohen, ce même processus recrée les conditions de la souffrance et ravive la culpabilité.

---

[11] Quatre textes d'Albert Cohen, ébauche du *Livre de ma mère*, publiés en 1943 et 1944 peu de temps après la mort de Louise Cœn, portent précisément le titre « Chant de mort I, II, III, IV». Sur l'obsession de la mort, voir le livre d'Évelyne Lewy-Bertaut, *Albert Cohen mythobiographe*, Grenoble, Ellug, 2001, 423 p. (partie intitulée « La contagion de la mort », en particulier pp. 195-201).

[12] On remarque également que le texte n'est point envisagé par le narrateur comme une œuvre appelée à durer mais au contraire comme une trace fragile et éphémère condamnée à l'effacement, qui disparaîtra tout comme a disparu la mère : « Ils ne sont qu'en tes fidèles yeux, les gestes de ta mère [...]. Et quand tu mourras, il en restera trois bribes sur ces pages, et ces pages elles-mêmes seront emportées par quelque vent séculaire et elle n'aura jamais été » (pp. 195-196).

La crise de la filiation
chez Proust et chez Houellebecq

Bruno Viard
Université de Provence

> Peut-être, les générations vous paraîtront plus importantes que les classes.[1]

Sans doute y a-t-il quelque ironie et quelque provocation à rapprocher notre plus grand styliste, auteur d'une œuvre cathédrale universellement admirée, avec un déconstructeur à scandale réputé ne pas avoir de style et ne laisser que de la cendre derrière lui. Par delà d'immenses différences, j'espère qu'il y a quelque pertinence à confronter l'auteur qui ouvre le XXe siècle et celui qui le clôt.

Au plan sociologique, Proust, malgré sa critique du réalisme et du naturalisme a laissé une Comédie humaine comme Balzac et comme Zola. A une époque où l'intimisme et le formalisme dominent le roman français, Houellebecq propose une œuvre de grande portée, un diagnostic sur la société occidentale à l'époque de la mondialisation. Les deux œuvres proposent donc à un siècle de distance deux visions panoramiques sociologiquement structurées. Ce n'est pas par ce biais que le thème psychologique de ce colloque nous demande d'aborder les choses.

Les deux œuvres largement autobiographiques de Proust et de Houellebecq contiennent chacune un récit d'enfance dominé par les péripéties de la relation avec la mère. Cette relation commande largement les relations ultérieures avec l'autre sexe et avec l'entière société, jusqu'à la vie elle-même. Dans les deux cas, la psychologie commande le regard sociologique, puis le regard existentiel. Dans les deux cas, autant que sur la relation du fils avec sa mère et sa grand-mère, on se penchera, en aval, sur la relation de ce fils avec ses partenaires féminines pour constater une perpétuation du déséquilibre affectif qui débouche sur l'impossibilité du couple. Chez Proust, un fil discret mais certain relie la déception jalouse dont la mère est l'objet, l'impossibilité de l'amour réussi avec les jeunes filles, et finalement le dégoût du monde et de la vie, puis enfin le saut dans l'art pur. Ce cheminement ne diffère pas de l'itinéraire houellebecquien au terme duquel l'écriture est le dernier rempart contre le suicide.

---

[1] Marcel Proust.

On aura matière à s'interroger sur la *généralisation* à l'œuvre dans les deux cas. Houellebecq ne parle-t-il que de lui ou offre-t-il un juste miroir de notre temps ? De quel droit Proust généralise-t-il, comme il le fait, à *l'amour* et aux *hommes* des analyses qui semblent d'abord ne concerner que la névrose du petit Marcel ?

Il convient de souligner que les rapprochements que suggèrent les deux œuvres procèdent de contextes psychologiques et sociologiques complètement différents. Michel fut un enfant délaissé dans le contexte anomique des années 1960 et 1970, et Marcel un enfant surprotégé dans une ambiance familiale moralisatrice. Alors causes opposées, résultats analogues ?

Il est évident que le monde dans lequel fut projeté le petit Michel diffère complètement du monde proustien. Concernant la famille et les relations sexuelles, le monde houellebecquien est caractérisé par l'anomie pour reprendre un concept durkheimien. Le mariage d'amour est le grand objet de nostalgie, l'idéal perdu. Une citation prise dans *Jean Santeuil* suffira à montrer le chemin parcouru ou perdu : « Un mariage d'amour, c'est-à-dire fait par amour, y serait considéré [selon les anciennes idées de madame Vinteuil héritée de son père, M. Sandré] comme preuve de vice. Mais l'amour suit le mariage et dure toute la vie. Et on ne cesse pas plus d'aimer son mari qu'on ne cesse d'aimer sa mère[2] ». En résumé, si le mariage d'amour n'est pas encore à l'ordre du jour pour la génération des parents et des grands-parents de Jean, il ne l'est déjà plus lorsque les héros de Houellebecq arrivent au monde. Il est dit de Michel : « La génération précédente avait établi un lien d'une force exceptionnelle entre mariage, sexualité et amour[3] »[4]. Cet optimum des relations hommes/femmes dans les années 1960 a malheureusement été balayé par les mœurs californiennes acclimatées en Europe à partir de 1968. Nous avons affaire à deux romanciers qui décrivent une crise de la filiation. Les générations sont au cœur de leur problématique.

Il est un point où *Les Particules* touchent *La Recherche*, ce sont les intermittences du cœur. Parmi les nombreuses occurrences de la mémoire involontaire dans l'œuvre de Proust, l'une touche plus nettement aux sentiments que les autres. Une sensation cinesthésique, l'attitude de se pencher pour délacer des bottines dans un moment de grand épuisement cardiaque ranime l'amour de la grand-mère tant aimée mais que l'adolescent dans son égoïsme n'a guère pleurée à sa mort. Ce texte, peut-être le plus émouvant de la *Recherche*, semble avoir été décalqué par Houellebecq. La grand-mère qui a remplacé la mère de Bruno avec un dévouement admirable

---

[2] *Jean Santeuil*, Pléiade, 1971, p. 877.
[3] *Les Particules élémentaires*, p. 69.
[4] *Les Particules élémentaires* est cité en Flammarion, 1998, *Plateforme* en Flammarion 2001, et *La Possibilité d'une île* en Fayard, 2005.

a péri en renversant sur elle-même une bassine d'huile bouillante pour préparer des beignets de courgette à son petit-fils. Le renvoi au personnage de Proust est presque transparent[5]. Plusieurs années après la mort de sa grand-mère, Bruno se souvient d'elle avec une émotion elle aussi « intermittente » (p. 54), mais tandis que Proust conclut son roman en affirmant: « La vraie vie, c'est la littérature. », Houellebecq écrit : « La vraie vie, c'était la vie avec sa grand-mère » (p. 55).

Le point commun entre les deux romanciers est qu'une relation difficile avec la mère est rattrapée ou compensée par la tendresse réciproque de la grand-mère et du petit-fils. Mais deux différences doivent immédiatement être soulignées. Premièrement, Houellebecq accuse toute la génération 68 occidentale d'abandon d'enfant. La déficience maternelle acquiert donc une portée sociologique. Elle est le symptôme le plus grave de l'extension de la lutte libérale au domaine sexuel donc familial. Le cas de Marcel est tout à fait différent puisqu'il se donne comme singulier, et ne prétend en aucune façon que sa relation avec sa mère puisse être représentative des familles françaises de la bourgeoisie.

Deuxième différence, si Proust et Houellebecq se donnent à voir l'un et l'autre comme des enfants mal aimés par leur mère, il est clair que la plainte de Houellebecq est largement légitime et justifiée : il fut, comme ses personnages, abandonné et remis à la grand-mère par une mère préférant vivre sa vie, son biographe le confirme[6]. La plainte de Proust est complètement abusive. Il fut plutôt un enfant trop aimé devenu tyrannique, et réclamant toujours plus. Le narrateur se décrit comme un enfant qui veut sa mère, un enfant bourreau dont la mère sait qu'elle doit faire un homme, dont la nervosité est le souci de toute la famille, un enfant tyrannique et fusionnel exerçant pressions et chantage, éprouvant du ressentiment devant la contrariété.

Certes une situation névrotique s'est développée chez Proust comme chez Houellebecq, mais pour des raisons opposées. La bonne distance n'a été trouvée ni dans un cas ni dans l'autre. Michel et Bruno furent des enfants délaissés ; Marcel un enfant trop aimé. La mère de l'un fut une mère déficiente, celle de Marcel une mère admirable à laquelle Proust rend justice par ailleurs, quand même.

Trop ou trop peu. Dans les deux cas la pompe qui permet le fonctionnement de relations humaines fondée sur l'équilibre et la réciprocité n'a pas été correctement amorcée. À l'arrivée, l'enfant qui s'est vécu comme mal aimé développe une vision sinistre de la vie qu'on pourrait résumer en la

---

[5] La référence à Proust est explicite p. 239 où Bruno donne une citation de *Du Côté de Guermantes* à commenter à ses élèves.

[6] Denis Demonpion, *Houellebecq non autorisé*, Maren Sell éditeurs, 2005.

disant shopenhauerienne[7]. Houellebecq est hanté par la décomposition, celle de la famille, celle du corps social, celle du corps humain.

Le cas Proust

La question est de comprendre par quel cheminement Proust et son héros en sont venus à partir de la déception originelle, causée par l'absence de la mère, à conclure à la défectuosité absolue des rapports humains en général, et des relations amoureuses en particulier. Ce cheminement est clairement indiqué dans la *Recherche*, mais discrètement. Cette discrétion nous intéresse car elle fait contraste avec la profusion des analyses concernant la psychologie amoureuse ou le snobisme. Certes le narrateur de la *Recherche* répète souvent que l'apaisement que lui procurait le baiser d'Albertine prolongeait celui du baiser maternel. Mais des textes plus rares poussent l'analyse beaucoup plus loin. J'en ai relevé trois.

La scène du baiser maternel refusé est suivie d'une anticipation sur l'attente dont, plus tard, les jeunes filles seront l'objet. « Cette angoisse qu'il y a à sentir l'être qu'on aime dans un lieu de plaisir où l'on n'est pas, où l'on ne peut pas le rejoindre, c'est l'amour qui l'a fait connaître à Swann, l'amour auquel elle est en quelque sorte prédestinée, par lequel elle sera accaparée, spécialisée » (I, 30)[8]. Les amours de Swann, on le sait, ne sont qu'une anticipation de celles du narrateur. Ce texte nous dit que l'angoisse de l'attente de la mère est la matrice, c'est le cas de le dire, des attentes amoureuses futures. Ce texte révèle aussi une dimension jusque-là absente du récit du baiser refusé, la jalousie. Tel est en effet le mot propre pour nommer « l'angoisse qu'il y a à sentir l'être qu'on aime dans un lieu de plaisir où l'on n'est pas. » Le narrateur a donc été jaloux de Swann. C'est un triangle qu'on voit donc se dessiner et non un rapport dual. La suite du texte y revient en insistant sur « la fête inconcevable, infernale, au sein de laquelle nous croyions que des tourbillons ennemis, pervers et délicieux entraînaient loin de nous, la faisant rire de nous, celle que nous aimons » (I, 31). Tous les sentiments mauvais de la frustration, de la jalousie et du ressentiment sont ici en train de s'engouffrer dans la psyché du jeune garçon pour y tracer un pli profond.

Dans un autre passage, la ville de Trieste devient une cité maudite aux yeux du narrateur parce qu'Albertine vient de lui révéler qu'elle y a passé ses « meilleurs années » en compagnie de l'amie de Mlle Vinteuil, et qu'elle connaissait presque aussi bien cette dernière. Il commente : « De Trieste, de ce monde inconnu où je sentais que se plaisait Albertine, où étaient ses souvenirs, ses amitiés, ses amours d'enfance, s'exhalait cette atmosphère

---

[7] Voir Anne Henry, *Proust romancier. Le tombeau égyptien*, Flammarion, 1983, et Floriane Place-Verghnes, *Houellebecq, Maupassant, Schopenhauer et la métaphysique des tubes*, dans « Le monde de Houellebecq », University of Glasgow, 2006.

[8] La *Recherche* est citée dans la Pléiade, éd. Clarac, 1954.

hostile, inexplicable, comme celle qui montait jadis jusqu'à ma chambre de Combray, de la salle à manger où j'entendais causer et rire avec des étrangers, dans le bruit des fourchettes, maman qui ne viendrait pas me dire bonsoir » (II, 1121).

Un troisième texte appartient à un précieux et rare moment d'équilibre instable où le narrateur possède enfin Albertine sans s'être encore tout à fait lassé d'elle. Chaque soir, avant de le quitter, Albertine « glissait sa langue dans [sa] bouche comme un pain quotidien » (III, 10). Ce viatique, cette hostie sacrée a le même « pouvoir d'apaisement » que le baiser de maman dans les lointains soirs de Combray. Proust ajoute : « J'eusse été bien étonné dans ce temps-là si l'on m'avait dit que je n'étais pas entièrement bon et surtout que je chercherais jamais à priver quelqu'un de ce plaisir. Je me connaissais sans doute bien mal alors, car mon plaisir d'avoir Albertine à demeure chez moi était bien moins un plaisir positif que celui d'avoir retiré du monde où chacun pouvait la goûter à son tour, la jeune fille en fleur qui, si du moins elle ne me donnait pas de grande joie, en privait les autres. […] Aimer charnellement, c'était, pour moi, jouir d'un triomphe sur tant de concurrents » (III, 77).

La *Recherche* est donc l'histoire d'un sevrage qui a mal tourné. Le narrateur est déçu et, quand il ne souffre plus de l'absence de sa mère, il souffre de sa présence, conscient de l'abus de pouvoir qu'il est en train d'exercer, de leur mutuel défaut d'autonomie. C'est ce défaut d'autonomie qui se répète chez le futur amoureux, éternel insatisfait incapable de désirer et de posséder en même temps. Avec Maman, le désir compulsif était insatiable, se transformant en ressentiment s'il n'était pas satisfait, en culpabilité s'il l'était. La maladie du désir relève d'une frustration essentielle qui se transforme vite en abus de pouvoir. Même chose avec les jeunes filles. Au lieu que ce soit l'objet, c'est finalement l'obstacle qui fait naître le désir. Bien sûr, quand l'obstacle tombe, l'objet perd tout intérêt. D'où l'alternative insurmontable entre l'angoisse et l'ennui. Angoisse quand Albertine n'est pas là ; ennui quand elle y est. L'intrication est complète et insurmontable entre les nœuds d'affects douloureux éprouvés jadis auprès de Maman et maintenant auprès d'Albertine. Marcel s'y empêtrera cent fois jusqu'à ce qu'il tranche le noeud gordien et fasse le saut dans l'Art pur.

Dans *Le temps retrouvé*, au moment des bilans, tous les plaisirs mondains se trouvent définitivement dévalués. On s'aperçoit que lorsque Proust affirme que « le monde est le royaume du néant », bien plus que le seul faubourg Saint-Germain, c'est l'entière cité terrestre au sens de saint Augustin ou de Pascal qui se trouve disqualifiée. Personne sans doute ne regrettera que Proust se soit livré à une impitoyable critique des snobs et du snobisme. Mais au moment de faire l'addition de ses déceptions, avec ses adieux aux salons du faubourg Saint-Germain, c'est de la politique (l'affaire Dreyfus, la grande guerre), de l'amitié et de l'amour qu'il fait définitivement son deuil (III, 875 *sqq.*) pour embrasser la religion de l'Art. Anne Henry n'a pas tort de dire que la *Recherche* paraphrase les bandits de grands chemins par un retentissant « L'art ou la vie ![9] ».

Le désir proustien est un désir malade qui ne se satisfait jamais de ce qu'il possède, qui désire ce qui est hors de portée, et qui se lasse tout de suite s'il l'obtient. Or ce désir malade est clairement donné comme le résultat de la névrose du petit Marcel et de ses relations infantiles avec sa mère. À partir de là, on ne voit pas ce qui permet à Proust la généralisation à laquelle il se livre quand il se met à parler de l'Amour avec un grand A, des hommes et des femmes en général, et à utiliser le *nous,* comme il fait souvent à la place du *je.* Il y a là, à mon sens, un coup de pouce qui permet d'affirmer que la *Recherche* est une pyramide instable, posée sur la pointe. *Le Temps retrouvé* et l'hypostase de l'art qu'il contient se déploient sur la ruine de tous les engagements intra-mondains au premier plan desquels figure l'amour, mais la démonstration repose sur la plus fragile des bases, la névrose du petit Marcel, la jalousie envers Maman qui se reproduit avec les filles.

Le cas Houellebecq
On compte quatre générations dans les romans de Michel Houellebecq : celle de ses personnages, celle de leurs parents, celle de leurs grands-parents, celle aussi de leurs enfants.

Les personnages contemporains du romancier sont les fils et les filles de soixante-huitards arrivés à l'âge adulte et qui poussent un cri de souffrance accusateur. « Mon père, pourquoi m'as-tu abandonné ? ». Cette génération accuse ses parents d'abandon d'enfant. Elle accuse même l'Occident moderne tout entier d'abandon d'enfant. Janine, la mère de Michel et Bruno, a puisé directement à la source californienne qui a coulé en France à partir de 1968. Nés de pères différents, ces demi-frères qui ne se connaissent même pas ont été expédiés, vite fait, chacun chez une grand-mère, afin que Janine puisse continuer à mener sans contrainte son existence excitante. On compte déjà trois générations directement impliquées dans la problématique houellebecquienne : grand-mères, parents, enfants.

Michel et Bruno dans *Les particules* souffrent du syndrome de l'enfant abandonné. La souffrance est immense et les conséquences effrayantes! Les grands-mères héroïques de Michel et de Bruno n'ont pu que différer la catastrophe, leur assurant une enfance à peu près heureuse suivie d'une adolescence atroce. On a vu que Houellebecq a magnifié ces personnages de grands-mères en les plaçant sous le patronage de Proust.

Seulement la carence initiale se met à faire des ravages à partir de la puberté : le défaut de reconnaissance dont sont victimes Michel et Bruno provoque une inhibition irréversible et douloureuse au moment de leur rencontre avec le monde, particulièrement avec les filles. Michel ne se sert

---

[9] Anne Henry, *Proust romancier. Le tombeau égyptien*, Flammarion, 1983, p. 205.

de sa bite que pour pisser. Bruno, lui, se masturbe en rêvant de fellations. Ni dialogue, ni échange avec aucune fille.

Entre les générations, il n'y a que des ruptures. Bien sûr, Janine, partie en Californie, n'est pas rentrée pour l'enterrement de son père. Ses propres enfants qu'elle a abandonnés répondent à l'indifférence par la haine. L'attitude de Michel et Bruno devant l'agonie de leur mère a tout d'un « Crève salope ! » hurlé en réponse au « Familles, je vous hais! » dont ils ont pâti. Et ça recommence dans *Plateforme*. L'ouverture de *L'Étranger* : « Aujourd'hui, maman est morte. » paraît bien pâle quand on lit celle de ce roman: « Le vieux con était mort » (p. 31). Voilà toute l'oraison funèbre que trouve à faire un fils en deuil.

On retrouve tout ce drame familial dans *La Possibilité d'une île* puisqu'à trente-cinq ans le prophète a eu un fils avec une fille qui s'est suicidée. Il a abandonné ce fils qui a été recueilli par ses grands-parents « amèrement déçus par l'égoïsme jouisseur et irresponsable de leur fils, celui de toute une génération » (p. 321).

Et la quatrième génération ? Celle-là n'est qu'une ombre. Le plus probable est que les enfants du hasard ne produisent à leur tour que des enfants du hasard. Ainsi, Christiane a eu un fils, qui a très mal tourné, sûrement parce qu'elle n'en a pris aucun soin. Il est sûr qu'elle se sentirait plus libre s'il se tuait en moto. Pareil avec le père : « Est-ce que les fils ont vraiment besoin d'un père ? Ce qui est sûr, c'est que lui n'avait nullement besoin d'un fils » (p. 185). Bruno, c'est la même chose : quand il a la garde de son fils, celui-ci reste quinze heures par jour vautré devant la télé. Le pire, c'est le moment du repas, du surgelé, car ils n'ont rien à se dire. On dit que la commensalité est le propre de l'homme...

Jean-Yves, dans *Plateforme*, bénéficie de fellations hebdomadaires tarifées de la part de la *baby-sitter* de ses enfants pendant que sa femme se prostitue dans un club sado-maso. Surpris par son fils, il a ce cri de vérité: « La confusion des générations était grande, et la filiation n'avait plus de sens » (p. 303).

C'est exactement le même désastre dans *La Possibilité d'une île* : Daniel a chassé son propre fils : « La pensée de vivre sous le même toit que ce petit trou du cul m'aurait été insupportable » (p. 321). « Le jour du suicide de mon fils, je me suis fait des œufs à la tomate. [...] Je n'avais jamais aimé cet enfant : il était aussi bête que sa mère, et aussi méchant que son père. Sa disparition était loin d'être une catastrophe ; des êtres humains de ce genre, on peut s'en passer » (p. 30). Houellebecq montre donc la reproduction d'une génération à l'autre de comportements d'enfants mal aimés qui deviennent des parents mal aimants.

Retour à Proust

L'œuvre de Houellebecq se clôt sur un pessimisme noir, qui n'est allégé que par une nostalgie de la famille perdue et un désir intermittent et sans succès de refonder un couple et une famille. Cette velléité n'existe même pas chez Proust. On distinguera le point de départ, *Combray*, et le point d'arrivée, *Le temps retrouvé*. Le saut dans l'art pur se produit au terme d'un enchaînement apparemment rigoureux qui commence par la frustration du baiser refusé en passant par toutes les frustrations que la vie inflige, mais la rigueur de cet enchaînement me paraît souffrir de deux difficultés de structures que je nommerai un coup de pouce et une disparition.

Le bilan de *Combray*, peinture de la famille, est mitigé. Si *Combray* a toutes les qualités d'un paradis perdu, la maison familiale n'est pourtant pas exempte de ridicules, d'un net conformisme moral, d'un certain snobisme aussi. Et c'est bien sûr le lieu de la frustration fondatrice de la conscience proustienne. La figure de la grand-mère est, elle, intacte. Elle rassemble et symbolise toutes les vertus de la famille sans en avoir aucun des petits côtés. Dans ces conditions, au moment des grands bilans du *Temps retrouvé*, l'effacement des valeurs qu'elle incarne constitue une lacune mystérieuse. Une débâcle emporte pêle-mêle l'amour, l'amitié, les salons, les voyages, la politique : tout des prétextes pour se détourner de la seule tâche qui importe, l'œuvre ! Et la famille ? Elle n'est ni défendue, ni récusée : elle n'est tout simplement pas convoquée. À cela, deux raisons simples peuvent être avancées. Premièrement, il faut être deux pour faire un couple et une famille, or l'impossibilité du couple a été établie. La deuxième raison est extérieure à la *Recherche*, mais non à Proust : l'homosexualité. Bien sûr, ces deux obstacles qui se rejoignent pour empêcher la formation d'un couple hétérosexuel sont insurmontables, mais du coup, il n'est pas fait justice aux valeurs authentiques incarnées par la grand-mère, qui ont accompagné l'éducation du narrateur et qu'il a redécouvertes de façon si bouleversantes dans son cœur intermittent. Tout se passe comme si par une nouvelle intermittence du cœur inversant la précédente, la tendresse était à nouveau occultée et que ce soit sur cette occultation que s'élève le tremplin qui permet le saut dans l'art pur, lequel n'est pas présenté comme un choix personnel, mais comme une injonction adressée à quiconque se soucie de vivre « la vraie vie ». Quelles raison aurais-je d'accomplir ce saut si je ne suis pas homosexuel et si j'aime ma femme ?

Le coup de pouce, je l'ai déjà suggéré, c'est la généralisation à l'entière humanité d'une crise qui ne concerne que le petit Marcel. La disparition, c'est celle des valeurs de tendresse incarnées par la grand-mère. Le résultat de ce coup de pouce et de cette disparition, c'est le pessimisme sec de l'œuvre proustienne que j'illustrerai d'une seule citation qui serre le cœur, extrait de *Jean Santeuil*, mais que toute la *Recherche* vient confirmer : « [Jean] comprit que si nos amours pour les choses ressemblent à nos amours pour les personnes et les vanités [...], pourtant nous aurions tort de croire qu'il y a dans ces amours le même néant que dans les autres [...]. S'il ne voudrait plus recommencer à aimer mademoiselle Kossichef, il recommencerait toujours à aimer avec les mêmes délices à écrire au soleil malgré le vent en regardant la mer » (JS, 391).

La conclusion provisoire de *Jean Santeuil* indique pourtant ce qu'aurait pu être la *Recherche* si Proust avait emprunté un autre chemin. Intitulé *La vieillesse des parents de Jean*, ce chapitre contraste avec la *Recherche* où les parents du narrateur s'estompent sans mourir, ni même vieillir, et où la conclusion du phénomène générationnel et de la filiation est escamoté. La conclusion de *Jean Santeuil* est au contraire une méditation sur la succession des générations. Jean voit que par amour pour lui, sa mère éprouve de l'indulgence et de la sympathie pour des personnes que sa morale aurait dû condamner comme un journaliste mêlé à des affaires louches ou une femme qui a eu des amants, parce qu'ils apprécient Jean et peuvent le protéger. « L'amour est notre grand initiateur », commente Proust décrivant la mère de Jean devenue plus tolérante envers la vie mondaine, et finissant par aimer même les défauts de son fils. Celui-ci ressemble à tous les jeunes de sa génération, lesquels ont sur leurs parents une influence comparable. « C'est la loi de ces générations de se laisser tendrement dominer par celle qui vient après elle, comme la vague s'infléchit caressante sous la vague qui bondit joyeusement sur elle » (p. 875).

En réalité, ce n'est pas un phénomène éternel comme le flux et le reflux que décrit Proust, mais une rupture historique profonde. Il continue en effet en écrivant : « Les changements dont nous parlons se réaliseront dans les fils de son fils s'il en a, peut-être en ce fait que ce fils n'aura pas de fils, mais pas en elle ». C'est donc la rupture du lien de filiation qui est en train de se jouer, soit que Jean n'ait pas de fils, soit qu'il ne lui porte pas le même amour parce que pour lui la famille ne sera pas sacrée. Proust salue avec émotion cette famille dont les préjugés irritaient tant l'adolescence de Jean : « Cette maison, regardez-la une dernière fois, [...], c'est la maison antique ». De telles maisons, on en voit qui se ferment chaque jour, mais on n'en voit pas qui se reconstruisent, et Proust se demande pour quelle femme désormais, « son père et sa mère, son mari et son enfant seront tout » (p. 877).

Cette page semble résumer la bifurcation proustienne, devant le dilemme nietzschéen « Aut liberi aut libri ». Proust a préféré les livres aux enfants non sans jeter un regard attendri sur le choix opposé que faisaient ses ancêtres bourgeois depuis les vieux romains. La problématique générationnelle est exactement celle de Houellebecq puisque lui aussi décrit une rupture de filiation, mais il en porte le deuil beaucoup plus que Proust, certes nostalgique dans la fin de *Jean Santeuil*, mais qui a fait le choix opposé dans *Le temps retrouvé*.

Philippe Vilain se penche sur le miroir de son enfance

Sabine van Wesemael
Université d'Amsterdam

Philippe Vilain, ex-amant d'Annie Ernaux, est l'auteur de quatre romans et d'un recueil d'essais intitulé *Défense de Narcisse*[1]. Dans *Le renoncement*[2] Vilain décrit comment jeune étudiant en littérature, il est tombé amoureux d'une vendeuse beaucoup plus âgée, Catherine. Vilain entre sans cesse dans une relation cannibalique avec d'autres écrivains. Ainsi, *Le renoncement* se présente-il comme une réécriture de l'*Adolphe* de Benjamin Constant, le narrateur ne sachant pas non plus aimer assez la femme plus âgée qui lui sacrifie tout. Vilain souffre comme Adolphe de l'inconstance. Il est incapable de persévérer dans ses sentiments, de s'attacher véritablement à Catherine :

> Les hommes se vantent de coucher avec des femmes mûres, ils ne pensent pas en tomber amoureux. J'étais moi aussi persuadé de ne jamais aimer une femme plus âgée. C'est seulement parce que ces différences m'exposaient à un certain nombre de risques et donnaient un caractère insolite, intense, à mon quotidien, que j'avais décidé de vivre cette expérience. L'amour s'apparentait à un jeu. (p. 43)

C'est également pour se distraire, pour dissiper son ennui qu'Adolphe a séduit une femme entretenue et de même que Vilain il n'éprouve son attachement qu'à travers la souffrance qu'il lui inflige. *Le renoncement* est une tragédie de l'amour qui s'éteint. Le roman peint le malheur de l'impuissance d'aimer causée par la fixation à une figure maternelle.

Vilain aime les femmes dans leur maturité. *L'étreinte*[3] raconte une autre relation avec une femme plus âgée, Annie Ernaux. Ce roman a suscité de vives controverses, le dévoilement de l'intime d'un personnage public étant par certains jugé obscène, outrageux, indigne de figurer dans un texte littéraire. Le roman pècherait contre toutes les lois de la bienséance, de la galanterie, des usages. Dans *Défense de narcisse*, Vilain refute cette accusation d'impudeur en insistant sur le caractère altruiste de toute autobiographie, le don de soi étant, selon lui, un des mérites du genre :

> Ces deux remarques intéressent en ce qu'elles questionnent la signification profonde de l'intime, en laquelle reposerait l'espoir d'une refondation *extimiste* éloignée de tout narcissisme, en ce qu'elles offrent aussi et encore, à un genre aussi dévalué que l'autobiographie, la possibilité d'investir le monde extérieur et d'être investi par lui,

---

[1] Philippe Vilain, *Défense de Narcisse*, Grasset, 2005.
[2] Philippe Vilain, *Le Renoncement*, Gallimard, 2001.
[3] Philippe Vilain, *L'Étreinte*, Gallimard, 1997.

d'accorder à l'intime le pouvoir *transpersonalisant* de cristalliser une mémoire collective. (p. 93)

L'auteur dépasse son rapport à l'intime par un désir d'extimité. Le don de soi est un simple partage de soi. *La dernière année*[4], finalement, est un roman de commémoration qui décrit la lente agonie du père de Vilain atteint d'un cancer de la gorge en phase terminale. En fait, l'enfance résonne à travers toute l'œuvre de Vilain, une enfance extrêmement difficile marquée par l'alcoolisme du père et par l'absence de la mère. Vilain raconte comment son père, saoul, menace de se suicider obligeant le petit garçon à intervenir, il parle des cures de désintoxication et de sa mort prématurée à l'âge de cinquante-quatre ans. La mère, par contre, est réduite à l'absence et au néant ; elle ne joue qu'un rôle très effacé. Ne supportant la consommation excessive d'alcool de son mari, elle décide de le quitter, lui et son fils. Départ qui cause l'effondrement physique et moral du père :

> Bien qu'il s'y soit préparé depuis des mois, mon père était très affecté par ce départ. Il ne travaillait plus. Il dormait beaucoup, se lavait rarement, mangeait peu, restait toute la journée prostré dans le canapé, le regard tourné vers la porte d'entrée [...]. Quelque chose dans sa vie était cassé.[5]

S'impose l'idée d'une présence en creux, d'une mère dévalorisée qui apparaît comme un objet toujours déjà perdu. Nous y reviendrons. Pour Vilain, l'enfance est le vrai réservoir de la création littéraire. Il retourne sans cesse à ses années d'enfance malheureuse. Grosso modo son œuvre est érigée en une critique du mythe de l'enfance. Ce qui reste de l'enfance se résume à la solitude et la souffrance. *La dernière année* apparaît ainsi comme une variante misérabiliste du *Combray* de Proust :

> Longtemps les premières pages d'*A la recherche du temps perdu*, dans lesquelles le narrateur de Proust décrit les rites du coucher dans sa demeure de Combray, l'attente fiévreuse du baiser de sa maman, m'ont fasciné. Chez moi, le soir, au moment du dîner on regardait *Les Jeux de vingt heures* à la télévision [...]. Après, mes parents s'engueulaient plus ou moins [...]. Ma mère se couchait toujours après moi. Elle ne venait pas m'embrasser, me raconter des histoires.[6]

Vilain pose et s'expose, il se met en scène. Il avoue ouvertement la dimension autobiographique de ses romans dont les je-narrants peuvent plus ou moins être assimilés à l'auteur. Certes, Vilain prend plaisir à se contempler et à se montrer mais il se défend d'être un solitaire égocentrique qui ne s'occupe que de lui-même. Dans *Défense de Narcisse*, il dit qu'écrire

---

[4] Philippe Vilain, *La dernière année*, Gallimard, 1999.
[5] Philippe Vilain, *L'Étreinte, op. cit.*, p. 14.
[6] Philippe Vilain, *La dernière année, op. cit.*, p 27.

sur soi n'est pas forcément céder au narcissisme, à l'exhibitionisme ou à la thérapie. Selon lui, la littérature ne permet jamais de retrouver de soi qu'une image imparfaite, un fantôme, une ombre. L'autoportrait véridique est toujours une entreprise chimérique :

> Peu importe qu'Annie Ernaux ait été, dans la réalité, différente de celle que je décris, que ce portrait soit conforme ou non à la femme qui existe réellement dans la mesure où mon imaginaire jaloux a de lui-même déformé son image, exagéré ses traits, modelé la femme réelle en personnage énigmatique contradictoire, transformé notre histoire en fiction. Ainsi, la question – que je me suis nécessairement posée au moment de révéler l'intimité d'un personnage public – d'écrire un récit autobiographique dans les faits seraient la transcription fidèle de la réalité se révèle sans fondement. Ma jalousie est elle-même un roman.[7]

L'œuvre de Vilain est une œuvre d'ambiguïté en ce qu'il oscille constamment entre les pôles fictionnels et autobiographiques. L'autobiographie est un miroir mais un miroir déformant. Vilain ne peut certes pas être rapproché du Narcisse mythique, ce très jeune homme tout nu, assis près d'une source, s'aimant dans sa propre image. Ceci n'empêche que l'auteur décrit en quelque sorte l'état mental de Narcisse en ce sens qu'il met sans cesse en lumière le procédé de dédoublement. C'est un effet complexe de miroirs qui compose les romans de Vilain. Toutes sortes d'épreuves de miroir sont situées au milieu de ses récits. Bien sûr, toute autobiographie, et peut-être même toute œuvre artistique, est en elle-même un miroir. Dans *Défense de Narcisse*, Vilain remarque à ce propos :

> Il y a en effet une grande contradiction dans le fait d'accuser un texte autobiographique de narcissisme et de lui dénier, en même temps, toute capacité propre d'imagination, puisque la particularité de l'imagination autobiographique est justement de provenir de sa capacité de dédoublement narcissique qui permet au sujet de s'inventer un double, idéal ou non, et de rendre possible une forme d'autofictionnalisation. (p. 119)

Se mettre en fiction, c'est devenir un personnage de soi-même. Écrire sur soi conduit fatalement à se rater, à représenter l'image d'un autre, d'un double. Ce que le regardant aime tient autant du plaisir de voir sa propre image que du plaisir de se percevoir lui-même comme un autre, et d'être, pour ainsi dire, regardé par un autre.

Mais la métaphore du roman-miroir joue aussi à un autre niveau : Vilain aime se mirer et cherche son image dans la lecture des grands maîtres de la littérature française : Benjamin Constant, Proust et surtout Ernaux sont ses principaux modèles. Dans *Défense de Narcisse*, il introduit la notion de littérature épigonale, une forme de littérature qui entre sans cesse dans un jeu

---

[7] Philippe Vilain, *L'Étreinte, op. cit.*, pp. 68-69.

d'intertextualité avec d'autres écrivains. *L'Étreinte* a engendré *L'Occupation* d'Ernaux et prolonge un texte antérieur : *Passion simple*. Les textes entretiennent d'étroites correspondances entre eux et proposent à leur manière des variations recommencées d'une même liaison. L'œuvre d'Ernaux met donc en place une sorte de dispositif spéculaire par lequel Vilain s'admire. Répétition et développement parallèle, c'est-à-dire composition en fugue, variations sur un thème unique (la jalousie en l'occurence) modulé par des voix différentes qui finalement s'entrecroiseront. Vilain déclare en toute transparence ses intentions, révèle l'origine de ses emprunts en tirant presque un insolite orgeuil à proclamer son hérédité littéraire comme s'il souhaitait aussi, au-delà d'établir un contrat d'hypertextualité en règle avec son lectorat, forger sa filiation et affirmer son identité. L'écriture d'Ernaux contamine celle de Vilain. Ils exploitent la même thématique (la jalousie par exemple) et les deux décrivent le milieu modeste dont ils sont issus et le sentiment de honte qui en résulte. Ernaux a honte de son père qui ne se rase que trois fois par semaine et de sa mère qui doit consulter une encyclopédie pour savoir qui était Van Gogh et la conduite du père fait également souvent honte à Vilain : « Une fois, pour un pari stupide, encouragé par toute l'équipe, il monte sur une table, descend son pantalon, son slip. Il exhibe sa queue devant tout le monde [...]. Je pleure[8] ». Vilain est bien conscient qu'Ernaux est en quelque sorte son double :

> En relisant ce que j'écris, je m'aperçois que je me suis imprégné de son style, de ses expressions que j'ai reprises tantôt à mon issu, tantôt sciemment. Toute son écriture est en moi et me possède, bien plus que je ne la possède. Je voudrais que nos écritures, ainsi entrelacées, se rejoignent.[9]

Vilain apparaît comme le fils littéraire d'Annie Ernaux. Il pratique une manière d'écriture jalouse et incestueuse, une sorte d'Œdipe d'écriture. En l'occurrence c'est un peu comme si on plaçait deux miroirs face à face qui se renverraient indéfiniment leurs vertigineux reflets. Or, cette captation imaginaire, ce stade du miroir n'est pas sans ambiguïté, non seulement parce que, comme Proust l'a déjà signalé, toute projection est fragile et vouée au leurre mais aussi parce que Vilain ressent également le besoin de se défaire de cette symbiose avec une femme plus âgée :

> La littérature m'avait permis de réaliser un matricide littéraire, consistant *in fine* à m'affranchir de l'influence tutélaire exercée par ma mère substitutive, à tuer mon

---

[8] Philippe Vilain, *La dernière année*, op. cit., p. 53.
[9] Philippe Vilain, *L'Étreinte*, op. cit., p. 95.

modèle littéraire par le même instrument qui m'avait fait, pour ainsi dire, renaître au monde : l'écriture.[10]

En fin de compte l'affrontement avec son propre double est une épreuve redoutable. C'est qu'Ernaux, et d'ailleurs aussi Catherine de *renoncement*, figurent un double possible de la mère. Les perspectives se réflètent de nouveau. Ses affaires amoureuses invitent Vilain sans cesse à une relecture de son enfance ce qui place résolument son œuvre sous le signe de la régression : « Me replaçant dans l'intérieur jaloux, je retrouve des sentiments entrevus sur la personne de mon père ou éprouvés dans mon enfance ; à l'inverse, il me semble que je dois puiser dans mon enfance pour saisir, à partir de situations et de sensations anciennes, une vérité plus profonde sur l'histoire qui me liait à une femme plus âgée[11] ».

Vilain s'essaie à des opérations complexes de substitution, d'abord celle de la femme-mère avec laquelle il désire fusionner et qui lui permet de vivre une enfance différée, attardée. C'est Annie Ernaux qui lui chante des chansons drolatiques et lui lit des passages de *La Prisonnière* de Proust pour l'endormir : « Mes parents ne m'ont jamais chanté une seule comptine, ou lu un seul livre durant mon enfance[12] ». De femme-texte, Ernaux se transforme en femme-mère. Lorsqu'ils sont à Venise, le narrateur constate : « Elle m'observait derrière ses lunettes de soleil, comme une mère attentive aux premiers moments de son fils[13] ». Et Catherine de *Le renoncement* apparaît elle aussi comme figure superposée de la mère : « Tout ce qui me concernait la concernait ; tôt ou tard, mes petits soucis devenaient les siens. Elle avait pour moi une sorte d'attention maternelle » (p. 16). C'est sur ces femmes-mères que s'est transféré le besoin de tendresse. En même temps, en s'engageant dans des relations « honteuses », Vilain risque sa vie comme autrefois son père risquait la sienne en abusant de l'alcool.

Or, cette bonne mère peut d'un coup être inversée en un mauvais dédoublement et n'être plus qu'un déguisement de la mauvaise mère. N'oublions pas que Vilain garde contre sa mère une rancune hostile. Ce n'est pas par hasard si Vilain choisit des femmes qui ne peuvent plus être mère. Enfant, il ne cesse de se disputer avec sa mère qui adopte sans cesse une position morale en condamnant l'ivresse de son père : « Craignant ses crises d'hystérie, je réduisais mes déplacements dans la maison, manipulais les objets uniquement par nécessité et avec d'infinies précautions. Je manifestais à son égard une sorte d'indifférence qui, je m'en rends compte maintenant,

---

[10] Philippe Vilain, *Défense de Narcisse*, *op. cit.*, p. 67.
[11] Philippe Vilain, *L'Étreinte*, *op. cit.*, p. 88.
[12] *Ibidem*, pp. 42-43.
[13] *Ibidem*, p. 45.

devait la faire souffrir[14] ». Le principal grief de l'enfant contre sa mère, c'est d'avoir fait pleurer son père en lui imposant une séparation dont sa tendresse ne voulait pas. Dans la psychanalyse, l'expression « glace sans tain » peut être utilisée dans le sens péjoratif de regard maternel voilé ; miroir qui ne rend aucun reflet postif. Peu à peu l'identification avec la femme-mère est négativisée. Vilain commence à se méfier de son double. Se révèle l'autre fonction du miroir, sa nature dangereuse et le risque d'engloutissement dont il est porteur, s'ouvre le combat avec un double mauvais. Vilain entre en lutte avec ces femmes comme, enfant, il était si souvent entré en lutte avec sa mère. Ernaux est aussi la figure de la mère terrible :

> À l'instant même où je redescendais le cours de sa vie, où je commençais d'admettre ses vérités et peut-être ses mensonges, ses ébats avec de jeunes hommes maintenant vieillis que je croyais reconnaître parfois au détour de mes promenades, je me mettais à la détester comme j'avais si souvent détesté ma mère de faire des allusions à ses premiers flirts, d'avoir évoqué un passé lourd d'images et de situations dont j'avais toujours ignoré l'existence.[15]

Ernaux a suffisamment de pouvoir et de volonté pour se dégager de l'empire d'un homme qui n'a jamais cessé de procéder à une identification négativisée. Elle finit par quitter Vilain et son départ lui rappelle celui de sa mère :

> Mais pour la punir de m'avoir quitté, je m'efforçais de voir en elle toute une série de mauvaises femmes : la mère qui me reprochait ma façon de m'habiller ou de lire l'*Équipe* ; le professeur qui corrigeait systématiquement mes erreurs de syntaxe ; la maîtresse arogante qui m'avouait son désir plus grand pour A ; la femme altière qui prétendait que je ne l'oublierais jamais.[16]

Si Ernaux est mère, elle est souvent traitée avec hostilité. Certes, Vilain est amoureux de ce qui reflète à la fois son être, et de la femme qui se trouve en face de lui. Il a besoin de cette femme parce qu'il veut retrouver en elle son propre reflet, la conquérir afin de conforter sa propre position. Et ce besoin de se perdre, de plonger, de prendre un bain de lumière, bref, de se dissoudre dans l'être aimé est l'un des temps forts du narcissime de l'auteur : « J'étais fier d'avoir atteint à la fois l'écrivain par met mots et d'avoir pénétré l'intimité d'une femme que je devinais submergé de sollicitations masculines[17] ». Vilain recherche la gloriole à travers les femmes. Ernaux sert de faire-valoir, de tremplin pour sa gloire personnelle.

---

[14] Philippe Vilain, *La dernière année, op. cit.*, p. 76.
[15] Philippe Vilain, *L'Étreinte, op. cit.*, p. 81
[16] *Ibidem*, p. 85
[17] *Ibidem*, p. 19.

Seulement, il ne réussira jamais à la capturer. Comme chez Proust, à qui Vilain renvoie souvent, l'être désiré ne lui présente que des apparences qu'il n'est pas capable de percer, une énigme perpétuelle qu'il s'épuise à déchiffrer ; tous les témoignages lui sont suspects. Vilain se transforme graduellement en surveillant soupçonneux. En principe Ernaux, et d'ailleurs aussi Proust qui lui servent de miroir narcissique devraient revêtir des caractères positifs. Mais le processus d'identification se négativise parce que le miroir ne permet pas à ce niveau la fusion avec l'autre. C'est surtout après la lecture de *Passion simple* que Vilain commence d'être jaloux : « Il suffisait d'un mot, d'un geste ou d'une action de sa part pour raviver la douleur que m'avait causée la relecture de son livre. Je me suis aperçu qu'elle reproduisait avec moi les mêmes choses qu'avec A décrites dans *Passion simple* [...][18] ».

Là se révèle l'autre fonction du miroir, sa nature dangereuse. Le reflet provoquant du miroir que constitue *Passion simple*, persiste à n'offrir que jalousie. A, l'amant d'Ernaux se transforme également en double mauvais. Vilain se retrouve dans la peau du narrateur de *La Prisonnière*, recherchant scrupuleusement le mensonge derrière les paroles d'Ernaux et tourmenté comme lui par une jalousie qu'il entretient croyant que son mal est à la fois la cause et la conséquence de son amour pour elle.

C'est alors que l'influence du père se fait sentir. Son père c'est d'abord la tendresse, c'est l'indulgence, c'est le miroir dans lequel on peut se mirer sans crainte :

> Comment n'ai-je jamais détesté mon père au regard des humiliations qu'il m'a fait subir enfant ? Pourquoi n'ai-je conservé la moindre rancune envers un homme qui a gâché mes premières années ? Ces questions, que je me pose pour la première fois, demeurent sans réponse. En écrivant, au contraire, je prends mieux conscience de l'attachement démesuré que je porte à mon père, de l'extrême dépendance que j'ai toujours eue à son égard, de notre complicité qui, aujourd'hui encore, nous fait souvent penser les mêmes choses au même moment et rire des mêmes plaisanteries. Même si cette complicité s'est forgée contre ma mère.[19]

Paternité revient chez Vilain à signifier des caractéristiques de sensibilité, de vulnérabilité et d'intimité. Il survalorise ce qu'il y a de 'maternel' dans la paternité : à la mauvaise mère, il oppose le père nourricier alcoolique. Il y a une maternité virilisée et une masculinité maternelle. Chez Ernaux, les rôles sont d'ailleurs aussi inversés : son père épluche les pommes de terre tandis que sa mère tient la comptabilité. Son père est tendre et doux, sa mère

---

[18] *Ibidem*, pp. 51-52.
[19] Philippe Vilain, *La dernière année, op. cit.*, p. 54.

endurcie et rude. Vilain éprouve la tentation de prolonger avec ses maîtresses quelque chose de la sécurisante relation qui l'unissait à son père :

> Lui [son père] et Catherine étaient en quelque sorte unis par mes secrets [il lui a caché l'alcoolisme de son père]. Je les associais toujours dans mon esprit comme une sorte de couple modèle. On aime souvent l'autre à travers le monde qu'il représente ou qu'il suggère, un souvenir ou un idéal dans lequel on a la possibilité de se replonger ou de projeter ; à travers Catherine, c'était aussi une part de mon père que j'avais dû reconnaître.[20]

L'affection de Catherine et d'Ernaux ravive en lui le souvenir de l'amour de son père. En elles il désire retrouver quelque chose de l'affection désintéressée de son père. Mais ce père idéalisé, instance archaïque toute puissante malgré son alocoolisme, lui transmet aussi la crainte. C'est que son père était toujours très jaloux de sa femme et craignait la perdre :

> Lorsque je ne l'entendais plus [Ernaux est au téléphone], je me la représentais en train de se masturber sous la voix de A. Poussé par la curiosité, je m'approchais du second téléphone [...]. Une fois, en me voyant dans cette position, j'ai revu mon père, accroupi dans le couloir, qui espionnait silencieusement ma mère en train de téléphoner [...]. Effrayé de reproduire une scène que j'avais occultée depuis de nombreuses années, je me suis éloigné du téléphone. L'impression que mon père m'avait transmis le virus de la jalousie.[21]

Comment stopper l'hémorragie d'images qui coulent en cascade de son enfance, toutes ces images auxquelles il s'était efforcé depuis des années de ne plus penser. Vilain et son père soupçonnent leurs femmes de les tromper. *Passion simple* est d'ailleurs le livre de chevet de son père. La blessure narcissique infligée sera si douloureuse que Vilain, de même que le narrateur de Proust, simule la séparation jusqu'à l'extrême limite. Il a l'impression de se dédoubler, d'être deux personnes différentes, prisonnier et tortionnaire :

> Plusieurs fois, dans la nuit, excédé d'attendre sa réponse, je tentais mon dernier coup en jouant la séparation. Je me relevais du lit et préparais mon sac. Elle m'enfermait. Je lui arrachais les clés des mains. Debout, en nuisette, la tête et le buste secoués de larmes, elle criait de toutes ses forces. Ses cris déchirés me rappelaient les cris de ma mère m'implorant de rentrer les soirs où je restais le plus longtemps possible au bord de la Seine pour ne pas assister à leurs disputes.[22]

Agressivité et dissimulation des sentiments déterminent en fin de compte les rapports entre Vilain et Ernaux. Vilain revient sans cesse sur l'idée qu'Ernaux, tout comme sa mère autrefois, exerce le pouvoir de chosifier

---

[20] Philippe Vilain, *Le Renoncement, op. cit.*, pp. 66-67.
[21] Philippe Vilain, *L'Étreinte, op. cit.*, pp. 60-61
[22] Philippe Vilain, *L'Étreinte, op. cit.*, p. 65.

l'homme, de transformer sa masculinité en objet littéraire. Il insiste sur l'inversion des rôles qui attribue à la femme le pattern du comportement masculin doublé d'une dimension castatrice, phallique (elle possède le statut, écrit des livres, faits les premiers pas et cetera) et qui attribue à l'homme, timide, sans réel statut l'indécision féminine. Vilain se sent intimidé par Ernaux :

> Que ce soit dans son monde ou dans le mien, tout me persuadait que je n'avais pas ma place auprès d'Annie Ernaux. J'étais complètement paralysé à l'idée de prononcer un mot devant elle. Je ne savais pas à quel moment intervenir dans la conversation. Je bégayais et rougissais comme à douze ans, dans les repas de famille, lorsqu'une tante me posait une question et que tous les regards se tournaient sur moi, comme à dix-sept ans, les fois où je devais téléphoner devant ma mère pour prendre un simple rendez-vous chez le coiffeur. Je pensais que je lui faisais honte.[23]

Ernaux est Écho, la personnification du reflet de soi acoustique. La mythologie nous dit qu'Écho aimait Narcisse qui ne sut pas l'aimer. La destinée d'Écho est depuis toujours inscrite dans le psychisme de son amant qui, à chaque aventure, croit rencontrer son double miraculeux, le reflet féminin de lui-même qui doit compléter, cimenter, dans l'illusion unitaire, sa fragile identité. Le face à face avec le miroir répond au besoin d'une réassurance de l'être. Il met en évidence le désir obsessionel de confirmation d'une identité qui ne se démente pas.

Or, le palliatif à une dépersonalisation trop douloureusement ressentie est la création d'un faux-moi, d'une personnalité comme si. Tout se passe comme si Vilain ne peut se sentir vivre et posséder que dans la transposition artistique, comme si l'écriture seule était capable de contourner le manque qui le dévaste et de lui procurer quelque sentiment de réalité :

> De même, pensant à ses futurs amants, j'écris ce livre pour marquer mon territoire. Ils sauront qu'elle m'a appartenu, que je l'ai enfermée dans un livre, écrite. Ils se rendront compte qu'elle ne fait que reproduire avec eux ce qu'elle faisait avec moi. Mon écriture agira encore après publication.[24]

Cette démarche comporte évidemment le risque de réduire la pratique littéraire à cette activité strictement réflexive dont on sait que meurt Narcisse. Dans *Défense de Narcisse*, Vilain se montre conscient du fait que la littérature autobiographique risque d'être qu'une vaste entreprise de deuil : « Si le mythe de Narcisse enseigne que l'amour de soi ne condamne à d'autre issue que la mort, l'amour de soi dans l'écriture autobiographique

---

[23] *Ibidem*, pp. 90-91.
[24] *Ibidem*, p. 93.

entretient lui aussi un voisinage dangereux avec l'absurde de la mort et semble sublimer par les mots une tentation suicidaire » (p. 19).

Ultime surprise, et non des moindres, ce que Vilain découvre après s'être arrêté chez Narcisse, c'est la pulsion de mort. C'est comme pour nous montrer que l'envers du narcissisme est décidément le vide. Écrire c'est faire son deuil (la mort du père et la séparation avec l'être aimé qui est encore une forme de deuil), mais en même temps c'est un travail inversé d'exhumation, de résurrection. Après la mort de son père, Vilain dépose une lettre entre ses mains : « Moi qui ne suis pas superstitieux, moi qui ne crois en aucune forme de réincarnation, j'ai dû penser qu'il pourrait la lire, que les mots seraient du fond de sa mort la seule chose encore capable de nous relier[25] ».

Les duplications apparaissent donc comme partie fondamentale de la dynamique textuelle des romans de Vilain. Nombreux sont les têtes-à-têtes spéculaires, les moments où Vilain se contemple dans le miroir. Or, cette réthorique de la récurrence, s'inscrivant dans le cadre d'une problématique régressive, autobiograhique, remet en cause le modèle traditionnel du genre. Le récit autobiographique est toujours lié à un certain narcissime mais Vilain ne cède pas au péché d'autoglorification : les doubles, déterminés par les figures parentales, s'avèrent en fin de compte mauvais et proposent plutôt une idée de malheur. Contrairement à Narcisse qui s'aime dans sa propre image, chez Vilain la rencontre avec le double est plutôt traumatisant.

---

[25] Philippe Vilain, *La dernière année, op. cit.*, pp. 80-81.

La relation mère-fils dans les œuvres fictionnelles et auto-fictionnelles d'André Gide

Diana-Adriana Lefter
Université de Pitesti, Roumanie

Préambule

André Gide est l'un des écrivains français qui marque la fin du XIXe siècle et la première moitié du XXe siècle surtout par le fait qu'il manifeste dans ses productions littéraires une mentalité souvent d'avant-garde par rapport à celle de l'époque.

Les relations familiales préoccupent Gide et trouvent une illustration non indifférente dans sa création romanesque, même si cet aspect n'est pas primordial. Beaucoup d'écrits fictionnels et auto-fictionnels de Gide suivent la construction du moi d'un personnage central masculin, parachèvement individuel dans lequel l'interaction avec la mère a une importance singulière. Ne citons que André Walter, ou Michel ou, plus tard, André Gide, personnage de *Si Le Grain...*

Certes, en considérant tous les cas d'André Walter, de Michel ou de Jérôme, on ne pourra pas ignorer un fait de nature biographique : la forte influence que Madame Paul Gide a exercée sur son fils André, une influence qui n'est pas contrebalancée par celle du père.

Notre travail se propose d'analyser les relations fils-mère dans quelques écrits gidiens et de monter en quoi la figure maternelle marque le développement ultérieur du fils. Notre approche n'est pas de nature biographique, parce qu'il est évident que, réduire les fictions de Gide à de simples auto-fictions, ce serait une perspective aussi simpliste qu'erronée. Nous voulons montrer que, chez la plupart des personnages masculins que nous analysons, il se manifeste un comportement narcissique dans l'attachement envers la mère ou envers la femme aimée, ce qui n'est pas sans rappeler la relation Narcisse-Echo dans le mythe classique de Narcisse.

La figure maternelle – pôle de la formation du moi ; la vie derrière l'œuvre

Chez Gide, la femme en tant que figure maternelle peut influencer par l'autorité la formation du moi. Si la mère manque à l'univers familial du personnage masculin gidien, cela n'est pas sans conséquences, parce que l'être qui subit cette expérience cherche la composante maternelle dans les autres femmes qui peuplent sa vie.

Les différentes expériences que Gide a traversées le long de sa vie, et surtout ses relations avec les femmes de sa famille ont fortement marqué sa manière de construire les personnages féminins de ses écrits fictionnels. Parmi toutes les figures féminines se détache certainement celle de la mère, dont l'étroitesse ne tarde pas à créer chez l'enfant un complexe d'infériorité et un sentiment de peur qui le marquera toute sa vie. Ainsi, l'image qu'il laisse de sa mère, forte, autoritaire, est de loin plus précise que celle qu'il donne de son père.

Un autre événement qui marque la perception des femmes chez le jeune Gide est la découverte qu'il fait, à l'âge de treize ans, de l'infidélité de sa tante Mathilde Pochet, mère de Madeleine, un épisode qu'il transformera en fiction dans *La Porte étroite*, lorsque Jérôme fait la découverte de l'infidélité de sa tante Lucile Bucolin.

La relation d'André Gide avec sa cousine Madeleine Rondeaux ne manque pas de problèmes et de confrontations. Il s'agit d'une relation influencée dans le même temps par leur éducation religieuse puritaine et par la peur de Madeleine devant les relations charnelles, suite à la découverte de l'infidélité de sa mère.

Les personnages gidiens que nous avons évoqués dans le préambule de notre travail ont un problème réel pour découvrir leur virilité et atteindre ainsi leur maturité. Cette démarche les situe presque toujours dans une relation directe avec le corps féminin : mère, sœur, épouse.

L'union avec la femme ne se réalise que dans le rêve, c'est à dire dans un double fictionnaire de la réalité :

> Ainsi le rêve témoigne-t-il chez Gide de ce que Freud appelait une mentalité infantile, archaïque. Ceci est rendu particulièrement sensible par ce qui semble être son enjeu principal : le rêve est un monde où règne la mère, monde du refuge auprès d'elle ou de l'impossibilité de se détacher d'elle ; il met en scène les difficultés de l'entrée dans l'âge adulte, avec la problématique de la carence du père.[1]

André Walter et Michel notamment, ont un comportement ambivalent vis-à-vis de la mère, qui oscille entre l'attrait de la fusion et les réactions de révolte, entre l'amour et la haine. Ce type de personnage est marqué par l'instinct de mort : « lié là encore à la prédominance des mécanismes psychiques archaïques chez l'homosexuel[2] ». Cet instinct se matérialise dans des pulsions agressives, destructives, contre le corps de la mère. Par exemple, dans les *Cahiers d'André Walter*, l'écrivain fait mourir sa mère pour réussir à se trouver. Pourtant, cette mort n'est pas libératoire, parce qu'elle conduit le jeune Walter à l'angoisse, à l'errance et à la mort.

---

[1] Alain Goulet, *L'Écriture du rêve chez André Gide* in *Travaux de littérature* XIII/2000, Klincksieck, 2000, 7 p., p. 318.
[2] Alain Goulet, *Fiction et vie sociale dans l'œuvre d'André Gide*, Lettres modernes Minard, 1985, 543 p., p. 421.

Michel, à son tour, reste longuement partagé entre son foyer, sa femme, la tentation représentée par l'enfant arabe et l'aventure que lui présente Ménalque.

Ni la mort de la mère, ni même celle de la femme-épouse ne libèrent le héros-narcissique car, séparé de la figure féminine, il se sent incomplet et en proie à l'angoisse. D'autre part, il ne peut se libérer et se trouver dans l'absence des deux Imagos de la mère et de la femme-épouse.

Les personnages gidiens en quête du moi construisent leur virilité et l'accès à l'âge adulte dans leurs relations avec les femmes, avec le corps féminin – mère et femme. L'image de la femme protectrice – mère, sœur ou amante – est préférée par Gide dans une première étape de sa création artistique. Ce type de femme est incarné par Ellis dans *Le Voyage d'Urien*, par Emmanuèle et par Lucile des *Cahiers d'André Walter* et surtout par la Marceline de *L'Immoraliste*, figure-reflet de la figure de Madeleine, épouse et mère à la fois, mais qui maintient Michel dans une adolescence prolongée, l'empêchant de s'accomplir.

Dans les œuvres du début, telles *Les Cahiers d'André Walter*, la figure de la femme se confond souvent avec la figure de la mère, une vision qui témoigne des fantasmes d'une sexualité infantile qui cumulent leurs effets angoissants. À cause de cette confusion qui se produit surtout dans les moments de rêverie, ou proches de la rêverie, « la femme désirée est non seulement interdite, mais porteuse d'interdiction[3] ».

La femme est, dans tous les cas mentionnés, un élément qui déclenche le processus de prise de conscience, elle est porteuse de l'instrument de la connaissance, elle représente l'Autre par rapport à qui il faut se définir : « Voir la femme comme autre est nécessaire à la vision vraie du moi[4] ».

Le long des différentes époques de création, Gide, accorde des sens divers au double Masculin / Féminin. Nous décelons dans ce rapport trois sous-catégories : *homme / femme angélique*, marqué par le mythe de Narcisse, *homme / femme miroir*, influencé toujours par le mythe de Narcisse et *homme / femme antagonique*, placé sous le signe du mythe de Thésée.

L'ordre n'est pas indifférent. Tout d'abord, le point de repère est toujours *l'homme* ; *la femme* se définit par rapport à, par comparaison avec, l'homme. Puis, se pose le problème de la distance qui sépare le masculin du féminin : elle est réduite entre l'homme et la femme angélique, un peu plus grande entre l'homme et la femme-miroir et plus grande encore entre l'homme et la femme antagonique, un type de relation dont nous ne nous occupons pas dans le présent travail.

---

[3] Alain Goulet, *L'Écriture du rêve chez André Gide* in *Travaux de littérature* XIII/2000, Klincksieck, 2000, 7 p., p. 310.
[4] Peter Brooks, 'Le Corps dans le champ visuel in Littérature' – Littérature et psychanalyse – nouvelles perspectives, numéro 90, mai 1993, 12 p., p. 23.

Les trois catégories énumérées plus haut caractérisent par ailleurs des étapes différentes dans la création de Gide. Ses débuts littéraires sous le signe du symbolisme préfèrent la *femme angélique*, fortement liée à l'image maternelle ou à celle de la sœur, telle Emmanuèle des *Cahiers d'André Walter*. La fin du XIXe siècle, époque des œuvres-charnière, incarne la *femme-miroir*, comme Marceline de *L'Immoraliste*. Enfin, la dernière époque de création nous présente une *femme antagonique*, comme Phèdre de *Thésée*.

Il convient dès le début de remarquer, que presque sans exception, le rôle primordial est tenu chez Gide par le personnage masculin. Il est celui qui regarde la femme et impose un point de vue sur elle. La femme, par contre, se laisse regarder et, si elle ne s'efface pas devant l'homme, elle est détruite par la force ou par l'influence de celui-ci. La plupart des femmes qui peuplent l'œuvre gidienne, qu'elles soient mères, épouses ou amantes, sont vouées à la mort ou à l'anéantissement : « La femme est donc enfermée dans son ghetto de besognes routinières, en même temps qu'elle est auréolée de ses vertus d'abnégation, de dévouement, de sacrifice[5] ».

Il est à remarquer une préférence évidente de ces personnages pour le corps de l'homme : voilée chez André Walter pour qui la femme est un substitut de la sœur, réprimée chez Michel qui voit dans Marceline une mère protectrice. C'est que tous ces personnages sont dominés par leur côté Narcisique et ils voient par conséquent dans le corps de l'homme leur double à connaître. Ensuite, ils prennent conscience de leur propre corps et des désirs de la chair.

En fait, si André Walter songe encore à un amour éthéré et irréel avec Marthe ou Marie, pour Michel, le regard se pose uniquement sur le corps masculin. Quand il s'arrête, une fois, sur Marceline, ce n'est qu'un regard *banal*[6], qui ne va pas au-delà du vêtement.

Le désir amoureux ou la maternité sont interdits aux femmes, parce qu'ils les conduisent à leur perte. Pourtant, la femme dépasse le rôle de simple élément de décor : par son autorité maternelle, dans le cas de la mère, ou par l'autorité qui lui est conférée par son ascendant sur l'homme, dans le cas des épouses et des amantes, la femme reste chez Gide une composante essentielle à laquelle le héros en quête du moi se rapporte dans son long chemin de la découverte.

---

[5] Alain, Goulet, *Fiction et vie sociale dans l'œuvre d'André Gide*, Lettres Modernes Minard, 1985, 543 p., p. 261.
[6] Jean-Claude Kaufmann, *Trupuri de femei, priviri de bărbați*, Nemira, 1998., 293 p., trad. roumaine Violeta Barta-Nathan, édition française 1995. *Le corps banal* est le corps qu'on regarde sans le voir. Il apparaît dans la normalité et devient « invisible » justement grâce à sa « normalité ».

Chez Gide, il y a deux types d'amour entre l'homme et la femme : la *philia*, qui lie l'homme à la femme angélique ou à la femme-miroir et l'*éros*, qui le lie à la femme antagonique. De la femme angélique à la femme antagonique, les héroïnes gidiennes traversent un processus de *féminisation*, comme nous allons le montrer par la suite.

La femme angélique

Chez Gide, l'amour de l'homme narcissique et la femme est plutôt la *philia*, un amour filial ou fraternel, ce qui fait que la femme qui se trouve en rapport avec ce type d'homme est presque « asexuée », dans le sens que l'amour-éros, l'amour sensuel et la maternité lui sont interdites, parce q'ils se prouvent porteurs de mort.

André Walter, le premier Narcisse de Gide, essaie de construire sa vraie identité en se libérant d'une double influence féminine : celle de la mère et celle de la femme aimée, sa cousine Emmanuèle. La mère représente pour André Walter le repère autoritaire qui jalonne son existence, même après sa disparition physique. La communication avec la mère et, plus tard avec Emmanuèle, se réalise à la frontière entre le rêve et la réalité : « J'ai tâché de lire, de penser... la fatigue assoupit ma tristesse ; il me semble l'avoir rêvée[7] », dit André en parlant de sa mère.

Pour réussir à se découvrir, André Walter essaie de construire des doubles dans lesquels il puisse se mirer pour se trouver. Si dans l'espace fictif de l'écriture André construit Allain, qui est le reflet idéal de ses désirs, dans l'espace réel il veut former sa cousine Emmanuèle à sa propre image ; l'âme gémelle dont il ne soit jamais séparé. Pour André Walter, le désir n'est pas charnel, mais plutôt intellectuel et platonique.

L'écrit fragmentaire *Les Cahiers d'André Walter*, montre un jeune André Walter à la fois cultivé, curieux et sensible. Son éducation puritaine lui ayant inspiré un profond dégoût du monde matériel, il s'occupe presque exclusivement de sa vie intérieure et combat les sollicitations de la chair. Son amour de l'idée pure est si total que l'existence ontologique de la réalité physique est réduite au miminum. C'est pourquoi l'union avec la femme est entièrement spiritualisée et apparaît comme un vague mysticisme.

Întâlnirea erotică începe cu viziunea corpului dorit. Îmbrăcat sau gol, corpul este o prezenţă, o formă care, timp de o clipă, este toate formele de pe lume. Abia îmbrăţişăm această formă şi deja nu o mai percepem ca pe o prezenţă şi o atingem ca pe o materie concretă, palpabilă, care nu încape în braţe şi este totuşi nemărginitp. Îmbrăţişând prezenţa, încetăm de a o mai vedea, iar ea, la rândul ei, încetează de a mai fi o prezenţă. Dispersia corpului dorit: vedem nişte ochi care ne privesc, un gât peste care cade lumina lămpii şi apoi reintră în întuneric, strălucirea unei coapse, umbra care

---

[7] André Gide, *Les Cahiers d'André Walter* in *Œuvres complètes I*, NRF Gallimard, 1933, 154 p., p. 28.

coboară de la ombilic la sex. Fiecare fragment are o viață proprie, dar trimite la totalitatea trupului. Trup care, dintr-o dată, a devenit infinit. Trupul perechii mele nu mai este o formă, se transformă într-o substanță informă și imensă în care mă pierd și mă regăsesc în același timp. Ne pierdem ca persoane, ne regăsim ca senzații. Pe măsură ce senzația devine mai intensă, corpul pe care îl îmbrățișăm devine tot mai imens. Senzația infinitului: ne pierdem corpul în acel corp. Îmbrățișarea carnală este apogeul și pierderea corpului.[8]

Le même texte présente la figure féminine d'Emmanuèle dont André tombe amoureux à cause de la forte ressemblance comportementale entre la jeune femme et sa mère. Ce type d'attachement, *philia*, est rapidement remarqué par la mère d'André, qui s'efforce de mettre fin à la relation entre les deux jeunes, parce qu'elle anticipe le danger auquel ils s'exposent : « Il serait bon que tu quittes Emmanuèle... Votre affection est fraternelle, – ne vous y trompez pas[9] ».

La femme angélique est presque « asexuée », dans le sens où elle ne constitue pas l'objet du désir masculin. Sa figure se rapproche beaucoup de celle de la mère ou de la sœur et l'érotisme envers ce type de femme ne se manifeste que dans le rêve. Le corps de la femme se spiritualise et devient aussi immatériel que l'interaction entre le corps masculin et féminin. L'acte devient l'imagination de l'acte :

L'un contre l'autre, si près qu'un même frisson nous enveloppe, chanter la nuit de mai avec des mots extraordinaires, puis, quand toute parole s'est tue, rester longtemps, croyant cette nuit infinie, les yeux fixés sur une même étoile, laissant sur nos joues approchées nos larmes se mêler, et se confondre nos âmes en un immatériel baiser.[10]

Lors de leur séjour à L*** M***, la femme aimée est logée dans la chambre de Lucie, la sœur morte d'André. La présence de la femme dans la chambre de la sœur n'éveille pas chez André un désir sensuel, mais le bonheur de sentir de nouveau la présence de l'absente. Les figures des deux femmes semblent se confondre. Si André regarde une femme, cette femme n'est pas sa bien-aimée, car la figure de celle-ci s'est effacée derrière le portrait de Lucie :

... On t'avait fait habiter la chambre de Lucie. Il semblait que la chère morte ne l'eût pas quittée tout entière. [...] Au milieu de tout cela, tu vivais d'une vie comme passée déjà et ancienne : sa mémoire partout éparse autour de toi te faisait plus pensive. Le soir, je retrouvais son profil disparu dans l'ombre de ta tête penchée, - ta voix, quand

---

[8] Octavio Paz, *Dubla flacara. Dragoste si erotism*, Humanitas, 1998, 207 p., p.190, trad. roumaine Cornelia Radulescu, édition espagnole 1993.
[9] André, Gide, *Les Cahiers d'André Walter* in *Œuvres complètes I*, NRF Gallimard, 1933, 154 p., p. 29.
[10] *Ibidem.*, p. 41.

tu parlais, me faisait souvenir. Et bientôt votre mémoire à toutes deux se confondait indécise.[11]

Comme bon nombre d'autre écrits gidiens, *Les Cahiers d'André Walter* est construit sur des doubles, sur une image reflétée, telle l'image de Narcisse dans l'eau de la rivière. André Walter trouve deux doubles : Emmanuèle, son double idéal, sa « sœur », et Alain, son double fictif, l'image qu'il veut créer de soi-même. Dans l'amour pour la figure féminine d'Emmanuèle, André Walter ne s'éloigne par du mythe classique de Narcisse qui refusait l'amour des femmes, parce que cette Emmanuèle qu'il aime n'est pas du tout féminisée dans le sens d'une femme désirable ; son côté féminin est son côté fraternel. Jean Delay voit dans l'amour de Walter pour Emmanuèle un narcissisme moral, « l'amour d'Ego pour Echo[12] », mais à la différence de Walter, Narcisse « pousse l'ostracisme jusqu'à ne plus vouloir se souvenir de l'amour d'Echo[13] ».

La valorisation excessive de la figure maternelle ou de la sœur, conduit le héros à la perte du désir sexuel. Ainsi, la femme ne représente-t-elle qu'un support, un être protecteur vers lequel, se réfugiant, l'homme cherche la paix et la tranquillité de l'enfance. Ce type de femme acquiert ainsi une dimension tragique ou du moins problématique, parce que l'amour-éros lui est refusé.

La femme-miroir

Dans *La Porte étroite*, Gide construit une histoire de la découverte d'un homme, Jérôme, en interaction avec une femme, Alissa, dans lequel il se mire pour s'observer, mais aussi pour découvrir sa différence. Cette relation entre Alissa et Jérôme prend souvent consistance dans le monde du rêve.

Jérôme se trouve dans une position d'infériorité par rapport à sa cousine. Tout d'abord, c'est sa situation familiale qui le force à être hôte dans la maison des Bucolin. Puis, c'est l'âge : Alissa est de deux ans plus âgée que lui. Enfin, c'est sa timidité qui l'empêche de s'approcher de sa cousine et de lui avouer son amour. Même plus, à une première approche, Alissa est, dans les yeux de Jérôme, frappée d'interdiction, à cause de sa forte ressemblance physique avec sa mère. Or, Lucile avait mis entre elle et le reste du monde une barrière infranchissable.

Il y a deux épisodes emblématiques dans la relation de Jérôme et Alissa. Il s'agit tout d'abord de l'épisode du jardin de la maison, lorsque Jérôme écoute en cachette la conversation d'Alissa avec son père, il ne peut parler pour signaler sa présence.

---

[11] *Ibidem*, pp. 40-41.
[12] Jean Delay, *La Jeunesse d'André Gide*, Gallimard, 1956, 541 p., p. 119.
[13] *Ibidem*, p. 120.

Un deuxième épisode est le rêve d'Alissa, un rêve dans lequel Jérôme est mort :

> - J'ai fait un triste rêve, me dit Alissa, au matin d'un de mes derniers jours de vacances. Je vivais et tu étais mort. Non : je ne te voyais pas mourir. Simplement il y avait ceci : tu étais mort. Nous étions séparés et je sentais qu'il y avait moyen de te rejoindre ; je cherchais comment, et, pour y arriver, j'ai fait un tel effort que cela m'a réveillée.[14]

Il est signifiant de rappeler que cet épisode d'une possible séparation définitive se produit au moment où Jérôme et Alissa s'étaient avoué leur affection. La mort de Jérôme, telle qu'elle apparaît dans le rêve d'Alissa, est une séparation irréversible, qui se produit lorsque l'amour aura été avoué :

> L'effacement de Jérôme est à cet égard aussi significatif que l'effacement de Marceline. Il montre aussi que Gide ne sépare point son art de sa vie, qu'il aura beaucoup de mal à insérer dans son œuvre cette vertu d'indifférence qui permet à l'artiste de ne point se sentir engagé par sa création.[15]

Jérôme et Alissa incarnent l'impossible étreinte, ils appartiennent à des espaces spirituels différents et incompatibles. Alissa refuse tout contact avec la matérialité. Pourtant, elle ne garde pas cet amour illimité de soi-même qui fait Narcisse tomber amoureux de sa propre image. Au contraire, Alissa est toute en générosité, même si ce sentiment finira par la perdre. Sa fin correspond à celle de Narcisse : la perdition. En voulant conserver la pureté de son âme, elle la détruira. Ainsi, la phrase du Christ qu'Alissa reproduit à Jérôme est celle qui caractérise le mieux l'existence et la fin d'Alissa : « Celui qui veut sauver sa vie la perdra[16] ».

Alissa n'est pas éprise d'elle-même et, de plus, elle ne veut pas refléter la perfection, mais une image détournée, enlaidie. Elle ne se reflète pas dans le présent, mais dans le passé, et cette image déformée et déformante a justement le but d'en éloigner tout attachement amoureux. Parlant de son image devant les autres elle emploie les mots « fantôme » et « figure imaginaire[17] », justement pour marquer la distance entre la laideur présente et la beauté d'antan.

On pourrait dire qu'Alissa, être égocentrique, a essayé toute sa vie de trouver dans son cousin Jérôme cette réflexion parfaite dont elle puisse tomber complètement amoureuse. Cette permanente quête lui sert pour se connaître, pour se découvrir, et pour se condamner finalement à la solitude, déçue par le monde tangible. Dans ce refus de la réalité et de l'amour d'un mortel, dans le choix de l'ascétisme comme voie de l'accomplissement

---

[14] André Gide, *La Porte étroite* in *Œuvres complètes V*, NRF Gallimard, 1933, 170 p., p. 108
[15] Ramon Fernandez, *Gide ou le courage de s'engager*, Klincksieck, 1985, 132 p., p. 42.
[16] André Gide, *La Porte étroite* in *Œuvres complètes V*, NRF Gallimard, 1933, 170 p., p. 195.
[17] *Ibidem*, p. 197.

personnel, Alissa a essayé de trouver une réflexion non pas dans son image, mais elle a voulu tomber amoureuse d'une fausse image, celle qu'elle s'était créée de son cousin.

Dans *L'Immoraliste*, le processus évolutif que traverse Michel est une vraie création, dans le ses de la découverte de soi, de la recherche de la vraie identité. Le couple Michel – Marceline représente les deux facettes du monde[18]. Michel est encore non-manifesté, parce qu'il n'a pas encore découvert son *moi*, mais il représente un archétype, pendant que Marceline est une *actualisation* d'un des désirs cachés de Michel, à savoir la composante maternelle. Le personnage gidien, celui archétypal, Michel dans notre cas, a comme but primordial la découverte du monde extérieur, de la nature en général et de celle humaine en particulier, principalement par la communication corporelle. Pour ce faire, il doit découvrir dans une première étape son corps et ensuite son *moi*. La démarche est la découverte par l'intermédiaire de *l'autrui*. Alors, il se réconcilie avec sa propre nature, avec cet *autre* qui est juste dans soi-même, et commence à communiquer avec cet *autre*. Cet *autre* est *l'étranger* – étranger à soi-même, aux mœurs du temps, mais annonçant une libération imminente.

La relation entre Michel et Marceline se rapproche en quelques points de celle entre Narcisse et Echo.

Une première remarque porte sur les actions et sur les gestes de Marceline : ils ne sont presque jamais indépendants, mais ils anticipent ou répondent à ceux de Michel. C'est elle qui porte Michel dans les jardins où il rencontre l'eau, c'est elle qui l'emmène à la maison des jeunes arabes, c'est toujours elle qui soigne Michel pendant sa maladie. Même la maladie de Marceline peut être vue comme une réponse et aussi comme une conséquence de la maladie de Michel.

Leur union, même si c'est un mariage, est un acte échoué, puisque l'amour charnel ne les pousse pas l'un vers l'autre. Si la possession charnelle se produit, elle n'est pas le résultat de la passion de l'homme pour sa femme, mais plutôt un défoulement, une preuve de la force de posséder. Entre les deux mariés, l'étreinte est pratiquement impossible, et c'est toujours Michel celui qui la refuse, qui fuit au toucher de sa femme.

De plus, cette union qui ne s'est produite qu'une fois conduit immanquablement à l'anéantissement, à la disparition de Marceline. Sa grossesse n'est pas signe de vie, parce qu'elle vit cet état comme une

---

[18] La tradition chrétienne présente la création comme apparaissant d'une séparation : Dieu sépare les eaux du commencement, MAIM, les eaux d'au-dessus la terre, respectivement celles d'au-dessous, dans MI – le monde de l'unité archétypale non-manifeste et dans MA – le monde de la multiplicité manifeste à de différents niveaux de réalité.

maladie, et en fait cette grossesse la conduira à la mort. Marceline meurt, donc, comme Echo perd son corps, pour avoir trop aimé Michel.

Il est à remarquer une préférence évidente, pourtant réprimée de Michel pour le corps de l'homme. Il voit dans le corps de l'homme son double qui est à connaître. Ensuite, ce sera la prise de conscience de son propre corps et des désirs de la chair. En fait, pour Michel, le regard se pose uniquement sur le corps masculin. Quand il s'arrête, une fois, sur Marceline, ce n'est qu'un regard « banal »[19], qui ne va pas au-delà du vêtement.

Conclusion

Comme nous avons essayé de montrer, souvent, pour les personnages gidiens, la famille est centrée autour de la figure maternelle, qui devient à la fois modèle et élément contraignant. Parfois, l'influence de la mère sur son enfant s'avère castratrice, empêchant le jeune de chercher à l'âge mature une femme désirable. Son attention se focalise plutôt sur des femmes qui lui rappellent la figure maternelle. Dans la maturité des personnages, la figure maternelle se projette et se prolonge dans celle de l'épouse, ce qui conduit à un rapport paradoxal parfois entre l'homme et sa femme.

---

[19] Nous utilisons ce terme toujours dans le sens que lui attribue Kaufmann et que nous avons précisé antérieurement.

Franz Hellens,
« *Naître et mourir* ou la fusion avec l'élément maternel »

Aurora Manuela Bagiag
Université « Babes-Bolyai », Cluj-Napoca
Université de Haute Alsace, Mulhouse

L'image de la mère domine l'univers obsessionnel de Franz Hellens (1881-1972), écrivain belge de langue française, promoteur, entre autres, du roman poétique de veine autobiographique. La « suite romanesque » *Naître et mourir* (1948)[1], amalgame de récits, lettres, fragments de journal, souvenirs et transcriptions de rêves, regroupés autour du personnage de Frédéric, se construit sur les multiples enjeux de la métaphore maternelle. Se manifestant à la fois dans son expression directe, qui est l'attachement érotique de l'enfant mâle au parent de sexe opposé, et sous forme symbolique, voire la modulation du thème par la poétique de la liquidité, ainsi que son orchestration dans l'aventure de la création obscure du texte littéraire, la fascination pour la mère informe ce roman. Notre étude essaiera de dégager, à travers une analyse en trois volets, le rayonnement de l'image matricielle – la fusion avec la mère – dans les différentes couches de l'objet littéraire. Dans un premier temps nous nous attarderons sur le rapport complexe, mélange d'amour maternel/ filial et d'érotisme sublimé, qui se dessine entre Frédéric et sa mère. De la vision des seins maternels, au récit qu'elle lui fait de sa conception mystérieuse et à la superposition de cette Nativité à l'image de la maternité de Clotilde, la femme de Frédéric, le héros baigne dans un univers nourricier. Si le fils redécouvre dans toutes les figures féminines de sa vie – amante, épouse, fille – l'élément maternel, inversement, la mère devenue veuve, fait de son fils une figure symbolique de la virilité, qui remplace le père et lui prélève l'autorité.

Nous tenterons ensuite de surprendre la modélisation du matériel psychanalytique par le biais de la symbolique aquatique. Le thème de l'eau, élément inquiétant par profondeur et obscurité, est inconsciemment associé au désir ainsi qu'à l'imaginaire de la mort. La polarisation sexuelle des éléments, voire la situation du fluide et de l'obscurité du côté du féminin, et du soleil et de la pierre du côté du masculin, opère aussi chez Franz Hellens l'esquisse d'un mythe identitaire. L'ascendance flamande de Frédéric, son appartenance au pays des eaux et des brumes du Nord, se conjugue avec la revendication d'une origine espagnole, d'une filiation patrilinéaire.

---

[1] Franz Hellens, *Naître et mourir*, Paris, Albin Michel, 1948, 413 p.

Nous considérerons enfin l'insertion de l'élément primitif – la nature et la vie qui recommencent et se renouvellent continuellement – dans le travail artistique qui s'exerce lui aussi sur une matière vivante. La composition du roman, évoquée par son auteur en termes de « fécondité », engendre le mythe d'un développement embryonnaire de l'œuvre, qui procède par segmentation et différenciation des feuillets narratifs. Des indices d'une poétique aquatique, qui se retrouvent au niveau macrostructural dans des réseaux d'images qui jouent sur l'effet de miroir, le double, le reflet, se conjuguent avec une conception moderne de l'aventure esthétique.

Frédéric, un nouvel Œdipe

Tout en postulant comme pôles de sa fiction « la naissance » et la « mort », Hellens structure la vie de ses personnages, autour d'un « axe invisible ». C'est Frédéric, protagoniste et avatar de l'écrivain, qui joue le rôle de catalyseur, non seulement dans l'amalgame de « récits » qui composent le roman, mais dans l'ensemble de l'œuvre hellensienne d'inspiration autobiographique. Le Frédéric de *Naître et mourir* est celui qui (se) raconte dans la « trilogie de l'enfance », dans *Le Naïf*[2], *Les Filles du désir*[3] et *Frédéric*[4], mais, comme le remarque son auteur, le héros « a vécu[5] ».

La fascination qu'exerce sur le jeune homme la figure de la mère procède dans le roman des mêmes fantasmes que l'enfant d'autrefois manifeste. Assumant le statut de confident et écoutant le récit de l'annonciation de sa venue au monde, Frédéric pénètre dans le mystère d'une scène originaire sublimée. Dans le chapitre intitulé « Son troisième enfant », Frédéric vit la révélation de son être en tant qu'œuvre absolue de sa mère. Pétri par celle-ci, tout au plus produit de la fécondation de l'étang par le regard maternel, il a été formé comme une nouvelle créature au milieu de la nature. Le père est en quelque sorte absent de la conception, assis à côté de sa femme qui contemple l'étang, mais absorbé dans son étude. C'est à elle seule de pressentir la nouvelle vie, en accord avec les mouvements d'une nature prolifique, d'une chaleur couveuse, d'une eau grouillante de vie. Le « long, le dur, le doux travail de la maternité » est accompli par la mère-nature : « Tu t'étais annoncé dans la nature. C'est là que tu as grandi. Longtemps avant que tu vins au monde, je t'avais déjà construit en moi, je t'avais prêté toutes tes qualités[6] ».

---

[2] Franz Hellens, *Le Naïf*, Paris, Emile-Paul, 1926, 300 p.

[3] Franz Hellens, *Les Filles du désir*, Paris, Gallimard, 1930, 224 p.

[4] Franz Hellens, *Frédéric*, Paris, Gallimard, 1935, 260 p.

[5] Franz Hellens, Documents secrets. Histoire sentimentale de mes livres et de quelques amitiés (1905-1956), Paris, Albin Michel, 1958, p. 271.

[6] Franz Hellens, *Naître et mourir*, Paris, Albin Michel, 1948, p. 133.

L'engendrement se poursuit dans l'esprit de la mère, qui insiste sur la bivalence d'un événement situé sous les auspices de la naissance et de la mort : « je n'aurais su dire si c'était la mort ou une nouvelle vie qui m'attendait[7] ». Ce n'est pas seulement pour dire que cette naissance a lieu comme un triomphe de la vie au milieu d'un univers qui comprend également la mort. Deux femmes enceintes de l'entourage de la mère perdent leurs enfants, deux orages violents dévastent leur jardin, des animaux se noient sous la pluie. Cependant ce n'est pas à l'axiome : « Le spectacle de la mort excite l'instinct de vivre[8] » d'expliquer la mystérieuse symbiose entre la mère et l'enfant, qui se confondent dans le néant pour renaître ensemble : « Imagine-toi, non pas le jour de la résurrection, mais un oubli complet de la veille, et l'apparition du matin comme une véritable naissance, comme un de ces commencements chargés de toutes les acquisitions des âges précédents, qui donnent à la vie un goût si fort[9] ».

Se faisant précédé par « de signes si différents » et naissant « à une lumière que les premiers [enfants] n'avaient pas connue[10] », le « nouveau venu » se revendique d'une union exceptionnelle avec sa mère.

L'essai de constituer un triangle familial où l'enfant reconnaisse ses géniteurs en tant que couple n'est pas toutefois absent. La mère réclame pour le père sa part dans ce produit mystérieux : l'enfant ne ressemblera à personne, sauf « à lui, à lui seul[11] ». Cependant l'attribution de certains traits institue une ambiguïté essentielle dans la perception que la mère a du fils et du père. Déclarer l'enfant en tant qu'héritier d'une part de « primitivité », d'« un air d'enfance désarmée[12] », des attributs du père, censés l'avoir séduite, c'est rendre réversible le vecteur de l'axe de filiation. Est-ce le père que la femme reconnaît dans la figure de son enfant ou est-ce l'enfant qu'elle pressent en regardant son mari ? En termes lacaniens l'œdipe se joue entre « être le phallus » (de la mère) et « avoir le phallus » (du père)[13]. L'enfant occupe le ventre maternel de la même façon que le membre paternel.

Le jeune Frédéric oscille lui aussi entre la rivalité envers la loi du père et la volonté de fonder son identité sur la double filiation matrilinéaire et patrilinéaire. Si le père intervient pour mettre fin, par sa simple présence, au récit de la mère, ce récit dévoile cependant « un secret qui [leur] appartient en commun[14] ». La scène du repas pendant lequel Frédéric essaie de découvrir son unité de sujet, de se reconnaître comme un être visiblement

---

[7] *Ibidem*, p. 131.
[8] *Ibidem*, p. 137.
[9] *Ibidem*, pp. 132-133.
[10] *Ibidem*, p. 134.
[11] *Ibidem*.
[12] *Ibidem*, p. 136.
[13] Jean Bellemin-Noël, *La Psychanalyse du texte littéraire*. Introductions aux lectures critiques inspirées de Freud, Paris, Editions Nathan, 1996, p. 21.
[14] Franz Hellens, *op. cit.*, p. 138.

complet (dans le sens d'une revendication du lien à la mère et au père) en est révélatrice :

> "Voilà donc celui dont je suis né", songeai-je en le regardant. Je devais ressembler en ce moment à ma mère à côté de qui j'étais assis. J'aurais voulu me voir dans la glace. [...] Le récit que je venais d'entendre m'avait bouleversé, je m'en aperçus pendant ce repas dont mon père me semblait le héros. Je ne pouvais détacher mon regard de lui. Qu'y avait-il de commun entre lui et moi ? Que m'avait-il donné ? Que tenais-je de ma mère ?[15]

C'est une sorte de « phase du miroir » tardive qui ne permet pas à Frédéric de reconnaître sa propre image à côté de celle de son père et de greffer l'identification sur l'idéalisation. L'interrogation qui devrait conclure sa réflexion : « Ne formions-nous pas à nous trois un tout complet ?[16] » reste problématique. Frédéric conteste l'autorité d'un père absent de la famille qu'il a créée. Le rapport érotico-filial qui le rapproche de sa mère retrace le schéma universel du complexe d'Œdipe. Étudiant, aidant sa mère à défaire un nœud de son corset, Frédéric jouit, troublé et maladroit, « du spectacle » de sa poitrine, « de la taille et des hanches moulées dans le corset » comme « d'une musique aigue qu'[il] aurai[t] frappée au piano[17] ». La rivalité entre le père et le fils se précise progressivement, alimentée par le récit des amours de son père et de sa tante maternelle. Récit d'une infidélité, d'une trahison, d'une injustice faite à sa mère par un père que Frédéric essaie inconsciemment de suppléer, voire de remplacer.

L'usurpation de l'autorité paternelle est anticipée par la « mort » du grand arbre qui règne sur le jardin. Ce n'est pas difficile de déceler dans l'image du tronc noir « comme une colonne brisée, sur le fond blême du ciel[18] » un symbole phallique, d'autant plus, qu'une fois frappé par la foudre, l'arbre qui s'écroule laisse aux arbrisseaux la liberté d'accéder à la lumière : « Ce fut comme une explosion de vie joyeuse, une formidable respiration de verdure dans un espace délivré, à la clarté d'un ciel que l'arbre dominateur avait si longuement tenu pour lui seul[19] ».

La mort du père place effectivement le fils dans le rôle de successeur. Revenant de son voyage dans le sud de la France, Frédéric retrouve Madame Herminges veuve. S'asseoir dans le célèbre fauteuil rouge marque non seulement l'idée de descendance, de continuation du rôle de *pater familias* (le siège a appartenu à son grand-père et ensuite à son père), mais aussi le prélèvement du rôle virile. Frédéric remplace son père auprès de sa mère et leurs retrouvailles ressemblent à une rencontre amoureuse :

---

[15] *Ibidem*, p. 142.
[16] *Ibidem*, p. 144.
[17] *Ibidem*, p. 14.
[18] *Ibidem*, p. 158.
[19] *Ibidem*, pp. 160-161.

Ils venaient de s'embrasser une dernière fois, elle avait souhaité bonne nuit à Frédéric, d'une voix un peu tremblante, ou plutôt voilée par l'émotion de ce seul à seule, à cette heure tardive, avec un fils qui la dépassait d'une tête et qu'elle n'avait plus revu depuis cinq ans ; l'idée lui était venue, en recevant le baiser de Frédéric sur sa joue, que ce fils remplaçait quelqu'un disparu et qui avait occupé une grande place dans sa vie.[20]

Frédéric se sent soulagé de la mort de son père et cette dernière rencontre avec sa mère lui apporte l'équilibre. Il est dorénavant capable de remettre les choses à leur place : d'admettre les images de sa mère et de son père en tant que couple, de repenser le rapport parents-enfants, de reconnaître le rôle de mère à Hortense, la nourrice de sa fille et surtout de retrouver et renouer avec sa fille, de se redécouvrir en elle : « il lui avait semblé ne faire qu'un avec cet être qui venait de s'exprimer si simplement, sans se douter du trouble qu'elle jetait dans l'âme de son père[21] ». Le rapport fils-mère, la formule positive de ce que l'on appelle l'œdipe, se retrouve sous sa forme négative dans la relation père-fille. En l'absence de Clotilde, la mère de la petite fille, Frédéric et Martine flânent « comme deux amoureux pour qui le temps ne compte plus[22] ».

Poétique aquatique et « complexe ophélien »

Frédéric baigne aussi dans un autre univers éminemment féminin, un cosmos aquatique. L'imaginaire de l'eau occupe dans la « poétique des éléments et des mythes » de Franz Hellens et particulièrement dans *Naître et mourir* une place majeure : l'étang de la famille Herminges, la Lys, La Mer du Nord, les brumes, la pluie, la tempête. La présence hypertrophiée de la liquidité est fonction de ses connotations nourricières et mortifiantes.

Ainsi la fusion de la mère et de l'eau stagnante prélude à la procréation de Frédéric. Sous le regard de la femme, la lumière vespérale donne à l'étang une « profondeur émouvante » :

En ce moment, il ne contenait plus que le regard que j'y plongeais, et vraiment, pendant quelques secondes, je fus à moi seule tout l'étang ; mon cœur se mit à battre, sans motif particulier, jamais je ne m'étais sentie aussi troublée à la vue de cette eau et de l'obscurité que j'y devinais déjà. On eût dit qu'un grand événement allait s'accomplir et que je dusse en supporter tout le poids.[23]

---

[20] *Ibidem*, p. 368.
[21] *Ibidem*, p. 138.
[22] *Ibidem*, p. 388.
[23] *Ibidem*, pp. 130-131.

C'est précisément cette eau obscurcie, « opalisée[24] », qui est passé de la transparence à la translucidité, se transformant en matière lumineuse, enveloppante, et réunissant les éléments dans une image cosmique de l'harmonie, qui est perçue comme principe nutritif et générateur de la vie.

L'eau préside aussi une autre image de la maternité, Clotilde, qui va mettre au monde l'enfant de Frédéric. Le récit que ce dernier fait de la grossesse de sa femme est un écho du récit originaire de sa mère. La gravidité de Clotilde le replonge dans sa propre enfance :

> ... je découvre dans certains de ses regards la profondeur de l'eau qui me tenait des heures entières suspendu au bord de l'étang [...]. Parfois, quand il m'arrive de voir Clotilde endormie, je me reporte à ces journées chaudes de juillet ou d'août, quand le grand corps du jardin, fait de terre, d'herbes et de feuillage, immobilisé par l'ardeur du soleil, reflétait sa torpeur absolue dans un élément dont je ne pourrais dire si c'était l'eau, immobile elle-même, ou mon âme élargie et liquéfiée ; c'était comme si la terre entière couvait.[25]

Image matricielle, l'eau devient aussi un tombeau aquatique. Si la mort dans l'eau est la plus maternelle de toutes[26], les héroïnes de *Naître et mourir* semblent obsédées par le complexe ophélien. La noyade de Marthe, la maîtresse de Frédéric, est d'autant plus significative que le suicide se prépare dans le roman comme une longue destinée intime, à laquelle participe l'univers. À l'instar d'Ophélie qui meurt dans la rivière, paisiblement, silencieusement, sans éclat, après avoir mené l'existence d'une morte, faite de vide et d'attente[27], Marthe se jette dans la Lys. Ce n'est pas la séparation de Frédéric qui la pousse au suicide, mais sa consubstantialité avec l'eau. L'image d'une « Marthe ruisselante comme si elle remontait de la rivière[28] » lors d'une promenade à la campagne, sous la pluie, se prolonge dans le portrait que lui fait Frédéric : « Sa parole ressemblait aux couleurs et aux mouvements de la Lys. Elle avançait avec la même lenteur, on eût dit la même sûreté tranquille, dans le pays plat et monotone de sa vie, débordant parfois, sans laisser autour d'elle aucune trace de violence, à peine un souvenir, une surface lisse gardant un reflet de son âme égale et pure[29] ».

Par ailleurs Marthe vit depuis toujours dans l'antichambre de la mort, devenue « une espèce d'atmosphère qu'il fallait entretenir en en parlant souvent et de façon à ne pas perdre contact avec une certaine réalité[30] ». Obsédée par le récit des disparitions survenues dans sa famille, Marthe se

---

[24] Gaston Bachelard, *L'Eau et les Rêves. Essai sur l'imaginaire de la matière*, Paris, Librairie José Corti, 1942, 267 p.
[25] Franz Hellens, *op. cit.*, p. 268.
[26] Gaston Bachelard, *op. cit.*
[27] *Ibidem.*
[28] Franz Hellens, *op. cit.*, p. 198.
[29] *Ibidem.*
[30] *Ibidem*, p. 196.

consacre à un étrange jeu de dédoublement avec la mort. Les « singeries » et les « grimasses » aboutissent à la métamorphose complète de la jeune fille en son homologue macabre :

> ...je la vois toujours devant moi, la mort. Je n'étais pas plus haute que ça, elle était déjà là à me faire des singeries. Parfois je m'amusais à l'imiter dans la glace, la bouche ouverte, en tirant la peau des joues avec les doigts. Mais c'est curieux, finies les grimaces depuis longtemps, elle ne me regarde même plus, c'est moi qui la regarde et elle est toute pareille à moi, la gueuse ![31]

S'identifiant à l'apparition infernale qui marche se penchant au bord de l'eau, Marthe est une Ophélie, telle que l'évoque Bachelard dans *L'Eau et les Rêves*. Elle est le symbole du suicide féminin, l'être né pour mourir dans l'eau, où elle retrouve son propre élément ; protagoniste de la noyade, en tant que mort jeune et belle, sans orgueil ni vengeance, identifiable au suicide masochiste, Ophélie transforme l'eau en symbole profond, organique, de la femme qui ne sait que pleurer son malheur.

L'eau nocturne, près de laquelle tout bascule vers l'au-delà, est, selon Bachelard, l'objet d'une « ophélisation substantielle ». Le récit « L'Impossible adieu » présente Frédéric qui recherche frénétiquement Clotilde, laquelle, malade, passe la nuit à l'hôtel proche des Étangs. Réitérant l'autre noyade, il contemple dans le visage de sa femme, la mort omniprésente. Le réseau de quelques syntagmes récurrents institue dans cet épisode un cosmos de la mort : au plaisir de Clotilde de marcher sous la pluie répond l'image d'une noyée que l'imagination de Frédéric construit : « là-bas, couchée dans les draps mouillés d'un lit d'auberge, pâle, immobile, les cheveux collés à la tête, les yeux gonflés et clos[32] ». La pluie lactescente et les Étangs sur lesquels tombe la lumière électrique aveuglante projettent le complexe ophélien au niveau cosmique : les Étangs « luis[ent] mordus par la pluie » de la même façon que les « vitres baignées par la pluie », sur lesquelles la pluie « pèse » « comme l'eau de mer sur des hublots » et contre lesquelles « des vagues blafardes s'écras[ent][33] ».

Pour l'engendrement d'un roman d'aventure

L'imaginaire aquatique a comme équivalent sur le plan de la construction romanesque une poétique du reflet. Ainsi *Naître et mourir* repose sur des structures en miroir, tant au niveau des personnages qu'au niveau des scènes, syntagmes, leitmotive. Le visage « pétrifié » de la religieuse reflète étrangement le profil « vivant » de sa sœur, la mère de Frédéric. Prolongement du rêve où une personne connue est « représentée avec des traits identiques sous deux aspects différents », la ressemblance de sa tante et

---

[31] *Ibidem*, p. 200.
[32] *Ibidem*, p. 313.
[33] *Ibidem*, p. 310 *sqq*.

de sa mère est d'autant plus inquiétante « que les deux épreuves d'une même forme se reconnaiss[ent], s'adress[ent] la parole, s'embrass[ent] comme une figure réelle embrasse son reflet dans un miroir[34] ».

Des scènes en miroir font que les générations revivent et se retrouvent dans les mêmes expériences ; deux agonies, de son grand-père maternel et de son père, rapportées par la mère de Frédéric, se répondent ; deux images de la grossesse, celle de la mère et de la femme de Frédéric sont perçues de façon quasi-identique ; deux voyages, celui d'Albert et celui de son fils, Frédéric, portent leurs protagonistes vers l'aventure et vers le soleil, pour s'achever avec un retour dans le pays des brumes ; une tempête évoque l'orage précédent, une noyade fait pressentir une seconde disparition dans l'eau.

Dans cet univers de la duplication le moi n'est plus une entité monolithique, mais scindée, éclatée, morcelée. La dimension sociale de l'existence oblige Frédéric à un dédoublement paradoxal : d'une part l'employé dans l'Administration, l'auteur du texte « plat » et « ordinaire », de l'autre le « prestidigitateur » qui couvre les pages de « dessins fantastiques » : « Il me semble aussi qu'à la longue et par l'exercice on arrive à faire deux parts de soi-même dans l'existence. De même que chaque cellule de matière vivante se dédouble, pourquoi ne parviendrais-je pas à une séparation de ce genre en ce qui concerne mes sens et mon esprit ?[35] ».

Le processus est inhérent à l'acte créateur. Frédéric est à la fois le sédentaire qui surveille la croissance d'une œuvre à l'intérieur de soi-même et l'aventurier qui désire « voguer sur mer, commander un navire, aller des jours et des jours entre le ciel et l'eau, visiter des pays inconnus et passer ainsi son existence entière[36] ». Un « aventurier passif » (Pierre Mac Orlan) devant lequel s'ouvre une multitude de chemins rêvés, qui les choisit tous « sans se diriger nulle part ».

L'acte de création accumule ainsi les connotations de la gestation et de l'aventure. Dans *Documents secrets* Hellens restitue son travail romanesque de la façon suivante :

> J'étais parti sans aucun plan. J'avançai sans me retourner, laissant, comme dit Saint-Beuve, aller le sujet devant moi. L'ouvrage se faisait le plus naturellement du monde, avec tout l'imprévu et la fraîcheur de la vie. Plus j'avançais et plus il me devenait nécessaire. De même que tout dans l'univers tend inéluctablement vers une fin qui contient à son tour le germe d'un recommencement, ainsi l'œuvre d'art doit être pénétrée de cette fureur de nature qui va directement de la première pousse au fruit.[37]

---

[34] *Ibidem*, p. 58.
[35] *Ibidem*, p. 256.
[36] *Ibidem*, p. 183.
[37] Franz Hellens, Documents secrets. Histoire sentimentale de mes livres et de quelques amitiés (1905-1956), Paris, Albin Michel, 1958, p. 267.

L'analogie avec le développement organique de l'œuvre d'art se rapproche du concept d'aventure, tel qu'il est défini par Jacques Rivière dans la *Nouvelle Revue Française* en 1913[38]. Le « Roman d'Aventure » est le roman qui « s'avance à coups de nouveauté[39] », indépendamment de son créateur, qui ne le connaît ni ne le maîtrise par avance. Sa démarche tâtonnante n'évolue pas en fonction d'un fil conducteur, mais se développe au hasard, procédant par l'addition d'éléments relatifs à l'histoire racontée. La méthode débouche évidemment sur la complexité, l'abondance, le foisonnement de la matière romanesque. L'œuvre devient une entité informe, une sorte de « monstre », se construisant dans une « atmosphère de multiplication, d'exagération et de débordements[40] ». Les « excroissances », les détails, les digressions ne sont pas exclus, au contraire ils y sont conviés car responsables de retenir l'histoire, de la faire demeurer, exister. Hellens avoue ne pas avoir procédé autrement dans la composition de *Naître et mourir* : dans une « suite romanesque » qui « se fait toute seule », refusant l'idée d'architecture narrative, « la matière » devient de plus en plus « touffue », des perspectives nouvelles s'offrent chaque fois que l'écrivain croit avoir épuisé la dernière, les parties « mal assemblées et même étrangères l'une à l'autre » retrouvent finalement une certaine cohésion.

La multiplication des figures maternelles, la fascination de l'eau inquiétante, la naissance obscure du roman, reposant sur une « base invisible » et avançant imprévisiblement, représentent autant de composantes d'une poétique du reflet, de l'engendrement et de l'aventure.

---

[38] Jacques Rivière, *Le Roman d'aventure*, (1913) Paris, Editions des Syrtes, 2000,   121 p.
[39] *Ibidem*, p. 68.
[40] *Ibidem*, p. 58.

Mère-abîme, mère-miroir, les relations mère-fille dans *Desirada* de Maryse Condé

Jacqueline Phaëton
Université des Antilles et de la Guyane

Desirada[1] de Maryse Condé est l'histoire de trois générations de femmes Nina, Reynalda et Marie-Noëlle. En l'absence du père, on découvre que de mère en fille, aucune n'a su créer ce lien maternel si important au développement, à l'équilibre et à l'épanouissement de la personne. Comment aimer lorsque l'on n'a pas reçu d'amour ? Peut-on *devenir* sans amour maternel ? On est donc à chaque fois renvoyé aux carences de la génération précédente pour trouver la clé de la souffrance présente. C'est une généalogie de l'amour que Maryse Condé soumet au lecteur à travers le récit de la vie de Marie-Noëlle le personnage central de l'œuvre.

Source de vie toute-puissante, la mère est perçue par la fille à la fois dans une similitude sexuelle et comme l'objet de la première tentative de différenciation grâce à la stratégie de séduction du père s'organisant dans le cadre du fameux complexe d'Œdipe[2]. Mais en Guadeloupe, ce schéma est dérangé puisque la famille s'articule essentiellement autour de la mère et de ses enfants, et souvent aussi de la grand-mère maternelle. En matière de relations familiales on ne peut passer outre la spécificité antillaise qui s'explique en partie par l'héritage culturel issu de l'esclavage, mais aussi parce que le modèle de la famille antillaise est un croisement entre le modèle européen et le modèle africain. Ainsi les règles qui régissent le fonctionnement des familles antillaises ne correspondent-elles à aucun des modèles de référence européens. Dans la famille antillaise, le « poto-mitan » la poutre maîtresse, c'est la femme[3]. Par famille, on entend donc souvent, la mère et les enfants, le père étant itinérant. L'homme antillais étant souvent perçu comme un « nègre géniteur ». Cependant si l'on accepte le principe selon lequel cette place du père est un héritage de l'esclavage, on ne peut épiloguer, dit Gracchus, sur sa paternité défaillante dans la mesure où c'est le maître qui distribuait les places, réservant à l'homme noir une place d'étalon[4].

---

[1] Maryse Condé, *Desirada*, Paris, R. Laffont, 1997, 281 p.
[2] Aldo Nouri, *Les filles et leurs mères,* Paris, Odile Jacob, 2004, 313 p.
[3] Françoise Simasotchi Brones, Le roman antillais, personnages, espace et histoire : fils du chaos, pp. 290-291.
[4] Frantz Gracchus, Les lieux de la mère dans les sociétés afro-américaines (pour une généalogie du concept de matrifocalité), Ed. Caribéennes, 1986, p. 107.

Dans la fiction, Maryse Condé grossit le trait de cette femme solitaire puisque les maternités de Nina et de Reynalda, sont certainement le résultat d'un viol, de la part d'un homme noir pour la première, d'un blanc pour la seconde. Autant qu'elle relève de la psychologie, la relation mère-fille possède donc aux Antilles une dimension sociologique qui renvoie à un imaginaire collectif.

Marie-Noëlle est née en Guadeloupe au début des années soixante. Sa mère, Reynalda semble se situer aux antipodes de la représentation de la mère antillaise telle que nous venons d'en brosser rapidement le portrait. Elle se dérobe à sa fonction maternelle. Une première fois en tentant de se suicider alors qu'elle est enceinte, une deuxième fois en abandonnant son nourrisson aux bons soins de sa marraine, une troisième fois en niant l'existence de cette enfant sur le plan affectif. En conséquence, la relation mère-fille est vécue dans la douleur pour l'une et dans la frustration pour l'autre. Le modèle et les repères sont faussés. Si le père est physiquement absent, la mère l'est moralement : la fille est doublement torturée.

Mère abîme

Une relation mère-fille réussie se caractérise par la complicité, le partage et la communication. L'aspect de miroir, de double, de mise en abyme dans la relation mère-fille est essentiel car la fille doit imiter sa mère puis la dépasser pour devenir adulte. Dans le cas de Marie-Noëlle ce processus est défaillant dans la mesure où mère et fille se méconnaissent totalement et partagent à peine cinq années de vie commune.

À côté de sa revendication légitime d'amour maternel, Marie-Noëlle souhaite percer à jour le lourd secret de l'identité de son père afin de s'inscrire dans la construction identitaire par un second référent, ce fameux père antillais déficient. Marie-Noëlle est en quête de : « cette filiation qui est également un moyen d'accéder à une connaissance de soi-même et donc qui s'inscrit tout à fait logiquement dans une visée d'élucidation identitaire[5] ». Comme dans la plupart des romans antillais, le père est défaillant[6]. Marie-Noëlle ne se fait d'ailleurs guère d'illusions : « Simplement elle voulait bien se mettre en l'esprit les traits de sa figure, connaître le son de sa voix[7] ».

Avant même sa venue au monde, le destin de Marie-Noëlle semble joué. Une mère adolescente qui a tenté de se suicider pour échapper à la honte d'un ventre « à crédit[8] » issu vraisemblablement d'un viol ou d'une relation interdite : c'est ce mystère qui va peser sur la vie de la jeune femme. Prétextant retrouver l'identité de son père, Marie-Noëlle est surtout en quête

---

[5] Françoise Simasotchi Brones, *op. cit.*, p. 269.
[6] *Ibidem*, pp. 293-294.
[7] *Ibidem*.
[8] Se dit des femmes enceintes et dont la paternité de l'enfant à naître est incertaine.

d'amour maternel. À ce désir d'amour, Reynalda oppose une parfaite indifférence. Elle veut se libérer d'une maternité non désirée. Quand elle quitte la Guadeloupe pour aller vivre à Paris, elle semble vouloir se départir tant de l'identité antillaise qui l'a meurtrie dans sa chair que de sa conséquence directe[9].

Reynalda présente une personnalité surprenante. En apparence dénués de sentiment, ses actes sont froids et calculés. Tour à tour elle abandonne sans aucun remords les personnes qui lui ont permis de se reconstruire. En revanche, lorsque le personnage de Reynalda est raconté par Marie-Noëlle qui aime à s'imaginer l'enfance de sa mère, il apparaît comme attachant. Ce qui est réconfortant si on considère l'enfant : elle ne peut nourrir de ressentiment pour celle qui lui a donné la vie.

Tout au long de l'œuvre, le néant de la relation mère-fille se matérialise par l'absence de discours direct, l'absence de contact physique si ce n'est un furtif baiser donné par la mère à sa fille après dix ans de séparation ; aucun regard complice, mais des yeux qui s'évitent et se détournent. Jamais mère et fille n'entreront en communication. Il existe cependant des échanges au cours desquels seule Reynalda s'exprime. Notamment lors d'une confession au cours de laquelle Reynalda raconte son enfance malheureuse avec force détails[10]. Elle décrit le manque d'amour dont elle a souffert de la part de sa mère Nina, son infortune chez le patron italien de cette mère, le comportement scandaleux de cette dernière qui n'hésite pas à avoir des relations sexuelles avec un homme marié sous le propre toit de celui-ci et en présence de sa fille avec qui elle partage la chambre à coucher. La violence du récit de Reynalda reflète la haine qu'elle porte en elle. Ce récit-confession sert de justification à Reynalda. Après quoi, mère et fille s'éloignent inexorablement l'une de l'autre. Marie-Noëlle, qui dans un premier temps se persuade qu'elle recherche l'identité de son père davantage que l'amour de sa mère, perçoit comme un deuxième abandon le mutisme de sa mère sur ce point sensible. Impossible donc de continuer sa construction identitaire. La mère qui est en principe sécurité, chaleur et réconfort, « l'origine immédiatement repérable, incontestable », livre des confessions chaotiques qui constituent davantage une destruction qu'une construction. Marie-Noëlle se voit dépouillée, dépossédée de son identité.

Au cours des vingt années de l'existence de Marie-Noëlle qui nous sont contées après son départ de la Guadeloupe, l'on s'aperçoit que le manque d'amour maternel est la cause évidente de beaucoup de ses échecs. La fillette passe ensuite cinq années aux côtés d'une mère taciturne qui lui adresse à peine la parole. Très tôt, elle se rend compte qu'elle est une gêne pour sa mère

---

[9] Comme l'affirme F. Simasotchi Brones : « L'île devient emblématique de l'identité antillaise », *op. cit.*, p. 290.
[10] Maryse Condé, *op. cit.*, p. 61.

et s'interroge sur les motivations de celle-ci qui choisit de la soustraire aux bons soins de sa marraine Ranélise pour l'enfermer dans un appartement d'une banlieue parisienne grise et désolée[11]. Il n'existe pas d'affrontement direct entre mère et fille. Reynalda n'endosse pas le costume de la mère dévorante, pas plus que Marie-Noëlle n'endosse celui de la fille soumise. L'absence de communication aura des conséquences bien plus insidieuses. La figure de la mauvaise mère qui prévaut dans la littérature (celle qui maltraite ou celle qui abandonne) ne correspond en rien à la figure de Reynalda, car elle assumera toujours ses obligations « sociales » envers cette fille non désirée.

Ludovic, le mari de Reynalda, donne à Marie-Noëlle de l'affection qu'elle prend pour de la pitié. D'ailleurs, elle ne comprend pas l'intérêt de son beau-père pour sa mère. Durant ces cinq années la fillette devenue jeune fille dépérit car elle souffre de l'absence de sa mère dans la promiscuité d'un appartement exigu. Si l'on en croit Frantz Gracchus, « la théorie de la mère comme besoin primaire interprète la carence de la mère en terme de frustration réelle[12] ». Reynalda se soustrait physiquement à sa fille ainsi qu'aux autres membres de sa famille en s'enfermant dans une pièce avec pour motif la préparation de sa thèse. Tous les prétextes sont valables pour permettre à la mère d'éviter sa fille tout en accomplissant socialement son devoir de mère. La relation épistolaire que Marie-Noëlle entretient avec Ranélise ne suffira à combler le manque affectif de la jeune fille, en pleine adolescence. Au cours de cette période de l'adolescence, grâce à une tuberculose opportune, Marie-Noëlle séjourne trois années à des centaines de kilomètres de sa mère. L'éloignement géographique correspond à la nécessité morale de s'éloigner de la mère pour devenir soi-même. Un lien affectif est maintenu par Ludovic. La haine de Marie-Noëlle se fait plus vive et s'accroît en même temps que son incompréhension. Âgée de dix-huit ans au sortir du sanatorium, la jeune femme se libère de sa mère en s'enfuyant aux États-Unis avec un musicien médiocre dont elle devient l'épouse pour des questions administratives. Marie-Noëlle pense ainsi fuir sa mère mais son souvenir l'accompagne dans son exil américain. Elle passe des heures à rêver sa mère, à l'imaginer, à la dire. Elle construit par l'imaginaire sa propre relation avec cette mère absente mais si obsessionnelle en même temps[13].

Marie-Noëlle avouera elle-même que son comportement avec les hommes a été fortement conditionné par sa relation ou plutôt par l'absence de relation avec sa mère. Ses relations sont chaotiques car elle recherche chez les hommes qu'elle croise un amour maternel ou encore une sécurité qu'ils ne

---

[11] *Ibidem, op. cit.*, p. 36.
[12] Frantz Gracchus, *op. cit*, p. 119.
[13] Maryse Condé, *op. cit.*, p. 161 : « La nuit où il (Stanley) dérivait sur le fleuve comme un bateau ivre, c'est à Reynalda qu'elle songeait encore et encore. En un mot elle n'avait en tête qu'elle-même ».

peuvent pas lui offrir ou tout au moins pas dans le cadre des relations qu'elle instaure avec eux. De ce fait, elle sera condamnée à « un compagnonnage imparfait et éphémère » comme bon nombre d'antillaises[14].

Lorsqu'elle vivait chez Reynalda, Marie-Noëlle faisait montre d'une véritable obsession quant à la sexualité de sa mère et de son beau-père Ludovic. Elle s'interroge sur la qualité de leurs rapports sexuels. Mais c'est bien plus tard, devenue adulte, que Marie-Noëlle semble s'inscrire dans une stratégie œdipienne. En effet elle tente de séduire Ludovic. Ce qui de prime abord s'apparente à de la jalousie, comme si Marie-Noëlle voulait déposséder sa mère de son seul amour, se révèle être autrement plus complexe. Marie-Noëlle affirme ce faisant (tardivement) son désir de différenciation d'avec sa mère. La figure de Ludovic symbolisant le père-substitut, objet de désir chez la fille dans le cadre du complexe d'Œdipe. Même adulte, Marie-Noëlle ne vit pas pour elle-même, elle agit perpétuellement pour se démarquer de sa mère, comme pour se prouver à elle-même qu'elle n'a pas besoin de cette femme. Ainsi, Marie-Noëlle s'enfonce dans les méandres de la médiocrité (elle multiplie les petits boulots et enchaîne les relations sentimentales sans lendemain). Au lieu de tenter de se construire sur des bases nouvelles, elle vit dans son passé à la poursuite d'une identité perdue, d'un amour impossible. Marie-Noëlle peine à faire le deuil de cette relation mère-fille. Un deuil qui pourtant lui permettrait de renaître. Sa rencontre avec Anthéa et la reprise de ses études constituent les premiers pas vers une nouvelle construction.

Enfin, la relation mère-fille de Reynalda et de Marie-Noëlle est une relation à trois. Car au couple mère-fille se joint le spectre du père, en qualité de second référent[15]. Cependant là encore se crée une autre carence. La figure du père est vaporeuse, soupçonnée, intangible et honteuse, perdue dans des secrets inavouables. En conséquence, les deux éléments constitutifs de la construction identitaire sont défaillants.

Mère miroir

Si, grâce à la focalisation interne, l'on est informé des états d'âme de Marie-Noëlle, on ne sait en fin de compte que très peu sur son apparence physique. Il est souvent fait référence à sa tenue vestimentaire pour souligner sa pauvreté, notamment au cours de sa vie avec Stanley son mari musicien, ou au contraire pour montrer l'intérêt matériel de la mère pour la fille qui arborait souvent le plus beau cartable à l'école. On sait aussi qu'elle n'attire pas les garçons qui lui préfèrent son amie Awa. Mais est-ce à cause d'un physique disgracieux ou à cause de son air revêche et triste ?

---

[14] Françoise Sismasotchi Brones, *op. cit.*, p. 291.
[15] Caroline Eliacheff, Nathalie Heinich, *Mères-filles, une relation à trois*, Paris, Livre de poche, 412 p.

Reynalda est décrite comme mince, petite, chétive et de peau noire. Marie-Noëlle, elle, a la peau claire. La couleur de la peau de Reynalda lui a valu le courroux, voire la haine de sa mère, à cause du viol dont elle a été victime et dont est issue Reynalda, ressentie comme le double féminin de son père. De même, la couleur de Marie-Noëlle rappelle à sa mère le père de celle-ci. Cependant, Marie-Noëlle est-elle métisse ? Auquel cas elle aurait un père blanc qui pourrait être le patron italien de sa mère. Est-elle *chabine*[16] avec un père *chabin* ou métis ? Ces imprécisions sur le physique de Marie-Noëlle contribuent à entretenir le trouble sur l'identité de son père putatif. À part la couleur de sa peau, Marie-Noëlle a beaucoup de similitudes avec sa mère, et même si elle n'a de cesse de vouloir être son contraire en tous points, elle lui ressemble. Comme elle, elle est oublieuse des personnes qui l'aiment. Ainsi, elle efface bien vite de sa mémoire le seul amour constructif reçu au cours de sa vie. Absente de la Guadeloupe durant dix-huit ans, elle ne rend aucune visite à Ranélise sa mère d'adoption qui lui sera pourtant fidèle en amour jusque sur son lit de mort. Dans sa fuite même, Marie-Noëlle agit comme sa mère : elle quitte la France pour les États-Unis afin de se délivrer des fantômes du passé.

Tout comme sa mère, Marie-Noëlle est taciturne et renfermée. Comment être autrement lorsque, année après année, on est confronté au désamour ? Marie-Noëlle ne peut dire comme toutes les fillettes le fameux « Quand je serai grande je serai comme Maman ». La mère-miroir dans laquelle se projette la fillette pour se construire est d'une opacité totale et complète. Il échoit donc à la jeune femme de se construire en glanant ici et là au grès des rencontres de la vie : un peu de réconfort dans les bras de Stanley son époux, du plaisir dans les bras de Terry le compagnon de son mari, de l'amitié et presque de l'intérêt maternel avec deux voyantes, de l'amitié aussi avec Anthéa (professeur à l'Université) et sa fille.

Si Marie-Noëlle rejette sa mère, elle veut inconsciemment lui ressembler car cette dernière constitue le seul élément tangible de sa filiation et de sa construction identitaire. En atteste son parcours universitaire et surtout son désir de séduire Ludovic, son beau père, afin de s'approprier l'amour de cet homme qu'elle sait amoureux de sa mère. Désir mimétique dirait René Girard, car il est fort probable que Ludovic en tant que tel ne serait pas digne de son intérêt[17]. Marie-Noëlle jalouse cette mère qui, à la médiocrité de sa vie aux États-Unis, oppose une fulgurante ascension sociale. Mais le coup de grâce est assené par la grossesse de Reynalda à une Marie-Noëlle en âge, elle aussi, d'avoir des enfants. Cette grossesse constitue pour Reynalda un refus symbolique de lui céder la place. Face à une Marie-Noëlle

---

[16] *Chabin, chabine* : terme, non référencé par l'Académie française qui caractérise un Noir ayant la peau claire, des traits négroïdes et les cheveux crépus et « jaunes ».
[17] René Girard, *Mensonge romantique et vérité romanesque*, Paris, Hachette, 1999, 351 p.

désemparée, Reynalda fait montre d'une indifférence placide. Pour la première fois, elle lui avoue ses manquements en tant que mère en concluant par un laconique : « Tu en sais quelque chose[18] ».

Marie-Noëlle tente de surmonter son ressentiment. Mais comment comprendre ce qui se dérobe ? Marie-Noëlle qui n'a pas connu sa grand-mère, personnage capital dans la construction identitaire antillaise, pense trouver chez elle les réponses à toutes ses interrogations[19]. Elle sait la haine de sa mère pour sa grand-mère Nina que Reynalda tient pour responsable de tous ses malheurs.

Répétant le chemin de l'esclavage, la mère et la fille, ont quitté le havre de paix que constituait l'île de la Désirade, petite île de l'archipel guadeloupéen, pour s'installer chez les Coppini. Mère et fille cessent alors de constituer une famille pour être intégrées dans celle de Gian Carlo Coppini qui représente symboliquement le « maître blanc » à plusieurs égards. Ce statut lui confère d'emblée une symbolique de référent paternel. En conséquence la relation supposée de Reynalda et de Coppini possède une dimension incestueuse. Reynalda accuse sa mère de l'avoir livrée à son employeur italien qui aurait abusé d'elle sexuellement. Et même si à aucun moment Reynalda ne confirme les présomptions de sa fille, on comprend aisément qu'elle attribue la paternité de sa fille à l'amant de sa mère. C'est donc sans ambages que Reynalda révèle à sa fille son douloureux secret. Elle semble se débarrasser d'un fardeau. Elle lui signifie ainsi tout à fait clairement son désamour et son impossibilité de lui donner jamais la moindre once d'amour. La relation mère-enfant s'étant dès le départ établie dans la douleur, dans la brutalité, il semble illusoire de croire à une harmonie trente ans plus tard. Et même si la version de sa grand-mère Nina, rencontrée à la Désirade dans une ultime tentative de construction identitaire, est sensiblement différente – celle-ci affirme que les relations sexuelles entre son enfant et son employeur étaient consenties par les deux parties – elle confirme une nouvelle fois l'impossible amour entre mère et fille. Le secret lié à la naissance de Marie-Noëlle est honteux quel qu'il soit. Il n'est pas assumé par Reynalda, doublement handicapée, d'une part à cause dudit secret, d'autre part à cause des liens défaillants dans sa relation avec sa propre mère. À l'instar de sa mère pour sa grand-mère, Marie-Noëlle personnifie pour sa mère la honte, le malheur et l'infamie dont elle veut se débarrasser pour vivre. Pour vivre donc, malgré l'échec de leurs relations filiales, ces trois générations de femmes doivent prendre des chemins différents.

La mort de Ranélise, la mère d'adoption, a ramené Marie-Noëlle sur son île natale qui, rappelons-le, est emblématique de l'identité antillaise. Bien entendu, cette mort n'est pas fortuite, car elle permet d'éliminer toute piste

---

[18] Maryse Condé, *op. cit.*, p. 101.
[19] Françoise Simasotchi Brones, *op. cit.*, p. 323.

erronée de construction identitaire du côté de la mère de substitution. Le retour au pays natal est donc constitutif de la reconstruction identitaire entreprise par la jeune femme qui avant de revenir en Guadeloupe avait déjà fait le deuil de ses prétentions d'amour maternel. L'ultime élément constitutif de cette identité filiale étant la grand-mère. Il reste cependant une possibilité de construction identitaire par la culture. Après son entretien avec sa grand-mère, son voyage-pèlerinage en Guadeloupe et les confessions de sa mère, la construction de l'identité de Marie-Noëlle s'achève. Il s'agit plutôt dans ce cas de déconstruction car le personnage doit faire le deuil de sa filiation et de son identité pour vivre. Il lui appartient dès lors de se reconstruire une identité dans un ailleurs moins hostile et moins douloureux. On l'a vu, il est admis que dans la famille antillaise l'homme est défaillant. Dans le cas de la famille de Marie-Noëlle, les femmes, elles aussi, sont défaillantes. Comment construire une personnalité solide si la seule poutre maîtresse sur laquelle vous devez prendre appui vous fait défaut ? Aux Antilles, la défaillance des femmes semble avoir des conséquences bien plus graves que celle des hommes. De surcroît, les femmes semblent condamnées à reproduire inexorablement le même schéma.

Conclusion

L'action de recherche en paternité entamée par Marie-Noëlle demeure vaine, ses espoirs de construction identitaire illusoires et son affliction grande et réelle. La force de la mère antillaise supplée la défaillance légendaire du père. Dans le cas de Marie-Noëlle, Reynalda a toujours tenté de se dérober à sa maternité ainsi qu'à ses « obligations » affectives envers cette enfant, incarnation de son malheur. Cependant, elle assumera l'aspect matériel de l'éducation de sa fille comme pour se déculpabiliser de son incapacité à l'aimer. Pour sa part, Marie-Noëlle vivra bien évidemment douloureusement ce rejet et son manque affectif sera d'autant plus grand qu'il ne pourra pas être comblé par l'amour d'un père. En effet, ce qui pour Gracchus constitue véritablement un mythe, l'absence du père, est dans le cas de Marie-Noëlle tout à fait réel[20]. Car même si elle a grandi avec des figures masculines (notamment les amants de sa marraine Ranélise), elle a été privée de la présence effective ou même symbolique d'un père. La seule figure paternelle qu'elle connaîtra ne lui donnera pas satisfaction. L'unique référent de construction identitaire de Marie-Noëlle c'est donc sa mère, d'autant plus que son père présumé est décédé. Un référent dont le caractère labile et défaillant est renforcé par le secret honteux lié au référent paternel. Les dix années d'amour donné sans réserve par Ranélise ne suffiront pas à soulager la peine de Marie-Noëlle. Paradoxalement, le maternage si déterminant dans la structure psychique et identitaire du moi fut effectué par Ranélise qui

---

[20] Frantz Gracchus, *op. cit.*, p. 108.

s'appropriant l'enfant sape toutes les velléités maternelles de Reynalda. Ce qui, au lieu de suppléer l'absence affective de la mère constitue la première défaillance de la relation mère-fille. Car même si les carences importantes survenues au cours du stade de l'attachement sont de l'ordre de l'inconscient chez Marie-Noëlle qui décrit son enfance aux côtés de sa marraine comme idyllique et remplie d'amour, cette période représente pourtant le point de départ de toutes les frustrations de l'enfant.

Où trouver la force de grandir sans amour ? Dans son désir d'être aimée, Marie-Noëlle a confondu intérêt et amour. Mais au fond, elle n'est pas dupe. L'ivresse du plaisir sexuel, la protection même éphémère des bras d'un homme, la focalisation sur soi d'un intérêt même s'il n'est que sexuel, permettent d'oublier et d'apprendre à vivre avec la douleur lancinante de l'abandon et du déni maternels. Néanmoins, lorsque les hommes se succèdent, l'ivresse se fait moins enivrante et le retour à la réalité plus brutal. Alors, on se réveille et on décide de faire face à la réalité autrement. Ainsi, Marie-Noëlle s'est-elle jetée à corps perdu dans des études universitaires qu'elle réussira brillamment, obtenant ainsi la reconnaissance de ses pairs à défaut de la (re)connaissance de son père. Mais cette personnalité brisée ne pourra jamais donner le jour à ses rêves d'enfant. Toute sa vie, Marie-Noëlle sera en proie à une « névrose d'abandon », à la suite de la rupture de la filiation et donc à l'impossibilité de la construction identitaire « classique », c'est-à-dire par les parents ou du moins par l'un des parents. Même si dans l'avenir elle réussit au sein d'un couple uni à avoir des enfants, ses frustrations et ses manques seront éternellement présents et marqueront sa relation avec ses enfants. Toutes les frustrations vécues par Marie-Noëlle dans le cadre de sa relation mère-fille qui ne peut se faire correctement en l'absence du père se cristallisent dans une névrose identitaire qui l'empêche d'être et de devenir. Comment transmettre ce que l'on n'a pas reçu ? On ne veut pas aimer. On n'apprend pas à aimer. On aime parce qu'on a été aimé.

La quête de la langue maternelle
chez Vassilis Alexakis et Denis Lachaud

Stéphane Sawas
INALCO, Paris

Réunir les romans *La Langue maternelle* de Vassilis Alexakis[1] et *J'apprends l'allemand* de Denis Lachaud[2] dans le corpus d'une même étude peut dérouter. En effet, les deux écrivains semblent fort différents : une génération les sépare (Vassilis Alexakis est né en 1943, Denis Lachaud en 1964) ; à l'éloignement temporel s'ajoute l'éloignement spatial (Vassilis Alexakis est né à Athènes, Denis Lachaud à Paris). La place de ces textes s'inscrit en outre différemment au sein de l'œuvre respective des deux écrivains : *La Langue maternelle* est le septième roman de Vassilis Alexakis, *J'apprends l'allemand* est le premier roman de Denis Lachaud. Pourtant, d'autres éléments rapprochent ces auteurs et ces textes.

Les deux auteurs, d'abord, ne sont pas que romanciers. Vassilis Alexakis arrive en France en 1961 pour étudier le journalisme et s'installe à Paris en 1968, un an après l'instauration de la dictature des colonels en Grèce ; il y sera prosateur, mais aussi journaliste, cinéaste et dessinateur : son œuvre, éclectique, porte la trace de la polyvalence de cet artiste. Denis Lachaud, avant d'être romancier, est comédien et auteur dramatique (il fonde la compagnie Téatralala en 1990 et publie en 2003 deux de ses pièces de théâtre, *Hetero* et *Ma Forêt fantôme*[3]). Les auteurs, enfin, sont intimement liés à la ville de Paris où ils résident aujourd'hui tous deux.

Contemporains (l'un est publié chez Fayard en 1995, l'autre chez Actes Sud en 1998), les textes, rédigés en français, revendiquent dès leur couverture leur appartenance au genre du roman. Mais au-delà de ces parentés linguistique, générique et chronologique, qui à elles seules ne justifieraient pas de les mettre en parallèle, c'est une thématique commune qui nous invite à aborder ces deux textes dans le cadre de ce colloque. *La Langue maternelle* et *J'apprends l'allemand* se présentent dès leur titre comme une réflexion littéraire sur la langue maternelle. Or, si elle n'a guère suscité de recherches, la représentation de la transmission intergénérationnelle de la langue maternelle devrait pourtant intéresser au premier chef le chercheur en littérature. En effet, la langue maternelle acquiert une dimension particulière chez l'écrivain : elle est le matériau principal qui relie directement son art à son ascendance. La langue

---

[1] *La Langue maternelle*, Paris, Fayard, 1995.
[2] *J'apprends l'allemand*, Arles, Actes Sud, 1998.
[3] *Hetero* suivi de *Ma Forêt fantôme*, Arles, Actes Sud, coll. « Actes Sud - Papiers », 2003.

maternelle, qui est un véritable « carrefour de métaphores » (pour reprendre la formule heureuse d'Andrée Tabouret-Keller[4]), se prête du reste tout particulièrement au traitement littéraire, dans sa position à la fois d'objet et de sujet.

L'approche retenue ici n'est pas comparatiste – il serait assez difficile de mener une pareille entreprise compte tenu de l'état actuel des sources disponibles sur ces romans. Plus modestement, nous proposons une approche parallèle des deux textes, préalable à une étude sur la représentation littéraire de la transmission de la langue maternelle reposant sur un corpus élargi[5].

Dans les deux romans, la langue dont il est question dans le titre est différente de la langue dans laquelle paraît le texte, du moins lors de sa première publication (la publication en français précède légèrement la publication en grec dans le cas de Vassilis Alexakis[6]).

Le roman *La Langue maternelle* s'inscrit dans la deuxième période de Vassilis Alexakis, inaugurée en 1992 par le roman *Avant*, où la perte de la mère incite le narrateur, double avoué de l'auteur (comme dans *La Langue maternelle*, qui, lui aussi, est écrit à la première personne du singulier), à une réflexion sur les langues de son travail littéraire. On trouve les prémices de cette réflexion dans des textes antérieurs, comme le roman au titre révélateur *Paris-Athènes* (publié en 1989 en français, en 1993 en grec), où la mère du narrateur entend son fils à la radio, mais ne le reconnaît pas immédiatement :

> Après avoir écouté l'enregistrement d'une interview que j'avais donnée en français, ma mère me dit :
> – Ma essi issé Gallos !
> "Mais toi, tu es Français".[7]

Mais à partir de *Avant* (dernier texte édité au Seuil, les suivants paraîtront chez Fayard ou Stock), cette question est au cœur de son travail d'écrivain.

La genèse de *La Langue maternelle* est intéressante : l'écrivain déclare avoir d'abord écrit une version entièrement en grec dont il n'était pas satisfait. Il a ensuite traduit en français les parties qu'il jugeait intéressantes, mais en les dictant à une secrétaire qui lui a remis un nouveau texte

---

[4] « La langue maternelle, un carrefour de métaphores », *Diasporas. Histoire et sociétés*, n° 2, 2003, pp. 21-35.

[5] Stéphane Sawas, « La langue en héritage chez les écrivains grecs de la diaspora », dans Caroline Andriot-Saillant (dir.), *Paroles, langues et silences en héritage*, à paraître.

[6] Vassilis Alexakis traduit lui-même en grec ses textes. Voir Clare Teresa M. Shawcross, *Aris Fakinos et Vassilis Alexakis : traduction, bilinguisme et construction de l'identité grecque dans le roman contemporain de la diaspora*, Paris, Université de Paris III, 1999, pp. 80-122 ; Maria Orphanidou-Fréris, « Vassilis Alexakis : écrire et se traduire », *Desmos*, n° 6, 2001, pp. 47-56.

[7] *Paris-Athènes*, Paris, Seuil, 1989, p. 241.

dactylographié. L'écrivain a retravaillé ce nouveau texte pour obtenir la version française que l'on connaît avant de reprendre la version grecque, les deux versions seront publiées la même année en 1995, l'une à Paris chez Fayard, l'autre à Athènes chez Exandas[8].

Dans ce roman, le narrateur-écrivain passe de la langue de ses enfants (le français) à la langue de ses parents (le grec) lors de son voyage de retour en Grèce (la quête de cette autre langue est stimulée, comme dans *J'apprends l'allemand*, par un retour du personnage principal au pays d'origine). Dans *La Langue maternelle*, le narrateur, dessinateur de presse grec qui vit et travaille à Paris, comme l'auteur, rentre au pays pour une durée indéterminée et sans raison apparente : il redécouvre la Grèce, retrouve d'anciens amis, fait de nouvelles connaissances. Aucune intrigue apparente. Puis, son attention s'arrête sur une interrogation : pourquoi une lettre isolée, un *epsilon*, ornait-elle l'entrée du temps d'Apollon où officiait la Pythie, à Delphes ? Comme en guise de clin d'œil à *La Disparition* de Georges Pérec, l'auteur entraîne son narrateur dans une enquête à Athènes et en province, sur les terrasses des cafés et dans les bibliothèques, mais avant tout au sein de sa langue maternelle dont il était éloigné. Il se la réapproprie en notant sur un carnet des mots grecs qui commencent par *epsilon* : *elpida* (espoir), *elia* (olive), *eftichisménos* (heureux), … Ces quarante mots sont comme quarante jalons qui orientent le périple du narrateur à travers la Grèce et la langue maternelle. Après s'être recueilli sur la tombe de sa mère, il met un terme à sa quête en inscrivant l'ultime mot sur son cahier, le mot *ellipsi* (manque).

> Tant que vivait ma mère, je n'avais pas peur de perdre le contact avec la langue, je savais que je pouvais la retrouver à chaque instant, il me suffisait de lui téléphoner.

Le mot jamais noté, jamais explicitement formulé, est bien sûr le mot *ellinika* (le grec).

Denis Lachaud procède différemment ; son titre l'indique. Il s'agit d'un apprentissage (le titre *J'apprends l'allemand* rappelle celui d'une méthode de langue) et ici l'allemand a un statut plus complexe : il n'est pas explicitement désigné comme langue maternelle, et le roman est écrit, contrairement au cas de Vassilis Alexakis, dans la langue maternelle de l'auteur.

Le narrateur déclare à la fin du chapitre qui, en guise de titre, porte le nom de sa mère, comme dans l'état civil, « Katarina Stöckl épouse Wommel (1937-) » (p. 175) : « Ma mère a parlé anglais pendant neuf ans, allemand

---

[8] Clare Teresa M. Shawcross, *op. cit.*, pp. 86-87.

pendant dix, puis français. Ma langue maternelle est la troisième langue de ma mère » (p. 178).

Ernst choisit en sixième d'apprendre l'allemand, langue que ses parents allemands refusent de parler avec leurs enfants :

> Je rentre en sixième et Mme Ladurée mon professeur d'allemand m'apprend que mon prénom, Ernst, veut dire sérieux.
>
> On est des Allemands.
>
> Papa et maman sont venus en France quand ils se sont connus. Ils s'étaient rencontrés en Allemagne, papa avait plu à maman, maman à papa, ils avaient décidé de venir vivre à Paris. Ils se sont mariés, juste avant ou juste après. Ils n'ont pas du tout d'accent.
> Max et moi, on est nés ici.
> À l'école, on nous appelle "sales Boches" ou "Rommel" ou "Rommel heil Hitler" ou "Hitler" quasiment depuis la maternelle. Notre vrai nom c'est Wommel et la guerre est finie depuis plus de trente ans mais les Allemands ont laissé de mauvais souvenirs dans les familles françaises. Max a fait anglais première langue, moi j'ai décidé de prendre allemand première langue, on ne parle jamais allemand à la maison, s'appeler Ernst Wommel et ne pas savoir parler allemand, ça ressemble à quoi ?
> L'institutrice a encouragé mon choix parce que j'avais de bons résultats en primaire.
> Papa et maman n'ont rien dit. (p. 1)

Des problèmes de vue ont rendu l'enfance de Ernst difficile, et son correspondant allemand Rolf émet lors d'une partie d'échecs l'hypothèse suivante : « Peut-être qu'avec ton œil gauche, tu voyais des choses que tu ne voulais pas voir » (p. 160).

Lors des cours d'allemand, il y apprend des éléments constitutifs de son identité, comme la signification de son prénom : Ernst veut sérieux. Son frère aîné s'appelle Max. Max et Ernst. Max Ernst est le nom d'un artiste allemand devenu français. Mais surtout il apprend des mots. Pendant sa rééducation, antérieure à son apprentissage de l'allemand, son père l'oblige à repérer tous les e dans les longues pages de magazines (ici, la démarche de l'auteur se situe dans le sillage de Georges Pérec et de Vassilis Alexakis) ; la voyelle la plus usitée du français, que Ernst doit sur les ordres de son père isoler, se retrouve neutralisée, empêchée de former des mots qui font sens. En apprenant l'allemand, il accède à l'être, à l'existence – le roman s'ouvre sur le premier cours d'allemand et c'est sur la conjugaison du verbe *sein* au présent de l'indicatif que se clôt la grande analepse du début du roman :

> *Ich bin*
> *Du bist*
> *Er ist*
> *Sie ist*
> *Wir sind*
> *Ihr seid*

Sie sind

Ernst geht in die Schule.

La veille de mon premier cours d'allemand, j'étais surexcité, j'ai à peine dormi. Depuis je me suis habitué. C'est la matière où j'ai les meilleures notes. J'ai de bonnes notes partout mais l'allemand c'est dix-huit de moyenne. Le vocabulaire rentre dans ma cervelle comme dans du beurre, je maîtrise les déclinaisons, surtout à l'écrit. À l'oral, je me plante encore pas mal. (p. 43)

En suivant le parcours de son personnage de la maternelle à l'âge adulte (30 ans), l'auteur met à jour le fossé qui se creuse entre Ernst et le reste de sa famille (en particulier son frère) dans son rapport à la langue allemande.

Max n'a pas de passé, Max va faire des enfants français sans passé, mais Max fait Polytechnique, il va défiler le 14 juillet sur les Champs-Élysées. Il portera l'uniforme. Max va perpétuer une tradition familiale. (p. 181)
[...]
Son frère Max a pris la nationalité française, changé de nom, un W qui saute, un M qui devient B, Max Ombel, « bien de chez nous ». (p. 196)

Au fil du roman constitué de courts chapitres (1 à 5 pages) presque tous sans titre (seuls dix chapitres à la fin du roman ont pour titre l'état civil de dix membres de la famille de Ernst ou de celle de son correspondant allemand, pp. 149, 151, 153, 157, 159, 161, 166, 171, 175, 179), la narration est menée tantôt à la première personne, tantôt à la troisième personne du singulier. Le père de Ernst dans le chapitre qui porte ses nom et prénom proteste : « C'est faux. Tout est faux. Le point de vue est faux » (p. 172). La question du point de vue est en effet au centre du roman. Habilement, l'écrivain joue sur cette juxtaposition de points de vue : le *je* de Ernst s'affirme de plus en plus au fil de ses séjours en Allemagne. Prenons l'exemple de ses deux entrevues avec le grand-père, ancien nazi renié par le père de Ernst ; le premier entretien est narré à la troisième, le second à la première personne – il commence de plus par le pronom personnel sujet à la première personne du singulier : « J'ai pris le S-Bahn jusqu'à Wannsee » (p. 168) et se conclue par : « Je te connaissais déjà, pépé, tu chantes dans mes cauchemars depuis toujours. » (p. 170) – il lui refuse l'allemand *Opa*.

Cette narration particulière est mise en relief par un jeu habile sur l'analepse et l'ellipse. Progressivement, ce ne sont plus que les séjours d'été en Allemagne qui sont l'objet de la narration. En faisant sienne cette langue dont les parents lui ont interdit dans un premier temps l'accès, il ouvre les plaies de l'héritage familial qu'il porte en lui sans même le savoir : il met des mots (allemands et français) sur les blessures de la famille pour comprendre les siennes.

Il y a en moi ses chromosomes, il m'a transmis ses yeux d'un bleu passé, ses pommettes rondes, hautes, son nez droit et fin, ses cheveux blonds comme la paille, il y a en moi les tortures quotidiennes qu'il infligeait à son fils, il y a en moi Berlin, il y a en moi les pleurs de mon père sur mon oreiller, ses brusques sautes d'humeur, ses efforts désespérés pour gommer le passé, son silence, le silence de ma mère pour l'accompagner, il y a en moi Boston, New York, un bateau, des racines arrachées, des ruines, une voiture qui tombe à l'eau, le trou noir de l'absence, le manque de deuil, il y a en moi tout ce que je ne sais pas, les mains de cet homme à l'œuvre, ses cris, les cris de ses victimes, son bras armé, le sang qui coule, il y a en moi les fosses, les charniers, les fils barbelés, les trains, les chambres à gaz, les fours crématoires, Auschwitz, il y a en moi *die Endlösung der Judenfrage*, "la solution finale de la question juive", il y a en moi Hermann Wommel.

À tout cela qui n'est pas moi, qui ne dépend pas de ma réflexion, de mes choix, de mes actes, je n'échapperai pas, autant fuir l'oracle.

Je vais bientôt rentrer, Gili-Meno, Lombok, Bali, deux semaines dans la petite maison de Peter puis Java, Singapour, Paris.

Je viderai mon studio parisien, je partirai à Berlin, je viderai l'appartement du mort, je vendrai ses meubles, l'appartement, j'enverrai la moitié de l'argent à Max Ombel, il en fera ce qu'il voudra, mon père, lui, n'en veut pas, puis je partirai à Francfort, au hasard Francfort, non pas vraiment au hasard, je serai près de Marburg où vivent Rolf, Kerstin et leur fille Louisa, je me louerai une chambre et je chercherai un travail.

L'argent de l'héritage me laissera le temps. (pp. 205-206)

Allemand en France (appelé « Sale Boche » par certains de ses camarades d'école, il s'amuse à se conformer aux clichés du touriste allemand pour faire visiter Paris à son correspondant allemand, p. 93), il se sent plutôt Français en Allemagne et recourt au dictionnaire pour comprendre les mots nouveaux (comme *na*, p. 62) et les usages idiomatiques ou dialectaux qui ne sont pas enseignés en France dans un cours d'allemand langue étrangère.

Lorsqu'il choisit d'abandonner ses études en France pour aller travailler à l'usine en Allemagne, c'est dans un entre-deux linguistique, social et identitaire qu'il parvient à se retrouver :

La communication est très étonnante entre les Italiens, les Turcs et les quelques Allemands qui s'affairent, on m'a vite intégré à l'équipe, j'ai découvert le sabir local, mélange de langues méditerranéennes, d'allemand et de dialecte sarrois. (p. 147)

Les choix de ce personnage, au départ plus qu'introverti et réservé, font voler en éclats le foyer familial, et même les foyers familiaux, le sien et celui de son correspondant allemand, car la redécouverte de la langue enfouie met à vif les plaies de l'Histoire qu'une amnésie, jugée confortable, entendait faire disparaître des mémoires individuelles et collectives.

Contrairement à Vassilis Alexakis, Denis Lachaud, discret, reste réservé sur les liens qui unissent l'écrivain et le narrateur. Certains indices rapprochent le personnage principal de l'auteur : le lieu de naissance et de résidence (Paris) et l'âge (il a dix ans dans les années 1970, Denis Lachaud est né en 1964), tous deux mentionnés en quatrième de couverture ; le roman se termine en outre quand Ernst atteint approximativement l'âge de l'auteur au moment de la rédaction du livre. L'écrivain déclare avoir eu l'idée d'écrire ce roman après le procès Papon et s'être inspiré des séjours linguistiques qu'il a effectués dans sa jeunesse en Allemagne[9]. Lui-même acteur, Denis Lachaud ajoute à son narrateur ce rapport complexe à la langue maternelle dans ce roman qui à bien des égards rappelle l'écriture théâtrale.

À trois ans d'intervalle, en recourant à des modes de narration différents, les deux prosateurs francophones proposent un regard littéraire original sur la langue maternelle et ses transmissions problématiques. Souvent tenue pour donnée, elle est assurément ici, comme le propose Vassilis Alexakis, « la première langue étrangère que l'on apprend ».

---

[9] Entretien avec Guillaume Barreau Decherf pour *Le Nouvel Explorateur* : voir http://perso.orange.fr/mondolire/japprends.htm.

Le père chassé par la mère – des exclusions du père de la relation mère/fille dans la littérature féminine

Agnieszka Stobierska
Université de Nice Sophia Antipolis
Université Jagellone de Cracovie

« Mon père n'est pas méchant, maman » – assure la fille d'une des nouvelles de Claire Castillon dans le recueil *Insecte* (2006) où l'auteur met à nu les méandres des relations entre mère et fille[1]. En effet, depuis la deuxième vague du féminisme et notamment depuis la redéfinition du rôle de la mère dans le développement identitaire de la femme, le personnage du père n'est plus « méchant », il apparaît inférorisé, effacé, absent, même inexistant... La figure maternelle « envahit » la création des femmes sans laisser place à un quelconque tiers, ni même au père. Or, l'image littéraire du père absent s'accorde avec des constats psychanalytiques : « [...] les femmes parlent peu de leurs pères. Le plus souvent, c'est la mère qui occupe le devant de la scène. Le père est passé sous silence[2] ». En effet, de manière flagrante, la Mère entreprend « l'anéantissement » du père lorsque ce dernier est perçu comme un intrus, un autre et non semblable, un obstacle à la création et la vie en symbiose avec la fille. Ainsi, elle le réduit : « au mieux, à la transparence, ou – pire, – au statut d'obstacle, voire d'ennemi à abattre[3] ».

Dans la littérature féminine, comment se manifeste l'exclusion du père de la relation mère/fille ? Nous nous proposons d'étudier les formes de cette exclusion dans quelques textes récents issus de la fiction française. Ce choix s'explique par deux tendances opposées dans la littérature des femmes qui abordent le problème des relations familiales. D'une part, le thème des rapports mère/fille est exploité par l'exclusivité de ce lien filial qui engendre la carence paternelle. À titre d'exemple, citons la prose de Noëlle Châtelet dans laquelle l'omniprésence de la mère paraît indéniable[4]. D'autre part, de plus en plus de textes cherchent à évoquer le père perdu, manquant, voué à l'oubli. Chez Laurence Tardieu, par exemple, le personnage du père entre en scène lors de la mort maternelle[5], et par ailleurs, Marie Nimier tente de

---

[1] Fayard, 2006, 161 p., p. 123. La nouvelle porte d'ailleurs le même titre, pp. 117-125.
[2] Louise Grenier, *Filles sans père. L'Attente du père dans l'imaginaire féminin*, Québec, Éditions Quebecor, 2004, 300 p., p. 15 *sq.*
[3] Caroline Eliacheff et Nathalie Heinich, *Mère- Fille. Une relation à trois*, Paris, Albin Michel, 2002, p. 26.
[4] Voir les textes de Noëlle Châtelet tels que : *La Dame en bleu*, Éditions Stock, 1996; *La Petite aux tournesols*, Éditions Stock, 1999; *La Dernière leçon*, Éditions du Seuil, 2004, etc.
[5] *Comme un père*, Arléa, 2002.

reconstituer l'image du père tragiquement disparu dans *La Reine du silence*[6].
Les ouvrages figurant dans notre analyse ont été écrits au cours de la
dernière décennie[7], par des auteurs appartenant à des générations différentes.
De Solange Fasquelle à Claire Castillon, malgré l'écriture spécifique de
chaque auteur, on observe une même exclusion du père hors de l'univers
féminin créé par ces écrivains. Sur quoi repose cet effacement paternel et
comment l'interpréter ? Le père s'installe-t-il sciemment dans l'ombre de la
relation mère/fille pour éviter tout conflit, ou se trouve-t-il « chassé » par sa
compagne ? Quels sont les motifs du comportement de la mère lorsqu'elle
exclue son compagnon de la relation filiale ? Enfin, comment se mettent en
place les portraits des protagonistes dans ces « romans familiaux » et plus
particulièrement, comment apparaît la figure de ce père voué à
l'effacement ?

En vue d'analyser l'image du père « mis à l'écart », nous nous
proposons d'étudier quatre scènes d'exclusion dans les textes de Solange
Fasquelle, Aline Schulman, Noëlle Châtelet, Christine Angot et Claire
Castillon. Les notions de maturation et d'éducation de la fille ouvrent la
première scène traitée dans le roman de Solange Fasquelle: *Mère* (2003)[8], et
dans certaines nouvelles de Claire Castillon[9]. Nous retrouvons dans ces
fictions les figures de pères expulsés de la vie de leurs filles qui n'ont pas
fait face à l'autorité maternelle. Malgré leur position dominatrice dans
l'univers de l'enfant, les mères apparaissent comme des personnages
ridiculisés, même haïs par leurs filles, ceci mettant en évidence le manque du
père. Le roman de Christine Angot: *Léonore, toujours* (1994)[10], nous
permettra de nous interroger sur l'exclusion du père face à des événements
purement féminins tels que la grossesse, l'enfantement ou l'apprentissage de
la maternité. Dans la scène suivante qui expose une nouvelle situation
familiale, le père quitte le foyer laissant la mère « s'accrocher »
démesurément à sa fille, comme dans le texte de Noëlle Châtelet *La Petite
aux tournesols* (1999)[11], ou encore dans la nouvelle de Claire Castillon: *On
peut y remédier*[12]. L'élimination radicale du père est envisagée dans la
dernière scène face à la maladie ou la mort de la fille chérie, à travers
Paloma (2001) d'Aline Schulman[13], et deux nouvelles de Castillon:
Münchhausen par procuration et *Nœud - nœud*[14].

---

[6] Éditions Gallimard, 2004.
[7] Plus exactement de 1994 à 2006.
[8] Éditions Grasset § Fasquelle, 306 p.
[9] *Op. cit.*
[10] Fayard, 1997, 156 p.
[11] *Op. cit.* 204 p.
[12] Dans : Insecte, op. cit. pp.55 - 64.
[13] Éditions du Seuil, 175 p.
[14] Dans: *Insecte, op. cit.*, pp. 101-105 et pp. 139- 150.

Première scène – « Son père ne sait pas élever ma fille »
Voilà la phrase qui pourrait être prononcée par les mères habitant l'espace du récit de Claire Castillon et de Solange Fasquelle. Ces mères-là veulent avoir un monopole absolu sur l'éducation et la vie de leurs filles. Le père qui essaye d'intervenir, qui s'intéresse, tout simplement, à sa fille devient dérangeant.

Dans la nouvelle de Claire Castillon *Insecte*[15], le rejet du père est provoqué par la jalousie maternelle. Elle apparaît lors des premiers signes de la puberté de sa fille et, elle mène, sous l'effet boule de neige, au soupçon de l'inceste. « Il a réagi bizarrement en voyant son petit soutien-gorge qui séchait […][16] » – constate dans son monologue la mère/narratrice. Elle interprète la surprise du père voyant sa fille devenir femme, comme un indice du comportement incestueux. Dès lors, la narratrice n'arrête pas de multiplier les soupçons vis-à-vis de son mari, mais aussi de sa fille qu'elle imagine désireuse de prendre sa place. Ainsi, l'idée de la séparation surgit, pour protéger son enfant de ce « bourreau », de cet « insecte[17] ». La représentation du père sous la forme de l'insecte s'associe ici au symbole phallique qui, de plus, est corroboré par la paronomase des mots : « insecte » et « inceste[18] ». Hélène Cixous jouait déjà sur cette répétition en parlant de la « lande des insectueux », mot qui n'existe pas en français et qui évoque donc nécessairement pour le lecteur l'adjectif « incestueux[19] ». La chute de la nouvelle révèle l'absurdité de la réaction maternelle : ce qu'elle prenait pour un abus sexuel, une complicité « inhabituelle » entre père et fille, s'avère avoir pour but de préparer son anniversaire.

Claire Castillon peint dans ce texte les personnages – types d'une famille contemporaine : le père, présent mais privé de la parole, désire participer à la vie de sa fille, mais abandonne quand la mère s'impose : « Je lui ai expliqué que ces questions devaient se régler entre femmes, alors il n'a pas insisté[20] », il se retire dans son abri – le garage, afin de laisser la scène à sa femme. Quant à la fille, elle reste plongée dans l'ombre, sans la moindre possibilité d'exprimer ses besoins.

La fille a encore moins de chance dans : *Tu seras une femme, ma fille*[21]. L'emprise maternelle[22] décrite par l'auteur est si forte et si aberrante

---

[15] *Ibidem*, p. 15-24.
[16] *Ibidem*, p. 15.
[17] *Ibidem*, p. 21 et p.19.
[18] *Ibidem*, p. 17 sqq.
[19] *L'Exil de James Joyce : ou l'art du remplacement*, Paris, Éditions Bernard Grasset, 1968, p. 747 sq.
[20] *Ibidem*, p. 15.
[21] *Ibidem*, pp. 65-70.

qu'on classe l'intrigue de ce récit parmi des situations invraisemblables. Une mère voulant à tout prix transformer sa fille en « vraie femme » la dirige vers une fin tragique et grotesque à la fois : « Ce dimanche, quand la mère est venue à la morgue reconnaître sa fille, elle a été outrée. Elle a seulement dit que ce n'était pas sa fille, sa fille étant une vraie femme désirable, fabriquée par ses soins, et qui n'aurait jamais toléré dans la mort d'avoir les cheveux gras[23] ».

Qu'en est-il de l'attitude du père ? Dans cette histoire, racontée tantôt par un narrateur omniscient tantôt en focalisation interne de la mère, le père apparaît comme un personnage éphémère et insignifiant. Au début, il essaye timidement de raisonner sa femme : « Mais, voyons, laisse-la être adolescente[24] », puis, il se soumet à ses décisions en disparaissant définitivement de la scène. On ne le voit pas regarder sa fille faisant de la « danse catch » et il ne vient pas, non plus, l'identifier à la morgue.

Le portrait paternel qui émerge du dernier texte de Claire Castillon évoqué[25], montre un père de caractère beaucoup moins malléable que son prédécesseur. Dans *Ma meilleure amie,* c'est la mère, en tant que narratrice de l'histoire qui effectue sa propre caricature et rehausse, involontairement, l'image du père. Elle s'identifie excessivement à sa fille adolescente, ce qui est déjà annoncé par le titre, en essayant d'effacer le père. Ce dernier ne se laisse pas faire. En effet, quand sa femme dépasse les limites du comportement infantile, il réagit. Il l'incite, sur un ton accusateur, à reprendre son vrai rôle de mère : « […] tu perds la tête ? […] tu ferais mieux de corriger Cathy pour qu'elle fasse un peu attention à ce qu'elle dit! Tu es fière de ses notes de français ? […][26] », etc. Dès lors son mari devient l'ennemi qui veut la priver de sa « meilleure amie ». Elle tente de renforcer la complicité avec la fille : « On passe la nuit toutes les deux, […][27] ». Cependant, l'adolescente aperçoit, de plus en plus, la conduite abusive de sa mère et elle se rapproche de son père : « Cathy […] n'aime pas lui déplaire » et puis : « Cathy me dit que je ne devrais pas faire autant de réflexions à son père », remarque la narratrice[28]. Enfin, la fille en a assez de l'envahissement

---

[22] C'est le terme utilisé par Françoise Couchard pour désigner le lien pathologique maltraitant que la mère entretient avec son enfant, dans: *Emprise et violence maternelle. Etude d'anthropologie psychanalytique,* Paris, Dunod, 1991.
[23] Claire Castillon, *op. cit.,* p. 71.
[24] *Ibidem,* p. 66. Le narrateur limite son rôle dans le texte à prononcer, dans le discours direct, trois courtes phrases.
[25] *Ibidem, Ma meilleure amie,* pp. 31-38.
[26] *Ibidem,* p. 34.
[27] *Ibidem.*
[28] *Ibidem,* p. 32 *sq.* , et p. 35.

maternel : « [...] elle pointe son doigt vers moi, elle dit : Tu vas me lâcher, oui ? Pot de colle [29] », fin poignante pressentie par le père.

Le problème de l'exclusion du père de la relation mère/fille revêt un autre aspect dans le roman de Solange Fasquelle. Comme le titre *Mère* indique celle-ci est au centre d'une histoire familiale racontée, en alternance, par les deux filles, Mélanie et Gisèle[30]. En effet, au fil du récit elles créent le portrait d'une « anti-mère » : « mégère » dont on a peur, « Mère diabolique », d'un « détestable caractère[31] », etc. Elle prétend décider de la vie de toute la famille, notamment de ses filles. Or, sa première préoccupation est de les « bien marier ».

Le personnage paternel se trouve aux antipodes de cette image : il peut être considéré comme la négation du modèle symbolique du père évoqué par Paul Ricoeur[32]. Ainsi, ce père fragile est, autant que ses deux filles, une victime, « chassée » jadis du foyer par une Mère tyrannique. Ni des années de séparation, ni même l'endoctrinement maternel n'ont effacé complètement les sentiments de ses filles pour lui. « Mon père était-il un mauvais père, comme nous l'avait répété Mère tout au long de notre adolescence ? » – se demande Mélanie et aussitôt, elle se précipite pour retrouver ce père : « lointain » et manquant[33].

Dans les exemples que nous venons d'analyser, la domination maternelle et le désir d'exclure le père de la relation avec la fille s'accentue lorsque l'enfant commence à devenir femme, lorsque l'initiation au féminin est en jeu. La position paternelle confrontée à cette situation peut revêtir deux aspects. D'une part, un père trop défaillant est condamné à la disparition ; d'autre part, l'attitude de la mère provoque un effet non prévu : au lieu d'effacer la figure du père, elle la renforce.

Deuxième scène – Les liens viscéraux qui éliminent le père
Colette évoquait déjà dans *Maternité* l'importance de ces liens viscéraux qui unissent intensément les femmes entre elles[34]. La maternité est une sorte de

---

[29] *Ibidem*, p. 38.
[30] Précisons que ce roman se divise en trois parties : la narration de la première est menée à la première personne du singulier par les filles : l'une ou l'autre. En deuxième et troisième partie nous avons un changement de narration, elle est dorénavant à la troisième personne, en gardant toujours, toutefois la focalisation interne des héroïnes.
[31] Solange Fasquelle, *op. cit.*, p. 96 et 194 *sq.*, etc.
[32] « Le père figure, dans la symbolique, moins comme géniteur égal à la mère que comme donneur de nom et donneur de loi » : *De l'Interprétation*, Paris, Éditions du Seuil, 1965, p. 520. Chez Fasquelle c'est visiblement la Mère qui tient le rôle de la « donneuse » de loi.
[33] *Ibidem*, p. 85 *sqq.* et p. 194.
[34] Voir la scène de l'accouchement symbolique accompli par la mère avec sa fille dans le jardin d'une maison voisine, dans : Colette, *La Maison de Claudine*, dans : *Colette Romans - Récits - Souvenirs* (1920-1940), Tom II, Robert Laffont, 1997, pp. 246-248.

mystère féminin transmis de mère en fille: « L'expérience que représente le fait d'enfanter entraîne de profondes répercussions de mère à fille[35] ».

Léonore, toujours de Christine Angot constitue une variation sur cette situation[36]. Le jour où Léonore naît, pour sa mère Christine la vie s'arrête, ou plutôt la petite fille devient sa vie et son écriture. Christine abandonne sa carrière de romancière et sacrifie la relation avec son mari. En revanche, elle décide d'écrire jusqu'à sa mort « le livre » de Léonore : « Chaque jour, je marquerai au moins une chose sur elle », « Je jure de ne plus parler que d'elle jusqu'à ma mort. Et tout les jours, cela[37] ». Ainsi, sous nos yeux Christine construit, à la manière d'un journal intime, l'ouvrage qui s'intitulera Léonore toujours[38]. Cette mise en abyme se complique avec l'intrusion, tout au long du texte, d'un carnet du père de Léonore, Claude[39]. Est-ce bien Claude qui a la parole et qui parle de Christine et de l'enfant, ou est-ce elle qui parle à travers lui ?

La place de Claude dans la relation que Christine essaye de créer avec sa fille, revêt une dimension ambiguë. D'une part, pour la narratrice le père n'a pas accès à ce lien ombilical qui l'attache à Léonore, il est exclu de leur symbiose « parfaite » : « Elle préfère ma bouche, comme moi. Toute une journée pour s'aimer va commencer. J'espère que ce soir en me couchant je serais heureuse et elle aussi. [...] Tout devrait être fille - mère et mère - fille, c'est mieux[40] », etc. D'autre part, Christine a conscience que la petite a besoin d'un père : « Elle aimerait avoir un père, un père[41] ». C'est pourquoi, elle s'oblige de l'intégrer à leur relation : « Je devrais l'associer à nous[42] ». Ainsi, la narratrice décide d'incruster : « le calepin » de Claude au texte consacré à Léonore. La mère songe à la vie de sa fille : elle la voit grandir, faire l'amour, accoucher. Tout à coup des visions cauchemardesques surgissent : Léonore se fait violer, elle meurt... Le personnage du père n'apparaît jamais dans ces images, sauf une seule fois. Il se présente en tant que synonyme de danger, quand Christine l'imagine avoir un rapport incestueux avec la petite : « Je ne sors pas, s'il bande et qu'il la viole... Il la

---

[35] Adrienne Rich, Naître d'une femme. La Maternité en tant qu'expérience et institution (1976), trad. de l'américain par Jeanne Faure - Cousin, Denoël/Gonthier, 1980, p. 218.

[36] Op. cit.

[37] Ibidem, p. 13 et 19. L'analyse du je, comme dans toute l'écriture d'Angot paraît problématique: s'agit-il de l'auteur Christine Angot ou faut-il cantonner à l'interprétation classique du je narrateur ?

[38] « Jeudi 18 mars : [...] Et j'ai eu d'autres pensées. Parmi elles, un titre, Léonore, toujours. », Ibidem., p. 100.

[39] Ibidem, p. 150 sq.

[40] Ibidem, p. 18 et P. 47.

[41] Ibidem, p. 97.

[42] Ibidem, p. 27.

fore jusqu'au fond, accroché aux petits muscles[43] », etc. En revanche, dans la vie réelle, Claude semble être plus présent auprès de Léonore que sa mère : c'est lui qui donne le bain à la petite, prépare son biberon, change ses couches. Le comportement de ce papa aimant et attentif éveille quelquefois la jalousie maternelle. Tantôt, la situation devient trop tendue, et Claude choisit de partir, de céder la place, il : « veut se prendre un studio, je suis d'accord », tantôt il continue d'assumer son rôle de père : « Claude reste. Il a donné le bain à Léonore, […][44]». De même, il ne disparaît pas au moment de la mort terrible et inattendue de la petite Léonore : victime d'une hémorragie interne déclenchée par sa chute d'un divan.

Pour terminer, insistons sur la particularité de ce portrait du père donné par Christine Angot, sur son caractère dichotomique. Il se fonde sur l'imaginaire maternel, où il existe ce désir de la transparence du père, ce besoin de protéger la fusion mère/fille, mais la vie quotidienne démontre, plus que tout, sa présence près de la fille. Toutefois, n'est-ce pas une présence insuffisante pour empêcher l'accident mortel ?

Troisième scène – Le vide laissé par le père

Dans la scène que nous allons analyser à présent, l'absence du père se manifeste de façon incontestable. Avant tout, il est mis hors de l'action dans le récit. De plus, il se trouve quasiment exclu de l'espace narratif. Chez Claire Castillon[45], et chez Noëlle Châtelet[46], les pères demeurent uniquement dans l'univers des pensées et des souvenirs furtifs de leurs filles. Un autre signe de leur existence aléatoire se manifeste à travers des appels téléphoniques, mais ils n'y ont pas de possibilité de prendre la parole pour autant[47].

Ces pères donnent l'impression d'être comme une ombre, presque un fantôme qui vit, pourtant, quelque part, loin de sa famille et pour cause, il semble être « bien tranquille[48] ».

Cependant, leurs filles ont besoin d'eux : « […], l'année dernière, c'est vrai, *il* est venu. Même si cela a fait des vagues, plus hautes qu'à la grande marée, même si les portes ont claqué la nuit plus fort que les drisses contre les mâts des bateaux : *il* était là », se rappelle nostalgiquement Mathilde, l'héroïne de *La Petite aux tournesols*[49]. Et, la jeune protagoniste de Castillon se met en colère contre la mère qui ne lui permet pas de

---

[43] *Ibidem,* p. 45. Ce phantasme est une projection de sa propre expérience vécue par Christine dans l'enfance.

[44] *Ibidem,* p. 88 et p. 93.

[45] On peut y remédier, *op.cit.,* pp. 55-64.

[46] La Petite aux tournesol, *op. cit.*

[47] Voir Claire Castillon, *op. cit.* , p. 60 et Noëlle Châtelet, *op. cit.,* p. 26 *sq.* et p. 148 *sq.*

[48] Claire Castillon, *Ibidem.* , p. 56.

[49] Noëlle Châtelet, *Ibidem,* p. 9.

répondre au téléphone à « papa[50] ». Chercher le contact avec ce père éloigné, poser des questions sur lui, ou l'évoquer s'avère malaisé face à la mère qu'on pourrait blesser, et qu'on veut, malgré tout, protéger : « Elle a déjà vu Céline pleurer. À cause de *lui*. Parce qu'*il* ne vient pas, ou parce qu'*il* est venu. Parce qu'*il* n'écrit pas, ou parce qu'*il* a écrit [51] », etc. Pis encore, la mère pourrait se sentir si perturbée qu'elle augmente sa dose d'antidépresseurs, ce que redoute l'autre fillette[52].

La figure paternelle demeure absente en se révélant interdite. Pour accentuer l'aspect anonyme de ce père ainsi que le mystère qui l'entoure, la fille le désigne dans le roman de Châtelet, uniquement par un pronom personnel : *il, lui*[53].

Aucun de ces deux textes ne nous fait connaître explicitement les circonstances de l'abandon paternel. En effet, le narrateur qui adapte son récit au point de vue des filles[54], donne à entendre la faute maternelle, en disculpant le père : « Mon père l'a quittée, elle avait mal dosé[55] », ou : « Dans presque tout ce qu'elle dit, il y a un mot en trop. […] Mais ce n'est pas amusant pour les autres. *Lui* aussi, *il* s'est souvent énervé à cause du mot en trop[56] ». Quant aux filles, elles mêmes se sentent victimes de l'emprise maternelle, ce qu'on observe notamment dans la nouvelle de Castillon. Depuis le départ du père, la mère s'accroche excessivement à sa petite fille. À peine consciente, elle lui fait « avaler » toutes sortes de médicaments pour la maintenir dans un état semblable au sien : « Ma mère me dope […] », confirme la fillette[57]. Cette mère, a-t-elle peur que la fille ne rejoigne son père, veut-elle qu'il soit définitivement oublié ?

L'atmosphère du récit de Châtelet est moins sombre et étouffante. Les vacances, la Provence, les tournesols : le paysage est quasi idyllique, n'était cette pensée de lui qui s'impose au long du roman. La rencontre avec le petit garçon Rémi ne remplit-elle pas en quelque sorte ce vide qu'*il* a laissé ? Dans l'épilogue Mathilde décide de s'enfuir avec Rémi. Pour la mère qui empêche cette « vadrouille » enfantine, le geste de sa fille ne reflète-t-il pas celui de son mari ?

Ainsi, l'image du père disparu se transforme en symbole de la liberté, elle incarne quelqu'un qui a réussi à se délivrer du contrôle maternel : « […]

---

[50] Claire Castillon, *Ibidem*, p. 60 *sqq*.

[51] Noëlle Châtelet, *Ibidem*, p. 189.

[52] Claire Castillon, *Ibidem*, p. 56 *sq*.

[53] Toujours marqué dans le texte en italique, comme pour signaler sa différance, et à la fois, son importance.

[54] Chez Castillon le récit est narré à la première personne du singulier, en revanche, le roman de Châtelet en focalisation interne possède un narrateur à la troisième personne.

[55] Claire Castillon, *ibidem*, p. 56, voir aussi : p. 58.

[56] Noëlle Châtelet, *ibidem*, p. 115 *sq*.

[57] Claire Castillon, *ibidem*, p. 55.

mon père qui vogue sur son petit bateau, la tête en plein soleil, sans crème et sans chapeau, bien tranquille loin de nous, dégustant son bonheur d'être frais divorcé », rêve la fille créée par Castillon[58].

Quatrième scène – Souffrance sans père ?

La maladie incurable de la fille chérie peut se transformer en exclusivité maternelle, ce qui se manifeste dans *Paloma*[59]. La mort, de même que l'accouchement suscite une fusion mère/fille sans limites : « [...] tu devenant moi, ses organes les miens, [...][60] ».

Dans le récit d'Aline Schulman, la mère rend compte de cet effacement radical du père, qu'elle a sciemment provoqué durant la maladie de leur fille. D'abord elle décharge sa fureur et sa douleur sur lui, ensuite, elle veut irrévocablement le faire disparaître : « Je suis prête à falsifier l'état civil, et à tracer d'une main née de père inconnu, ou même née sans père, pour que personne ne puisse en douter : je suis non seulement l'unique héritière, mais l'unique géniteur de mon enfant[61] ». Or, la situation décrite dans *Paloma* pourrait être interprétée comme l'antithèse de l'affirmation du roman d'Elfriede Jelinek : au lieu de dire : « Erika apparut, le père disparut[62] », on annoncerait : « Paloma disparut, le père disparut ».

Néanmoins, la mère permet, au style direct, à sa fille mourante de revendiquer l'existence de son père : « – Tu ne parles presque jamais de papa. Pourquoi[?63] ». Tout à coup, comme une réponse, quelques notes du père, retrouvées par hasard, apparaissent. Dans cette mise en abyme, la mère traduit et transforme à sa manière le chagrin du père de Paloma[64], de même qu'elle lui fait exprimer la lucidité d'être mis à l'écart dans le drame : « incompatibilité dans la souffrance ; voilà pourquoi, selon moi, les pères sont peu nombreux à l'hôpital ; ils se sentent repoussés, chassés par la douleur des mères, etc.[65] ». En fin de compte, grâce à Paloma, la mère reconnaît son attitude excessive et accepte la présence du père lorsque le pire arrive : « le père ne travaille pas, pendant qu'il essaye de lui faire avaler sa potion, elle a une légère secousse, [...]. La Petite Colombe a cessé de respirer[66] ».

---

[58] *Ibidem*, p. 56.
[59] Aline Schulman, *op., cit.*
[60] Noëlle Châtelet, *ibidem*, p. 115 *sq.*
[61] *Ibidem*, p. 163.
[62] *La Pianiste* (1983), trad. de l'allemand par Yasmin Hoffmann et Maryvonne Litaize, Éditions Jaqueline Chambon, Nîmes, 2004, p. 1.
[63] *Ibidem*, p.162.
[64] Les notes sont écrites en anglais, la langue maternelle du père, *ibidem.* , p. 165 *sqq.*
[65] *Ibidem*, p. 167.
[66] *Ibidem*, p. 172.

Il n'est pas possible de parler d'une « autoanalyse » semblable dans le texte de Castillon[67]. La fille qui raconte l'histoire de sa maladie considère que sa mère est la seule à lui être dévouée entièrement : « Mes microbes n'ont trouvé qu'une alliée, ma mère[68] ». Quant au père, elle subit difficilement son absence, l'indifférence à sa maladie, ce qui se manifeste dans le ton ironique : « Mon père voyage tout le temps, surtout quand je rechute. L'hôpital lui fait peur, il trouve mille choses à faire à l'extérieur[69] ». Cependant, le titre du récit nous dévoile une autre vérité : le syndrome de münchhausen par procuration[70], indique ici la responsabilité maternelle dans l'état pathologique de la fille. Dans cette perspective, l'inertie paternelle peut s'expliquer par le comportement de la mère qui va faire tout pour écarter le père le plus loin possible de la petite[71].

Pour conclure, évoquons l'image d'une exclusion à part, ayant le caractère quelque peu anecdotique dans notre étude, l'exclusion provoquée par une maladie mentale. Dans *Nœud-nœud*[72], c'est la fille handicapée qui maintient l'emprise sur sa mère. La place du père reste vide, jusqu'au moment où la mère désire refaire sa vie. Ainsi, « l'amour meurtrier » dont parle Louise Grenier[73], se réalise chez Castillon à la lettre : la jalousie déclenche le matricide[74]. Enfin, nous nous demandons : qu'en est-il de la disparition du père dans cette histoire ?

Conclusion

Notre analyse de la place du père dans l'écriture romanesque féminine confirme sa position manquante dans la relation mère/fille.

Le père est mis hors de l'univers féminin le plus souvent par une mère fragile, celle qui se sent menacée, par une femme dépressive, ou au contraire, par une mère trop puissante qui fait penser à l'archétype de la « Mère Terrible[75] ». La jalousie, la possession et la passion pour la fille – tels sont les sentiments qui provoquent l'expulsion du père de la famille.

---

[67] Münchhausen par procuration, pp. 101-105.

[68] *Ibidem*, p. 104.

[69] *Ibidem*.

[70] Il est aussi désigné comme Pathomimie: dans ce cas c'est un enfant qui est utilisé en tant que sujet malade ; habituellement, c'est un des parents qui provoque chez son enfant la pathologie factice. Le diagnostic est souvent très difficile, confirmé par l'amélioration de l'état de l'enfant lorsque l'interdiction des visites rendues par le parent soupçonné est obtenu : Sciences et Avenir N° 2667.

[71] *Ibidem*, p. 104 sq.

[72] Claire Castillon, *op. cit.*, p. 139-150.

[73] Filles sans père, *op. cit.*, p. 197.

[74] Claire Castillon, *op. cit.*, p. 149 sq.

[75] Gilbert Durand, Les Structures anthropologiques de l'Imaginaire. Introduction à l'archétypologie générale, Paris, Dunod, 1992, p. 110 sqq.

Selon Louise Grenier : « l'absence favorise l'idéalisation[76] », en effet, le portrait du père qui resurgit des textes analysés apparaît plutôt indulgent. Toutefois, nous ne parlerions en aucun cas d'une idéalisation. Ce père, que nous avons visé, est prédestiné à l'exclusion, condamné au mutisme, ou privé de puissance, mais il est vivant. Même quand il disparaît de l'espace narratif, il joue un rôle marquant dans le récit. Ainsi, chez Claire Castillon ce père absent, « pourchassé » par la mère, paraît comme un révélateur, celui qui démasque les rapports mère/fille. Dans *Léonore, toujours* ou dans *Paloma* il intervient pour interrompre une fusion excessive entre mère et fille. Puis, c'est aussi le père qui incarne la liberté, l'espoir et l'ouverture vers le monde.

Il existe un besoin de la part des filles de chercher à renouer le lien avec ce père lointain, ce qui se manifeste chez Solange Fasquelle ou Noëlle Châtelet. Or, le titre de Claire Castillon : *On peut y remédier* s'avère trompeur. En effet, on ne peut pas remédier « au mal du père », on peut seulement tenter de remplir le vide qu'il a laissé.

---

[76] Filles sans père, *op. cit.*, p. 196.

Le roman familial de Nancy Huston
La relation problématique : la fille abandonnée et la mère coupable

Mihoko Martens-Okada
Université d'Amsterdam

Depuis quelques décennies, beaucoup de recherches ont été effectuées sur la relation mère-fille dans le cadre des études féminines. Le sujet est bien présent aujourd'hui, notamment dans le domaine de la psychologie et de la psychanalyse. Dans la littérature aussi, cette problématique est souvent traitée par des femmes écrivains.

J'oriente ainsi mon propos sur l'aspect négatif de cette relation mère-fille marquée par l'abandon. Les romans de Nancy Huston sont traités sous cet angle-là. Cette femme anglophone du Canada, installée en France depuis le milieu des années 1970, écrit ses romans en français.

Je m'intéresse particulièrement à l'un de ses romans, *La Virevolte*[1], publié en 1994, où Huston crée une figure de mère abandonnant ses deux filles pour devenir danseuse professionnelle. Comme c'est le cas dans cette famille, l'enfance d'Huston est également marquée par la même tragédie, sa mère ayant quitté le foyer lorsqu'elle avait six ans.

Précisément, *La Virevolte* d'Huston nous invite à découvrir les scènes de vie familiale marquées par l'absence de mère au foyer. Le départ de Lin, la mère, perturbe totalement le fonctionnement de cette famille. Le père se remarie assez vite, car il pense que c'est une solution pour toute la famille afin de réparer les souffrances causées par l'abandon. Ce foyer sans mère accepte de créer de nouveaux liens familiaux en recevant la meilleure amie de Lin à sa place. Ainsi, la blessure de l'abandon renforce les liens entre le père et les filles de même qu'entre les deux sœurs. Le remariage du père crée d'autres relations : entre le mari et la nouvelle femme, entre la belle-mère et les filles. Même si je travaille, à travers ce roman, uniquement sur la relation mère-fille, je préfère utiliser comme thème « le roman familial » de Nancy Huston pour ne pas restreindre la richesse de ce livre.

Ma question centrale porte sur l'effet que cette décision violente produit sur la relation mère-fille. Pourquoi la mère commet-t-elle un tel acte ? Quel est le sort de la fille abandonnée par sa mère et celui de cette dernière ? N'y a-t-il pas d'autres solutions afin d'éviter pareil drame ? Quel intérêt la romancière porte-t-elle à ce sujet et pourquoi ? Tout en considérant

---

[1] Nancy Huston, *La Virevolte* (1994), Arles [Montréal], Actes Sud/Leméac, «Babel», 1996, 256 p.

l'évolution de la notion et des fonctions maternelles de nos jours par rapport au mythe de la bonne mère, je tenterai d'éclairer ces questions.

La cause de l'abandon

La Virevolte d'Huston se concentre sur un des problèmes familiaux fréquents aujourd'hui : l'absence de mère au foyer. Cependant si l'on ne regarde que les faits, ce phénomène existe depuis longtemps. La cause de cet abandon des enfants a-t-elle changé par rapport au temps plus lointain ? Si c'est le cas, d'où vient ce changement ?

Je vais recourir en premier lieu à quelques sources historiques pour mieux comprendre ce changement de comportements dans la société. Examinons d'abord le mythe de la bonne mère. Dans son livre intitulé, *L'amour en plus. Histoire de l'amour maternelle du XVIIe au XXe siècle*, Elisabeth Badinter trace l'évolution de femmes face à la maternité[2]. À la lecture de cet ouvrage, nous apprenons combien les femmes sont souvent contraintes par ce mythe de la bonne mère.

Le mythe de la bonne mère est celui d'une mère sans égoïsme fondé sur le culte de l'oubli de soi. Nancy Huston révèle dans ses essais, *Journal de la création*, l'histoire des femmes intellectuelles privées de créativité[3]. On considérait que c'était contre la nature féminine, destinée à la procréation. De même l'esprit trop excité par l'intellect aurait été une des causes du trouble psychique chez les femmes[4]. Par-là, nous devons reconnaître l'idée de Rousseau, passée par Freud. La femme idéale, Sophie, épouse d'Émile était longtemps le modèle féminin, par excellence[5]. Cela prouve bien qu'il y avait un malaise, une dichotomie entre corps et esprit déterminant le rôle de chaque sexe.

Dans la littérature du XIXe siècle, l'abandon d'enfants est souvent évoqué. Ainsi, George Sand a créé beaucoup de personnages fictifs orphelins de mère. Les raisons de cet abandon sont diverses. Cela peut être la mort de la mère lors de l'accouchement, la pauvreté dans une famille nombreuse et le problème de la mère célibataire. Ce dernier cas est aussi lié à une question morale car donner naissance sans être mariée était très mal vu[6]. Michelle

---

[2] *L'amour en plus. Histoire de l'amour maternelle du XVIIe au XXe siècle*, Paris, Flammarion, 1980, 373 p. En résumé, Badinter considère que, concernant la France, l'amour maternel apparaissait assez fort avant les XVIIe siècle, XIXe et XXe siècles mais après 1960 cela baissait considérablement par contre les XVIIe et XVIIIe siècles semblent indifférents face à ce sentiment, p. 369.

[3] *Journal de la création*, Arles [Montréal], Actes Sud/Leméac, «Babel», 1990, 357 p.

[4] *Ibidem*, pp. 106-108. Huston nous invite à découvrir Elizabeth Barrett et Virginia Woolf comme l'exemple.

[5] Jean-Jacques Rousseau, *Émile ou De l'éducation* (1762), Paris, Garnier, 1976 (1964), 666 p.

[6] Michelle Zancharini-Fournel, *Histoire des femmes en France : XIXe-XXe siècles*, Rennes, Presses universitaires de Rennes, 2005, 254 p, p. 135.

Perrot révèle dans son livre, *Les femmes ou les silences de l'histoire*, au chapitre intitulé « Corps asservis », l'effacement du problème du corps féminin dans l'histoire[7]. Bien que les femmes aient été souvent victimes d'abus sexuel et de violence corporelle, leurs voix étaient rarement entendues[8].

Si les portraits de femmes souffrant ou supportant de telles conditions de procréation sont omniprésentes dans la littérature de cette période, il existe aussi une certaine dégradation de la morale affectant également la maternité. Honoré de Balzac, Jules Vallès, Jules Renard, parmi d'autres décrivent l'aspect négatif de la féminité, notamment dans leurs portraits de mauvaises mères[9]. Cependant il ne me semble pas que la floraison de ces créatures féminines, dans la scène littéraire, représente une première étape vers la démystification de la maternité car elles ont été créées, à mes yeux, comme l'anti-modèle de la féminité.

Par la suite, la question de la féminité basculera dans tous les sens. Ainsi, Nora, héroïne de la *Maison de poupée* d'Henrik Ibsen, quitte son mari et ses enfants afin de mener sa vie pour elle-même[10]. C'est l'avènement de l'« Ève Nouvelle », où la femme prend conscience de sa valeur, et ose affirmer son identité, en tant qu'individu et ne veut plus sacrifier sa vie aux autres[11]. Le portrait de Lin est assez semblable à celui de Nora.

Quant au XXe siècle, plusieurs mouvements de femmes le caractérise. Cela améliore considérablement la condition féminine, notamment l'émergence de la contraception qui permet aux femmes de mieux contrôler les naissances. Cette libération par rapport à leur corps est une vraie révolution dans l'histoire des femmes mais cependant la maternité devient problématique.

---

[7] «Corps asservis» dans *Les femmes ou les silences de l'histoire*, Paris, Flammarion, 1998, 494 p, pp. 369-375.

[8] *Ibidem*, « ...on nie le viol des femmes devant le tribunal sous prétexte que tout se passe dans leur tête, voire dans leur désir fantasmé, de même on a sous-estimé l'exploitation sexuelle réelle dont les femmes, et singulièrement les filles du peuple, ont été la proie et que migrations, urbanisation, industrialisation ont dans un premier temps accrue, en affaiblissant les liens sociaux traditionnels», p. 372. Voir aussi *Histoire d'Omaya* (1985) de Nancy Huston, Arles (Montréal), Actes Sud/Leméac, coll. Babel, 1998, 208 p. C'est une œuvre inspirée par un fait divers réel, le viol collectif.

[9] *L'amour en plus, Histoire de l'amour maternel du XVIIe au XXe siècle*, p. 271-280.

[10] *Maison de poupée* (1879), traduction de Maurice Prozor, Paris, Jean-Placide Mauclaire, 1953, 66 p.

[11] Ce type de portrait de femmes est appelé l'«Ève nouvelle» et Annelise Maugue l'utilise pour le titre de son article concernant la crise de l'identité sexuelle au XIXe siècle en France. Voir : Annelise Maugue, « L'Ève nouvelle et le vieil Adam. Identités sexuelles en crise », dans *Histoire des femmes en Occident 4 : Le XIXe siècle*, sous la direction de Geneviève Fraisse et Michelle Perrot, Paris, Plon, 1991, 627 p, pp. 527-543.

Le mouvement féministe, dirigé par Simone de Beauvoir, rejette radicalement la maternité comme cause principale de l'inégalité entre les sexes. Après avoir pris une certaine distance par rapport à ce mouvement, les femmes commencent à s'interroger sur leur propre identité féminine. C'est ainsi qu'Hélène Cixous parle de la *jouissance* de la femme[12]. Quant à Julia Kristeva, elle affirme que la maternité est comme un sentiment sacré[13]. Pour et contre, les avis divergent sur la maternité aujourd'hui mais toutefois la femme a la possibilité de la maîtriser ce qui n'était pas le cas au XIXe siècle.

En fait, lorsque l'on parle de cause d'abandon, il y a une grande différence entre le XIXe siècle et nos jours, c'est la liberté de choix. Autrefois, la femme ne pouvait prendre sa vie en mains, elle se contentait de subir toutes les conséquences, dont les grossesses non désirées. Par contre, de nos jours, la maternité pour la femme n'est plus le passage obligatoire pour la féminité, puisque celle-ci peut choisir, maîtriser non seulement son corps mais aussi son esprit. Si la femme quitte le foyer, comme Lin, préférant sa carrière à ses enfants, il s'agit là d'un choix personnel.

Il me semble cependant que les normes et la morale de la société ne se détachent pas tout à fait du mythe de la bonne mère. Le portrait de Lin est loin d'être celui d'une mère sacrifiée, au contraire, elle devient bourreau, porteur de souffrance vis-à-vis de sa famille. Puisqu'elles sont victimes de leur mère, le lien matriarcal ne provoque-t-il pas chez les filles un certain traumatisme ? Quel avenir peuvent-elles avoir ?

Le sort de la fille abandonnée

Retour à *La Virevolte*. Après le départ de Lin, la famille ne peut effacer sa trace et maintient tout de même une relation épistolaire. Nancy Huston évoque aussi dans ses essais sa propre mère comme lointaine et inaccessible[14]. Même si les lettres de cette dernière lui parvenaient régulièrement, son absence n'était jamais comblée par les mots. Le schéma du père-esprit et de la mère-chair représente une certaine valeur de la famille traditionnelle. Mais si le père devient « chair » à la place de la mère, quel chemin la fille suivra-t-elle ? Ce changement de rôle entre père et mère par rapport à ce préjugé me semble intéressant puisqu'un tel rapport ne pouvait pas être envisageable autrefois. Ainsi, la figure paternelle commence à assumer les soins maternels, jadis réservés aux femmes et le lien entre le père et les filles se renforce. Ce changement de relations familiales est aussi l'une des conséquences de l'abandon causé par la mère.

---

[12] Catherine Clément et Hélène Cixous, *La jeune née*, Paris, Union Générale, coll. 10/18, 1975, 300 p, pp. 166-167.

[13] « Stabat Mater » dans *Histoires d'amour*, Denoël, 1983, 358 p, pp. 225-247.

[14] *Nord perdu suivi de Douze France* (1999), Arles [Montréal], Actes Sud/Leméac, coll. Babel, 2004, 133 p, p. 105.

Il existe dans la suite de *La Virevolte*, sous la forme d'une pièce de théâtre intitulée *Angela et Marina*, la représentation des sentiments de ces deux filles face à leur enfance bouleversée par l'abandon[15]. L'avenir des filles d'une femme-artiste ne semble pas certain puisqu'elles ont vécu une autre forme de modèle maternel. Peut-on dire que ces filles abandonnées sont des victimes de leur mère ?

Nancy Huston fait allusion à la conséquence de l'abandon chez Angela et Marina en utilisant leurs réactions opposées face à la maternité. L'une penche vers le mythe de la bonne mère et l'autre refuse la maternité. Tout ce qu'elles ont vécu dans leur enfance, qui fut marquée par l'absence de leur mère, influe fortement sur leur modèle maternel, me semble-t-il.

Angela devient comédienne et décide un jour d'avoir un enfant avec un homme déjà marié ce qui ne semble pas la soucier vraiment pour son avenir. Elle désire être mère tout simplement. Son choix de devenir mère célibataire ne représente-t-il pas l'éloge narcissique du corps féminin qui, chez les femmes, provoque un sentiment d'infériorité depuis fort longtemps ? La découverte de la maternité peut être la revalorisation du pouvoir féminin comme pour Angela. Reconnaître cette différence physique entre homme et femme devient alors sa source de jouissance.

Quant à Marina, elle est étudiante en philosophie et pas du tout prête à accepter sa féminité. Elle néglige de soigner son corps, par contre elle nourrit passionnément son esprit et son sujet d'étude est la Shoah. Etant victime de la maternité, elle semble refuser sa propre féminité. Il me semble même que sa haine pour sa mère se retourne contre son corps provenant de la chair de celle-ci.

En réalité, il est indéniable que la souffrance d'abandon qu'Angela et Marina ont subi est irréparable. Il y a cependant un passage qui me fait réfléchir sur l'intention de l'auteur lorsque ces deux sœurs découvrent les mères très envahissantes de leurs amies. En parlant de l'image maternelle ordinaire de leurs amies, par rapport à leur mère artiste, elles s'aperçoivent qu'elles n'ont pas eu le complexe d'Electre où l'on dit qu'il faut tuer la mère pour que les filles puissent elles-mêmes devenir adultes[16]. Cette idée symbolique ne signifie rien pour Angela et Marina car elles ignorent l'existence, l'ombre de la figure de la bonne mère et tant d'autres drames familiaux. Elles grandissent ainsi sans être tourmentées par les conflits entre mère-fille pendant leur adolescence.

Dans un autre roman de Nancy Huston, *Instruments des ténèbres*, nous trouvons, sous forme de mise en abyme, l'histoire de jumeaux

---

[15] Nancy Huston, *Angela et Marina*, en collaboration avec Valérie Grail, Arles (Montréal), Actes Sud-Papiers/Leméac, 2002, 61 p.

[16] Le « complexe d'Œdipe version filles » est l'idée de Freud. Voir *Journal de la création*, pp.148-152.

orphelins, un garçon et une fille, qui se passe en Berry au XVIIIe siècle[17]. La mort de la mère lors de l'accouchement sépare le frère et la sœur. L'un est confié à un monastère et l'autre doit subir toutes les souffrances qu'une fille peut supporter : passage obligé de foyer en foyer en assumant les travaux domestiques pour la survie, viol infligé par son maître, condamnation à mort à cause d'un infanticide.

Le portrait de cette fille évoque le texte de George Sand, *Fanchette*, écrit en 1843, où elle dénonce l'injustice sociale par rapport au sort d'enfants abandonnés[18]. C'est la première intervention politique de George Sand qui s'intéresse à la situation d'une fille abandonnée d'abord par sa famille et ensuite par les religieuses, car se retrouvant enceinte après avoir subi des violences sexuelles.

Fort heureusement à la fin de l'histoire des jumeaux, l'héroïne réussit à surmonter tous les obstacles et devient, durant son existence, une femme épanouie. Est-ce là un espoir que Nancy Huston réserve à l'avenir de la fille abandonnée en changeant le contexte historique, comme George Sand le fait dans *La petite Fadette*[19] ?

En fait, tout est relatif. Les soins maternels absents peuvent provoquer un traumatisme chez les enfants mais trop d'amour maternel peut être également la cause de certains troubles. Tout en évoquant ce problème classique de la relation mère-fille, il me semble que Nancy Huston essaie d'atténuer la gravité de l'abandon.

Passons maintenant à un autre aspect, celui de la culpabilité. De nos jours, le statut de la femme en Occident semble avoir considérablement évolué mais est-elle totalement libérée du mythe de la bonne mère ? N'y a-t-il pas encore chez la femme une incompatibilité du rôle de mère avec son épanouissement en tant qu'individu ?

La culpabilité de la mère

Le mari de Lin se demande si sa femme se sent coupable de l'abandon et il dit : « J'ai toujours su qu'il n'y avait pas une once de remords parce qu'elle était sans mère[20] ». Comment peut-on interpréter son propos ? Ne révèle-t-il pas par-là la rupture de la filiation féminine ? Il se peut que l'absence de

---

[17] *Instruments des ténèbres* (1996), Arles (Montréal), Actes Sud/Leméac, coll. Babel, 1998, 344 p.

[18] Michelle Perrot, *George Sand, Politique et polémiques*, Paris, Imprimerie Nationale, 1997, 578 p, pp. 60-105.

[19] *La petite Fadette* (1848), Paris, Garnier, 1969 (1958), 318 p. Voir aussi l'article de Christine Planté, « Filles de mères coupables, La petite Fadette de George Sand et La lettre écarlate de Nathaniel Hawthorne » dans *L'éducation des filles au temps de George Sand*, textes réunis par Michèle Hecquet, Arras, Artois Presses Université, « Études littéraires et linguistiques », 1998, 269 p, pp. 239-251.

[20] *La Virevolte*, p. 179.

modèle féminin et maternel rende la fille irresponsable face à la maternité. En effet, la mère de Lin était morte lorsqu'elle avait quatre ans mais elle n'avait pas le choix. Par contre, Lin a elle-même abandonné ses filles pour réaliser son ambition artistique.

Dans leur livre intitulé, *Mères-filles, une relation à trois*, Caroline Eliacheff et Nathalie Heinich considèrent l'héroïne de *La Virvolte* comme la mère sans remords[21]. Ces deux femmes auteurs, l'une est psychanalyste et l'autre est sociologue, ne trouvent aucune raisons pour que Lin abandonne son mari et ses enfants. Elles admettent difficilement son désir de consacrer sa vie exclusivement à la danse.

Il se peut qu'elles interprètent le silence de Lin vis-à-vis de son choix comme de l'indifférence. En effet, Lin ne dit pas les mots reconnaissant sa culpabilité, mais sa souffrance et ses remords sont cachés, enfermés dans son cœur et reposent avec le temps dans le silence, me semble-t-il.

Elle garde toujours les photos d'Angela et de Marina dans son portefeuille, prend un somnifère pour que ses filles n'apparaissent pas dans ses rêves, elle est effrayée par le cri du bébé et évite de voir ou de rencontrer des enfants car ceux-ci peuvent évoquer ses filles. La mère de Lin apparaît dans son rêve et lui reproche son choix d'abandonner ses filles. Un jour, Lin se promène dans Paris et elle entend soudain le mot anglais « Mommy » : « C'est Angela – la voix d'Angela – Lin virvolte. Son corps réagit avant son cerveau, elle n'y peut rien, ma fille, ma fille – elle virevolte[22] ». C'était une fille américaine avec sa mère. Tous ses comportements signifient, pour moi, son attachement inconscient à ses filles. Il va de soi que Nancy Huston ne la décrit pas comme mère indifférente ni comme mère coupable.

Quelles sont les grandes différences entre l'accouchement et la danse ? Le corps doit participer pour la réalisation de ces deux actions cependant l'accouchement est un phénomène naturel et biologique où l'esprit n'est pas indispensable à l'accomplissement d'un tel acte. Par contre, la danse a besoin d'un esprit dirigeant tous les mouvements corporels. Nancy Huston désigne la danse ainsi : « [...] cette transfiguration du corps en esprit », « cet art de la chair périssable », « cette éphémère éternité[23] ». De plus, la danse pousse Lin vers le haut ou vers la chimère mais ses filles la font descendre vers le bas, c'est-à-dire la réalité.

Lin doit mettre fin à sa carrière en raison d'une faute professionnelle lors de l'opération de sa jambe ayant pour conséquence sa claudication. Elle boite en effet et ne peut plus monter sur scène. Elle qui travaillait sur tous les mouvements du corps pour les mieux maîtriser, est privée tout à coup de sa liberté corporelle pour le reste de sa vie et condamnée à marcher avec une

---

[21] *Mères-filles, une relation à trois*, Paris, Albin Michel, 2002, 419 p, pp. 225-226.
[22] *La Virvolte*, p. 161.
[23] *Ibidem*, p. 21.

canne. La fin de sa carrière me paraît tragique. Certains puristes diront sans doute que c'est la punition du ciel et que justice est faite. N'est-ce pas là aussi le sort douloureux d'une mère soupçonnée, la culpabilité venant aussi du regard des autres ?

Badinter ne cache pas sa méfiance face au mythe de la bonne mère : « L'amour maternel n'est qu'un sentiment humain. Et comme tout sentiment, il est incertain, fragile et imparfait. Contrairement aux idées reçues, il n'est peut-être pas inscrit profondément dans la nature féminine[24] ». Je partage vivement son idée et je pense même que c'est la démystification du culte de la maternité qui suscite la polémique de la féminité de nos jours.

La liberté des femmes et l'égalité entre les sexes sont introduites dans la société occidentale en tant que loi. Il subsiste cependant encore visiblement des différences entre homme et femme, notamment dans le cas d'abandon d'enfants. Ainsi, lorsque la mère abandonne ses enfants, celle-ci est plus critiquée que le père s'il se comporte pareillement. C'est une question de morale traditionnelle.

La liberté totale pour les femmes, est-elle encore une illusion ? La femme du futur pourra-t-elle vivre avec cette liberté de choix sans perturbation psychoaffective ? Si cela est, quels genres de structure familiale pourrions-nous envisager ? Mais cela peut faire l'objet d'autres discussions.

Une solution réconciliatrice

Avant d'arriver à ma conclusion, je voudrais tout de même aborder la notion du « désir » chez Lin. Elle est absorbée et obsédée par sa passion pour la danse. Son désir impulsif ne lui permet pas d'offrir une solution amiable et médiatrice pour elle et pour sa famille. Je me demande si cette liberté de choix acquise par les femmes n'a pas tendance à les inciter à partir dans tous les sens et je m'interroge : Est-il possible de justifier, au nom de la liberté, l'abandon d'enfants ? Pour quelles raisons la femme rend-elle ainsi sa famille malheureuse ? Est-ce une vengeance par rapport à l'histoire des femmes où la famille était un grand obstacle à leur libération ?

Dans un livre intitulé, *Entre désir et renoncement*, Kristeva parle de l'importance de maîtriser le désir en présentant des idées de Melanie Klein[25]. Cette dernière considère que le petit enfant est apaisé par « les soins maternels » et devient capable de supporter au fur et à mesure la frustration de ses besoins. Grâce à cette démarche, il se détache de sa mère et pourtant cela ne signifie pas qu'il ne l'aime plus. Le désir pour sa mère reste pareil mais il se différencie. Dans ce cas, le renoncement n'est pas une solution

---

[24] *L'amour en plus. Histoire de l'amour maternelle du XVIIe au XXe siècle,* p. 11.
[25] Sylvie Germain, Julia Kristeva, Robert Misrahi, Dango Rimpoche et Marie de Solemne, *Entre désir et renoncement*, Paris, Albin Michel, coll. Espaces libres, 1999, 168 p, pp. 80-81.

passive car il est « accompagné de la représentation, qui est une capacité spécifiquement humaine aboutissant à la pensée et au langage[26] ». Selon les propos de Kristeva : « Et même si on ne le maîtrise pas toujours, on le sublime, on l'élabore, on le déplace [...]. Et cette forme de travail du désir est la vie même de l'esprit[27] ».

Dans le même livre, Sylvie Germain nous invite à réfléchir sur plusieurs aspects du désir. Elle ne condamne pas le désir lui-même mais elle se méfie de devenir esclave de ce sentiment. Elle considère que : « Le désir, comme *l'esprit d'enfance*, est une grâce à préserver, un don à travailler. N'importe quel don laissé en friche ne produit sinon que des herbes folles, quand ce ne sont pas des ronces[28] ».

Kristeva et Germain, toutes les deux, sont conscientes de la nécessité d'approfondir cette notion en utilisant les deux termes : l'« esprit » et le « travail ». Il se peut que cet éloge du renoncement, au sens positif, soit une nouvelle voie pour la femme du futur.

Conclusion

Freud remarque, dans « Le roman familial des névrosés », l'importance de l'opposition des deux générations pour parler du progrès social[29]. Si j'applique cette idée à la relation mère-fille, il est vrai qu'il y a bon nombre de conflits liés à l'évolution de la condition féminine dans la société occidentale. La figure de la mère se multiplie et n'arrête pas d'évoluer, surtout depuis l'acquisition pour la femme de la liberté de choisir en participant activement à la société.

En effet, l'homme au travail et la femme à la maison, ce genre de cliché ne répond plus à la nouvelle image familiale. Il est certain que la mère est beaucoup moins présente qu'auparavant à la maison, sans arriver toutefois jusqu'à l'abandon. L'absence de la mère au foyer commence à se généraliser en Occident. L'instabilité des liens familiaux ne cesse aussi de créer des drames. Toutes ces sortes de bouleversements familiaux sont décrites dans la littérature d'aujourd'hui. Il me semble que la famille, en tant que sujet, inspire de plus en plus d'écrivains, en raison de sa fragilité et de l'importance de sa valeur.

Le sujet central de *La Virevolte* est le dilemme d'une femme entre création et procréation. C'est l'un des thèmes principaux de l'écriture de Nancy Huston. Elle s'interroge sans cesse sur le sens de la vie familiale et sur celui d'être femme-artiste. Étant mariée, mère de deux enfants, elle

---

[26] *Ibidem*, p. 80.
[27] *Ibidem*, p. 81.
[28] *Ibidem*, p. 75.
[29] « Le roman familial des névrosés » (1909), dans *Névrose, psychose et perversion*, traduit de l'allemand sous la direction de Jean Laplanche, Paris, Presses Universitaires de France, 1981(1973), 306 p, p.157.

affronte également dans sa vie privée cette difficulté d'assumer à la fois deux rôles : la mère et l'écrivain.

Car, comme je l'ai déjà évoqué, on trouve chez Lin l'anti-modèle de la mère traditionnelle sacrifiant tout pour la famille. Pour devenir artiste, la femme doit affirmer sa personnalité, se centrer sur elle-même. Elle s'attache exclusivement à sa propre personnalité et à son art au lieu de sacrifier sa vie pour sa famille. Il y a donc une grande incompatibilité entre la création et la procréation.

Dans ce roman, je pense qu'il y a un double regard de la romancière, celui de la fille abandonnée et celui de la mère de deux enfants. Il me semble que l'écriture lui permet de reconstituer le cheminement de sa mère qu'elle n'a jamais compris. Sa relation avec sa mère était vide mais une fois devenue mère à son tour, elle s'aperçoit mieux de la gravité de cette absence de souvenirs avec sa mère. Elle essaie de se mettre à la place de sa mère sans la juger. Sa propre expérience d'être la fille d'une mère émancipée influe sans doute sur sa vision de la femme réconciliatrice de ces deux désirs : la création et la procréation.

Huston s'interroge, en réfléchissant sur le thème du « roman familial » de Freud : « Où va-t-on, par rapport à l'origine, pour écrire ?[30] ». Elle doute sur le but de ces analyses psycholittéraires car « l'enfant comme le héros est supposé mâle[31] ». Selon elle, dans les fantasmes enfantins, les petites filles se voient différentes par rapport aux garçons. L'absence de la notion de l'« idéale de moi » chez l'héroïne de *La Virevolte* nous donne l'impression que, malgré son aspect moins romanesque, son roman est rempli par une autre dimension profonde, le sens de la relativité.

La famille étant pendant longtemps considérée comme le domaine féminin, *La Virevolte* d'Huston est justement centrée sur la lignée maternelle, vue par ce regard féminin. C'est un roman familial au féminin, par excellence, puisqu'elle a tramé ce décor familial en utilisant sa propre vie, sa féminité et son écriture.

---

[30] Nancy Huston, *Désirs et Réalités, textes choisis 1978-1994* (1995), Arles (Montréal), Actes Sud/Leméac, coll. Babel, 2001, p. 69, 275 p.
[31] *Ibidem*, p. 69.

La survivance d'un passé collectif et primordial dans *Les Enfants du sabbat*

Maria Cristina Batalha
Université de L'État de Rio de Janeiro

Le roman d'Anne Hébert – *Les enfants du sabbat* –, paru en 1975, est le récit du débat intérieur vécu par la sœur Julie de la Trinité, fille du diable et d'une sorcière, et qui amène au couvent des Dames du Précieux-Sang les souvenirs d'une enfance terrible et en même temps fascinante, passée dans sa famille, dans le fin fond de la province québécoise.

On y voit ainsi confrontés deux ordres d'événements illustrant deux visions de monde qui s'excluent entre elles, rapprochant le sacré du profane, une réligiosité primitive et inavouée aux prises avec une religion à vocation moralisatrice. Chacun de ces ordres possède une échelle de valeurs qui lui est propre à tel point qu'aucune conciliation ne saurait se produire. D'un côté, l'espace de la liberté par laquelle les désirs les plus ancestraux se réalisent et où se libère tout un passé collectif. Le rapport de l'homme avec la terre primitive y figure comme une symbiose naturelle et immédiate, exempt du filtre de la culture et de la morale. De l'autre, l'espace de l'ordre et du silence qui retombe sur tout ce qui relève de l'humain et dans lequel les rêves et les désirs doivent être ensevelis et oubliés à jamais au nom de la « civilisation ». Au couvent, « le vœu d'obéissance vous dispense de toute décision, de toute initiative[1] » ; là, le fond de l'âme « et de leurs péchés doi[vent] être atteints et dénoncés » ; on scrute tout pour y déceler le Mal : toutes les amours et toutes les douleurs doivent être « saisi[ies] et vérifié[es][2] ». Il ne reste plus alors à sœur Julie de la Trinité que de faire semblant, que de porter le masque qui cache ce qui ne peut pas être dit, pour réussir de la sorte à accéder au monde de la culture, de l'ascèse et de ce qui est acceptable, tout en préservant son visage « lisse, sans aucune expression de joie ou de peine, nivelé, raboté, effacé[3] ».

À son arrivée au couvent, Julie croit pouvoir se libérer du monde de la cabane de son enfance et garder le secret sur sa véritable origine. Elle lutte pour incorporer les lois de « l'univers de la civilisation », à savoir celui qui renie l'inceste, qui fait taire les désirs et qui cache le Mal. Néanmoins, elle ne réussit pas à s'empêcher que les visions du passé surgissent avec force dans son esprit pour lui inspirer un mélange d'horreur et de plaisir. Les souvenirs de la cabane de la montagne de B... tiennent lieu de bouclier de

---

[1] Anne Hébert, *Les enfants du sabbat*, p. 50.
[2] *Ibidem*, p. 81.
[3] *Ibidem*, p. 18.

résistance, de contestation et de moyen de défi contre les lois qu'on lui impose au couvent : « Mon visage à lire, ma mère dure, lisse ; un vrai caillou. Que ma mère supérieure y lise ce qui lui revient de droit ; l'obéissance, la soumission. Mais pour le cœur le plus noir de mon cœur, ma nuit obscure, ma vocation secrète, que ma mère supérieure aiguise en vain sa curiosité ! Je défends ma vie. Je suis sûre que je défends ma vie[4] ».

Vivre, pour sœur Julie, c'est expérimenter tout ce qui ne tient pas dans le monde de l'ordre et de l'ascèse ; c'est ne renoncer à aucune dimension de l'existence, c'est vivre intensément ses relations avec l'autre. Voilà comment Julie conçoit une vie à part entière : il faut en préserver la pulsation qui demeure vivante dans les souvenirs de la montagne de B... comme la mémoire d'un territoire primordial. Chez Julie, ordre et démesure se conjuguent : contenance et excès, jeûnes et orgies, Dieu et le Diable, le Bien et le Mal. Toutes ces paires antinomiques sont présentes dans les prières du couvent ainsi que dans les incantations diaboliques des rituels de la cabane, elles se côtoient et s'affrontent mutuellement. Comment pourrait-on alors unir dans un discours cohérent ce qui se présente comme fêlé, fracturé et contradictoire à son origine même ? Or, le récit fantastique – expression d'un discours décentré du sujet – semble être celui qui permet de mettre en scène l'hésitation autour de la nature des événements qui agissent dans l'esprit du personnage, pouvant ainsi, mieux que tout autre discours, exprimer le refus quant au besoin de décider entre l'imaginaire et le réel, c'est-à-dire les deux pôles qui nous renvoient respectivement au sujet et au monde. D'ailleurs, le fantastique repose justement sur le questionnement du statut de l'imaginaire et sur la pertinence de celui-ci dans son rapport avec le monde extérieur. Suivant Irène Bessière, « le fantastique se confond sans doute avec le fantasme, mais celui-ci marque la rencontre privilégiée entre le sujet et le réel, qui ont alors une même parole[5] ». Et c'est pour cette raison qu'elle poursuit plus loin : « l'unité du quotidien n'a rien de fantastique ou de surnaturel, mais elle n'est dicible que par le discours des contraires, puisque la culture impose une vue fragmentaire du réel[6] ».

Le fantastique nous semble donc être le moyen qui permet d'illustrer de la manière la plus évidente l'impossibilité d'appréhension d'un quotidien qui se manifeste comme scindé. Dans la mesure où il déstabilise les limites de la raison et de la déraison, il rend par conséquent possible de mettre en scène le déséquilibre interne et la désorganisation opérée par le désir qui jaillit avec toute la force du dérèglement qu'il entraîne. En fait, le fantastique se développe à partir de l'incapacité du héros pour organiser le réel : sœur Julie souhaite se débarrasser d'une « image obsédante », se libérer à jamais

---

[4] *Ibidem*, p. 22.
[5] Irène Bessière, *Le récit fantastique*, 1974, p. 130.
[6] *Ibidem*, p. 245.

de la « cabane de son enfance[7] », mais son entreprise est vouée à l'échec, car elle est dépassée par la puissance de ses visions. Julie désire son propre frère, mais elle est consciente de l'interdit que cela recèle : « C'est lui que j'adore en secret. Je sais que c'est un sacrilège[8] ». Et pourtant l'univers ordonné du couvent n'est pas assez fort pour supprimer le Mal présent dans ses souvenirs. Dans son *Histoire de la folie*, Foucault affirme à propos de la fin du XVIIIe siècle :

> Le mal qu'on avait tenté d'exclure dans l'internat réapparaît, pour la grande épouvante du public, sous un aspect fantastique. On voit naître et se ramifier en tous sens les thèmes du mal, physique et moral tout ensemble, et qui enveloppe dans cette indécision, des pouvoirs confus de corrosion et d'horreur. [...] Toute cette brusque conversion de l'imagination occidentale n'a-t-elle pas été autorisée par le maintien et la veille du fantastique dans les lieux mêmes où la déraison avait été réduite au silence ?[9]

En effet, dans les lieux mêmes où les accès de folie d'une imagination débridée sont voilés et tenus à l'écart des autres personnes que l'on se doit de protéger, jaillit le Mal avec tout son cortège de diables, de sorciers et de possédés. La présence du « diable » – figure emblématique qui réunit en elle le désir obscur de perversion et, en même temps, la punition qui en est le contrepoint –, se revêt ici du double poids de l'inceste, puisque le diable lui-même est le père de Julie de la Trinité. Tel serait alors le rôle de cette présence dans le récit d'Anne Hébert, à savoir d'exposer la fêlure entre une attitude rationaliste et une attitude religieuse, profondément enracinée, non seulement dans la culture, mais aussi dans le plus profond de la psychologie humaine : la double essence de l'homme et du monde – le Bien et le Mal.

Telle « une image obsédante », la sorcière est une figure récurrente dans l'œuvre de cet auteur et la haine que sœur Julie lance à la face de ses compagnes ne saurait s'exprimer par la bouche d'une femme circonscrite aux proportions purement « humaines ». Ainsi, cette révolte se traduit-elle par l'explosion de ses désirs les plus cachés et par l'expression de ses pouvoirs les plus secrets, ceux mêmes que tentent d'étouffer les religieux du couvent. C'est donc dans le Mal et dans les rites primordiaux lors desquels on le pratique qu'elle va puiser sa force et toute son énergie libératrice.

Le Mal doit être aboli, extirpé ; toutefois, c'est le Mal qui renferme tout ce qui vit, qui palpite et qui est en communion avec la terre. Dans le sabbat, l'harmonie des choses est récupérée, et « le rapport qui existe entre la musique et l'écorce [lui] est révélé et [la] comble de bonheur[10] ». Et c'est

---

[7] Anne Hébert, *op. cit.*, p. 7.
[8] *Ibidem*, p. 24.
[9] Michel Foucault, *Histoire de la folie*, 1972, vol. III, p. 25.
[10] Anne Hébert, *op. cit.*, p. 40.

dans la forêt, où « le ciel et la terre se confondent », que Julie voit
s'approcher son frère Joseph, couvert de drap sué, imprégné de l'odeur
primitive, d'un « garçon jamais lavé[11] ». Dans cet espace inversé, dominé
par le Mal, situé au-delà de la civilisation, disparaissent la fragmentation et
la rupture entre le désir et sa réalisation et s'efface la frontière entre le
permis et l'interdit. Or, nous estimons que ce monde sans contrainte et libre
de tout tabou n'est possible d'être dit que par la littérature fantastique. Parce
qu'il désigne un autre ordre des choses, le fantastique vient ébranler la
notion d'unité de la personnalité humaine dotée d'une subjectivité unie,
continue et cohérente, dispensée de toute culpabilité. Ainsi peut-il rompre la
fausse harmonie qui règne sur la relation du corps avec l'esprit, illustrant de
manière indéniable le conflit que recèle la duplicité « de l'ange et du
démon » présente en tout être.

Comme chacun sait, la séparation du corps et de l'âme, ersatz de la
bipolarisation qui oppose « le principe du plaisir » au « principe de la
civilisation », se rattache à une tradition judéo-chrétienne et s'affirme
comme une source permanente de conflit pour l'homme. Puisque c'est un
motif d'inquiétude, ce conflit s'affirme comme un thème récurrent dans la
littérature d'une manière générale, mais, selon les mots de Sartre, c'est la
littérature fantastique qui permet d'illustrer cette dichotomie, car elle « offre
l'image renversée de l'union de l'âme et du corps : l'âme y prend la place du
corps, et le corps celle de l'âme, et pour penser cette image nous ne pouvons
user d'idées claires et distinctes[12] ». En effet, c'est dans la montagne de B...,
territoire méconnaissant les interdits, que vivent les parents de Julie –
Philomène et son mari Abélard –, couple primordial, dont l'existence se
déroule en syntonie parfaite avec leurs désirs, exaucés au milieu de l'ivresse,
des orgies démentes et des rituels macabres. Dans cet univers primitif, ils
sont des dieux et des démons à la fois ; et le seul ordre qu'ils acceptent est
celui des impulsions du corps. En fait, suivant les observations de Roger
Caillois, il existe une tendance inhérente à tout organisme vivant de
reproduire un état original auquel il a été obligé de renoncer au nom de la
civilisation, tel l'instinct de mort, dont parle Freud, et qui est présent dans
l'orgasme, par exemple[13]. En tant que sorciers, Philomène et Abélard
échappent à cette ordination civilisatrice, pouvant par conséquent exercer
librement leurs impulsions les plus fondamentales, au-delà des interdits. Les
habitants du village près de la montagne de B..., lorsqu'ils se livrent aux
rituels diaboliques et libérateurs orchestrés par le couple, ne pourraient pas
agir à leur propre compte, car, comme le suggère Caillois, les individus
demeurent paralysés face à l'acte tabou, ancré dans la psychologie humaine

---

[11] *Ibidem*, p. 127.
[12] Jean-Paul Sartre, « Aminadab », *Situations I*, 1947, p. 124.
[13] Roger Caillois, *Le mythe et l'homme*, 1938, p. 54.

et dans les diverses déterminations sociales (représentations collectives). Dès lors, ils en délèguent l'exécution au « héros », soit à un élément médiateur qui, n'étant pas humain, est par là même exempt de la culpabilité qui pèserait normalement sur l'individu ordinaire. Cela est d'autant plus vrai que, lorsque Philomène – dénommée aussi La Goglue[14] – ne réussit pas à engendrer un enfant avec son propre fils, légitimant ainsi l'inceste comme paroxysme de la cérémonie diabolique, la situation de fête – dans laquelle les tabous sont neutralisés par l'inversion opérée – se défait. Rompues les règles inversées du monde, le sentiment de culpabilité, suivi du désir de purification qui en découle, reprend immédiatement son droit de cité. Voilà pourquoi, pour évoquer le retour à l'ordre du monde, un habitant de la montagne de B... rappelle après coup : « Nous sommes liés par les promesses et les interdictions. Nous sommes soumis à la dureté du climat et à la pauvreté de la terre. Nous sommes tenus par la crainte du péché et la peur de l'enfer. Le monde est en ordre, les patates et le foin viennent bien, un an sur deux, les enfants poussent dru. [...] Notre erreur c'est d'avoir voulu échapper à notre sort[15] ».

Dans ses études sur la peur en Occident, Jean Delumeau nous rappelle le rôle que jouait la sorcellerie dans les sociétés où les rapports entre les classes sociales étaient particulièrement violents. Celle-ci permettait de libérer les pulsions car, lorsque les tensions n'arrivent pas à s'exprimer, une déviation vers l'imaginaire devient alors inévitable. À ce titre, les accusations de sorcellerie aidaient à décharger une agressivité longtemps réprimée, jouant ainsi pleinement la fonction cathartique dont elles étaient investies. Le groupe social élit un bouc émissaire sur lequel vient se polariser toute la violence des conflits latents.[16]

Le prix à payer pour pouvoir vivre dans un monde ordonné et sécurisant est celui de renoncer à l'inceste et d'ensevelir toute une dimension de la nature humaine qui ne pourrait s'actualiser que par l'intermédiaire de la sorcière et du diable. Ce prix-là semble beaucoup trop lourd pour sœur Julie. En fait, à l'exacerbation des désirs les plus inavoués qui hantent les souvenirs de ces temps à la cabane viennent s'ajouter dans son esprit toutes les saletés du corps et de l'âme, comme un surplus de l'humain et de la transgression qui en découlent. Et cela ne saurait être révélé que dans un « autre monde » : « Et d'ailleurs, pourquoi m'en faire pour une chemise sale ? Plus je macère dans ma crasse, plus je m'échappe facilement du

---

[14] Dans une entrevue à André Vanasse, « L'écriture et l'ambivalence, une entrevue avec Anne Hébert », in *Voix et images*, vol. 7, n° 3, Québec, Printemps, 1982, Anne Hébert a déclaré qu'elle s'est inspirée d'une personne nommé "La Goglue", qui a existé au Québec, et dont la légende était bien connue de tous.

[15] Anne Hébert, *op. cit.*, p. 119.

[16] Jean Delumeau, *História do medo no Ocidente* (1978), 2001, p. 376.

couvent, plus je mérite des compliments ailleurs et plus je suis contente et joyeuse dans un autre monde[17] ».

Conformément à ce qu'explicite Peter Penzoldt concernant la censure, « pour beaucoup d'auteurs, le surnaturel n'était qu'un prétexte pour décrire des choses qu'ils n'auraient jamais osé mentionner en termes réalistes[18] ». Il nous semble donc que c'est le fantastique – espace où se produit l'inversion – qui se dresse comme un moyen privilégié permettant de traiter le thème du désir complètement libéré de toute connotation morale ou religieuse. Étant donné que la littérature fantastique discrédite la réalité en tant que lieu des croyances et des codes qui nous sont imposés, elle traduit par là le désir le plus conscient de fuir aux contraintes par l'excès de vertige et d'absolu qu'elle installe.

Interrogée sur la genèse de ce roman, Anne Hébert déclare qu'elle « avai[t] pensé faire un livre sur ce qui se passe à la montagne et un autre sur ce qui se passe au couvent. Tout à coup [j'ai] elle a réuni les deux[19] ». En effet, on ne saurait concevoir la relativisation des deux univers ici confrontés que parce qu'ils sont placés côte à côte et qu'ils s'y retrouvent étroitement mêlés. Comme dans la fiction fantastique l'événement surnaturel participe à l'économie du texte en tant qu'ordre d'événement possible, au même titre que le naturel, les deux instances établissent un rapport de complétude et d'incompatibilité simultanément, du moment où, ni l'une ni l'autre ne seraient capables ni adéquates pour rendre compte d'une réalité problématique et fragmentée. Le surnaturel et l'irréel s'imposent ainsi comme une possibilité aussi concrète et objective que le naturel et le réel, tout en désignant par là même l'une des formes possibles d'exprimer la relation sujet-extériorité. L'effort de l'homme qui s'applique à trouver un sens à sa condition et à comprendre le monde qui l'entoure se voit ainsi mis en scène par la littérature fantastique qui, à son tour, se nourrit des contradictions des différentes manières d'appréhension du réel et de la faillite de la rationalité comme voie unique d'entendement des fractures du quotidien.

Cela explique pourquoi les cérémonies du sabbat de la montagne et de la messe au couvent sont décrites parallèlement, pouvant ainsi mettre en évidence la confrontation des deux mondes. Dans le sabbat, « l'ordre du monde est inversé » et « la beauté la plus absolue règne sur le geste atroce[20] ». Or, seule la réalité transfigurée et renversée du sabbat permet de dévoiler les incongruités et la fausseté des principes de l'univers monacal,

---

[17] Anne Hébert, *op.cit.*, p. 57.
[18] Peter Penzoldt, *The Supernatural in Fiction*, 1952, p. 104.
[19] Anne Hébert, propos recueillis par Émond et alii, Anne Hébert, *Romanciers du Québec*, Québec, 1980, p. 106.
[20] *Ibidem, op. cit.*, p. 42.

représentatif d'un certain ordre des choses. Dans la voracité de la fête et des rituels démoniaques, la communauté du petit village québécois désobéit aux arrêts du diocèse qui avait interdit les danses et la musique.[21]

Dans son livre *La Sorcière*, Michelet affirme l'existence des sabbats dans la France médiévale et souligne la fonction libératrice dont ils étaient investis. Alors que l'Église croyait pouvoir, par les moyens spirituels des sacrements et des prières, agir sur les corps des individus, Satan, lui, emploie des moyens matériels pour agir sur les âmes, car il détient tous les secrets de la nature. Ainsi, explique Michelet : « Cela produisait justement ce qu'on prétendait éviter. Au sabbat éclataient les attractions naturelles. Le jeune homme retrouvait là celle qu'il connaissait, aimait d'avance, celle dont, à dix ans, on l'appelait le petit mari. Il la préférait à coup sûr, et se souvenait peu des empêchements canoniques[22] ».

En fait, les serfs se vengeaient d'un ordre social et religieux oppressif en se moquant du clergé et des nobles lors de la célébration des messes noires où la morale officielle était reniée et où « le vieux proscrit [Lucifer], injustement expulsé du ciel[23] », était vénéré dans un autel érigé en son honneur. C'est donc dans le cadre de la fête – où se produit le dérèglement et où les codes sont carnavalisés – que l'on peut faire apparaître la possibilité de l'existence d'un monde entièrement libre des douleurs et de la souffrance, celui même qui s'ouvre vers la vie et vers le bonheur : « le parasol fermé dans un bruit sec, tout le monde se fige, dans l'attente d'un monde nouveau plus excitant et salé que ce monde de misères et de mort dans lequel nous vivons[24] ».

Ramenant à la surface la fange que la société tient à cacher, la cérémonie sabbatique exhibe le monde libéré des saletés, de l'inceste et du plaisir illimité, au-delà de la vie et de la mort : « élevés à une haute puissance, tous tant que nous sommes, la vie et la mort n'ont plus aucun secret ni tourment pour nous[25] ».

Par son identification avec « l'intimité de la terre », l'univers infantile de sœur Julie se range par opposition au monde de la raison, soit de tout ce qui doit se taire et qui ne peut pas être « révélé ». Malgré les événements qui dérangent la vie du couvent, la mère supérieure insiste et clame que « tout

---

[21] Durant plusieurs années, la danse avait été interdite par les évêques parce qu'elle offrait l'occasion au péché. Cette interdiction a donné lieu à des narratives diverses dans lesquelles les danseurs étaient punis par le diable et les jeunes filles enlevées par Satan. Voir à ce sujet Sylvie Dion, Transgressões e crenças populares: o legendário do Québec, in Bélanger et alii, *A América francesa : introdução à cultura quebequense*, Rio Grande, FURG, 1999, pp. 225-240.

[22] Jules Michelet, *La Sorcière* (1862), 1964, pp. 139-40.

[23] *Ibidem*, p. 20.

[24] Anne Hébert, *op. cit.*, p. 39.

[25] *Ibidem*, p. 44.

est en ordre dans la maison[26] », essayant de récupérer l'équilibre rompu. Cependant, le cadre « natural » est dépassé par cette intervention du « surnaturel » et l'atroce se transforme en Bien, tandis que le Mal promeut « l'envers du monde ». Du coup, sœur Julie fait revivre tous les monstres, le cortège de figures bestiales et tous les fantasmes nocturnes qui se cachent derrière les visages rassérénés des religieuses du couvent.

Difficile et pénible réconciliation entre une subjectivité au sein de laquelle crient les impulsions de l'homme naturel et primitif, animé par ses propres besoins et par son intimité et celle qu'exige l'homme citoyen, paradoxe auquel s'affrontait déjà Jean-Jacques Rousseau et auquel Anne Hébert ne semble pas être indifférente. En effet, certaines évidences nous autorisent le rapprochement avec le conflit qui déchirait Rousseau au seuil du romantisme : en intertexte avec l'écrivain français, auteur de *La nouvelle Héloïse*, Anne Hébert va puiser l'inspiration pour un autre roman fantastique – *Héloïse* – dont le personnage fait écho à la Julie rousseauiste et, tout comme celle-ci, à l'amante amoureuse d'Abélard – qui, à son tour, tient le même prénom du père de la sœur Julie de la Trinité dans le roman *Les enfants du sabbat*. Héloïse surgit dans les couloirs du métro parisien, avec sa charge de perversion et son pouvoir de séduction qui mène à la mort, telle Julie, qui introduit dans le cadre ordonné et ascétique du couvent des Dames du Précieux-Sang toute la force du désir déstabilisateur qu'elle porte en elle et qui contamine tout, même les curés, chargés des exorcisations et de la protection des paroissiens contre les interventions du diable : « Léo-Z. Flageole, soigneusement préparé par son grand âge, ses méditations, ses rêveries du Moyen Age et par le jeûne et l'insomnie, cède avec épouvante et délices, à la fois au dérèglement de tous les sens et de la raison[27] ».

Ainsi que l'abbé Flageole, tous ceux qui s'approchent d'elle sont entraînés dans la même précipitation vers la chute. Dans l'espace où domine le Mal, « les masques » sont alors enlevés et l'homme est rendu à sa condition la plus élémentaire et la plus primordiale. Sœur Gemma est vue par ses compagnes « assise au bord du lit, jambes pendantes, cuisses ouvertes, dégloutinantes de sang ». Elle « mastique avec effort une bouchée de viande crue[28] », en exhibant sa bouche édentée. De toute évidence, cette scène renvoie à une liaison biologique primaire qui rapproche la nutrition de la sexualité – bouche et vagin – points vers lesquels convergent des instincts les plus divers, étant donné qu'il s'agit là d'une même orientation biologique qui détermine cette convergence. Comme l'admet Novalis, « l'appétit sexuel n'est peut-être qu'un appétit déguisé de chair humaine[29] ». En fait, l'image

---

[26] *Ibidem*, p. 55.
[27] *Ibidem*, p. 123.
[28] *Ibidem*, p. 146.
[29] Novalis, apud Roger Caillois, *op. cit.*, p. 57.

grotesque qu'offre sœur Gemma contribue à l'exacerbation de tout ce qui détermine la condition humaine en son aspect le plus dégradant et, paradoxalement, le plus vrai, c'est-à-dire celui qui nous permet d'apercevoir la dialectique de l'élévation et de la chute, du cru et du cuit, du Bien et du Mal à laquelle nul ne saurait échapper, et qui se trouve à la base de la dichotomie de « l'ange et du démon ».

La montagne et le couvent – avatars de la persistance des valeurs primitives, des cultes et rites d'une terre qui résiste à un certain ordre de la civilisation – servent de décor aux fêlures d'une réalité fragmentée, reflétée dans la relation conflictuelle qui marque la subjectivité de sœur Julie en son rapport avec l'extérieur. Tout en se servant du style indirect libre, Anne Hébert impute à son narrateur le regard-témoin de l'union d'une intériorité et d'une extériorité, favorisant de la sorte le jeu du réel et du surréel où s'installe l'ambiguïté du fantastique et où se redouble le rapport du réel et de l'imaginaire.

Anne Hébert va donc puiser dans les souvenirs de l'enfance et dans la source de l'imaginaire les mythes personnels et collectifs qui hantent les légendes et les traditions de la culture québécoise qui demeurent vivants et qui résistent aux valeurs imposées par la domination culturelle venue de l'extérieur. Cependant, lorsqu'elle problématise cet héritage culturel en sa relation avec l'altérité, elle nous fait également signe des paradoxes qui en découlent. Placée entre deux langues et deux mémoires identitaires – celle du pays du sang et celle du pays du temps – Anne Hébert laisse entendre les difficultés propres au processus de construction d'une identité nationale et nous fait part de l'expérience de vivre dans la limite entre deux cultures sans appartenir entièrement ni à l'une ni à l'autre.

Le silence dans la vie et l'œuvre de Camus

Zahida Chebchoub
Université des Émirats Arabes Unis

Je ne pourrais entamer cet article sans la citation suivante, preuve par excellence de la gratitude que réserve Camus à l'égard de ce que lui a enseigné sa famille : « Par son seul silence, sa réserve, sa fierté naturelle et sobre, cette famille, qui ne savait même pas lire, m'a donné alors mes plus hautes leçons qui durent toujours[1] ». De cette famille, la personne qui a le plus influencé Camus avec son silence est la mère. C'est dans ce silence que Camus a puisé sa force intérieure et surtout son style dont les qualités principales sont concision, clarté et densité de l'image ; Camus utilisera avec abondance les figures de stylistique mettant en relief des transferts intra-factoriels et inter-factoriels basés sur des allitérations, correspondances synesthésiques, personnifications, et métaphores condensées visant à humaniser la nature et à rendre l'humain minéral afin de contrecarrer l'absurde de l'existence et ne faire qu'un avec la nature belle, silencieuse et indifférente. Lorsque nous sommes transportés dans la vie d'une famille d'un quartier populaire algérois des années vingt, un garçon, Albert Camus, éprouve du chagrin pour une mère silencieuse car il l'aime mais ne peut rien encore pour elle : « Un grand élan d'amour pour cette mère qui se taisait toujours[2] ». Cette maman se taisait et lui aussi ne pouvait libérer les paroles de son cœur. Il aurait aussi aimé répondre « ma mère » à la question de sa grand-mère « Qui préfères-tu, ta mère ou ta grand-mère ?[3] ». Mais il était là, sans défense contre sa grand-mère tyrannique. Cette situation nous reporte aux commentaires de Franck Evrard[4] : « Enfin l'exil dans le langage qui caractérise la plupart des personnages se traduit par l'impuissance des mots à dire la vérité ». Les souvenirs de l'enfant continuent à émerger et nous amènent au seuil de la maison familiale, par un soir d'été. Un quartier pauvre, des êtres se réunissent devant la porte de leur maison. L'enfant enveloppé tout entier par le silence majestueux de la nuit refoule et exclut les sons humains qui osent corrompre ce silence : « Un ivrogne enfin chantonnait au coin d'une rue sans parvenir à troubler le silence[5] ». À ce silence, s'ajoute celui de la mère de l'enfant qui « restait aussi silencieuse[6] ».

---

[1] Albert Camus, *L'Envers et l'endroit*, Essai, Gallimard, 1958, p. 15.
[2] *Ibidem*, p. 48.
[3] *Ibidem.*
[4] *Albert Camus, thèmes et études*, Ellipses, 1998, p. 91.
[5] Albert Camus, *L'Envers et l'endroit, op.cit.*, p. 59.
[6] *Ibidem.*

Le silence maternel se joint au silence paisible de la nuit. Le choix du terme
« aussi » résume l'harmonie mère/silence/nature. Hélas, le ciel s'assombrit et
nous replonge dans le mutisme : « Autour d'elle, la nuit s'épaissit dans
laquelle ce mutisme est d'une irrémédiable désolation[7]. Le retour de la
voyelle [i] dans « nuit » [nɥi], « s'épaissit » [sepɛsi] et « mutisme » [mytizm]
est une assonance symbolisant un son aigu étant donné que la voyelle [i] est
une voyelle fermée, aiguë. Elle représente ce qui est tendu. L'enfant perçoit
une détresse dans cette femme quasi-muette. Et pourtant, cette scène prend
place à l'intérieur du modeste appartement de la famille, lieu qui comme tout
foyer devrait générer un sentiment de sécurité. Le silence de cette mère se
superpose à l'épaisseur ténébreuse de la nuit. Aucune expression sur le
visage de cette mère : « Il a mal à pleurer devant ce silence animal[8] ». Le
terme monosyllabique « mal » rime avec le mot final de la citation :
« animal ». Ceci accentue l'intensité de ce qui est douloureux, ce qui fait
« mal » en quelque sorte. D'autre part, nous constatons la présence d'une
anaphonie ; « Il a mal » et « animal » sont constitués par les mêmes
segments vocaliques et consonantiques sauf en ce qui concerne la lettre [n]
que l'on retrouve uniquement dans « animal ». Puis soudain, tout s'arrête.
C'est un moment intense où la vie se transforme en simple photographie :
« Mais maintenant, ce silence marque un temps d'arrêt, un instant
démesuré[9] ». Trois catégories de rimes se succèdent : « maintenant » rimant
avec « temps » et « instant » d'une part, et « arrêt » rimant avec
« démesuré » d'autre part. Il y a aussi une augmentation de syllabes au fur et
à mesure que la citation continue ; le mot monosyllabique « temps » devient
dissyllabique en « instant » et le mot dissyllabique « arrêt » double ses
syllabes et ceci donne un mot à quatre syllabes ; « démesuré ». La tension
continue et avec elle le silence. L'enfant a besoin de mots pour comprendre
qu'il est aimé : « Dehors, la lumière, les bruits ; ici le silence dans la nuit[10] ».
Voilà une phrase sans verbe ressemblant à deux vers fondés sur le mètre
octosyllabique, se terminant en rimes suivies comme le début d'une ode et
construits sur une figure de rhétorique ; l'antithèse. Chaque terme
dissyllabique s'oppose à un autre terme monosyllabique. En effet,
« lumière » est le revers de « nuit » alors que « silence » s'oppose à
« bruits ». Le silence est cette lumière invisible qui a guidé l'auteur tout au
long de sa vie et de son œuvre. De longues périodes de silence forgent le lien
qui joint l'auteur à sa mère. Nous les retrouvons ; mère et fils, paisibles et
silencieux, appréciant ce moment où ils sont assis « face à face, en

---

[7] *Ibidem*, p. 61.
[8] *Ibidem*.
[9] *Ibidem*.
[10] *Ibidem*, p. 62.

silence[11] ». Des ondes invisibles émanent de leurs âmes et ils se comprennent. Bagot[12] voit le silence qui lie le fils et la mère tel : « un silence religieux, au sens étymologique du terme, un silence qui relie, comme le plaisir des sens, le sujet au monde. Tout ce qui pourrait le rompre inutilement est tenu à distance ». Pourquoi alors prononcer des mots qui ne pourraient jamais acquérir la force du silence ? Quelques propos sont échangés avant que le silence s'installe par le pouvoir d'un simple syntagme nominal : « Un silence[13] ». Le dialogue mère-fils se poursuit dans le silence. C'est ainsi que se déroule l'apprentissage de la vérité. Jean Sarocchi[14] le résume ainsi : « La mère se tait… ce silence qui est défaut du langage, est la source d'une vérité ». Cette vérité se résume en un mot, lucidité, un mot dont le cheminement a suivi diverses étapes. Silence équivaut à incompréhension, silence devient ancre pour une âme en dérive, silence mène à sagesse et grandeur d'esprit, silence est encre dans la création littéraire. Tel un cordon ombilical invisible, le silence rattache le fils à la mère. Un accord tacite gère cette union sublime pour le meilleur et pour le pire. Olivier Todd[15] ajoute que : « Même lorsqu'il crache du sang, il crache sa vie, la mère d'Albert ne s'affole pas. Il ne lui en veut pas. Le silence les unit comme un secret, jusque dans la maladie ». Jacques, dans *Le Premier homme*, continue à aimer cette mère dans le silence et ravale des mots qu'il n'avait jamais osé lui dire : « Il allait dire : "Tu es très belle" et s'arrêta. Il avait toujours pensé cela de sa mère et n'avait jamais osé le lui dire non pas qu'il craignît d'être rebuté ou doutât qu'un tel compliment pût lui faire plaisir. Mais c'eût été franchir la barrière invisible derrière laquelle toute sa vie il l'avait vue retranchée[16] ». Comme une autiste, la mère de Jacques semble être indifférente au cri d'amour ou même de peine de son enfant ; elle intervient rarement, elle ne sait exprimer son amour et pourtant, son fils, elle l'aime d'un amour inépuisable. Lui, enfant, ne sait percer à travers cette muraille qui emprisonne sa mère. Mais plus tard, Camus comprendra ce silence et nous peindra le visage de sa mère : « Quelque chose sur ce visage frappait. Ce n'était pas seulement une sorte de masque que la fatigue écrivait provisoirement sur ses traits, non, plutôt un air d'absence et de douce distraction, comme en portent perpétuellement certains innocents[17] ». Une innocente éternelle, voilà donc le portrait de cette mère ! L'idée de ce qui est

---

[11] *Ibidem*, p. 68.
[12] Albert Camus, *L'Étranger, Études Littéraires*, P.U.F., 1993, p. 98.
13 Albert Camus, *L'Envers et l'endroit, op. cit.*, p. 69
14 *Le Dernier Camus ou le premier homme*, Librairie A.G. Nizet-Paris, 1995, p. 235.
15 Albert Camus, *Une Vie*, Gallimard, 1996, p. 46
16 Albert Camus, *Cahiers Albert Camus VII, Le Premier Homme*, Éditions Gallimard, 1994, p. 60
17 *Ibidem*, p. 11

permanent est accentué par le choix d'un adverbe rimant et rythmant avec le groupe nominal qui le suit : « perpétuellement » « certains innocents ». Le recours à un groupe rythmique qui consiste à utiliser cinq syllabes par groupe (ou vers) est appelé mesure majestative. Cette technique poétique que l'on retrouve particulièrement à la fin d'un mouvement oratoire exprime le respect ou la grandeur du sujet. Ce que l'auteur accentue est l'idée que le mot bonté semblait être écrit sur le visage de la mère, cet être débordant d'altruisme au point de s'excuser sans avoir néanmoins commis de faute : « Et elle s'excusa de nouveau[18] ». À cette bonté démesurée s'ajoute une gentillesse allant jusqu'au sacrifice personnel. Elle craignait d'importuner qui que ce soit. L'incident suivant, cité par le fils est frappant : « [...] et d'ailleurs l'idée de prier ne lui serait pas venue, elle n'avait jamais voulu déranger personne[19] ». Pour prier, il faut trouver les mots justes et laisser le flot de paroles se déverser du cœur. Hélas ! Catherine non seulement n'a pas le don de la parole mais elle n'ose rien demander par pudeur, ou par altruisme. Son mutisme la poursuit même à son heure la plus noire. En effet, lorsqu'on lui annonce le décès de son époux, parti à la guerre, elle reste interdite, à jamais sans défense et à la merci d'une vie injuste. Elle n'arrive même pas à vider son cœur de la douleur qui la ravageait : « Ni paroles, ni cris, ni larmes : elle était restée muette et sans larmes pendant de longues heures, à serrer dans sa poche le pli qu'elle ne pouvait lire et à regarder dans le noir le malheur qu'elle ne comprenait pas[20] ». Arrivé à l'âge adulte, le fils déchiffre enfin la portée de l'amour maternel : « Elle l'embrassait et puis, après l'avoir lâché, le regardait et le reprenait pour l'embrasser encore une fois, comme si ayant mesuré en elle-même tout l'amour qu'elle pouvait lui porter ou, lui exprimer, elle avait décidé qu'une mesure manquait encore[21] ». L'enfance alors rejaillit. Une enfance privée de tendresse : « Il mettait le nez dans ce petit creux qui avait pour lui l'odeur, trop rare dans sa vie d'enfant, de la tendresse[22] ». Un transfert intra-factoriel où un concept abstrait, la tendresse, se voit attribuer un aspect olfactif à travers un mot concret : ce petit creux au cou de la mère. Mais la mère se taisait et n'osait pas défendre son enfant lorsque la grand-mère, représentante du pouvoir paternel, battait le jeune fils. Nous voilà en face d'un inversement de rôle dans la vie de tous les jours les grand-mères protègent les petits-enfants des coups des mères impatientes. Cependant, c'est bien la maman de Catherine qui frappe l'enfant de Catherine ! Catherine regarde mais ne peut intervenir. Le silence de cette mère est interprété comme signe d'indifférence ; incarnée dans le

---

[18] *Ibidem*, p. 15.
[19] *Ibidem*, p. 69.
[20] *Ibidem*, p. 72.
[21] *Ibidem*, p. 58.
[22] *Ibidem*.

rôle de la mère de Jan[23], elle n'a point reconnu son fils. Martha se métamorphose en grand-mère. Elle martyrise le fils. Elle le tue. La mère regarde mais ne peut rien pour son enfant. Elle est si lasse qu'elle devient passive : « oui, toute sa vie, elle avait gardé le même air craintif et soumis, et cependant distant, le même regard dont elle voyait, trente ans auparavant, sans intervenir, sa mère battre à la cravache Jacques, mais qui, empêchée d'intervenir par la fatigue, l'infirmité de l'expression et le respect dû à sa mère, laissait faire[24] ». Nous retrouvons souvent cette esquisse de la mère docile et muette d'une part et d'autre part la grand-mère grondeuse; dans *La Mort Heureuse*, le tableau ressemble plutôt à un hologramme. La mère et la grand-mère sont amalgamées en un même personnage qui n'est autre que la mère de Patrice. Celle-ci joue les deux rôles. Tantôt elle représente la mère avec sa douceur et son silence, et tantôt elle revêt le corps et le cœur de la grand-mère de par ses gestes et ses réprimandes : « Lorsqu'ils se retrouvaient le soir et mangeaient en silence autour de la lampe à pétrole, il y avait un bonheur secret dans cette simplicité et ce retranchement[25] ». Des mots-clés tels que secret, simplicité et retranchement ajoutent du poids et des caractéristiques au silence de la mère. Secret peut être traduit par le mot silence. Garder en soi, se taire, c'est observer le silence. Simplicité est synonyme de clarté puisque n'est simple que ce qui est limpide. Sans avoir recours à la parole, la mère transmet des messages au fils, des messages d'amour. Finalement, retranchement nous reporte à l'effacement, à celui de Mme Rieux dans *La Peste*[26]. La mère avec sa douceur et son humilité ne prend que peu d'espace, mais sa gentillesse remplit la vie du fils. Plus tard, le fils traduira le silence de la mère dans le langage de l'amour. Les images du jeune homme et de la mère se succèdent : « Quand elle était à la maison, maman passait son temps à me suivre[27] ». Plus loin, une autre scène se déroule devant nos yeux : « Mon voisin de gauche ne disait rien. J'ai remarqué qu'il était en face ». Le fils et la mère étaient séparés par les barreaux. Que pouvaient-ils donc faire pour se rejoindre et se retrouver ensemble de nouveau ? Pour le moment, ce qui les sauverait ne pouvait être que le silence : « Ils s'enfermèrent alors dans le seul îlot de silence[28] ». Une allitération basée sur les consonnes [l] et [s] reproduit une harmonie imitative où la consonne vibrante, liquide et latérale [l] représente ce qui est fluide et non obstructif alors que la consonne sourde [s] nous rapporte au chuchotement assourdi que l'on ne perçoit pas comme si ce chuchotement

---

[23] Albert Camus, *Caligula suivi de Le Malentendu*, Gallimard, 1958, p. 209 *sqq*.
[24] *Ibidem*, p. 60.
[25] Albert Camus, *Cahiers Albert Camus I, La Mort Heureuse*, roman, Gallimard, 1971, p. 40.
[26] Albert Camus, *La Peste*, Gallimard, 1947, p. 250.
[27] Albert Camus, *L'Étranger*, Gallimard, 1942, p. 12.
[28] *Ibidem*, p. 118.

émanait d'un ultrason perceptible seulement par les êtres purs et sensibles.
Le fils, devenu homme, comprend l'expression de bonté qui enveloppe le
visage de la mère : « Quelque chose changeait dans le visage de la mère
lorsqu'il apparaissait. Tout ce qu'une vie y avait mis de mutisme semblait
s'animer alors[29] ». Comme un rayon de soleil doux, le sourire vient
accompagner le silence de la mère : « Silencieuse, elle souriait alors de tous
ses yeux[30] ». Une figure de synesthésie où une transposition sensorielle
s'opère de la bouche aux yeux et ce sont ces derniers qui sourient. Plus loin,
nous nous trouvons à contempler un tableau minutieux de la mère. La mère
avait toujours aimé s'asseoir en face de la fenêtre. Nous serions même tentée
de croire que cette image symbolique de la mère est une toile illustre. Les
toiles ne prononcent aucun mot mais nous parlent. De ce tableau émanent
ensemble sourire et silence. Tout y est pour rassurer le fils – fût-il Rieux,
Rambert ou Tarrou. La mère, source de tendresse, aide le fils à surmonter les
peines. Tout près de la mort, Tarrou fait réincarner l'âme de sa mère
disparue dans celle de la vielle femme. Le silence de cette dernière et son
effacement l'aident à franchir paisiblement les marches de la fin. Il (Tarrou)
dit alors : « C'est elle [ma mère] que j'ai voulu toujours rejoindre[31] ». Le
silence de la mère équivaut au silence de la terre. Rejoindre la mère c'est
rejoindre la terre silencieuse et éternelle. Dans le tableau tel que donné par
Tarrou, la mère est comparée à « … une ombre noire dans la lumière grise…
et qu'avec tant de silence et d'ombre, elle pouvait rester à la hauteur de
n'importe quelle lumière[32] ». Un jeu de couleurs à nuances ternes et tristes
tel le gris et le noir où les couleurs se meuvent dans l'obscurité du
crépuscule de la chambre, l'obscurité de l'ombre et l'obscurité du silence.
Puis, la lumière arrive, forte, aveuglante, foudroyante, la lumière de la
peste ! Mais cette dernière s'amoindrit comme un vulgaire soleil, sans
brillant ni éclat. L'ombre grise par sa présence silencieuse et profonde
devient son égale sinon sa supérieure. L'ombre, certes, peut être synonyme
d'effacement, mais notre ombre ne nous quitte jamais. Sans voix ni écho,
l'ombre est silencieuse et fidèle comme la mère. Sans prononcer un mot, la
mère dit au fils qu'elle l'aime et qu'elle sera toujours là pour lui : « Il savait
ce que sa mère pensait et qu'elle l'aimait… ainsi sa mère et lui s'aimeraient
toujours dans le silence [33] ». Quant aux autres membres de la famille de
Camus, il semblerait que leurs rôles et influences sur Camus aient été
secondaires. Tout d'abord, en ce qui concerne le père, nous remarquerons
que Camus a passé toute sa vie à la recherche du père absent. La tâche des

---

[29] Albert Camus, *La Peste, op. cit.*, p. 116.
[30] *Ibidem*, p. 186.
[31] *Ibidem*, p. 250.
[32] *Ibidem*, p. 250.
[33] Albert Camus, *La Peste, op. cit.*, p. 263.

retrouvailles avec le père sera ardue. Cependant, de toutes les recherches entreprises, c'est celle où il se recueille devant la tombe de son père qui l'émeut. Le fils, alors, devient le père et s'apitoie sur le sort du jeune homme enterré : « Et le flot de tendresse et de pitié qui d'un coup vint lui emplir le cœur n'était pas le mouvement d'âme qui porte le fils vers le souvenir du père disparu, mais la compassion bouleversée qu'un homme ressent devant l'enfant injustement assassiné[34] ». En se retrouvant devant la tombe du père, le fils semble avoir complété son deuil mais ressent de la tristesse pour ce père disparu : « Il n'y avait plus sous cette dalle que cendres et poussières. Mais pour lui, son père était de nouveau vivant d'une étrange vie taciturne, et il lui semblait qu'il allait le délaisser de nouveau, le laisser poursuivre cette nuit encore l'interminable solitude où on l'avait jeté puis abandonné[35] ». Le fils retrouve le père pour l'abandonner aussitôt. De cette visite, le fils n'apprend pas plus sur ce père inconnu qu'il n'en savait auparavant. Cependant, nous constatons le choix du terme taciturne. Certes, le qualificatif coïncide avec le lieu ; un cimetière. Mais nous nous rendons compte que d'après les différents comptes-rendus sur la personnalité du père tels que donnés par ceux qui l'avaient connu, des expressions se rapportant au silence reviennent souvent : « Il riait, mais l'autre [le père] continuait d'avancer sans mot dire [36] ». Plus loin c'est le directeur d'une école, M. Lévesque, qui ajoute quelques traits à l'esquisse du père : « Il [M. Levesque] décrit le père comme un homme… dur à la fatigue, taciturne, mais facile à vivre et équitable[37] ». Puis arrive la grand-mère… ! Un personnage issu d'un film mélodramatique ou comique, c'est ainsi que nous imaginons cette grand-mère. Avec la grand-mère, l'enfant découvre le revers de la médaille. La parole et le comportement faux deviennent les outils nécessaires pour une comédienne parfaite. La grand-mère joue la comédie en feignant la maladie. Le fils relate un épisode où un des oncles était venu lui rendre visite. Ce dernier l'avait aperçue regardant par la fenêtre oisivement. Mais en le voyant arriver, elle fit semblant d'être très occupée à faire le ménage. Cet évènement eut un coup décisif sur le jugement que portait l'enfant envers sa grand-mère : « Pour ses petits-enfants qui étaient à l'âge des jugements absolus, elle n'était qu'une comédienne[38] ». Le rôle qui semblait lui procurer un plaisir infini fut toujours celui d'un *pater familias* : « Elle domina constamment sa fille et ses petits-enfants : une mère rude et dominatrice qui sacrifiait tout à un amour-propre de bête susceptible et qui avait longtemps

---

[34] Albert Camus, *Cahiers Albert Camus VII, op. cit.*, p. 30.

[35] *Ibidem*, p. 32.

[36] *Ibidem*, p. 20.

[37] *Ibidem*, p. 65.

[38] Albert Camus, *L'Envers et l'endroit, op. cit.*, p. 33.

dominé l'esprit faible de sa fille[39] ». La grand-mère n'a point recours à la parole lorsqu'il s'agit de punir. La punition corporelle est donc appliquée sur ses propres enfants et ses petits-enfants. Dans *Le Premier homme*, une scène sortie d'un film muet comique se déroule devant nos yeux : « Elle élevait sa couvée, un long bâton près d'elle quand elle était assise au bout de la table, ce qui la dispensait de toute vaine observation, le coupable étant immédiatement frappé sur la tête[40] ». Plus tard un certain déjà-vu revient hanter la vie des Sintès-Camus, Mme. Vve. Sintès utilise les mêmes mesures draconiennes pour s'imposer et se faire craindre par ses petits-enfants : « Celle-ci fait l'éducation des enfants avec une cravache[41] ». C'est elle qui remplace le père absent. Elle étouffe Jacques enfant : « Plus que tout autre, elle avait dominé l'enfance de Jacques [42] ». Néanmoins, nous remarquons que la grand-mère est assez parcimonieuse quant à l'expression verbale. Elle s'impose et c'est tout. En dépit de tout cela, nous constatons que Jacques a toujours aimé cette grand-mère assez singulière. Il ne lui en veut pas. En fait, il comprend et pardonne même certaines de ses actions envers lui et sa mère. Il perçoit dans le silence arrogant de la grand-mère une certaine fierté : celle des gens pauvres. La vie pour la grand-mère et ses proches représentait un combat pour survivre. Les mots ne servaient pas à grand-chose. Il fallait travailler durement pour nourrir la famille. Il fallait de la persévérance pour gagner la bataille de la vie. La grand-mère avait toujours fait preuve de cela. Ce fut là une des leçons que le fils apprit. Il fallait toujours lutter et persévérer dans la vie, dans son métier, dans sa vocation artistique. Par dessus tout, il fallait toujours aller droit au but en évitant les paroles futiles. Puis, arrivent l'oncle et le frère aîné. D'abord, il y a l'oncle presque muet mais qui avait compensé ce mutisme par les qualités d'un ange gardien. Une force physique et une tendresse infinie protègent l'enfant. Il initie l'enfant à la nage. Il l'emmène à des parties de chasse. Plusieurs personnages dans l'œuvre de Camus sont directement inspirés par cet oncle muet et qui avait aussi une infirmité physique : il boitait : « C'est à ce moment que je me suis aperçu que Pérez claudiquait légèrement[43] ». Cependant, nous constatons que même si les paroles de l'oncle sont rares, certaines sont symboliques, profondes et traduisent une sensibilité, un humanisme et beaucoup d'altruisme. En effet, l'oncle, avec des mots simples, exprime sa peine et sa douleur en ce qui concerne les crimes commis par Hitler : « Oui, pourquoi y veut faire du mal aux Juifs ?[44] ». Finalement, voilà le frère. Ce frère apparaît de temps en temps comme une silhouette furtive dans quelques œuvres. Très

---

[39] *Ibidem*, p. 60.
[40] Albert Camus, *Cahiers Albert Camus VII*, op.cit., p. 82.
[41] Albert Camus, *L'Envers et l'endroit*, op. cit.,p. 60.
[42] Albert Camus, *Cahiers Albert Camus VII*, op.cit., p. 81.
[43] Albert Camus, *L'Étranger*, op.cit., p. 27.
[44] Albert Camus, *Cahiers Albert Camus VII*, op. cit., p. 96.

souvent silencieux, le frère ne partage pas les loisirs ou jeux du jeune frère à l'exception du duo musical : « Le frère avait appris à jouer le violon tant bien que mal. Jacques, pour s'amuser, accompagnait son frère en chantant les airs joués[45] ». Nous avons même l'impression que le frère aîné éprouve de l'indifférence envers le jeune Jacques ; aucune parole n'est échangée entre les deux frères. L'incident de la poule[46] en est un parfait exemple. La grand-mère avait demandé aux garçons d'aller lui chercher une poule au poulailler. Mais Louis avait refusé de le faire car il avait peur. Jacques fut obligé d'y aller bien qu'il eut peur lui aussi. À son retour, la grand-mère lui fit des éloges quant à son courage. Ceci ne sembla pas plaire à Louis : « Son frère mangeait son dessert sans le regarder, sinon pour lui adresser une grimace de mépris[47] ». Ce que nous retenons de ce bref aperçu du silence de la famille est que l'expression corporelle prévaut et domine les échanges. Il y a un amalgame composé de la parole restreinte et limitée d'une part et l'expression du corps d'une autre part. Regards, sourires, sous-entendus, gestes et expressions faciales dominent et régissent les messages entre les membres de cette famille. Cet aspect a donc engendré en Camus un désir profond pour un style concis, bref et précis, un style doté de lyrisme ascétique où les images sont condensées faisant de Camus un poète qui n'a pas écrit de poèmes.

---

[45] Albert Camus, *Cahiers Albert Camus VII*, *op. cit.*, p. 88.
[46] *Ibidem*, p. 214 *sq.*
[47] Albert Camus, *Cahiers Albert Camus VII*, *op. cit.*, p. 214.

Mères marchandes et fils « a-mères » dans la littérature québécoise, ou les vestiges d'un ordre social patriarcal ?

Katri Suhonen
Université de Tampere

Si Sigmund Freud a considéré que « le rapport entre mère et fils […] fournit l'exemple le plus pur de tendresse, sans aucune considération égoïste[1] », les romancières québécoises montrent l'envers de la médaille. Selon le portrait qu'elles en brossent, être mère d'un fils est une activité marchande, un transfert potentiel dans l'économie sociale[2]. Un tel portrait leur permet d'accorder une attention critique à la maternité en tant que chasse gardée des valeurs et des croyances d'antan.

Que de nombreux romans de femmes durant le XXe siècle québécois – le phénomène est ressemblant dans d'autres sociétés occidentales qui ont constaté l'effritement de l'ordre patriarcal, la montée de *l'agentivité* féminine et la remise en question de l'identité masculine – mettent au cœur de l'intrigue une mère avec *son fils,* voilà un autre choix significatif. Par cette configuration, les récits jettent un regard critique sur plusieurs postulats théoriques et pratiques sociales. Lisa R. Van Zwoll rappelle l'argument psychanalytique qu'une « mère n'est complètement satisfaite […] que par un fils », ce dernier lui permettant indirectement un statut dans l'ordre patriarcal[3]. Cette transaction symbolique expliquerait la préférence psychologique pour un fils. Dans plusieurs récits de fiction, celle-ci est doublée par une préférence sociale, car le fait d'être la mère d'un fils – au moins dans les exemples qui mettent en scène une mère née avant l'époque contemporaine – apporte des gains spécifiques (statut, réputation, valorisation).

La mise en scène des mères qui doivent marchander sur le dos de leur fils dévoile les vestiges de l'ordre social patriarcal : par cette configuration, les romancières analysent et critiquent les restrictions encore imposées à une

---

[1] Sigmund Freud, *A General Introduction to Psychoanalysis* (1920), trad. Joan Rivière, New York, Garden City Publishing, 1943, p. 183. L'extrait est cité et traduit en français par Lisa R. Van Zwoll dans « Mort, meurtre et maternité : 'Le torrent' et *Un habit de lumière* », *Les Cahiers Anne Hébert,* no 4, 2003, p. 133.

[2] Voir Isabelle Boisclair, « Aliénations identitaires, aliénations économiques dans *Un habit de lumière* d'Anne Hébert », *Voix et images,* no 1 (85), automne 2003, pp. 115-127 ; Lori Saint-Martin, *Le Nom de la mère. Mères, filles et écriture dans la littérature québécoise au féminin,* Québec, Éditions Nota bene, 1999, p. 32 ; Van Zwoll, art. cit., p. 130.

[3] Van Zwoll, art. cit., p. 130 ; elle cite et traduit en français Sigmund Freud, *New Introductory Lectures on Psychoanalysis* (1933), édité et traduit par James Strachey, New York, Norton, 1965, p. 133.

femme qui veut être une mère. Si les personnages de mère dans la littérature québécoise ont traditionnellement été divisés en deux catégories selon leur comportement envers les enfants (surtout les fils) en le prenant pour preuve d'une personnalité particulière – mère monstrueuse ou mère angélique[4] – , notre démonstration s'attardera sur le rôle social attribué à ces femmes. L'étude sera divisée en trois parties qui présenteront chacune une facette différente du rapport mère-fils. Il sera question premièrement de *la mère patriarcale*[5], une mère soumise au patriarcat qui le renforce par son comportement. Le deuxième type étudié sera *la mère matriarcale*, une femme qui n'est valorisée qu'en tant que mère. En troisième lieue, l'étude se penchera sur l'exemple d'*une mère qui est aussi une femme* et qui teste les limites de sa liberté d'être les deux à la fois.

La démonstration des divers types de rapports entre mère et fils sera réalisée par le biais de romans québécois écrits par des femmes à partir du milieu du XXe siècle jusqu'à la période contemporaine. La fin du XXe siècle voit, à côté des études féministes, l'émergence des études de la condition masculine auxquelles les femmes ont grandement contribué ; cette contribution est visible dans notre corpus d'étude. Les deux premiers types de maternité ayant fait l'objet de plusieurs études antérieures, leur présentation servira ici à étudier les conséquences d'un tel rapport mère-fils sur la condition masculine. L'étude réservera une grande place surtout au troisième modèle de la maternité qui semble encore problématique. Ainsi seront exposées l'interrogation, l'analyse et la démystification toujours actuelles de ce lien entre mère et fils qui semble cacher les vestiges d'un ordre social patriarcal contre lequel s'érigent nombre d'auteures, au Québec comme ailleurs.

Mère patriarcale

L'exemple classique d'une mère patriarcale est le personnage de Claudine dans la nouvelle « Le Torrent » d'Anne Hébert[6]. Elle essaie de racheter sa place dans la communauté en obligeant son fils à choisir la prêtrise pour métier[7]. Bien que les lecteurs contemporains comprennent que cette mère haineuse n'est qu'une victime d'un système qui lui a enlevé toute possibilité

---

[4] Voir Paulette Collet, « Les romancières québécoises des années 1960 face à la maternité », *Atlantis*, vol. 5, no 2, printemps 1980, pp. 131-141 ; Chantal Ringuet, « Les enjeux de la relation entre mère et fils dans *Tête blanche* (1960) de Marie-Claire Blais », *Women in French Studies*, numéro spécial « Critical Perspectives on French and Francophone Women », 2005, p. 98 *sq.* ; Lori Saint-Martin, « Malaise et révolte des femmes dans la littérature québécoise depuis 1945 », *Les Cahiers de recherche du GREMF*, no 28, Québec, Université Laval, 1989, p. 193 *sqq.* ; Saint-Martin, *op. cit.*, 1999, p. 21 *sqq.*
[5] Le terme est de Nicole Brossard, *L'Amer* (1977), Montréal, L'Héxagone, 1988, 114 p.
[6] *Le Torrent* (1950), Montréal, Éditions Hurtubise/HMH, 1976, 173 p.
[7] Voir Lori Saint-Martin, *op. cit.*, 1989, p. 196 ; Van Zwoll, art. cit., p. 133.

de se comporter autrement, cette interprétation a échappée aux yeux de plusieurs analystes antérieures qui l'ont traitée de monstre. Nonobstant les quelques exemples ressemblants parus à la même époque (tels *Mathieu* de Françoise Loranger ou *La Belle Bête* de Marie-Claire Blais[8]), Paulette Collet constate que ces mères contraires à la mère « fertile et généreuse » du roman de la terre apparaissent massivement dans le corpus québécois des années 1960[9]. Sachant que cette décennie fait plus de place aux auteurs féminins et voit émerger la critique de la condition féminine, on déduit que l'un des motifs qui expliquent la multiplication des mères patriarcales dans la littérature est justement la critique de la condition féminine. La décennie suivante, par contre, est déjà considérée comme la période de « la mise à mort symbolique de la "mère patriarcale"[10] ». Il est alors étonnant que de telles mères habitent l'imaginaire québécois encore dans les années 1980 sans que les analystes saisissent leur portée critique.

Tel est le cas pour *Les Fous de Bassan* d'Anne Hébert[11] dans lequel le comportement maternel froid envers les garçons a été soulevé dans plusieurs analyses[12]. Rares ont pourtant été les lecteurs ayant saisi les raisons d'ordre social de ce comportement, et ce, même si le roman montre clairement que la mère, dans le régime patriarcal, n'avait pas d'autre choix. On voit les séquelles de ce type de maternité chez tous les personnages masculins principaux du roman. Nicolas Jones est devenu prêtre afin de racheter l'acceptation de sa mère et il rêve encore à son âge avancé de pouvoir retrouver le sein maternel qui lui a été refusé, de même que les bras de sa mère qu'il n'a jamais sentis autour de lui. Stevens Brown accuse sa mère d'être un être glacial et incapable de donner la naissance à des êtres vivants ; lui-même a dû sortir de son village natal afin de découvrir le monde où l'affection et la tendresse sont permises. De plus, il est convaincu que ce sont les contraintes patriarcales et la violence parentale qui ont fait de son frère Perceval un garçon mentalement troublé[13].

La seule option laissée au fils est de couper le lien émotif avec la mère et de commettre un matricide symbolique, « une négation totale de la mère[14] ». En cela, ces hommes suivent l'exemple de François qui commet

---

[8] Montréal, Cercle du livre de France, 1949, 347 p. ; Québec, Institut littéraire du Québec, 1959, 214 p.
[9] Collet, art. cit., p. 139 ; cité par Ringuet, art. cit., p. 106.
[10] Saint-Martin, *op. cit.*, 1999, p. 48.
[11] Paris, Seuil, 1982, 249 p.
[12] Marilyn Randall, « Les énigmes des *Fous de Bassan* : féminisme, narration et clôture », *Voix et images*, vol. 15, no 1 (43), automne 1989, pp. 68-69.
[13] Pour une analyse détaillée de la condition masculine dans ce roman, voir Katri Suhonen, « Prêter la voix. Le discours masculin chez les romancières québécoises à la fin du XXe siècle », thèse de doctorat en études littéraires dirigée par Lori Saint-Martin, Université du Québec à Montréal, 2003, 389 p.
[14] Saint-Martin, *op. cit.*, 1999, p. 51.

un matricide concret (il suscite l'accident qui achève sa mère). Lisa R. van Zwoll considère cependant que même après l'accident, le jeune homme reste lié à elle, comme si le déchirement n'était pas entièrement possible[15]. Malgré la violence et la froideur maternelles, le lien entre mères et fils demeure donc tenace et le matricide ne se fait pas sans laisser de traces : dans ces exemples, la séparation forcée a comme séquelle le manque d'amour maternel et la peur du féminin. On le voit particulièrement bien dans le comportement paradoxal des hommes dans *Les Fous de Bassan*, à la fois violents envers les femmes et attirés par elles, haineux et curieux, autoritaires et dépendants.

Si le sort des femmes dans l'ordre patriarcal a été amplement analysé et critiqué, les chercheur(e)s ont prêté moins d'attention aux conséquences de cet ordre sur le sort des hommes : à l'exemple de Claudine qui a été traitée de monstre, on traite facilement les hommes hébertiens de misogyne[16]. Ce roman fait pourtant une excellente démonstration de la condition masculine patriarcale, générée en partie par le comportement des mères, qui, elles, obéissent à des règles imposées par les pères. Ce rouage donne comme résultat des hommes incapables de rencontrer une femme d'égal à égale. Ainsi, en plus d'être destructrice pour la mère, la maternité patriarcale est nocive pour le garçon. Les femmes se rachètent une place dans la société en donnant au monde des garçons, et ces derniers en payent le prix en étant privés d'un modèle d'affection[17].

Mère matriarcale

À l'opposé de la mère froide et distante se trouve la mère dévouée à son fils. On pourrait y voir un deuxième type de mère patriarcale, car elle ne menace pas le patriarcat : elle le renforce plutôt en consacrant sa vie à son rôle de mère traditionnelle. Ce type de mère peut aussi être appelé matriarcal, si on met l'accent sur la racine étymologique du terme : *mater*, mère. Selon cette interprétation, la femme n'a pas d'autre rôle dans la société que celui de la mère et elle s'agrippe à ce rôle par tous les moyens.

Un exemple se trouve dans le roman *Homme invisible à la fenêtre* de Monique Proulx[18]. Le protagoniste du roman est un homme adulte paraplégique, lié à une chaise roulante, en fuite de sa mère qui s'acharne à retrouver son fils afin de le ramener dans son enfance avant l'accident qui lui a enlevé les jambes. Derrière cette tentative altruiste de « faire durer l'innocence de l'enfance[19] » et de faire disparaître le monde réel dans lequel

---

[15] Van Zwoll, art. cit., p. 135.
[16] Voir Randall, art. cit., p. 78.
[17] Pour d'autres exemples de ce type de maternité, voir Anne Hébert, *Est-ce que je te dérange ?*, Paris, Seuil, 1998, 138 p. ; Suzanne Jacob, *Laura Laur*, Paris, Seuil, 1983, 181 p.
[18] Montréal, Boréal, 1993, 239 p.
[19] Saint-Martin, *op. cit.*, 1989, p. 206.

un homme handicapé n'a pas le même statut social qu'un homme
« normal », se cache pourtant l'inquiétude de la mère par rapport à *son statut social*. Et ce souci est bien pertinent, car obtenir les gains sociaux octroyés à une mère n'est pas facile dans ce roman. Tout d'abord, être mère d'un fils handicapé – marginal, non autonome et impuissant (dans ce roman du moins) – ne lui garantit pas une « pleine » valorisation sociale. De plus, son fils ne supporte plus la présence de sa mère qui lui rappelle sa jeunesse en santé sans accepter son état actuel ; il renie sa mère et disparaît. En disparaissant le fils enlève à la mère l'essence de son identité : elle devient mère de personne et, sans être mère, *elle* ne sera personne. Ainsi, si dans les exemples précédents les hommes coupent le lien émotif avec la mère, ici, le protagoniste coupe *tout lien* avec elle et commet, à sa façon, un matricide symbolique[20].

On trouve le même type de mère dans *Choses crues* de Lise Bissonnette[21] dans lequel le protagoniste est un professeur d'art réputé, homosexuel et en train de mourir du sida. Avant de terminer ses jours, il rédige un document pour une lecture publique à la réception funéraire ; le texte dévoile la supercherie sur laquelle se base sa renommée (aventures sexuelles avec des personnalités importantes, abus sexuel de ses disciples, résultats scientifiques fabriqués, etc.). Le protagoniste cherche ainsi à se confesser publiquement avant sa mort afin d'obtenir le salut (sinon religieux du moins social). Or, la mère du protagoniste, elle-même d'origine sociale modeste, se plaît dans son rôle de mère d'un grand chercheur et, pour maintenir ce statut, confisque le texte avant la lecture empêchant ainsi la vérité d'être divulguée. D'une manière égoïste, la mère préfère mentir afin de garder *sa position sociale* au lieu d'exaucer le souhait de son fils. Même si dans cet exemple la mère ne s'accroche pas à son fils à l'exemple d'une mère matriarcale, on y découvre la même mère marchande : elle s'agrippe à sa position de mère afin de maintenir son statut social.

Ces femmes essayent de s'assurer d'une place dans l'ordre social par leur rôle maternel au détriment des besoins de leur fils. La conséquence de ce type d'échange sur l'enfant est ressemblante à celle qu'on trouve dans les premiers exemples : l'homme doit commettre un matricide symbolique afin de gagner son indépendance. Dans les exemples précédents, le fils payait le prix par la mise à mort de l'amour pour la mère et par la violence qui s'était développée en lui comme conséquence des capacités émotives atrophiées. Dans les romans plus récents aussi, c'est le fils qui coupe le lien avec la mère afin de devenir adulte et autonome. Les deux modèles de la maternité présentés, patriarcal et matriarcal, ont des conséquences néfastes sur le fils et sur son évolution vers un homme adulte.

---

[20] Pour une démonstration plus détaillée, voir Katri Suhonen, *op. cit.*
[21] Montréal, Boréal, 1995, 138 p.

Mère et femme

Si les deux premiers modèles cantonnent la femme dans le rôle de mère (tout en critiquant les contraintes imposées à ce rôle), le troisième modèle questionne les limites de la maternité. S'il faut être une femme (dans le sens biologique) pour devenir une mère, une mère a-t-elle pour autant le droit d'être une femme (dans le sens social) ? Pedro Almevida, dans le récit *Un Habit de lumière* d'Anne Hébert, considère que sa « femme est une mauvaise mère[22] ». Les sentiments maternels de son épouse Rose-Alba Almevida soulèvent des doutes aussi chez le lectorat. Selon Lisa R. Van Zwoll, cette femme « résiste […] à [son] identité de mère », elle « rêve […] d'une vie sans responsabilité maternelle », elle est « une mère égoïste qui regrette sa maternité » ou bien « refus[e] » et « rejette » son fils ; « [s]es préoccupations pour ses toilettes et son apparence remplacent les sentiments maternels[23] ». On entend ici l'écho des critiques faites au sujet de Claudine, comme s'il existait un modèle officiellement accepté de la maternité.

Le personnage de Rose-Alba Almevida (mère de Miguel, immigrante d'origine espagnole vivant à Paris) est certes peu conventionnel dans son rôle de mère : concierge de métier (couturière dans ses temps libres), cette femme est décrite comme infidèle, frivole, menteuse et voleuse. Le récit laisse même entendre qu'elle pratique la prostitution. Cette description suscite plusieurs questions. Si une femme a une vie en dehors de la famille et du travail, si elle manifeste sa féminité, si elle s'accorde du temps pour des plaisirs personnels, si elle a une vie sexuelle active et même si elle, selon certaines lectures, convoite l'amant de son fils, peut-on pour autant lui renier sa maternité ? Peut-on en conclure qu'elle regrette son fils ? Que la maternité lui a été imposée ? Que c'est une mère *égoïste* et *indifférente* ?

Cette femme met, certes, beaucoup d'argent et de temps à maintenir son attirance physique, ce qu'on peut interpréter comme de l'amour de soi exagéré. Au-delà de l'interprétation au premier niveau se cachent pourtant d'autres messages possibles. On peut lire dans cette attention un droit que le récit réclame à toute femme, même à une mère. On peut aussi comprendre cet intérêt comme le même type de critique de la société actuelle qu'ont vu certaines analystes dans les propos hébertiens par rapport à la société cléricale et patriarcale. Autrement dit, le régime en place à une époque donnée impose à ses membres un rôle précis : le régime patriarcal imposait la froideur maternelle alors que le régime actuel, misant sur la jeunesse et la beauté, impose cette attention exagérée pour le corps. Une troisième interprétation est qu'au-delà de ce soin corporel se cache un rappel (et une critique) de l'économie de marché à laquelle les femmes sont assujetties. Le

---

[22] Paris, Seuil, 1999, p. 82.
[23] Van Zwoll, art. cit., p. 130 *sqq.*

corps représente pour Rose-Alba Almevida une marchandise dans laquelle il faut « investir » « pour qu'[elle] lui rapporte davantage[24] ». De plus, ce corps lui sera plus profitable si elle s'en sert pour autre chose que pour bien paraître ; Rose-Alba Almevida entre donc sur le marché des services sexuels. Enfin, les besoins pour lesquels l'argent est dépensé nuisent eux aussi à l'image d'une femme égoïste : même si une partie de la somme est utilisée pour assouvir les besoins personnels de la mère, elle devient la seule source de revenu pour la famille quand le mari l'abandonne et la vie du fils dépendra par la suite de l'argent que rapporte son corps.

Les désirs de cette femme seraient-ils donc la conséquence d'un conditionnement social, ou carrément une obligation dans l'économie de marché où le corps est une marchandise ? Cette interprétation nous éloigne d'une mère égoïste, et nous rapproche d'une femme qui à la fois subit et conteste, comme ses prédécesseurs, le sort qui lui est réservé dans la société. On pourrait dire que par ces préoccupations, Rose-Alba Almevida dénonce le rôle traditionnel des mères dans la littérature. Lori Saint-Martin « voit constamment revenir, dans l'écriture au féminin, le leitmotiv de la mère *sans visage, sans identité*, dont le nom n'apparaît qu'une seule fois, gravé sur la pierre tombale[25] ». Comme si pour empêcher ce sort, Rose-Alba rendait son *corps* et son *visage* bien visibles. Par son comportement peu conventionnel, par ses jupes trop courtes et ses cheveux trop blonds, elle provoque des réactions qui ont pour objectifs d'ébranler la conception traditionnelle d'une mère[26].

Si le portrait d'une mère égoïste s'avère plus nuancé, il en est de même pour celui d'une mère indifférente envers son fils, car nombreuses sont les scènes de tendresse, de bien-être et d'amour réciproques entre eux. À l'insu du père, mère et fils passent des moments ensemble « aux bains des Patriarches » (p. 40). Ils profitent aussi de l'absence du père pour dormir ensemble dans le lit conjugal et qualifient ces nuits de moments « de bonheur » et de « douceur » (p. 41 *sqq.*). À l'exemple d'une mère traditionnelle, Rose-Albe attend Miguel aux heures de repas et lui prépare les vêtements (le père, par contre, impose à son fils les habits de dimanche : des chaussures polies, la chemise blanche et un pantalon rigide, qui l'empêchent de jouer). De même, la mère défend son enfant devant les agressions verbales et physiques du père quand celui-ci découvre ses jeux féminins. Le récit raconte encore l'angoisse d'une mère qui perd son fils dans les rues de Paris et ses hurlements après le suicide de ce dernier. Loin

---

[24] Boisclair, art. cit., p. 119.

[25] Saint-Martin, *op. cit.*, 1999, p. 301 ; nous soulignons.

[26] Sa performance d'une féminité outrancière rappelle le pouvoir subversif des performances du genre sexuel dont Judith Butler fait la démonstration dans *Gender Trouble : Feminism and the Subversion of Identity*, N. Y., Routledge, 1990, 179 p.

est donc la mère froide qui rêve d'une vie sans enfants et qui regrette sa maternité.

S'il y a quelque chose d'étrange dans ce rapport, cela ne gît pas dans les émotions présumées négatives de la mère mais plutôt dans le caractère *trop intime* du rapport mère-fils. Il n'y a peut-être rien d'étonnant à ce qu'un fils homosexuel idolâtre sa mère, comme le fait Miguel. Il est plus étonnant que la mère rêve des moments intimes avec son fils, ou bien qu'elle soit jalouse de ses amours (p. 70 sq.). Il est sans doute peu commun aussi que la mère suit son fils au club de danse et semble convoiter l'amant de son fils, comportement qui a suscité des commentaires négatifs à son sujet. Or, quelques passages du récit permettent de suggérer qu'il n'est pas question, pour cette femme, d'assouvir son propre désir sexuel, mais plutôt de suivre son fils afin de partager son destin : « Je le haïssais cet homme, bourreau de mon fils, et, en même temps, je désirais coucher avec lui pour aller plus loin dans l'abjection et me perdre avec mon fils », explique-t-elle (p. 111). Ainsi, au lieu d'être une mère indifférente, c'est une mère *dépendante* de son fils : « Qu'il soit nu ou habillé, mon fils brille et moi, sa mère, je brille avec lui ». C'est ainsi que justifie Rose-Alba Almevida son besoin de lui (p. 10).

Par conséquent, si le fils dans les récits précédents est l'objet d'échange qui permet à la mère d'obtenir un statut *dans* l'ordre patriarcal, pour Rose-Alba le fils est sa clé *en dehors* de cet ordre. Les conséquences de ce rapport pour le fils sont toutefois néfastes. Miguel est déchiré entre l'amour inconditionnel pour sa mère et la jalousie lorsqu'il constate l'intérêt de sa mère pour son amant. Il menace d'abord de tuer sa mère, mais finit par se tuer lui-même et de commettre ainsi un matricide « détourné » : le fils se tue en sachant que sa mort fera mourir, au moins symboliquement, la mère[27]. Et de fait, la mère qui voulait se perdre avec son fils se perd dans les rues de Paris en hurlant après lui.

Enfin, alors que les mères dans les textes précédents se servaient de leur fils afin de s'assurer une place dans l'ordre social, la mère dans ce récit essaye d'obtenir cette place par ses propres moyens. Il est curieux que cette tentative ait été interprétée comme *un refus de maternité* – comme si le prix cette fois-ci n'était pas payé par le fils mais par la mère. Il est aussi curieux, en observant les exemples présentés, que le rapport entre mère et fils y soit toujours aussi problématique. Les femmes, même dans le corpus récent, n'échappent pas aux lois du marché patriarcal et leurs fils subissent l'absence de la mère, ce qui en fait des fils à la fois « a-mères » et amers, comme le montrent ces nombreux exemples de matricide. Afin de clore sur une note plus rassurante, mentionnons tout de même que nombre de protagonistes masculins dans le corpus féminin québécois retournent, à l'âge

---

[27] Lori Saint-Martin, *op. cit.*, 1999, p. 299.

adulte, sur les traces de la mère afin de trouver de nouvelles informations sur elle et, par conséquent, sur eux-mêmes[28].

---

[28] Voir Aude, *L'Homme au complet*, Montréal, XYZ, 1999, 191 p. ; Madeleine Gagon, *Le Vent majeur*, Montréal, VLB, 1995, 200 p. ; Monique LaRue, *La Démarche du crabe* Montréal, Boréal, 1995, 221 p.

L'adoption comme acte rédempteur
chez les héroïnes de Gisèle Pineau

Ayelevi Novivor[1]
Chercheure indépendante

Gisèle Pineau conte des fables d'ordre socio-historique et politique des Antilles à travers le portrait de plusieurs générations de femmes.

L'esprit sororal qui anime ses œuvres se forge dans la douleur. Les liens biologiques sont de fait, difficiles à consolider, tandis que ceux de l'amitié et des unions éphémères, sont *a contrario* privilégiés. Les mères et foyers adoptifs constituent l'ancrage inhabituel et atemporel des héroïnes, comme si leur éducation, leur maturité ne devaient se réaliser qu'au travers de situations instables, pleines d'embûches. Quel que soit leur âge, les personnages incarnent la résultante d'une suite de désamour familial, de rejets, de sévices, qui malgré tout, les a façonnés. Plus aptes à recueillir et élever l'enfant d'une autre, à l'instar de leurs petits-enfants ou d'enfants abandonnés, les héroïnes semblent incapables de leur propre chef, d'accomplir des gestes maternels envers leur progéniture, actes qui rouvriraient hypothétiquement des plaies sanguinolentes. Tout se joue par procuration, comme si le rachat d'une vie non désirée pouvait être comblé dans l'acte de l'adoption. D'où la profusion d'apories dans les romans de Gisèle Pineau produisant moult candidates à l'avortement, à l'infanticide ou à l'abandon. Ainsi, le thème de la déstructuration familiale se répète invariablement dans ses productions. En effet, rien de plus « anormal » qu'un *nucleus* familial traditionnel composé d'un père, d'une mère, de frères et de sœurs. À plus forte raison, les relations avec les personnages masculins sont malaisées, tandis que celles concernant les personnages féminins relèvent d'un mysticisme névralgique où secrets et silences obstruent les chemins de l'épanouissement. Gisèle Pineau cherche-t-elle par le truchement de ces voix féminines à tisser les liens entre les déboires contemporains des personnages et les réminiscences de l'esclavage ? Les relations mères-filles et la culture du secret dans laquelle se meuvent les héroïnes, constituent le fer de lance de l'écriture de Pineau comme nous tenterons de le démontrer dans le présent article.

---

[1] Titulaire d'un Ph.D en études françaises, Ayelevi Novivor a effectué une thèse sur Amadou Hampâté Bâ. Ses recherches actuelles sont axées sur le statut de l'écrivain dans les littératures africaine et caribéenne francophones.

Émancipation et société moderne

Pineau a souvent réfuté le rôle de porte étendard du féminisme aux Antilles dans la mesure où il est pertinent de circonscrire le mouvement géographiquement. Les contours politiques précis ne sont pas aisément décelables dans son œuvre. L'auteur ne propose pas de réponses en tant que telles, mais soulève des problèmes, tels que le viol et l'inceste, notamment au cœur du roman *L'Espérance-macadam*. Effectivement, l'objet du combat des femmes pour la liberté, l'amélioration des conditions de vie, la dignité dans les rapports avec l'autre sexe est disséminée, à tel point qu'il ne constitue pas le socle de la réflexion de l'auteure. En réalité, le rapport à la liberté s'inscrit dans une démarche individualisée d'affranchissement vis-à-vis de traumatismes liés au passé. Ils se manifestent comme des obsessions ou comme des fantômes qui n'ont de cesse de poursuivre ces femmes en dépit des facteurs lieu et temps. Par ailleurs, l'organisation souvent matrifocale[2] des récits de Pineau, efface l'homme des foyers ou ne lui concède qu'une position de second plan ; ce qui laisse entendre que les instruments de l'émancipation n'interviennent pas dans des confrontations avec le sexe opposé. Il s'agit essentiellement d'un combat d'ordre interne, où le sujet tente de rétablir un certain équilibre psychique. De cette manière, si le contexte social détient une place de choix dans ses problématiques, la question de l'émancipation ne se déploie réellement que dans la question du combat des êtres contre leurs démons. L'ennemi n'est alors plus au dehors mais au dedans. La problématique de la domination masculine loin d'être évacuée, est située dans la constitution des Antilles. Ancrée dans l'époque douloureuse de l'esclavage, chaque génération porte inconsciemment un fardeau plus ou moins lourd. Nombre de drames psychologiques se déclinent sur fond de réplique sociale et historique. Une double démarche est initiée par Pineau, oscillant entre la dénonciation individuelle et la compréhension collective, qui peut parfois paraître déséquilibrée dans le portrait des faiblesses et méfaits des hommes. En réalité, l'auteure pourrait reprendre à son compte le terme misovire qui, selon Werewere Liking n'est pas le contraire de misogyne : « une misovire, dit-elle est « une femme qui n'arrive pas à trouver un homme admirable[3] ». Ce trait de caractère sied aux personnages de la romancière, parmi lesquelles, les femmes ne parviennent pas à trouver des hommes comblant leurs attentes. C'est le cas de Man Ninette et de Myrtha dans *La Grande drive des esprits*, de Rosette dans *L'Espérance-macadam* ou encore de Man Ya, dans *L'exil selon Julia* pour

---

[2] Terme emprunté à l'écrivaine haïtienne, Yannick Lahens pour décrire l'organisation essentiellement féminine d'une famille, supposant pour différentes raisons l'absence d'hommes : père, grand-père, oncle, etc..

[3] Irène Assiba d'Almeida, « Femme ? féministe, misovire ? Les romancières africaines face au féminisme », *Notre librairie*, vol.1 n° 117, 1994, p. 50.

n'en citer que quelques-unes. La discrétion de la présence masculine s'érige comme une stratégie de mise en condition du discours féminin. Ce postulat trouve un écho dans *Le Tango de la haine*, roman du guadeloupéen Ernest Pépin, qui fonde un discours de la femme sur la femme et l'exhorte à trouver en son sein, les agents de son émancipation et de son accès au bonheur. Dès lors, la focalisation sur les personnages féminins alimente une vision d'ordre féminine plutôt que féministe. Toutes les configurations qui entravent l'épanouissement des femmes sont brossées. Réduisant la question matérielle à l'opposé de son confrère, Ernest Pépin, les héroïnes de Pineau sont en quête d'un équilibre psychique à puiser dans leur foyer ou dans leur communauté. Cette abstraction partielle du devenir professionnel et des revendications sociales dans ses romans constitue sans doute, le point litigieux du rapprochement avec le mouvement féministe théorisé en Europe et aux États-Unis. D'ailleurs, il semble qu'à travers ses personnages, tous les ingrédients qui peuvent concourir à une aisance et une indépendance financières sont exposées. L'émancipation sociale n'étant pas abordée de front, la clé du problème reste à débusquer autre part : par exemple, dans les blessures béantes que certains hommes ont créées ou dans l'obstination malsaine au silence de certaines femmes, parfois au prix d'une dégradation physique et morale. Les considérations socio-économiques se retrouvent à la périphérie, au profit d'un grossissement sur l'organisation complexe du quotidien, lequel requiert un comportement pragmatique et une rigueur émotionnelle sans failles, du moins, le croient la plupart des héroïnes. L'éclatement des structures familiales, et ce depuis des générations, leur impose la constante adaptation à des situations instables telles que la charge de l'éducation des enfants. En apparence, il n'y a pas de place pour le désordre et l'hystérie de revendications velléitaires. Dans cette optique, la liberté sexuelle ou son antonyme, la guerre des sexes ne bénéficie pas d'une large diffusion, car son objectif premier n'est pas tant de conforter l'idée d'une parité. Le personnage de Mina dans *Chair Piment* a beau consommer et consumer les hommes au début du roman, elle ne revendique pas une libération sociale ou une quelconque égalité de sexes. L'acte est connoté d'envoûtement, il est mystique et instantanément palliatif : « Ça la prenait comme une fièvre. À ces moments-là, elle ne gouvernait plus son corps. Elle consommait du sexe, le sexe dressé des hommes. En redemandait. En rêvait parfois. Et se réveillait en sursaut, au milieu de ses nuits, avec l'envie d'un corps d'homme ajusté au sien. Fallait qu'elle soit prise, possédée, traversée[4] ». L'acte sexuel joue le rôle de catalyseur. Sans avoir le sentiment d'empiéter sur un territoire réservé aux hommes, le droit intime à la jouissance sans amour, sans engagement, est normalisé, ce qui déroute certains de ses amants. La guerre des sexes n'aura pas lieu. Il n'y a pas de

---

[4] Gisèle Pineau, *Chair Piment*, Paris, Mercure de France, rééd. Poche, 2002, p. 18.

confrontations belliqueuses directes dirigées contre les hommes. Les violences subies sont transposées sur les acteurs du moment, plus particulièrement les femmes, qui composent le groupe dominant du giron familial. Le miroir générationnel reflété dans chacune d'elle, donne lieu à des débordements, des excentricités, de nouveaux apprentissages.

Paradigmes de l'esclavage et de la traite des noirs

Les personnages évoluent dans des cercles où ils héritent malgré eux, d'un cumul de souffrances. Le testament de l'éminent notaire Solin de *Fleur de Barbarie*, à sa fille en est une illustration.

> J'ignore ce que sera demain, mais je sais que les crimes des parents sont payés d'une manière ou d'une autre par leurs descendants. Tout te revient, bien sûr : la propriété de l'Autre Bord, les terres de Capesterre que je loue à M. Durival, la plantation des Abymes et les trois appartements de Pointe-à-Pitre. Malheureusement, je te laisse mon crime en héritage. Sache que tu en prendras la charge, que tu le veuilles ou non, car les voies du Seigneur sont impénétrables.[5]

L'émancipation atteint des limites lorsqu'elle se heurte notamment à des obsessions troubles. M. Solin révèle qu'il est le père biologique de la fille de la bonne. Cet aveu circonvient à l'idée de la densité de l'héritage. À l'abri du besoin matériel, Margareth Solin, doit désormais assumer les erreurs de son père. Le legs des secrets et des responsabilités nouvelles, suppléé par les actes manqués constituent une source d'inspiration tragique, seule échappatoire pour l'écrivaine, qui fait paradoxalement le bonheur de ses lecteurs. La sphère privée féminine chez Pineau relève moins d'une dichotomie de l'espace partagé avec le sexe opposé, mais plutôt comme un lieu scénique où les drames se sont noués à un moment précis. Bien souvent pendant l'enfance, mais aussi après les premiers émois du mariage, où les désillusions s'enfilent avec les années.

Au-delà de cette nébuleuse du silence, évoquer cet antre, comme un confinement féminin semble hâtif, car il y a une réelle étroitesse des frontières du privé et du public. Toutefois, le silence opaque des secrets fait corps empiriquement avec les foyers. À l'instar de la pièce où la grand-mère Théodora de *Fleur de Barbarie* « n'est là pour personne », lieu qui recèle ses secrets les plus pénibles. La citation de Mikhaïl Bakhtine est idoine dans ce contexte de cohabitation houleuse entre la vérité et le mensonge : « la vérité est rétablie par la réduction à l'absurde du mensonge[6] ». Lorsque le mensonge n'est plus opérant et que les tensions parviennent à un stade paroxysmique, la vérité éclôt, même s'il est trop tard pour réparer les torts. *Fleur de Barbarie* souligne cette phobie de la vérité. Le secret entre les

---

[5] Gisèle Pineau, *Fleur de Barbarie*, Paris, Mercure de France, 2005, pp. 368-369.
[6] Mikhaïl Bakhtine, *Esthétique et théorie du roman*, Paris, Gallimard, 1975, p. 130.

demi-sœurs est dévoilé à un moment jugé opportun par ses détentrices : « Sur le chemin de Saint-Louis, je me dis que Mémé avait raison : la vérité éclaterait à son heure et je ne voyais sans doute qu'une face des choses, aveuglée que j'étais par les révélations de Germaine Bella et les silences coupables de Théodora[7] ».

Il existe parfois une certaine confusion dans l'identification du véritable ennemi de ces héroïnes murées dans des silences opaques : homme, société, rivale ou soi ? Dans ce contexte, la solidarité prend des visages imprévus. Elle découle autant d'un élan du cœur que de la pesanteur des coutumes. De nombreuses réflexions proposent un éclairage sur la conscience collective à travers les vicissitudes de personnages ordinaires. Certains critiques se sont penchés sur l'aspect du compromis dans l'écriture féminine. Pineau jongle entre la position supposée émancipée de la femme et ses angoisses ; entre l'amour et le devoir. Les espaces du dire et du silence sont imbriqués dans la pratique assidue du paraître.

L'impossibilité d'aimer ses propres enfants peut dériver d'un passé traumatique, c'est ce que les textes de Pineau semblent exposer au regard d'une pléthore de situations qui se heurtent à des impasses. Son écriture soupèse les répercussions de l'esclavage sur ses personnages antillais. Il est inconcevable qu'un tel système annihilant n'ait laissé de séquelles, et c'est par l'exploration des drames individuels féminins qu'elle évoque le mieux les ramifications post-traumatiques de cette période. Comme l'énonce l'écrivaine dans le livre *Femmes des Antilles* – constat également mis en exergue par Roger Toumson – les femmes ont souvent sacrifié leurs propres enfants pour allaiter les enfants des maîtres. Cette pratique justifiée alors par une domination implacable, s'est insidieusement transposée dans ses personnages, en tant que motif originel des dérives contemporaines d'une société. La survivance du sacrifice se ressent dans l'impossibilité parfois inexpliquée des héroïnes d'élever leurs propres enfants, occasionnellement mues par un puissant sentiment de rejet qui les soustrait à cette maternité biologique. Les enfants issus d'autres mères, parentes, voisines ou d'inconnues, sont plus volontiers intégrés dans des foyers atypiques permettant autant que possible leur développement.

> Femmes d'esclavage, elles serreraient dans leurs bras des petits d'hommes à peau blanche à qui elles donnaient leurs seins noirs à téter. Le lait de la désillusion, le lait de leur propre progéniture qu'elles regardaient avec amertume, si sombres se présentaient les auspices de leurs vies aux Antilles [...]. Elles racontent hier et nouent au grand jour les fils qui les lient à ces femmes du présent. Elles présentent leurs chaînes rouillées, déchirent leurs robes de grosse toile, montrent leur chair marquée au fer et sourient à la liberté du soleil qui dessine des arabesques cuivrées sur leurs peaux. Alors, elles n'ont plus peur et disent à leurs arrière-petites-filles qu'il est temps de

---

[7] *Ibidem*, pp. 202-203.

rompre les silences, temps de renverser les mémoires et de revêtir les habits de l'Histoire.[8]

Cette citation juxtapose temporellement les souffrances des Antillaises et de leurs ancêtres en indiquant les étapes successives qu'elles endurent. Cet aspect de la maternité entravée, incomplète et injuste est évoquée dans ce parallèle entre l'enfant blanc du maître, nourri au sein fortifiant, tandis que l'enfant noir ne tète qu'après que le premier a mangé à satiété ; métaphore de leur rapport, et conjecture de son devenir[9].

Mères adoptives

Nombreux sont les personnages qui reflètent une dualité extrêmement prononcée. S'agissant de la question de la maternité, les relations mère-fille particulièrement prisées par Pineau, sont loin d'être évidentes. Pour n'évoquer que quelques personnages représentants bien ce dysfonctionnement, nous ferons référence à Théodora et Margareth de *Fleur de Barbarie*. Les manifestations de la maternité sont toujours de l'ordre de l'imprévisible, tant par les actes que par les acteurs endossant ce rôle. Il n'y a pas de drames isolés, dans le sens où tous découlent de divers traumatismes, qui se répercutent négativement sur les personnages. Les réminiscences de ce passé, sont dépeintes dans l'ouvrage *Femmes antillaises*, paru dans le cadre du cent cinquantième anniversaire de l'abolition de l'esclavage en Guadeloupe. Les liens entre ces portraits de femmes et les personnages de Pineau, se tissent dans les mailles de cette mémoire commune : « Elles pansent chaque jour les plaies qu'ont laissées l'esclavage et les traumatismes de la traite des nègres. Les siècles défilent, la mémoire garde dans ses plis des maux qui ressemblent aujourd'hui à la folie ordinaire, à des tares congénitales, à des vices de vieux nègres... La douleur n'est jamais loin quand l'ongle effleure la peau[10] ». Pineau fait coïncider les

---

[8] Gisèle Pineau, Marie Abraham, *Femmes des Antilles, Traces et voix*, Paris, Stock, 1998, pp. 10-13.

[9] Dans le même ordre d'idées, Roger Toumson citée par Pineau relève cette pratique en parlant des nounous : « La forme luso-brésilienne *"crioulo"* apparaît ainsi, dans le cadre de l'économie esclavagiste de la grande plantation, à l'usage des femmes noires ayant alors statut de nourrice, autrement dit de " *Nounou*", de *"bonne maman"*, de "*Da*". Celles-ci avaient pour tâche d'allaiter les enfants de race blanche nés du rapport sexuel légitime du maître de l'habitation et de son épouse. L'esclave noire ne pouvait bien entendu remplir une fonction nourricière d'allaitement qu'à la seule condition d'être en mesure, à la manière d'une vache laitière, de faire *"monter son lait"*. Ce qui gynécologiquement et physiologiquement parlant suppose qu'elle ait enfanté, et ce dans le même cycle périodique que la maîtresse d'habitation ». Roger Toumson, *Mythologie du métissage*, Paris, PUF, coll. Ecritures francophones, 1998, p. 121.

[10] Maryse Condé, Madeleine Cottenet Hage (dir.), Gisèle Pineau, « Écrire en tant que noire », *Penser la créolité*, Paris, Karthala, 1995, pp. 292-293.

voix d'Antillaises à celles de ses personnages. L'exemple de *Fleur de Barbarie* est particulièrement éclairant.

Théodora, la grand-mère du protagoniste vit à Marie-Galante où elle a follement aimé le marin Selbonne. De leur union, est née Pâquerette, leur unique enfant, qui fait le bonheur du couple, particulièrement de son père. La mort de son mari, la plonge dans une sombre folie, qui finit par creuser un fossé entre Pâquerette et sa mère. Celle-ci n'est plus capable de lui procurer de l'affection, et rejette sa fille qui tombe enceinte à l'adolescence. La jeune femme, déjà coupable de sa grossesse précoce, est en outre selon sa mère, coupable d'avoir nié trois fois son état. Chassée, Pâquerette se retrouve sans aucun soutien en Guadeloupe et atterrit en France où elle se prostitue pour survivre. Pendant ses heures de travail, son nouveau compagnon se livre à des actes pervers sur son bébé, Josette. Ses drames successifs sont vécus comme des échecs pour Pâquerette qui confie son bébé à la DDASS. Progressivement, Pâquerette parvient à se stabiliser professionnellement, affectivement et refonde un foyer, tandis que des événements bouleversants, tirent Josette de son foyer d'adoption où Tante Michelle, sa mère adoptive l'a élevée avec beaucoup d'amour. Margareth Solin, une écrivaine de renommée internationale, se découvre un lien de parenté étroit avec l'enfant de sa bonne qui n'est autre que Théodora. Elle décide alors que Josette ne doit plus vivre dans un foyer d'adoption et s'occupe discrètement de la faire rapatrier à Marie-Galante où l'enfant pénètre dans l'univers ambigu de sa grand-mère et de sa grande-tante Margareth. L'amour prodigué par les deux femmes, est loin d'être expansif. Plutôt discret et réservé, il ne se manifeste jamais à travers des effluves. Le respect des unes aux autres est omniprésent. Théodora ne s'adresse à sa demi-sœur que sous la forme du vouvoiement, et Josette doit observer des règles de bienséance strictes. Malgré la densité des secrets, l'environnement stable permet à l'enfant de mûrir et de se découvrir une passion pour l'écriture, bien qu'elle ne soit pas aussi douée que sa tante. Il est périlleux de résumer succinctement le parcours d'un personnage sans évoquer les corrélations concourrant à la compréhension psychologique des uns et des autres. Au fond, Théodora entreprend un effort considérable pour élever sa petite-fille, tout en espérant qu'elle ne l'entachera pas d'un déshonneur humiliant à l'instar de sa fille. D'autant plus, que Théodora est, elle aussi, le fruit d'amours interdites entre sa mère Glorieuse, la bonne et son patron M. Solin, marié à une institutrice sévère et frigide. D'où, l'impossible sentiment maternel de Théodora envers sa fille Pâquerette, puis plus tard, de Pâquerette envers sa fille, Josette, témoin vivant de son passé affligeant. Le personnage de Pâquerette révèle à ce propos, les barrières infranchissables permettant l'amour sain d'une mère à sa fille. Après des années tumultueuses, elle tire radicalement un trait sur son passé et refait sa vie dans l'acception la plus absolue du terme qui la pousse à se réinventer. Pâquerette se met en ménage en France, a trois garçons avec son compagnon. À force de perspicacité, elle parvient à gravir quelques échelons à la Poste où elle travaille avec acharnement. Elle finit par offrir toutes les apparences d'une mère si ce n'est heureuse du moins, loin d'être à plaindre. Or, dans ce cocon presque impeccable, Josette renvoie directement sa mère à ses désillusions, ses cauchemars et ses plaies non-cicatrisées. Elle est la preuve de la faillite de sa mère, hantée par son inertie et son impuissance, consumée par l'image de son bébé souillé par son compagnon de l'époque. Josette est le lieu personnifié où sont conjuguées toutes les douleurs. Nier son existence, la savoir loin d'elle, est le seul moyen pour sa mère biologique de croire en la possibilité de vivre une existence tranquille. Ainsi, elle se dispense de rédemption, mais aussi de guérison, craignant de ne pas survivre à une ultime confrontation avec sa fille.

Dès lors que le passé s'infiltre dans le présent par des voies infernales, les mères adoptives se multiplient. En élevant l'enfant d'autres femmes, elles se dédouanent de leur secret et ont la sensation de racheter leur faute. La mère adoptive de Josette, Tata Michelle, elle aussi détentrice de ce lourd secret, explique son rôle en tant que mère adoptive et par là, généralise les traits de cette fonction à l'ensemble des personnages correspondants.

> Vous comprenez pas qu'on vous ait placés à la DDASS... Toujours la même rengaine. Et je dois me taper l'interrogatoire des mal-aimés. Chacun à votre tour, vous chargez la mule... Qu'est-ce que tu veux que je te dise, Joséphine ? La vérité sur ta mère. Toute crue. Tu la veux toute crue, pour remuer le couteau dans la plaie. Qu'est-ce que cela va t'apporter de plus ? C'est le passé, bordel ! Tu t'en es bien tirée, pas vrai... On t'a donné de l'amour ici. T'as eu une famille, un pépé et une mémé, comme tout le monde. J'ai remplacé ta mère du mieux que j'ai pu. On s'aime c'est ce qui compte. Qu'est-ce que tu veux de plus Joséphine ? T'as pas viré folle... T'es pas pensionnaire de l'hôpital psychiatrique, que je sache.[11]

La vérité crue est révélée par la mère adoptive, dans un style préférant l'énumération factuelle au choix étudié des mots, comme si toute précaution était devenue superfétatoire.

Dans un autre ordre d'idées, le roman *L'Espérance-macadam*, présente des personnages fortement éprouvés par les difficultés de la maternité. Là, encore il s'agit de dresser un éventail de situations qui a pour finalité, un désamour involontaire de l'enfant lié à une inaptitude à l'élever. Le personnage d'Eliette devient stérile à la suite du viol perpétré par son père, acte metaphorisé à travers le passage du cyclone de 1928, particulièrement dévastateur. Tardivement, elle endosse le rôle de mère pour sa petite voisine Angéla dont la famille est frappée par des maux particulièrement lourds, lesquels déciment la configuration harmonieuse du foyer. Ainsi, Rosette, la mère d'Angéla est déséquilibrée par le manque du

---

[11] *Ibidem*, pp. 255-256.

père et la superstition exacerbée de sa propre mère. Son besoin d'amour
fusionnel provoque un drame en sourdine : les délits incestueux de Rosan sur
sa fille. C'est parce que le père d'Angéla menace d'agir de la même façon
sur sa jeune sœur Rita, qu'Angéla brise enfin le tabou et plonge sa mère dans
une dense folie. Celle-ci nie les faits jusqu'au bout, ne pouvant admettre la
vérité. C'est au prix du sacrifice de la mère, que la petite sœur est sauvée
même s'il provoque l'implosion de la famille. Participant à la conscience
collective qu'un enfant ne doit pas être livré à lui-même, une femme de la
communauté se propose en général de rétablir à travers l'acte d'adoption, le
déni affectif dont souffrent les enfants. Seule exception, Glawdys au destin
tragique, qui aurait pu être adoptée par Eliette. La vieille femme se rachète
au cours de sa vie lorsqu'elle saisit la chance de sortir sa voisine Angéla
d'un chaos à rebours : « Je songeai surtout à Glawdys, que trop de
raisonnements m'avaient privée de recueillir. J'ai jamais pu oublier ses yeux
tournés gris et toutes ses couleurs perdues parce qu'elle avait pas eu
d'amour. Oui, je l'entendais japper. Je la voyais amarrée[12] ». Eliette
culpabilise à l'idée qu'elle aurait pu empêcher le drame : l'infanticide de
Glawdys, enfant livrée à elle-même. Elle ne s'est jamais pardonnée de
n'avoir pas pris en charge cette enfant, rebutée par l'idée que son drame
personnel l'avait amputé de toute forme d'amour. C'est donc pour réparer
cette désaffection qu'elle tend la main à Angéla via ce geste de contrition.

> C'est ma faute, sûrement, si Glawdys a jeté son bébé au bas du pont des Nèfles, c'est
> ma faute, Seigneur… Quand elle est revenue de l'Assistance et qu'elle a commencé à
> vendre ses cristophines, j'aurais pu la prendre encore. Même si elle avait gardé les
> marques de la corde à ses reins, il était pas trop tard, non… C'est ma faute. Au lieu de
> lui envoyer juste des pièces pour faire taire ma conscience, j'aurais dû avancer au
> grand jour et lui acheter tous ses lots de cristophines pourries. Peut-être qu'elle aurait
> senti un peu d'amour lui traverser le cœur.[13]

> Elle avait fait comme ces Négresses des premiers voyages qui tuaient leurs nouveau-
> nés pour pas qu'ils naissent dans l'esclavage, tombent pas dans les pattes des négriers.
> La fille avait juste tiré son petit des griffes de Babylone, de ses mensonges, ses rêves
> dorés, son espérance-macadam et ses résurrections.[14]

La vieille femme porte la culpabilité individuelle du drame, parce
qu'elle n'a jamais su comment se débarrasser du souvenir du viol. Tandis
que la deuxième citation met en exergue le point de vue de Rosette, la mère
d'Angéla, selon qui, la responsabilité de l'infanticide de Glawdys outrepasse
le collectif ; les causes trouvant racines à l'époque de l'esclavage, sorte de
chaos originel dans la construction des Antilles.

---

[12] *Op. cit.*, p. 167.
[13] Gisèle Pineau, *L'Espérance-macadam*, Paris, Stock, 1995, réed. HC éditions, 2006, p. 168.
[14] *Op.cit.*, pp. 178-179.

Les conflits relationnels paraissent insurmontables en raison de l'antagonisme profond entre le monologisme des traditions et l'application à la réalité de ces préceptes. Gisèle Pineau, particulièrement sensible à la construction douloureuse de l'identité antillaise, considère les vecteurs de l'esclavage et de la traite comme le dernier recours. Face à l'aporie de certains troubles dont sont sujets ses personnages dans une société en mutation, l'émancipation sociale ne rime pas forcément avec l'émancipation psychique. Dans ce contexte, le travail de mémoire fait appel à une entreprise qui se veut réparatrice et salutaire.

Les photographies dans la liaison au défunt,
chez Annie Ernaux et Jean-Marie Gustave Le Clézio

Isabelle Roussel-Gillet
Université de Lille 2

Ces deux auteurs éprouvent une culpabilité à l'endroit d'une mère malade ou d'un père défunt, deux figures parentales violentes qui ont incarné l'autorité, « ennemies » le temps d'une adolescence ou d'un éveil sensuel. Un sentiment de culpabilité accompagne le travail de deuil. La culpabilité est écrite, déclarée dans le journal intime publié d'Annie Ernaux[1] et plus implicite dans le récit de « réparation » de Le Clézio. Au-delà de la question du portrait parental ou des sentiments filiaux, m'intéresse la manière dont la relation fait trace dans la mémoire matérielle et dans les linéaments du texte ernausien ou leclézien. Ce qui *sous-tend* le lien transgénérationnel est cette relation à la trace, au temps dans l'articulation qui s'y joue de l'individuel et du collectif, ce qui les éloigne du « roman familial ».

Leurs écrits autobiographiques, *Je ne suis pas sortie de ma nuit* (1996), *L'Usage de la photo* (2005) et *L'Africain* (2004), semblent confirmer le lien de la photographie, du deuil et de la perte. Dans l'économie générale de cette réflexion sur le temps, le *ça a été* de la photographie permet de poser en contrepoint le *c'est* de l'écriture et sans doute le *il y a* du rapport sexuel ou sensuel, dans l'ombre du corps maternel.

Comme dans *L'Usage de la photo*, deux écritures dissemblables sont ici confrontées : celle fragmentée d'Annie Ernaux, prise entre deux langues, et celle liante de Jean-Marie Gustave Le Clézio. En évitant tous deux la langue des sentiments, ils écrivent dans des rapports de couleurs, du noir dans le récit leclézien et du blanc dans la langue associative ernausienne.

Jean-Marie Gustave Le Clézio, en noir

> Le deuil transforme l'objet perdu, l'incorpore et l'idéalise,
> le fragmente et le recompose.[2]

L'Africain est une biographie de son père décédé, homme « potentiellement dangereux », étranger, hommage qu'éclaire toute la sensualité de l'Afrique,

---

[1] *Je ne suis pas sortie de ma nuit*, pages 11 et 57. Toutes les œuvres citées d'Annie Ernaux, de Jean-Bertrand Pontalis et de Jean-Marie Gustave Le Clézio sont éditées chez Gallimard, hormis *L'Africain* publié chez Mercure de France.

[2] Jean-Bertrand Pontalis, *L'Amour des commencements*, 1986, p. 213.

dans l'abandon des vêtements et la nudité des femmes. Le portrait succinct quant au physique est avant tout moral[3] : autorité compensée par l'édification d'un homme ruiné puis amoureux, la grandeur humaine avérée du métier de médecin de brousse et la ressemblance éthique nouée avec son fils par son anticolonialisme supposé. Christian Millat a démontré combien la guerre intervenait dans le récit pour poser le père en victime. « Je devais ce livre à cet homme que j'ai si mal traité[4] » : le deuil pose la question de savoir comment le fils a manqué (au sens éthique) au défunt qu'il veut rendre « complice » par la présence de quatorze photos, prises par le père, dans ce livre « presqu'écrit à deux ». « Un dialogue qui se noue maintenant[5] », autant dire que la liaison n'existait pas du vivant du père, qu'elle est rêvée. Dans L'Africain, le visage blanc est laissé dans le flou, comme peut l'être la photo d'époque ou la mémoire. Dans Voyage à Rodrigues (1986), l'évocation d'une photographie connaît la même transformation qu'impose la mémoire : elle introduit la description d'un portrait du grand-père (p. 25 et p. 36) qui se transforme au fil de la page en une « image dans la mémoire se substituant à tout autre souvenir», « créant l'impression d'une proximité inévitable », presqu'une trace. Le récit de liaison complexe avec le père est un parcours de reconnaissance qui s'inscrit dans une démarche qui, au-delà de ce récit, consiste à se laisser habiter d'une mémoire familiale et collective[6].

La figure du fugueur permet de nommer l'insaisi, toutes les fugues qui échappent au père. Le fugueur connaît l'expérience de dessaisissement de son corps occidentalisé. Dans d'autres textes, l'écrivain, « fantôme blanc », est un témoin qui se laisse empreindre, devient un « lieu de passage » de la mémoire du monde, des mythes, ce qui révèle une aptitude à se laisser solliciter par les traces, même s'il en relève le paradoxe, l'effacement qui fait partie de la structure de la trace. Archives photographiques, documents pour écrire nourrissent ce récit de mémoire certes historique, mais aussi très physique. Alors que les corps dilatés des premières œuvres, renvoient au mal-être du sujet des années 60, dans L'Africain, la peau est l'enveloppe de contenance, d'empreinte quasi initiatique à la sensualité. Le corps n'y est pas lieu de passage : il est marqué. Vêtements, secondes enveloppes, ou

---

[3] Christian Millat analyse la complexité des rapports au père : il relève autant les modalisateurs dès qu'il s'agit de valoriser ce père que les épisodes narratifs mélioratifs (la traversée vaine du désert pour rejoindre sa famille) « L'Africain : les images peintes et gommées de Le Clézio (auto) biographe », colloque Images (auto)biographiques, 74e congrès de l'ACFAS, Université McGill, Montréal, 15-17 mai 2006.
[4] Entretien Jean-Marie Gustave Le Clézio par Marianne Payot, « Le Clézio- Maalouf : un air de famille », L'express n° 2752 29 mars 2004, p. 53.
[5] Entretien par Gérard de Cortanze, Magazine littéraire, avril 2004.
[6] Isabelle Roussel-Gillet, « Envisager l'autre, les (re)-sources d'un héritier », in J.-M.G. Le Clézio, ailleurs et origines, E.U.S, 2006, pp. 21-30.

masques, déposés au musée ne sont que des peaux mortes. La peau de l'enfant blanc est saisie d'une sensualité cosmique, initiée par le regard sur les corps de femmes nues, par les morsures de fourmis et par la maladie dont souffrent les blancs à leur arrivée. L'Afrique, connue grâce au père, libère le corps, la sensorialité. La violence de l'expérience vécue, brûlante, l'emporte sur le flou de l'image.

Selon l'auteur, « tout être humain est le résultat d'un père et d'une mère ». Du père et de la mère, « tout cela est passé en nous » (p. 7). Le corps maternel fait retour, enveloppe dès l'incipit et encore à la clôture la rencontre du fils de huit ans avec son père. Le visage blanc (nul portrait photographique du père sur les quatorze photographies) est impossible à envisager sur cette Terre noire, qui rappelle la figure oedipienne et privilégie le lien à la mère noire. De son expérience en Afrique l'écrivain se concentre sur le rapport à la nature, sur les jeux plutôt que sur les médiations de la lecture ou de l'écriture de son texte *Oradi noir*. De ce portrait nous retiendrons l'écriture dans le noir de la mère[7] adoptive fantasmée.

« J'ai longtemps rêvé que ma mère était noire », « je m'étais inventé une histoire, un passé pour fuir la réalité à mon retour d'Afrique » (p. 7). C'est toute la puissance de l'imaginaire dans l'œuvre leclézienne. L'autobiographie s'écrit entre rêveries et fantasmes. La mère sera celle douce qui panse les pieds nus, « faite africaine, à sa mesure », sur cette terre délibérément décrite comme originelle, violente, charnelle par ce qu'elle suscite d'éveil du corps mais non violente par le mensonge, la guerre, la trahison. Elle enveloppe l'enfant, puis cet écrivain qui dit « nous », qui se situe pour la première fois dans sa fratrie.

Voir le monde à travers l'œil du père photographe souligne un sentiment commun : celui de leur étrangeté au monde car l'expérience africaine les a changés. Le titre *L'Africain* évoque donc autant le père que le fils dans un rapport d'identification rendu possible par le lien à la terre noire. La relation au père est médiée par cette terre et des photographies investies comme traces. Lors d'un deuil, le moi s'incorpore des traits du disparu : pour certains le fils dote le père d'anticolonialisme pour pouvoir se réincorporer ce trait, à mes yeux il passe par la médiation de l'Afrique pour nouer un point commun (d'où le double sens du titre). Pour tout deuil, écrit Jean-Bertrand Pontalis[8], il est deux issues : soit la culpabilité (dépréciation de soi, attraction du néant) soit investir d'autres objets. Le Clézio investit l'écriture.

---

[7] L'année de publication de *L'Africain*, en 2004, Le Clézio donne lecture de ce qui constitue une première version de l'incipit d'*Ourania* (2006) : Daniel y est questionné « t'es pas un peu nègre, toi ? », à cause de son sourire. D'autres éléments disparaîtront d'*Ourania* : « la peau sombre, couleur pain d'épices » de la mère de Daniel Silitoe.
www.festivaldelleletterature.it/2004.

[8] *Traversée des ombres*, Gallimard, 2003, p. 163.

La photographie, embrayeur du récit, ne peut l'arrêter. Seule la photographie centrale d'un paysage sera minutieusement décrite, liée au texte. Les autres photos sont prises dans le flux de la narration, plusieurs sont purement ignorées. Elles ne pétrifient pas le récit. L'auteur écrit d'un trait, dans un continuum sans rature, dans le rythme des bercements, du retour des leitmotivs. Souple et liante, sa langue mêle les temps. Les visages disparaissent, la photo perd ses contours. La structure du récit relève d'un flux plus cinématographique que photographique, le texte s'enchaîne. « C'est qu'un appareil photo vous paralyse le monde tandis que tout est continu dans l'écriture, rien n'y manque[9] », « je suis persuadé que le temps ne s'arrête pas aux dates, que l'histoire ne s'arrête pas, que les temps sont mêlés[10] », ce serait le temps de l'inconscient. À lire Pontalis, l'expérience de la perte est le noyau d'un inconscient qui n'ignore pas le temps mais est le lieu des temps mêlés.

Annie Ernaux, en blanc

Dans ses écrits, elle évoque de façon récurrente la photographie familiale, le portrait parental, à l'occasion des rituels religieux que sont les mariages, les communions. L'image est parfois l'expérience d'un passé séparé dont elle n'était pas. L'œuvre s'offre à une lecture du roman familial : névrose de classe, honte, souffrance de l'enfant de remplacement. C'est la photo où l'auteur figure aux côtés de sa mère qui fait la couverture des actes du colloque tenu en sa présence à Arras, geste qui contribue à souligner la pertinence d'une psycho-sociocritique de son œuvre. Cette photographie m'offre un ancrage pour *exposer* la relation filiale sous le signe de la mémoire, dans les vicissitudes d'un rapport de corps. Sexe, vêtement, photographie, mort sont intimement liés dès les premières pages de *La place* (1983)[11]. Ailleurs, le corps de la fille, dès devenu féminin, « semblait dégoûter » la mère. Il est clair que le désaccord concerne le corps, le choix des vêtements, et un désir de mère pour que sa fille ne se laisse pas guider par le désir sexuel. Qu'en est-il du rapport au corps maternel, entre fusion et substitution ?

Dans le journal intime, *Je ne suis pas sortie de ma nuit* (1996), elle écrit dans le blanc de sa mère, (non au sens usuel de la critique qui évoque son écriture blanche, plate). Le corps maternel est associé au blanc, et l'identification est très explicite : « son corps c'est aussi mon corps, son sexe blanc, d'un seul coup, ce fut comme si c'était moi, exhibée ainsi, elle est ma

---

[9] Émission *Le fond et la forme*, 19/08/1971.
[10] À propos de *Révolutions* dans *Campus*, le magazine de l'écrit, 6/2/2003
[11] Par l'évocation du corps du père mort que l'on rase, dont on change la chemise et dont sa fille voit le sexe « pour la première fois ». Elle décrit ensuite une photo trouvée dans son portefeuille.

vieillesse, et je sens en moi menacer la dégradation de son corps ». Le blanc
mortuaire contamine « toutes ces chaires blanches » (p. 51), « vieillir c'est se
décolorer, être transparent ». « Elle est le temps pour moi. Elle me pousse
aussi vers la mort ». Jusqu'à cette phrase « ma mère a toujours été la figure
de la mort pour moi » (p. 80). L'écriture est chevillée à la mort et à la figure
maternelle. Ce qu'on peut comprendre comme lié à la mort de la sœur aînée
ou comme lié au vieillissement que l'enfant vit à travers sa mère.

    « Dans mon enfance, elle était pour moi une ombre blanche. Comment
ai-je pu oublier qu'elle m'a appelée jusqu'à 16 ans sa "poupée blanche" ».
Cette parole rapportée est une expression affective tout à fait singulière dans
l'œuvre, elle est relative à un investissement d'objet, une façon d'entendre la
mère, autrement que par une de ses « expressions du corps populaire ».
L'auteur, entre deux langues, pointe par des guillemets des expressions
populaires (non neutres) et à l'opposé des significations abstraites (par
exemple « refus du corps »). La parole rapportée, « populaire », est souvent
greffée dans une parenthèse ou signalée entre guillemets. Annie Ernaux est
le greffier[12] d'un savoir dont elle rompt la transmission. Son œuvre est une
ontologie de rapports contradictoires. La mère est décrite à deux visages :
sourire au client en public puis contrariée en famille, corps (populaire) et
langage de belle tournure, (elle sait *tourner* ses lettres), femme imaginaire
(hors temps) et femme d'une classe sociale.

    La maladie régressive d'Alzheimer confronte au corps et provoque
l'inversion des rôles enfant/mère : « elle ressemble à une pauvre petite
poupée », une chemise « blanche à dentelle ». Annie Ernaux réécoute une
chanson de son enfance *Les roses blanches*, un garçon les apportant lors
d'une dernière visite à sa mère morte à l'hôpital.

    Dans une autre chambre, Marc Marie lui offre des roses… rouges. Ce
fait est écrit juste après le souvenir de la mère vivante. L'écriture procède
souvent par association, depuis un objet (photographie, vêtement) ou une
chambre, ce lieu qui active la mémoire. Souvenir de la mère, février 1986,
prise de conscience qu'il y a « une si grande étendue d'absence de ma mère
derrière moi » et non plus sa présence au « dessus » (surmoi protecteur ?
Autre incastrable ? Instance morale ?). La chambre est associée au néant
(Pavese, Pantani) : « on n'y est personne ». La mort s'insinue dans la
mémoire de ces lieux liés au passage et à la mort des mères des amants. Le
blanc, la surexposition au flash seront aussi associées à la mort. Contre le
blanc, la mort, dans *L'Usage de la photo,* l'auteur décrit les couleurs que des
photos en noir et blanc[13] nous dérobent. Lutte de couleurs, de vie dans ce

---

[12] « archiviste » est-il écrit dans *Une Femme*, 1987, p. 26.
[13] Les textes étaient écrits avant que ne se pose la question du choix de publier en couleur
(plus onéreux) ou en noir et blanc.

récit qui alterne les écritures d'Annie Ernaux et de Marc Marie, son amant, autour de quatorze photographies.

Dans le travail de deuil qui suit la mort, à la fin du journal intime, l'écrivain fait aussi revenir à la couleur le corps blanc de la mère, par la médiation d'une photo noir et blanc rêvée en couleur vive : « Une photo en noir et blanc, et c'est comme si je voyais la photo en couleurs, avec du soleil » (p. 115). Cette hallucination visuelle[14] concerne les photos et ailleurs les mots : « J'ai commencé d'halluciner sous moi des mots qui avaient la consistance des pierres, des tables de la loi. Les lettres, cependant, dansaient et s'assemblaient, se disloquaient, comme celles qui flottent dans le potage de pâtes appelé "alphabet"[15] ». Fixer les mots, résister à leur danse, au désordre. Photos et mots ont le pouvoir de fixer. Les photos coupent le récit, le structurent, font arrêt. Les mots offrent les mirages d'une fixation. Ils sont impossibles à bouger comme, écrit-elle, « la pierre que devenait mon corps, parfois quand j'étais enfant ».

Lisons : « mon premier mouvement, en parlant d'elle [de sa mère], c'est de la fixer dans des images sans notion de temps ». Ne pas laisser advenir le désordre, le rêve, la violence. Annie Ernaux fait glisser l'affect en changeant de scène : en situant les choses socialement, historiquement, objectivement. La signification générale recouvre la douleur, la solitude, l'angoisse, le trou, ce qu'elle nomme « l'obscurité du souvenir individuel ». La mort introduit son trou en nous, son trouement écrit Hélène Cixous. Avec Annie Ernaux : « Oser creuser cela ».

En analysant la couleur, la fixation, j'ai commencé à pointer l'usage singulier fait des prépositions : son geste est d'écrire « sur » et de rester « au-dessous » de la littérature, par son écriture blanche. Comment alors noue-t-elle son rapport à la mère et dans quelle langue ?

Elle écrit « sur » sa mère. Les prépositions dont elle use invitent à penser en termes de rapport spatial, de question de place : lorsqu'elle héberge sa mère, elle ne dit pas vivre avec elle mais « devant » elle. « Son image […] » est « une ombre large et blanche au-dessus de moi ». Annie Ernaux veut rompre les identifications et saisir celle qui a existé « en dehors d'[elle] ». Plus tard, atteinte d'un cancer, qu'écrit-elle sur son propre corps ? Une régression au « sexe nu de petite fille », « corps entièrement lisse, poupée de cire, crâne chauve, sein droit gonflé », repousse des cheveux, de poils « comme une fillette prépubère ». Rien des photos ne montre cela, le corps désinvesti du voir est dans la langue. La maladie fait prendre corps au fantasme de la mère qui ne voulait voir que la fillette.

---

[14] Hallucination encore dans « *comme si je voyais ses cheveux roux* », *Une Femme*, *op.cit.*, p. 22.
[15] *L'Occupation*, 2002, p. 71.

La dépouille

Le photographié souvent souligné était le vêtement comme signe social. Dans *L'Usage de la photo*, il devient un objet d'investissement dans un registre érotique ou mortuaire, décollé de la grille de lecture sociologique par rapport à laquelle Annie Ernaux joue par ailleurs, voir la lecture erronée de la domination masculine depuis une photo. Le vêtement est associé aux dépouilles de la mère morte de Marc Marie. Des objets-mémoires sont déclinés selon la terminologie proposée par Serge Tisseron[16] : l'objet-travail, support de souvenirs explicites (la photographie) et l'objet-placard relatif à des souvenirs douloureux (les vêtements des mères défuntes). Bouger un vêtement est aussi impossible que « modifier l'ordre des mots » (p. 10). L'écriture fixe. Quid des vêtements des parents ? Les vêtements du père sont donnés à « des gens qui en auraient besoin » (*La place*), ceux de la mère portés à l'hôpital y sont laissés (*Une Femme*, p. 13), celui de la mère de Marc Marie est intouchable. Leurs propres vêtements qui finiront en chiffons font surgir une parenthèse : « (j'entends les mots de ma mère cette enfant *ne compte rien* et *souillon*. Les mots d'enfance d'hier pauvres en vêtements, où *étrenner* une robe était un événement) ». Retour d'une symbolisation sociale. La mère revient par une image comme une fulgurance depuis une chambre, le surgissement d'une photo ou d'un mot. Le processus de remémoration s'effectue d'abord par le visuel, puis par les paroles rapportées, leur trace.

En deuil

La perte[17] de l'autre est aussi perte d'une souffrance et « perte de puissance d'agir », déjà là dans le cas de l'alzheimer. De ce qui s'est noué avec la mère (être l'enfant ombre blanche de l'aînée décédée), de ce qui s'est noué dans sa vie de femme (par l'avortement), se construit un rapport au corps spécifique, ce corps « comme effet de la tresse articulée par le réel (l'organisme), l'imaginaire (les images) et le symbolique (la parole) ». Le deuil impossible lie au fantôme de la sœur dans un rapport de hantise, le temps de l'Alzheimer fait venir en rêve le corps maternel fusionné avec celui de la fille, des filaments ne dénouant pas encore la fixation au cadavre, de la mère ou de la sœur[18]. Du fœtus avorté aussi, qui est très explicitement associé à

---

[16] « Nos objets quotidiens, de l'identité à la mémoire », in *Faire avec l'objet*, Chronique sociale, 2003, pp. 14-23.

[17] Michel Juffé, dir., *Expériences de la perte*, PUF, 2005, p. 6 et p. 34.

[18] « Début janvier, ce rêve, où je suis dans une rivière, entre deux eaux, avec des filaments sous moi. Mon sexe est blanc et j'ai l'impression que c'est aussi le sexe de ma mère, le même. Oser creuser cela », *Je ne suis pas sortie de ma nuit*, 1996, p. 56-57). Le rêve dans *Une femme* diffère légèrement : « une fois, j'étais couchée au milieu d'une rivière, entre deux eaux. De mon ventre, de mon sexe à nouveau lisse comme celui d'une petite fille partaient des plantes

une naissance d'Annie Ernaux, au meurtre de la mère (« j'ai tué ma mère en moi à ce moment là ») et à l'eau (trou et chasse d'eau des toilettes, embryons avortés nommés enfants de l'eau au Japon). « Devant moi flottait un petit baigneur blanc » : préposition, eau, poupée et blanc. L'arrachement d'avec la mère se fait aussi en en identifiant un trait : avoir un même sexe cureté. Dans le rêve, ce ne sont plus les mots qui flottent dans le potage populaire mais des filaments végétaux, des fils à la mère : les filaments sous moi, partant du sexe, qui flottent dans le second rêve. Fabrice Thumerel analyse ce rêve dans ses liens à la sœur morte et au corps androgyne blanc et lisse. Ce corps rêvé est réduit à son sexe et au lien. Tandis que la photographie est le signe d'une fracture, d'une distanciation (rien n'est comme avant), de l'étrangeté habituelle que suscite le fait de regarder une photographie – ce que Pierre-Louis Fort appelle la « distance identitaire[19] », le filament participe du travail d'accouchement comme du travail de deuil, quoique il y ait du lache dans le fil. S'identifier à un trait de l'autre, garder un trait serait selon Freud une façon de se détacher de ses objets. Le travail de deuil réactive les liens qui rattachent à l'objet perdu pour ensuite trancher chaque lien : oui, elle est morte.

Sortir de l'entre deux – analysé lors du colloque dirigé par Fabrice Thumerel comme oscillation entre deux pôles (qu'on les nomme rives, classe, sexe) – se ferait par un travail psychique c'est à dire le deuil effectué (voir Pierre-Louis Fort) ou par l'expérience de l'écriture. Un déplacement social mais aussi psychique travaille l'écriture, jusqu'à la séparation.

Dans *L'Usage de la photo*, le travail se fait par le dispositif d'écriture : le déplacement de la lutte contre une tumeur à la scène érotique et dans l'écriture par association, fragmentation, émergence d'un souvenir. Avoir un cancer qui « arrive aux femmes » comme « faire des études » rompt l'héritage familial. Conjurant l'angoisse de mort, au final, elle enfante l'amant, de par la position érotique, « comme s'il sortait de mon ventre », ré-enfante les mots par cet italique dont elle use : *Naissance*.

(Lien, associations)

Entre le temps du choc du décès et celui du fondu dans l'histoire (sociale ou narrative qui ont fonction de dépasser le cadre de l'affect et du particulier) demeure celui de l'événement, car « l'événement est trace[20] ». L'auteur tourne autour de ces mots : Evénement est un titre, Trace est resté sur le

---

en filaments, qui flottaient, molles. Ce n'était pas seulement mon sexe, c'était aussi celui de ma mère », *Une Femme, op. cit.*, p. 104.

[19] À l'épreuve de la photographie : sensibilité ancienne et sensibilité nouvelle chez Annie Ernaux, *Nouvelles études francophones*, 20.1., 2005, pp. 129-136.

[20] Préface de Jean-Bertrand Pontalis à Sigmund Freud, *Le délire et les rêves dans la Gradiva de W. Jensen*, Gallimard, 1986.

brouillon. Les pistes écartées pour titrer *L'Usage de la photo,* sur le manuscrit, étaient : « dépouilles, vestiges, traces, empreintes[21] ».

La répétition de scènes, du rêve ophélien, des chambres ou la série de photos montrent la différence. Ce paradoxe de la photographie sert de paradigme au paradoxe de l'écriture ernausienne : coupée de et liée comme une fille peut l'être à sa mère, dans un entre-deux de femmes[22], dans un effort pour sortir de sa gangue culturelle, le maternel originel.

Au fil des textes ernausiens, les associations se démultiplient : la mort liée au sexe, le sexe à l'origine (via la référence à Courbet), la mère au sexe, la mère à la mort. L'origine est rapportée à la mère autant que contestée. Lorsque la mère est hospitalisée, nue « il [lui] semblé être devant la jeune femme qui avait accouché difficilement d'[elle] ». Ailleurs, l'auteur devenant sa propre origine fait passer la mère. Dans l'ordre du fantasme, Annie Ernaux est origine, dans une genèse qui annulerait la mère ou s'y substituerait : « il me semble maintenant que j'écris sur ma mère pour, à mon tour, la mettre au monde ». Elle se place en mère qui enfante sa mère, un geste double « Rien de son corps ne m'a échappé. Je croyais qu'en grandissant je serais elle[23] ». Dans *L'Usage de la photo*, le cathéter implanté sous la peau est nommé « *os surnuméraire* ». Comment ne pas penser à une version de la genèse concernant la création de la femme qui la dit fabriquée à partir d'une côte. Elle ne serait comme le disait Bossuet qu'un « os surnuméraire ». La femme à l'origine, le sexe peint par Courbet, la superposition passée des sexes mère/fille dans le rêve ophélien : les expériences d'identification à la mère, à la matrice charnelle se démultiplient en une dimension collective, par l'association à d'autres femmes ou figures emblématiques. Pour exemple, dans *L'Usage de la photo,* l'auteur évoque les figures des femmes tondues (corps collectif) et celle du christ[24] (corps absenté[25]).

Annie Ernaux rapporte que « selon un article du *Monde* des généticiens ont assuré que la matrice des femmes conserve *l'empreinte* de tous les enfants, nés ou avortés, qui s'y sont formés » (p. 72). Plus qu'une

---

[21] Je remercie Annie Ernaux pour m'avoir montré son manuscrit.

[22] Nous empruntons la formule à Daniel Sibony, *Entre-deux*, Paris, Seuil, 1991.

[23] *Une Femme*, op. cit., p. 46.

[24] Philippe Vilain a analysé l'association de la lingerie au suaire comme dénégation de l'articulation originaire entre faute et sexualité. Thèse *Le sexe et la mort dans l'œuvre d'A Ernaux*, Paris III, 2001, p. 47. En posant le complexe de la soeur morte, il déduit que « née dans la mort, la fille retrouve par le corps de la mère morte son essence même et reconstruit après coup son propre moi idéal », p. 208.

[25] Vêtement, photographie et érotisme dans *Passion simple* n'excluent pas le religieux, transmis par la culture familiale : « après son départ, […] je contemplais […] les pièces de lingerie […] nous avons remis nos vêtements mélangés sur le carrelage » (p. 74), « j'ai appliqué cette photo, l'été dernier, à Padoue, sur la paroi du tombeau de Saint Antoine [...] pour qu'il revienne », 1991, p. 75.

« liseuse de tache », elle est un écrivain qui interroge la trace. Et si « au cœur de la photographie est la poésie de la trace, du vestige » comme le pense Lemagny, elle est redoublée par le vêtement photographié, relique. Les photographies, traces matérielles[26], sont des preuves gardées, maîtrisées, interprétées. Tout en disant l'absence et la disparition, la trace est ce qui résiste à la mort, puisqu'elle est une empreinte incessante. Ces traces dynamiques prennent des formes différentes : citationnelles (Courbet[27]), psychiques (récurrence du rêve), matérielles (photographies ou archives) ou empreintes dans la langue : l'une ernausienne, sèche, loin de la langue d'origine et l'autre leclézienne, d'une musicalité liée à la mère. La trace, persistante, nous dit « aussi bien le contact de la perte que la perte du contact » (Didi-Huberman[28]). Chez Annie Ernaux, la pétrification des mots rassure : les mots fixeraient ce qui nous vient des profondeurs, ce qui coule remonterait à la surface.

Les deux textes s'achèvent sur une naissance. Jean-Marie Gustave Le Clézio rêve un pays *natal* au sens où l'entend Pontalis : « celui où la vie naît, renaît ». Lisons la fin de *L'Africain* : « je puis penser à ma mère africaine, celle qui m'a embrassé et nourri où j'ai été conçu, à l'instant où je suis né ». Les photographies ne font pas voir. C'est l'écriture qui constitue un sens, qui pose tout ce « qu'aucune photo ne pourra jamais saisir ».

L'univers ernausien est celui du vécu, de l'avortement à la naissance. *L'Usage de la photo* loin des portraits, de la représentation du corps n'a a priori rien *à voir* avec la mère, ce serait oublier les parenthèses vives et que la relation au maternel passe par des références au collectif (l'os de la genèse, le sexe de Courbet) ou des objets (vêtement, photographie). Le deuil de « la seule femme qui ait vraiment compté pour [elle] » (*Une Femme*), se fait en gardant et tenant à distance les paroles *rapportées* de la mère qui touchent souvent au vêtement et au corps.

---

[26] Déjà l'expression « traces matérielles » figure dans *La honte,* 1997, p. 26, et « les photos constituent la preuve de mon corps », p. 29.
[27] *Passion simple, op.cit*, p. 50.
[28] « Ouverture sur un point de vue anachronique » in *L'empreinte*, Paris, Centre Georges Pompidou, 1997, p. 19.

L'écrivain, « fils de sa mère » : de la représentation sociale à la symbolisation

Cheikh M. S. Diop
Université Paul Valéry – Montpellier III

La Terre est conçue universellement comme une Mère. Synonyme en Afrique de source nourricière ou protectrice, de divinité, elle peut aussi être la fautive qui a accouché du « fils maudit », le chacal mythique dogon[1]. Cette double vision antéislamique[2] subsiste aussi au Maghreb, malgré l'imposition de la langue arabe et de l'Islam. D'ailleurs, le texte coranique retient le terme arabe « *oummou* » pour parler (de l'enceinte ou des entrailles) de la terre, qui sera le témoin des actes humains le Jour Dernier.

Comment les écrivains francophones d'Afrique saharienne musulmane comme Ahmadou Kourouma (Afrique de l'ouest), Tahar Ben Jelloun et Rachid Boudjedra (Maghreb) et Abdourahman Waberi (Corne de l'Afrique) participent-ils à défaire et refaire ces images mythiques de la mère ? Autrement dit :

Quelles figures de la mère sont transposées dans leur fiction ?

Existe-t-il des traitements différenciés de l'image maternelle d'une zone culturelle à l'autre, d'un auteur à l'autre, d'un ouvrage à l'autre ?

Comment l'écrivain africain renverse-t-il les visions mythiques, les représentations sociales en digne « fils de sa mère » ?

La mère des origines
En Afrique de l'ouest

Dans la cosmogonie dogon comme dans le *Coran*, la Mère terrestre est façonnée de la Main d'un Dieu Unique (Amma ou Allah). Dans le récit malinké toute créature est née de l'union du Créateur et de la Terre ; la version coranique exclut toute conceptualisation de la « femme de Dieu ». Ici, l'Homme est issu de *l'argile terrestre*. Cependant, dans l'imagerie syncrétique locale, Allah est un « *Géniteur* » qui « engendra le monde, mais ne conçut pas

---

[1] Voir Marcel Griaule, *Dieu d'eau. Entretiens avec Ogotemmêli*, Paris, Librairie Arthèmes/Fayard, 1966, p.28.
[2] Voir Camille Lacoste-Dujardin, « Eléments de mythologie kabyle » dans *Dictionnaire des mythologies, tome* II, Paris, Flammarion, 1981, pp. 45-48.

l'égalité[3] ». Ainsi, les élus comme Djigui sont « façonné[s] avec de la bonne argile, une argile bénie[4] ».

Kourouma intègre dès lors sa fiction dans l'imaginaire socioculturel malinké selon lequel la fondation du Manden remonte aux premières heures de l'Islam. Mais, l'écrivain a le même rapport avec la mythologie, l'Histoire et la religion. Il ne lui donne pas la valeur sacrée ou véridique des mythes cosmogoniques ou de fondation. Il leur conserve toutefois les constantes structurales et les invariants païens, islamiques ou syncrétiques.

Pour construire par exemple, la généalogie du dictateur au totem faucon, Kayoga[5], il établit un lien génétique entre les cultures négro-africaines et la civilisation pharaonique. Il fait sortir Nadjouma, la mère du héros, de la lignée des féticheurs de Wagadou[6], le serpent légendaire ouest-africain dont le culte est apparenté à celui du cobra royal Uræus adoré des prêtres et des « divines épouses » d'Ammon dans la mythologie égypto-nubienne[7]. Sorcière géomancienne, la mère fait de son fils un « plus qu'un homme[8] » et lui assure une double protection avec son second époux Bokana, marabout dépositaire d'un exemplaire du *Coran* datant du XIe siècle. Les pouvoirs maternels proviennent essentiellement d'une « météorite sacrée » héritée des chefs de l'ancien Ghana, « gard[ant] depuis les époques pharaoniques sur eux cette pierre aérolithique[9] », et de sa force de lutteuse championne, rappelant Sogolon Djata, la « femme-buffle » mère de Soundjata Keïta, fondateur de la dynastie éponyme. Kourouma conserve donc sans ambiguïté le rôle traditionnel de la plus privilégiée des mères malinkés : celle qui tire les ficelles du pouvoir paternaliste et despotique de Kayoga.

Au Maghreb

Dans les légendes marocaines, Aïcha Kandisha est « une belle femme, ou avec des jambes de bouc ou d'âne, ou avec le corps d'une chèvre, avec de longues mamelles et les jambes d'une femme. Elle est très libidineuse et

---

[3] Ahmadou Kourouma, *Monnè, outrages ou défis*, Paris, Seuil, coll. Poche, 1990, p.15 (Désormais *Monnè*).
[4] *Ibidem*, p. 49.
[5] Héros de : En attendant le votes des bêtes sauvages, Paris, Seuil, Poche, 1999.
[6] Voir Aboubacry Moussa Lam, *De l'origine égyptienne des peuls*, Paris, Présence Africaine / Khepera, 1993, p.172. L'auteur compare les mythes étiologiques soninké et peul de Bida ou Wagadu-Bida avec les découvertes des égyptologues.
[7] Voir *Les reines noires. Méroé, l'empire africain au bord du Nil*. Film documentaire de Dethlev Cordts et Nicola v. Oppel, Arte 2005.
[8] *Ibidem*, p. 38.
[9] *Ibidem*, p. 56.

cherche à séduire les beaux jeunes gens, qu'elle rend fous. À Fès, on dit qu'elle sort de l'Ouest à Aggram Ben Zekkoun. Son mari s'appelle Hammou Qayyou[10] ». Cette créature mythique, équivalant au sphinx grec ("génie femelle [...] à tête de serpent, corps de lion, queue de serpent, ailes d'aigle"[11]), renvoyant au *ghûl* ou *ghûla*[12] de la mythologie arabe, est matérialisée par la Grand-mère « dévoreuse » ou par une variante animale comme l'araignée « symbole de la mère revêche[13] ». Zina, héroïne de *La Nuit de l'erreur*[14], est l'expression même de cette ambivalente femme des origines, protectrice et ensorceleuse, sainte et rebelle, imaginaire et réelle. Conçue par viol la nuit « où l'homme et la femme ne doivent surtout pas se rencontrer et copuler[15] », née pendant l'agonie de son grand-père maternel, elle porte d'emblée le signe du malheur.

Cette présentation fait écho à la mythique thématique arabo-berbère du conflit des sexes. Comme la « Première mère du Monde » de la mythologie kabyle[16], Zina est entourée de jeunes femmes, décidées de se venger aussi des hommes. L'écrivain marocain revisite le mythe mais ne le reproduit pas intégralement. Il utilise plusieurs sources mythiques (gréco-romaine, berbère, musulmane...) pour orienter son discours justicier. L'une des victimes surnommée Pandora rappelle la Pandore grecque ; Ahmed, un fabricant de talisman, est surnommé « Prince de la Masculinité, Dionysos » ; « l'œil du cyclope » donne accès à la Source du Temps, aux grottes d'Hercule, refuges de Zina et de ses protégées. Par ce « syncrétisme mythologique[17] », les figures mythiques grecques s'insèrent dans un décor « historico-légendaire » maghrébin. Effectivement, les zones d'eau restent associés aux abris des « djinns s'incarnant dans des corps humains » et des sorcières, femmes ayant pactisé avec le Diable. L'héroïne assure qu'elle n'est pas la « fameuse Aïcha Kandicha, qui traversa toutes les enfances de Fès et de Tanger », mais elle semble être « son ombre, son visage humain, avec un visage clair et sans rides, éternel dans sa jeunesse, immortel dans sa

---

[10] Mohammed al Fassi et Emile Dermenghem, *Les Contes Fassis,* Paris, éditions D'Aujourd'hui, 1976, 1ᵉ édition Rieder, 1926, pp. 32-33. Cité par Ben Abda, *Bilinguisme et poétique chez Tahar Ben Jelloun,* thèse soutenue à l'université Paris IV, 1991, p. 36. www.limag.refer.org/Theses/BenAbda.PDF, p. 35.

[11] Cité par Ben Abda, *Ibidem*, p. 35.

[12] *Ibidem*, citant article "Ghûl", *Encyclopédie de l'Islam*, nouvelle éd., p. 1103.

[13] *Ibidem*.

[14] De Tahar Ben Jelloun, Paris, Seuil, 1995.

[15] *Ibidem*, p. 96.

[16] Voir Lacoste-Dujardin, art. cit.

[17] Saloua Ben Abda.

beauté apparente[18] ». Comme cette créature capable de métamorphoses, Zina traverse le Temps, elle aux « cinq visages » de ses « cinq géniteurs ».

Au Maghreb, « l'imaginaire des auteurs est marquée par cette violence faite selon eux à l'enfance au nom de la tradition, de la bienséance et de l'éducation dans la voie droite[19] ». Jean Dejeux souligne ainsi le rôle des tabous sociaux et des contraintes religieuses dans la culture locale. Dès lors, y ressortent trois grandes figures maternelles : la mère mutilée, la révoltée et l'éducatrice.

Cette dernière, « transmetteuse » de la culture populaire, reste plus proche de la réalité sociale quotidienne que des valeurs défendues par la mythologie. Pour celle-ci, la Première Mère est responsable de la subdivision du langage humain en sept langues, les premières du monde[20]. Or, qui donne la première tétée linguistique et entretient la parole communautaire sinon la mère berceuse ou la grand-mère conteuse. Cette image profane donc le mythe de la mère maudite en valorisant sa qualité de gardienne du patrimoine oral. C'est cette figure de « bonne mère » que retient Rachid Boudjedra qui confie : « … j'ai sublimé la femme parce que j'ai toujours sublimé ma propre mère qui a été pour moi un exemple d'intelligence, de sensibilité et de sérénité[21] ». Ayant pris conscience que, dans ses premières œuvres, l'image de la femme « a dérangé tout le monde y compris les femmes[22] », il a présenté dans *L'Escargot entêté*[23] une mère conservatrice de la sagesse populaire et progressiste. Nous y reviendrons.

Dans l'est saharien

Le mythe de l'ogresse, « moitié femme moitié animal », est présent dans l'œuvre de Waberi avec le même symbolisme que chez Ben Jelloun. Sortie du récit fondateur, l'affectueuse « maîtresse de la gadoue » a donné naissance à Djibouti. L'auteur du *Pays sans ombre*[24] rapporte comment :

> Au commencement était l'ogresse. Puis vinrent les hommes qui la vainquirent. Sa mort avait donné naissance à cette ville blanche indélébile. Qu'on s'entende : Djibouti (ou plus exactement « Jabouti ») signifie selon une légende toujours en vigueur la

---

[18] *La Nuit de l'erreur*, p. 93.
[19] Jean Dejeux, *Dictionnaire des auteurs maghrébins de langue française*, Paris, Karthala, 1984, p. 89.
[20] Lacoste-Dujardin, art. cit., p. 47.
[21] Hafid Gafaïti, *Boudjedra ou la passion de la modernité,* Paris, Denoël, 1987, p. 96.
[22] *Ibidem*, p. 96.
[23] Paris, Denoël, 1977.
[24] Abdourahman Waberi, Paris, Le serpent à plumes, coll. Motif, 1993.

défaite (Jab) de l'ogresse (Bouti). L'ogresse est donc la mère nourricière, le saint patron de cette ville centenaire.[25]

Cette créature incarne aussi l'ambiguïté de la création : la mort et la naissance. Elle inspire la Grand-Mère Cochise « aux ressources inépuisables de santé » qui « officiait en grande prêtresse » parmi des cheikhs[26]. Elle rappelle aussi la mythique Mamy-wata d'Afrique occidentale qu'on rencontre dans les « variations romanesques » waberiennes : « Mère divinisée et diabolisée, l'instant d'après, monstresse voleuse de semence et démone ailée[27] ».

Depuis l'islamisation de cette contrée où on ne boit plus le sang de la bête « seul ou avec des condiments », l'homme est sorti de l'argile génitrice, la femme est « née de la côte d'Adam[28] ». Ensuite, les « Humains [...] créés d'un mâle et d'une femelle », divisés en peuples et tribus comme dit dans un verset coranique cité par Waberi[29].

Pour Waberi, l'inégalité sexuelle remonte à la « négociation première » du mythe originel, entre Waaq, le dieu antéislamique et l'Ancêtre des Somalis qui, sous le conseil de l'assemblée des anciens a failli à sa promesse, en sacrifiant sa fille cadette plutôt que son fils aîné. Les femmes n'ont plus jamais repris leur droit. « Pourtant, poursuit l'auteur, sans leurs mères, filles et épouses, les hommes sont des palmiers dans un oasis décatie ; les hommes sont l'écume de la poussière et les femmes, l'humus de la Terre[30] ». Cette sentence fait bien écho à la sublimation de la figure maternelle telle que nous le trouvons dans *l'Escargot entêté*.

Inversion mythique et représentations sociales
La mère privilégiée

De nombreux romanciers noirs ont exploité ce thème de la mère protectrice[31], envers qui on doit respect et dévouement pour éviter sa malédiction[32]. La plupart évoque une culture matrilinéaire. Dans les récits des sociétés patriarcales, l'image de la femme est plus ambivalente. Celle-ci est « le sexe faible » sauf dans le cas où elle est investi d'une mission socio-

---

[25] *Ibidem*, p. 32.
[26] Abdourahman Waberi, *Balbala*, Gallimard, Le Serpent à plumes, coll. Folio, 1997, pp. 168-171
[27] Abdourahman Waberi, *Rift Routes Rails*, Gallimard, coll. Continents noirs, 2001, p. 57.
[28] *Pays sans ombre*, p. 119
[29] *Balbala*, p. 175.
[30] *Pays sans ombre*, « Une femme et demie », pp.101-106.
[31] Camara Laye, *L'Enfant noir*, Paris, Plon, 1953.
[32] Malick Fall, *La Plaie*, Paris, Julliard, 1963.

religieuse, comme l'oracle Agbala dans *Le Monde s'effondre*[33] ou l'exciseuse dans *Allah n'est pas obligé*[34]. Autrement dit, la femme a un rang social égal à celui de l'homme que si elle possède un savoir supérieur tel que la magie.

Pour Kourouma, ce sont des mères pareilles qui font les grands hommes. Ainsi, Moussokoro n'a pas ménagé ses efforts pour que son fils Béma remplace Djigui. Elle porte en elle l'ambivalence de la beauté fatale et de la bienveillance maternelle. « Moussokoro tenait Djigui par le lit, l'islam et la magie[35] », et exerçait de fait le pouvoir royal en douceur. Avec « son dévouement au service de son époux, les nombreux sacrifices », « […] les secrets extorqués aux prieures qu'elle avait empoisonnées avec l'élixir au foie de caïman, elle réalisa des sorcelleries étonnantes » (p. 150). De plus elle est « la femme la plus versée dans la récitation du Coran[36] » grâce à ses origines mauresques. Elle a échappé par la ruse à la lapidation qui attend « la jeune fille [n'étant] pas "à domicile" [vierge] » (p. 140) la nuit de ses noces, a su se faire distinguer sur « trois cents épouses du maître » (p. 150). Par l'endurance et la violence, elle protège son fils contre le mauvais sort comme Zina venge ses filles contre les hommes.

De la mère « mutilée » à la mère rebelle

Dans les romans jellouniens, la représentation de la mère trempe dans l'évocation de la « mémoire patriarcale » et de la « famille traditionnelle[37] ». Elle émerge dans *L'Enfant de sable*[38] qui narre, dans une « organisation pré-œdipienne[39] », l'histoire d'un père en mal d'héritier qui dit un jour à la mère de ses enfants :

> Notre vie n'a été jusqu'à présent qu'une attente stupide, une contestation verbale de la fatalité. Notre malchance, pour ne pas dire notre malheur, ne dépend pas de nous. Tu es une femme de bien, épouse soumise, obéissante, mais, au bout de ta septième fille, j'ai compris que tu portes en toi une infirmité : ton ventre ne peut concevoir d'enfant mâle ; il est fait de telle sorte qu'il ne donnera - à perpétuité - que des femelles.[40]

---

[33] Chinua Achebe, *Things Fall Apart,* trad. de l'anglais [Londres : Ed. William Heinemann, 1958] par Michel Ligny, Paris : Présence Africaine, 1972 [1966].

[34] Ahmadou Kourouma, Paris, Seuil, 1999.

[35] *Monnè*, p.149

[36] *Ibidem.*

[37] Marc Gontrad, *La Violence du texte*, Paris, L'Harmattan, 1981, p. 76.

[38] Paris, Seuil, 1985.

[39] Expression de Françoise Gaudin, *La Fascination des images. Les romans de Tahar Ben Jelloun*, Paris, L'Harmattan, 1998, p. 146.

[40] *L'Enfant de sable*, p. 21.

Ce qui a décidé le « patriarche » à s'acharner contre le ventre malade de son épouse. Il proclame que la prochaine naissance sera un garçon (qu'importe le sexe de l'enfant). Il fait jurer sa femme sur le *Coran* de garder le secret. « La femme ne pouvait qu'acquiescer. Elle obéit à son mari comme d'habitude[41] ». Si cette femme subit la réification sans réagir c'est parce qu'elle se sent mutilée de n'avoir pas engendré un fils. Sa « portée » de huit filles ne fait que la confiner plus dans le silence. Fautive, elle suit son époux dans sa « folie » de s'inventer un héritier. Et le jour de l'accouchement, elle met au monde une fille que l'époux, avec la complicité de la vieille sage-femme Lalla Radhia, déclare garçon en *la* nommant Mohamed Ahmed, *fils* de Hajj Ahmed. Ce n'est qu'après ce mensonge organisé de tous mots que le père sent son « honneur » et sa fierté se réhabiliter, que « la femme [est] reconnue comme mère[42] ».

Cet ouvrage permet de voir comment l'autorité masculine abuse du système de valeurs pour sauvegarder son égoïsme et son orgueil de mâle dominateur. Le fait de jurer sur *Le Coran* est une tentative pour l'époux, non seulement de légitimer religieusement son plan, mais également une manière d'entretenir les institutions tribales *exclusivement* masculinistes. Le *Livre* devient de ce fait une sorte de couverture sacrée à une conception sociale antéislamique.

Une représentation des femmes que tente de détruire l'écrivain maghrébin en inversant le mythe de leur malédiction. Dans *la Nuit de l'erreur*, la faute originelle est imputable aux hommes qui ont commis la double faute de l'adultère (*zina*) et du viol. Mais « de leur urine, dirait un proverbe malinké lisible chez Kourouma, sont sortis les crocodiles qui les ont mordus ». Dans *L'Enfant de sable*, la révolte féminine est incarnée par Oum Abbas bannie de la tribu avec son fils « [élevé] à son image[43] » pour « sorcellerie meurtrière ». Son refus d'être mère reproductrice et soumise à un époux lui fait « enjamb[er] tous les ordres [...]. Elle prétend avoir eu deux maris simultanément[44] ». Ainsi la polyandrie, la sorcellerie, la prostitution, la contraception sont autant de réponses à l'excessive autorité masculine.

La même vision œdipienne se lit dans *L'Escargot entêté* avec une figure paternelle presque étouffée. Mais Boudjedra s'y prend avec moins de violence érotique que Ben Jelloun. Ici, le romancier algérien donne une image émancipée à la mère ayant choisi « l'ordre et la rigueur et l'horreur des jours de pluie, de la fonction reproductrice de l'homme et des miroirs [...]. Elle avait décidé : un garçon, une fille. Ce fut fait, au bout de trois ans

---

[41] *Ibidem*, p. 23.
[42] *Ibidem*.
[43] *L'Enfant de sable*, p. 134.
[44] *Ibidem*, p. 125.

de mariage. Elle dut garder ses distances. [...] Elle fut stricte. Devint la risée de sa famille et de ses voisins[45] ». Le narrateur souligne ainsi la révolte d'une partisane de la « politique malthusienne » dans « un peuple affamé de sexe[46] » qui pense que même « dératiseur » c'est « éliminer l'espèce humaine » (p. 16). Car la mauvaise image de la stérilité interfère dans cette société avec la recommandation religieuse d'agrandir la communauté musulmane. Dans ce roman, la représentation de la mère est un artifice littéraire pour montrer la réalité quotidienne d'un individu en rupture avec son monde. Son onanisme, son transfert sexuel sur les rats ou l'escargot, son projet d'écriture avorté, ses délires et son « humour corrosif » symbolisent l'autosatisfaction d'un auteur obligé de se censurer politiquement et moralement.

Tahar Ben Jelloun, pratique aussi l'autocensure, mais seulement dans le domaine politique. L'Enfant de sable rentre dans cette entreprise globale de l'auteur d'insérer sa représentation dans le « tissu généalogique et ethnique issu de la Terre-Mère[47] ». Mais, même s'il reste fidèle à son souci de traduire les antagonismes sociaux, les figures du père violent, de la mère amnésique, du fils traumatisé, semble disparaître de ses derniers romans[48] où, exception faite de Cette Aveuglante Absence de lumière[49], le père garde son statut de responsable de la famille. Il est dépeint comme un travailleur honnête, attentionné même s'il n'est pas toujours à la maison, sensible et débordant d'amour pour sa femme et ses enfants. Il s'agit là encore d'une inversion du mythe par la rédemption du père car on est donc loin de la figure du père bourreau sexuel qui réduit la mère au silence.

La mère silencieuse

Vers Djibouti, « depuis longtemps les hommes avaient colmaté les orifices féminins : bouche et sexe cousus[50] ». Rare sont les femmes qui se révoltent contre l'ordre sacré. Elles préfèrent souvent comme Anab, compagne d'un ancien étudiant en URSS dans Balbala de Waberi, l'exil aux « mariages arrangés, décidés pendant les conclaves claniques » (p. 133) à l'opposition. Comme elle, la « femme et demie » du Pays sans ombre, « avait fui les êtres fragmentés des bidonvilles à la tête desquels règne l'autorité de son père et surtout la soldatesque de son frère. Elle avait choisi le chemin inverse de tous les bédouins pour qui l'attrait de la ville était gemme précieuse[51] ». C'est leur façon de mettre fin au temps où « aucune

---

[45] Ibidem, p. 15.
[46] Gaudin, op. cit., p. 130.
[47] Gaudin, op. cit., p. 79
[48] Depuis 1990 au moins ; voir entre autres : Le dernier ami, Paris, Seuil, 2005.
[49] Paris, Seuil, 2001.
[50] Pays sans ombre, p.106
[51] Ibidem, « Une femme et demi », p. 106.

femme » n'osait assister aux « assemblées des anciens sous l'arbre tutélaire[52] », « au temps où tout jeune homme se devait de ravir sa future moitié[53] ». Des hommes musulmans aussi pensent avoir plus de bénédiction divine que les femmes qui maculent la Terre-Mère de leurs menstrues depuis la désobéissante Ève. Ils en font des dulcinées juste le soir des noces. Puis c'est la « "Gemme précaire devant l'âpreté et la noirceur de la vie", comme dit le cliché mâle ».

> Entre la matrice et la tombe, l'homme règne toujours au faîtage du firmament avec un large sourire que rien ne vient assombrir. Mères malmenées épouses répudiées, veuves esseulées, désirs refoulés, plaisirs ajournés, toute une gueusaille accablée par la marmaille. Âmes silencieuses face aux coeurs fanatiques. Terre de femmes occultées, abusées, contrôlées et excisées. [54]

Il faut dire que, même s'il n'est pas sûr que celui-ci soit imposé par les Arabes avec l'Islam, le patriarcat s'est renforcé avec ce dernier. Car le statut de chef de famille et les fonctions religieuses sont exclusivement réservés aux hommes. Les femmes n'ont pas l'obligation de pourvoir aux besoins de la maison, ni le droit de diriger la prière et autres rituels devant des hommes. Elles sont écartées de fait des instances de décision familiales, politiques et morales. Le propos de Waberi recoupe ici avec celui de Kourouma, de Ben Jelloun et de Boudjedra pour la réhabilitation de l'image mythique des femmes. Pour lui, comme pour eux, celles-ci sont mal représentées dans la structure sociale parce que ce sont les hommes qui détiennent les fondements de l'imaginaire populaire. Autrement dit, les mythes qui dénient aux femmes une considération sont sortis de l'imagination masculine. Telle est la mentalité sociale vers Djibouti que dénonce Waberi.

L'écrivain « fils de sa mère »

Les mythes sont la source nourricière de la fiction africaine. Dans les romans kouroumiens, la mère est souvent assimilée à une sorcière ou à une possédée. La femme de Fama Doumbouya, la mère de Birahima[55] et celle de Kayoga sont toutes « diagnostiquées » par les féticheurs ou marabouts comme victimes de leurs amants (ou époux) génies. Cependant si les deux premiers « cas » sont des victimes

---

[52] *Ibidem*, p. 105.
[53] *Ibidem*, p. 114.
[54] *Ibidem*.
[55] Respectivement dans *les Soleils des indépendances* (1968), Paris, Seuil, 1976 et *Allah n'est pas obligé*, déjà cité.

malheureuses, Nadjouma elle sort de ses extases plus forte car elle est « élue » comme la féticheuse Moussokoro dans *Monnè*.

Le programme romanesque de Ben Jelloun est de dénoncer les injustices sociales et l'hypocrisie sur laquelle il insiste souvent. L'idée de « l'écrivain, fils de sa mère » se lit dans cette volonté d'inversion de l'imagerie populaire de la femme maudite. Le romancier prend le parti des femmes, avatar de la mère. Cette revanche sur les hommes reste symbolique, puisque dans la réalité le pouvoir est encore masculin. D'où la grande part de rêves qui jalonnent *La Nuit de l'Erreur*. Par ailleurs, l'héroïne porte les traits de Tanger, la ville romanesque de Ben Jelloun, lieu « de débauche [...], de culte, de prière et de méditation[56] » comme Zina « la sainte des mots », « la Maudite du ciel et de la terre, de ses parents et de Dieu[57] » peut symboliser « l'esprit et le corps de la foi[58] ».

L'Escargot entêté est une fable sociopolitique et une allégorie de l'angoisse existentielle des bureaucrates obsédés par leur travail. Le narrateur presque « schizoïde », refusant toutes les conventions sociales, aime pourtant sa mère ! De long en large, il répète les expressions du genre : « Ma mère avait raison[59] » ou : « Ma mère disait le chameau ne voit pas sa bosse[60] ».

Par un récit truffé de répétitions de dictons, d'anecdotes, etc., Boudjedra nous présente une mère éducatrice et conservatrice d'une tradition orale séculaire. Le narrateur est le premier à constater cette « mouvance giratoire et répétitive » autour des « proverbes de [sa] mère[61] ». Cette technique d'écriture de Boudjedra révèle bien son projet : réhabiliter la figure traditionnelle de la mère, « analphabète mais avec un répertoire de proverbes fabuleux. Raccourcis fulgurants de la réalité verglacée et craquelée[62] ». Cette présentation renforce renseigne sur la place qu'elle occupait et que ni l'auteur ni le narrateur ne peuvent et ne veulent encore oublier : « J'en veux des fois à ma mère de m'avoir mis en nourrice mais je n'ose pas l'écrire. Elle est capable de surgir de sa boîte à chaussures et de me gronder. Je préfère me faire tout petit[63] ». La

---

[56] *La Nuit de l'erreur*, p.103.
[57] *Ibidem*, p. 238.
[58] *Ibidem*, p.103.
[59] *L'Escargot entêté*, p.100.
[60] *Ibidem*, p.10.
[61] *Ibidem*, pp.102-103.
[62] *Ibidem*, p. 114.
[63] *Ibidem*, p. 115. Le narrateur fait allusion à la photographie de sa mère rangée dans une boîte à chaussures.

mère est enfin une gardienne de la culture dont la force morale retentit d'outre tombe et rappelle au fils que « le fils d'un rat est un rongeur[64] ».

Ce travail sur les proverbes est très présent dans le texte kouroumien qui doit l'essentiel à l'art oral malinké, dont les veillées se font un devoir de respecter le protocole. Car dit le sora : « le proverbe est le cheval de la parole ; quand la parole se perd, c'est grâce au proverbe qu'on la retrouve[65] ». En tant que parole imagée, il occupe dans l'œuvre la place de marqueurs identitaires. Il reflète d'une part l'imaginaire social qui inspire l'auteur, d'autre part, les particularités lexicales de sa langue maternelle ou vernaculaire.

Dans la perspective de Waberi, comme dans celles de Kourouma, les mythes ont un envers. Quel que soit leur rôle cognitif primordial, ils s'effritent, se désacralisent à la suite des transformations historiques, sociales, religieuses, etc. Car, dans la mentalité collective, la précarité et l'inégalité sont là depuis le commencement, depuis le silence du commencement. Pour briser ce silence mythique, l'écrivain montre comment l'homme s'est arrogé tous les droits sur la femme par la force de l'imaginaire ; « les nomades ne disent-ils pas qu'un chamelon de trois hivernages est plus chanceux qu'une jeune épouse ?[66] »

Toute représentation se sert d'une matrice culturelle de façon utilitaire et affective. L'écrivain est fils de la terre qui a nourri son imagination par ses mythes, ses récits populaires ou sa réalité sociale. Son retour aux sources est une sorte de refus de sevrage malgré le rebut que certaines tares de la société provoquent en lui. Ce désarroi de l'oppressante réalité, loin de l'éloigner du sein maternel, lui fait mêler sa voix aux cris de douleurs des mères rebellées pour les faire entendre. C'est la possibilité de partager ces plaintes d'espoir et désespoir que les textes de Ben Jelloun et de Boudjedra offrent. Ces « rêves d'évasion » ou ces « espoirs avortés » trouvent leurs échos chez Waberi et Kourouma.

Le monde mythique représenté dans les fictions francophones est plus celui du « visible », de la « concrétude » que celui des représentations indirectes[67]. On peut y déceler les « dimensions concrètes » du symbole, son rapport au quotidien social ; sa « moitié invisible » étant reléguée aux récits sacrés. Les œuvres sont ainsi marquées par l'aspect à la fois cosmique et onirique, pour proposer une alternative aux angoisses et aux peurs de l'autre univers.

---

[64] *Ibidem*, p.112.
[65] *Ibidem*, p. 42.
[66] Abdourahman Waberi, *Cahier nomade* (1994), Paris, Le Serpent à plumes, 1999, p. 54.
[67] Gilbert Durand (citant Paul Ricœur) *L'imagination symbolique* (1964, PUF) Paris, PUF, coll. Quadrige, 1993, p.13.

De la relation père-mère-frères et fille dans
L'Amant de Marguerite Duras

Charles Edgar Mombo
Université de Libreville

En publiant *L'Amant*[1] en 1984, l'écrivaine française Marguerite Duras étonne l'ensemble de la critique et le lectorat de son œuvre y compris. En effet, cet ouvrage vient mettre à nu ou presque la thématique de l'enfance déjà entamée dans les œuvres précédentes. Mais le plus intéressant est que *L'Amant* reste comme une sorte de livre bilan en ce qu'il offre les clés de toute sa production romanesque. Présentant ledit roman dans le journal *L'Arc*[2], Marcelle Marini, dans un long monologue pense que :

> [...] Toutes les œuvres antérieures deviennent à la fois clairement autobiographiques et menteuses ; du moins marquées du péché de fiction ou du péché d'omission, l'omission de l'inavouable [...]. Elles ne sont plus que des paliers - chemins de Croix et de gloire - vers le Texte royal qui les éclaire toutes, les explique et même renverse le temps : "les fictions" sont désormais "dérivées" de ce Livre mis à l'origine. "On est arrivé au cœur de la Durassie", aux sources, à la scène fondamentale : on va pouvoir lire sans inquiétude les œuvres durassiennes à l'envers, car on a enfin la clef.[3]

À travers ces mots, il semblerait que *L'Amant* délivre les mystères cachés de la vie de son auteur. Plusieurs « trésors » apparaissent et fournissent des matériaux d'interprétations aux critiques et aux théoriciens. Parmi eux, il peut se lire les questions de l'identité, de l'enfance, de l'adolescence. Il peut également se remarquer les relations qui ont subsisté entre l'auteur et les siens. C'est en cela que Marcelle Marini suppose que cet ouvrage demeure la clef interprétative de tous les ouvrages précédents de l'écrivaine et ressasse ces relations familiales[4]. En d'autres termes, Marguerite Duras nous place au centre de sa vie familiale en présentant ses différentes relations entre sa mère et son père, d'une part, et ses frères, d'autre part.

Ce projet vise donc à rendre compte de la manifestation des relations familiales dans *L'Amant* bien que la narratrice estime que l'histoire de sa vie n'existe pas. Cependant, il est juste de constater que l'approfondissement de cet article ne peut se faire sans un rapprochement avec la question identitaire qui sous-tend celle des relations familiales. Car les relations familiales

---

[1] Marguerite Duras, *L'Amant*, Paris, Editions de Minuit, 1984.
[2] Marcelle Marini, « Une femme sans aveu » dans *L'Arc*, n° 98, 1985, p. 9.
[3] *Ibidem.*
[4] Sigmund Freud, *Névrose, psychose et perversion*, Paris, PUF, 1973.

peuvent induire la recherche d'une identité soit comparative, soit dissemblable.

La trame romanesque de Duras, du moins à travers ce texte, ne se limite plus seulement à l'histoire d'un amour. Elle ose, bien au-delà d'autres thématiques, une remontée vers les sources familiales. Le texte s'inscrit dans une dynamique constructive de l'auteur. Une reconstruction par le souvenir la ramenant inlassablement vers sa famille, en l'occurrence vers sa mère, son père et ses frères. C'est donc un texte qui dresse le tableau parfois sombre, triste et pathétique d'une famille pauvre et marquée par l'absence d'un père. On assiste par conséquent à des relations ambiguës, teintées d'animosité, de colère sans faille et d'amour.

La relation fille- mère

Selon Béatrice Didier[5], « l'autobiographie manifeste chez les femmes, en même temps qu'un retour à l'enfance un retour à la mère[6] ». C'est pour affirmer que dans l'aspect autobiographique d'une œuvre, surtout féminine, l'écriture orchestre toujours un retour vers la famille. Mais ce retour énoncé par Béatrice Didier prend une forme spécifique chez Duras dans la mesure où l'identification[7] à la mère ne répond plus aux critères d'une ressemblance en tous points. On assiste plutôt à une certaine lutte et une rivalité sans fin entre les deux. Loin de voir dans la mère un modèle, la narratrice opte pour une opposition presque déclarée et volontaire.

Telle qu'elle est décrite, la mère ne peut plus refléter l'image d'un modèle pour l'enfant. Malmenée par la pauvreté cuisante et par des problèmes professionnels, la mère ne joue plus son rôle véritable de protectrice et d'éducatrice. Elle n'est plus cette gardienne aux valeurs maternelles, morales voire spirituelles de la société, auxquelles la petite fille adhérerait.. Aussi la relation fille-mère reste-t-elle chargée de catastrophes et devient-elle sans grande importance. De son côté, la mère n'est plus l'alliée de l'enfant. Le cordon ombilical qui les reliait autrefois est à jamais rompu. Cette rupture se remarque en plusieurs endroits. La mère fait une nette différence entre « ses fils » et la petite fille. Même dans la formation scolaire, elle souhaite que la petite fille exerce le métier de son père, c'est-à-dire être mathématicien. Cette proposition déplaît bien entendu à l'enfant, qui, elle, veut être écrivain. Pourtant, en annonçant le désir d'écrire à sa mère, elle n'est pas prise au sérieux. C'est la première incartade :

> Je veux écrire. Déjà je l'ai dit à ma mère : ce que je veux c'est ça, écrire. Pas de réponse la première fois. Et puis elle demande : écrire quoi ? Je dis les livres, des romans. Elle dit durement : après l'agrégation de mathématiques tu écriras si tu veux,

---

[5] Béatrice Didier, *L'Ecriture femme*, Paris, PUF, 1981, p. 25 *sq.*

[6] *Ibidem*, p. 262 *sqq.*

[7] Paul Ricœur, *Soi même comme un autre*, Paris, Seuil, 1990.

ça ne me regardera plus. Elle est contre, ce n'est pas méritant, ce n'est pas du travail, c'est une blague – elle me dira plus tard : une idée d'enfant (p. 2).

Ce premier affront essuyé par la petite fille ne sera pas de nature à améliorer les relations. Au contraire, elle s'entêtera au point de devenir plus tard écrivain, par la force des choses.

De plus, une figure dualiste apparaît dans leurs relations : en même temps qu'elle semble l'aimer, l'enfant rejette la mère. L'usage de l'oxymore le montre bien : « la saleté, ma mère, mon amour... » (p. 31). L'alliance de ces deux termes « saleté » et « amour » indique deux réalités : la première est que l'enfant, peut-être par contrainte naturelle, chérit la mère. On peut y voir un semblant de véritable amour entre les deux ; la deuxième réalité est qu'en même temps ou mouvement d'énonciation, cette mère « aimée » devient « saleté ». Signifiant une chose désagréable et par la vue et par l'odorat, la mère n'incarne plus la volubilité d'une famille unie. Cette relation demeure attirée et repoussée. De plus pour distendre un peu plus leur rapport, la fille se moque entièrement de l'habillement de la mère, de sa tenue parce qu'elle déshonore. Ce rire espiègle entretient l'idée de tuer un jour la mère :

[...] elle nous fait honte, elle me fait honte dans la rue devant le lycée, quand elle arrive dans sa B.12 devant le lycée tout le monde regarde, elle, elle s'aperçoit de rien, jamais, elle est à enfermer, à battre, à tuer (p. 32).

En outre, la narratrice présente la mère comme une femme déséquilibrée, qui a perdu presque sa raison dès la naissance. Une sorte de déraison se vit en elle :

[...] c'est là que je vois clairement la folie pour la première fois. Je vois que ma mère est clairement folle [...]. Que je n'avais jamais vu ma mère dans le cas d'être folle. Elle l'était. De naissance. Dans le sang. Elle n'était pas malade de sa folie, elle la vivait comme la santé (p.40).

Ce cynisme à l'égard de la mère confirme l'antipathie de la fille face à celle-ci. Entre le rejet et l'amour, la haine triomphe. La fille, contrairement aux garçons se sent moins aimée. La mère donnerait plus d'affection à ses fils qu'à la fille. Alors la relation fille-mère est d'emblée faussée. L'antipathie que nous énoncions se manifeste par le signe complètement négatif et par le refus d'obéissance de la fille. Plus clairement, la fille refuse de respecter les souhaits et recommandations de la mère. Une mère qui comme tous les autres presonnages n'est plus nommée. Le refus de désigner les personnages peut être perçu comme un moyen de tous les évacuer de l'existence de la romancière.

L'histoire de *L'Amant* peut s'interpréter dans ce cas comme le roman de la désobéissance et surtout de la confrontation fille-mère. Cet état de demembrement de la relation est encore amplifié lorsque la fille a des rapports intimes avec un « indigène », au lieu de les avoir avec un blanc. En effet, par cet acte, la fille brise définitivement l'interdit parental et communautaire des colons venus éduquer les « sauvages ». À travers ce geste, la mère est humiliée, même si dans un certain sens cela lui procure du bien vu que la fille lui rapporte assez d'argent par le biais du Chinois qu'elle déteste pourtant. Une autre humiliation survient lorsque la fille ne suit pas les traces du père. Elle ne veut pas accomplir ce que la mère aurait voulu et ce que le père avait commencé. En cela, la mère n'est plus ce miroir dans lequel devrait se refléter l'image de la fille. L'on comprend que le stade du miroir, compris comme une identification à l'autre ne conditionne plus la formation du moi de l'auteur pour reprendre les mots de Bellemin-Noël[8]. L'auteure prolonge le texte par des sentences de haine sans réserve, de désobligeance vis-à-vis de la mère. Ainsi Duras accomplit une œuvre de non réparation à l'égard d'une mère qu'elle va quitter définitivement pour demeurer dans la liberté absolue. Par l'écriture, elle arrache la mère à l'oubli et au néant ; elle la re-crée et la présente grâce à ses souvenirs et en fait un non-être, repoussé et sale. L'évocation de la mère est également un moyen d'une construction identitaire aux antipodes de la moralité et de l'éducation maternelle.

La relation fille-père

Dans la narration durassienne, le père occupe encore moins de place. Il est évoqué de façon brève. Le lecteur n'apprend rien ou presque sur le père : des bribes d'informations sur la maladie, le voyage en France et sa mort. Cette disposition révèle l'absence du père dans le giron familial et son absence joue un rôle étrange dans cette famille. En effet, cette absence est, peut-on dire, à l'origine de la déstabilisation de la vie de la progéniture. Le récit présente une carence de « l'imago » paternelle[9]. Dès l'âge de sept ans, la narratrice souffre du manque du père et son enfance va s'en ressentir sérieusement. Du reste, pour marquer totalement son indifférence au père, l'écrivaine n'hésite pas à changer le nom du père "Donnadieu" en Duras, nom du petit village qui se trouve « chez elle, en France ». En changeant de patronyme, l'auteur répudie et évacue exclusivement le père, qui, pour elle n'existera plus dans sa vie. Le projet de cet acte de rebaptisation de sa personne, qui de prime abord, peut paraître anodin, justifie la sortie définitive de l'autorité paternelle dans l'existence de la fille. Par ce geste, se lit une seconde naissance de la romancière par le rejet de l'identité du

---

[8] Jean Bellemin-Noël, *La Psychanalyse du texte littéraire*, Paris, Nathan, 1996, p. 18.
[9] Jacques Lacan, *Ecrits 1*, Paris, Seuil, 1960.

géniteur. Du coup, la relation se trouve bafouée car en refusant le nom du père, elle se refuse d'accomplir la destinée d'une famille en faisant disparaître à jamais dans le silence et dans l'oubli l'identité tutélaire. Ici, on peut voir une relation catégoriquement déniée de tout soupçon d'assimilation au père. Cette vacuité du nom paternel[10] peut se comprendre également comme le meurtre symbolique du père tel qu'il se trouve agencé par Fredrich Nietzsche. Duras atteint le parricide quand elle tue symboliquement le père et décide de s'octroyer une nouvelle identité.

De ce qui précède, la relation fille-père ne saurait se réaliser pleinement dans ce texte. L'adolescente n'ayant pas vraiment bénéficié des contacts directs avec le père. L'on sait combien la paternité manquée joue un rôle sans précédent dans le processus de connaissance et d'affirmation d'un enfant. Ainsi, le sujet évolue sans borne et sans censure parentale. En outre, Duras s'est fondée une identité par la force des événements et aux antipodes de la véritable réalisation paternelle. Dans les deux cas, on peut lire une sorte de règlement de comptes avec les parents dans le sens où la fille veut se détacher de la mère à travers les différents actes qu'elle entreprend, tel que nous l'avons indiqué, c'est-à-dire par la désobéissance cuisante aux injonctions de la mère et du père mais aussi par l'acte le plus « impropre » qui soit, celui d'avoir changé le nom de famille. Dans les deux cas, l'adolescente brave l'autorité parentale. En extrapolant, on peut aussi voir dans *L'Amant* une mise en procès des parents. La petite fille veut se débarrasser de l'ombre trop lourde de la mère et du père qui subsistent en elle. Aussi, l'importance de l'absence du père dans le récit reste une quête perpétuelle d'un homme, d'un père qu'elle n'a presque pas connu. Ici, l'écriture dévoile des relations quasi froides, distendues et inappropriées qui laissent une famille pratiquement désunie. Pourtant dans ce récit, d'autres relations subsistent entre la fille, le grand frère et le petit frère.

Les relations fille-grand frère et petit frère

La question des relations familiales se découvre aussi dans les rapports entretenus entre la fille, le grand frère et le petit frère. Même dans ce cas, il existe un bicéphalisme relationnel comme avec le père et la mère.

En effet, le portrait du grand frère paraît bien plus négatif que celui que l'auteure appelle le « petit frère ». C'est un portrait des relations ternes, d'un frère escroc, bandit détruit par l'amour incontrôlé et idolâtre de la mère : « Je crois que du seul enfant aîné ma mère disait : mon enfant » (p. 75). Dans le texte, la seule évocation du pronom possessif « mon » renvoie à l'exclusion totale des autres fils de la famille. Cette préférence aveugle du fils aîné a fait naître dans la pensée de la romancière une espèce

---

[10] Bernard Mouralis, Fraisse Emmanuel, *Questions générales de littérature*, Paris, Seuil, « Points Essais », 2001, p. 25 *sqq*.

de jalousie mortelle envers son frère, qui, pour elle, est l'incarnation du mal. En tous temps, elle voit dans le frère un être-pour-le-mal : « le fils aîné souffre de ne pas faire librement le mal, pas seulement ici mais partout ailleurs » (p. 75).

Pour l'écrivaine, le grand frère est un homme pour le mal. Et ce mal pourrait atteindre les limites de son entourage. Il est affiché comme quelqu'un doté de mauvaises pensées et intentions. Il est doué d'un cynisme éperdu : toujours prêt à battre ses frères ou à inciter la mère à le faire pour sa plus grande satisfaction : « Ma mère n'ignore pas le destin de mon frère aîné, obscure, terrifiant » (p. 74).

Dans un autre sens, pour l'auteure, le grand frère reste le seul responsable de la faillite familiale. Car il aura tout vendu, perdu et pillé. De ce comportement, il ressort que les rapports entre le frère aîné et la sœur sont des rapports de non amour et de mésestime.

La seule relation qui, selon le roman semble plus sereine, c'est celle qui lie la fille au petit frère. En effet, il y a dans ce texte un amour, voire une sorte d'adoration du petit frère. Il reste le confident le plus sûr de la sœur dans la mesure où c'est toujours avec lui qu'elle entreprend des sorties dans la forêt en dépit des dangers… Deux faits marquent définitivement l'adhésion au petit frère : le moment « incestueux » décrit par la narratrice et la mort de ce dernier. Cette mort, évènement insupportable a, à jamais, inscrit le petit frère dans la vie de la fille et même dans la vie future de l'auteure Duras. C'est plus tard et dans ce roman qu'elle s'en rendra compte :

> Le petit frère mort. D'abord c'est inintelligible et puis, brusquement, de partout, du fond du monde, la douleur m'a recouverte, elle m'a emportée, je ne connaissais rien, je n'ai plus existé sauf la douleur…(p. 127).

Le décès du petit frère, seul être aimé de la sœur causera des incidences affectives très graves dans le cas où une solitude existentielle se fera jour dans le destin de la sœur. Et la perte de ce frère se percevra beaucoup plus tard lorsque la narratrice perdra son premier fils. Il s'y lira une sorte de surpassement d'elle au point que la mort de son fils n'aura plus le même impact que celle de son frère. Du coup la douleur causée par la perte du petit frère demeure intolérable, invivable et inextinguible :

> […] je ne savais pas laquelle, si c'était celle d'avoir perdu un enfant quelques mois plus tôt ou si c'était une nouvelle douleur. Maintenant je crois que c'était une nouvelle douleur, mon enfant mort à la naissance je ne l'avais pas connu et je n'avais pas voulu me tuer, là je le voulais (p. 127).

Comme on le constate, la narratrice série la douleur selon le degré d'affectibilité. Ici, la douleur d'avoir perdu un fils à la naissance n'est pas la même que celle causée par la disparition de son frère. Alors, il y a épanchement de sentiment quand on sait, à la suite des analyses freudiennes, qu'aucune relation ne peut ruiner et supplanter celle qui unit une mère à son fils. Or dans ce cas d'espèce, la fille distingue de loin et même dans la douleur, le petit frère à son propre fils.

La relation fille-petit frère était tellement étroite que l'une ne se reconnaissait que dans l'autre. C'est cette liaison assez fugace qui a fait penser à certains critiques que les deux rejetons auraient eu une relation incestueuse. Cette affirmation peut trouver son ancrage dans les lignes suivantes de Marguerite Duras :

> Personne ne voyait clair que moi. Et du moment que j'accédais à cette connaissance-là, si simple, à savoir que le corps de mon petit frère était le mien aussi, je devais mourir. Et je suis morte. Mon frère m'a rassemblée à lui, m'a tirée à lui et je suis morte. (p. 128)

Pour l'auteure, le petit frère et elle ne formaient qu'un seul corps. Par sa mort (du frère), elle, non plus ne vivait. On voit à quel point la fille et son petit frère étaient liés. Par cette liaison, fausse ou supposée, on accède à une autre structuration des relations entre les deux rejetons : celle de la fusion et de l'unicité des corps.

De tout ce qui précède, il est juste de dire que la seule personne à qui l'auteur s'identifie principalement demeure le petit frère. Tandis que le grand frère est presque voué à la mort.

Pour conclure

Au-delà de l'autobiographie[11] que suggère le texte de Marguerite Duras, il y a une inscription des relations familiales qui transparaît. Cependant, ces relations sont rehaussées d'une impossibilité à aimer. La fille déteste la mère parce qu'elle ne peut plus construire son identité à travers elle ; le père, absent et maladif ne joue plus son rôle de protecteur et le grand-frère est décrit comme le bandit de la famille. Les rapports sont alors distants et douloureux. Le seul membre de la famille qui a su captiver la fille n'est autre que le petit-frère en qui l'auteure s'identifie sans négation. De toutes ces impuissances va naître chez la narratrice l'idée de se forger une identité personnelle aux antipodes des liens parentaux. Il se lit, par conséquent, un dérèglement de la vie familiale dans ce texte et les rapports qu'il engendre demeurent des rapports quasi conflictuels. De ce moment, *L'Amant* pourrait s'entendre *in fine* comme le roman exposant les différentes relations familiales ou le roman familial au sens balzacien.

---

[11] Philippe Lejeune, *Je est un autre. L'autobiographie de la littérature aux médias*, Paris, Seuil, 1980.

Le drame originel dans
À la Recherche du temps perdu

Maarten van Buuren
Université d'Utrecht

La jeunesse d'une foule d'auteurs français a été marquée par l'intimité exclusive avec leur mère. Cette intimité constituait un paradis dont l'enfant a été expulsé à un certain moment : chaque paradis est un paradis perdu. Le cas modèle est Charles Baudelaire. Son père mourait lorsqu'il avait cinq ans et il passait une période édénique avec sa mère jusqu'au moment où elle décidait de se remarier avec le futur général Aupick. Dans sa biographie de Baudelaire, Jean-Paul Sartre s'intéresse particulièrement à ce drame, sans doute parce qu'il avait vécu une situation analogue et qu'il pouvait, dans ce miroir distant, évoquer ses propres souvenirs, trop douloureux pour être exprimés directement. De tels drames originaux se répètent à travers l'histoire de la littérature moderne: Marcel Proust, Roland Barthes, Michel Houellebecq, Pierre Michon, pour ne nommer que quelques noms qui viennent immédiatement à l'esprit. La perte du paradis de la jeunesse constitue un leitmotiv dans leurs vies et leurs œuvres. Comment ce paradis perdu a-t-il influencé leur vision du monde et la manière dont ils ont conçu leurs œuvres littéraires ? Regardons d'un peu plus près le cas de Proust et demandons-nous quel rôle le lien étroit entre Proust et sa mère a pu jouer dans la conception tout a fait particulière que Proust se fait des relations familiales et de l'amour dans *À la recherche du temps perdu*.

Le mécanisme de l'amour Proustien repose sur la thèse discutable que l'amour est inséparable de la jalousie et finalement s'identifie avec elle. Sur cette thèse repose l'ensemble de la philosophie de l'amour que le narrateur développe dans d'innombrables méditations ; elle fournit également le mécanisme de toutes les histoires d'amour : entre Marcel et Albertine, entre Swann et Odette, entre Saint-Loup et Rachel. Pour comprendre ce mécanisme, signalons d'abord que le terme de jalousie couvre en français deux significations différentes : la première est la défense d'une possession ; la deuxième l'envie. La première signification désigne le rapport de l'avare « jaloux » de son argent, du paysan « jaloux » de ses terres. C'est en ce sens que La Rochefoucauld peut dire que « La jalousie est en quelque manière juste et raisonnable, puisqu'elle ne tend qu'à conserver un bien qui nous appartient ; au lieu que l'envie est une fureur qui ne peut souffrir le bien des autres[1] ». En néerlandais « jaloers » connaît uniquement cette deuxième

---

[1] La Rochefoucauld, *Maximes*, p. 28.

signification ; la première y est absente. Lorsque le narrateur remarque combien Marcel est «jaloux d'Albertine[2] » ce « jaloux » est intraduisible en néerlandais et doit être rendu par une périphrase. « Marcel is jaloers op Albertine » signifierait « Marcel est envieux d'Albertine » ce qui serait absurde. La traductrice néerlandaise résout le problème en éliminant « d'Albertine ». Elle traduit par « Marcel is jaloers » ; une solution élégante et efficace, avec cette réserve toutefois, que la phrase ne signifie plus comme en français que Marcel défend ses droits sur Albertine, mais qu'il est envieux envers ceux (celles) qui peuvent la lui dérober. Pour Proust, la jalousie est au cœur de sa conception de l'amour parce qu'il identifie amour à possession. Pour lui, les deux significations de « jalousie » se distinguent, tout en étant étroitement liées en ce sens qu'elles s'impliquent et se renforcent l'une l'autre : « J'aime Albertine », veut dire pour Proust : « je veux posséder Albertine entièrement et je me méfie de ceux et surtout de celles qui peuvent me la prendre ». Les deux significations ont tendance à s'organiser en cycles qui ramènent, en le renforçant, au point de départ : Pourquoi la possession d'Albertine est-elle pour moi d'un intérêt vital ? Parce que j'ai peur qu'une femme me l'enlève. Pourquoi avez-vous peur qu'une femme vous enlève Albertine ? Parce que sa possession est pour moi d'un intérêt vital. Les raisonnements de Proust ont tendance sous ce rapport à s'organiser en cycles ou en « nœuds » (« Knots ») comme le psychiatre Ronald David Laing appelait les résumés aussi profonds qu'hilarants qu'il donnait des complexes de ses malades.

La jalousie est en ce double sens une donnée a priori dans la conception proustienne de l'amour. La jalousie est congénitale à l'amour, elle en est la condition nécessaire. Au cours de son séjour à Venise, Marcel remarque dans un groupe de touristes autrichiens une femme qui lui plaît. Il se sent attiré vers elle, et pour la première fois depuis la mort d'Albertine des sentiments de tendresse s'épanouissent en lui. Il est bien conscient du fait qu'elle va repartir pour l'Autriche, qu'il ne la reverra jamais et qu'il ne fera pas d'efforts pour entrer en contact avec elle. Mais la simple éclosion de ses sentiments amoureux entraîne avec elle le soupçon qu'elle aime des femmes, qu'elle trahira certainement un amour qui ne s'est même pas déclaré, bref que cet amour, *pour naître*, a besoin d'être trahi avec un rival contre lequel il ne pourra se défendre : « je ne la reverrais jamais, mais déjà vaguement jaloux comme on l'est quand on commence à être amoureux, en regardant sa charmante et énigmatique figure je me demandais si elle aussi aimait les femmes ». Quelques lignes plus loin, le narrateur, étonné lui-même de la direction que prennent ses pensées, se demande si la raison pour laquelle il se sent attiré par des femmes qui aiment les femmes ne réside pas justement

---

[2] Marcel Proust, *A la Recherche du temps perdu*, édition Jean Yves Tadié, Gallimard, Paris 1987-1989, III, p. 487.

dans le fait que ces femmes le font souffrir d'un mal contre lequel il n'a pas de défense : « Était-ce cela qui en elle, sans que je pusse saisir rationnellement pourquoi, exerçait sur moi son attraction, causait mes inquiétudes (cause plus profonde peut-être de mon attraction par ce qui porte vers ce qui fera souffrir)[3] ». Il se rapproche du noyau du problème, mais ne pousse pas assez loin pour l'exposer et l'aborder de front. Soulignons pour le moment que dans la logique de Proust l'amour a tendance à s'identifier à la jalousie. Marcel tombe amoureux (à distance) d'une femme, *donc* il la soupçonne d'aimer les femmes. Marcel tombe amoureux d'elle, *parce qu'*il la soupçonne d'aimer les femmes. Voici la logique Proustienne. Un autre exemple de ce rapport étroit se trouve au chapitre *Intermittences du cœur* à la fin de *Sodome et Gomorrhe*. Marcel, en vacances à Balbec voit régulièrement Albertine avec qui il entretient une liaison d'ailleurs languissante. Elle ne s'insère pas dans sa vie mondaine et ses visites à la Raspelière, où il rencontre Charlus, Morel et les autres membres du clan Verdurin, partis en villégiature. À vrai dire, elle l'ennuie le plus souvent, il la tient à l'écart et la convoque seulement lorsqu'il a besoin de temps en temps d'une consolation physique. Ainsi traîne une liaison qui n'en est guère une et Marcel décide finalement de rompre avec elle, lorsqu'elle lui dit en passant qu'elle connaît intimement Mlle Vinteuil et son amie qu'elle doit bientôt rejoindre. C'est le mot magique qui provoque le volte-face complet. À la suite de cette remarque, Marcel associe Albertine à la scène « sadique » dont il a été témoin à Montjouvain. Il souffre d'une jalousie cruelle. Il va même, dans les dernières lignes de *Sodome et Gomorrhe*, jusqu'à transformer son souvenir de Montjouvain et mettre Albertine « rose, pelotonnée comme une grosse chatte, le nez mutin » à la place de l'amie de Mlle Vinteuil. Cette scène entièrement fantastique et dans laquelle se cristallisent ses pires angoisses, suffit pour changer son indifférence en amour. « Il faut absolument que j'épouse Albertine » dit-il à sa mère, et c'est sur cette décision que *Sodome et Gomorrhe* se termine. On comprend, dès lors, que les interminables efforts de Marcel pour relancer et approfondir son amour pour Albertine prennent la forme d'interrogations qui ont pour objectif d'amener Albertine à la confession qu'elle l'a trahi avec des femmes. Cette interrogation suit la même méthode de l'inquisition (le narrateur utilise cette métaphore à plusieurs reprises) qui part, elle aussi, de la certitude de l'hérésie et qui applique les moyens nécessaires pour la faire admettre par l'accusée.

L'amour Proustien se résume en un scénario étranglant : Marcel commence à aimer Albertine d'un amour passionné au moment où il découvre qu'elle le trahit avec des femmes. Il l'emprisonne pour éviter qu'elle commette son vice. Dès qu'elle est enfermée et que la possibilité de

---

[3] *op.cit.* IV, p. 228.

la trahison et donc de la jalousie est exclue, la raison d'être de l'amour disparaît et avec elle l'amour aussi. Albertine l'ennuie, il la ressent comme un boulet à traîner, il lui fait des reproches dont le plus fréquent est qu'elle l'empêche de voir d'autres femmes. Par conséquent il la met dehors (ou, ce qui revient au même, il lui rend la vie tellement misérable, qu'elle part d'elle-même). Mais elle n'est pas si tôt partie, que les premiers doutes s'emparent de lui. Il se rend compte qu'il a perdu tout contrôle sur elle. Dieu sait ce qu'elle fabrique dehors. Elle va certainement céder à ses vices. Et donc son amour (c'est-à-dire le désir de prendre possession d'elle) revient. L'amour tel que le conçoit Proust répond à la dialectique interne du mot « jalousie » : c'est un désir de posséder qui disparaît aussitôt que la possession est assurée et qui revient lorsqu'un rival menaçant de prendre possession d'elle, provoque son envie. L'amour Proustien repose sur ce couple dialectique du despotisme/paranoïa. Le seul moment de bonheur relatif pour Marcel est lorsqu'il a réussi à faire revenir Albertine, qu'elle rentre sous son contrôle et qu'elle le délivre des angoisses qu'il a vécues en son absence. À la limite, l'idéal de la possession coïncide à l'assimilation complète de l'être aimé. L'assimilation traduit, sous la forme du fantasme de l'incorporation, l'idéal de l'amour, c'est-à-dire la possession entière et complète de l'être aimé. Par cette possession, Marcel essaie de conjurer ses angoisses d'être abandonné. Mais la seule manière sûre dont il peut posséder entièrement Albertine est de la réduire à une chose dont il peut disposer à son gré. Les nombreuses pages consacrées à Albertine ne contiennent qu'un seul moment de bonheur paisible : c'est la scène où Marcel épie Albertine tandis qu'elle est endormie et réduite à une forme de vie sans conscience : « Elle n'était plus animée que de la vie inconsciente des végétaux, des arbres ». Alors il est libre de disposer entièrement d'elle : « la tenant sous mon regard, dans mes mains, j'avais cette impression de la posséder tout entière... Sa vie m'était soumise... je pouvais... la regarder, et quand ce sommeil devenait plus profond, la toucher, l'embrasser[4] ».

Où Proust a-t-il bien pu prendre cette conviction alarmante et à plusieurs égards nocive, Proust suggère lui-même la direction dans laquelle il faut chercher la solution lorsqu'il raconte comment Marcel, pendant sa liaison avec Albertine, a besoin, chaque soir, de retrouver son « apaisement ». Tout dépend de ce moment de « consolation » : si Albertine le lui apporte, il sera capable de s'endormir et de passer une nuit paisible ; si elle l'en prive, il ne pourra pas dormir et passera une nuit misérable, en proie à des cauchemars. Lorsque le narrateur aborde ce moment crucial de leur liaison, il ne manque jamais de signaler la ressemblance entre ce moment et le drame du baiser du soir à Combray. En fait, le rapport entre les deux moments s'impose avec une telle évidence, que la consolation nocturne

---

[4] *op.cit.* III, p. 578.

d'Albertine semble la ré-actualisation du drame de Combray. Un soir, Albertine lui téléphone pour lui dire qu'elle ne pourra pas venir.

> En entendant ces mots d'excuse, je sentis qu'au désir de revoir la figure veloutée qui déjà à Balbec dirigeait toutes mes journées vers le moment où, devant la mer mauve de septembre, je serais auprès de cette fleur rose, tentait douloureusement de s'unir un élément bien différent. Ce terrible besoin d'un être à Combray, j'avais appris à le connaître au sujet de ma mère, et jusqu'à vouloir mourir si elle me faisait dire par Françoise qu'elle ne pourrait pas monter. Cet effort de l'ancien sentiment pour se combiner et ne faire qu'un élément unique avec l'autre, plus récent, et qui, lui, n'avait pour voluptueux objet que la surface colorée, la rose carnation d'une fleur de plage, cet effort aboutit souvent à ne faire (au sens chimique) qu'un corps nouveau, qui ne peut durer que quelques instants.[5]

> Qui m'eût dit à Combray, quand j'attendais le bonsoir de ma mère avec tant de tristesse, que ces anxiétés guériraient, puis renaîtraient un jour non pour ma mère, mais pour une jeune fille qui ne serait d'abord, sur l'horizon de la mer, qu'une fleur que mes yeux seraient chaque jour sollicités de venir regarder... Oui, c'est le bonsoir, le baiser d'une telle étrangère pour lequel je devais, au bout de quelques années, souffrir autant qu'enfant quand ma mère ne devait pas venir me voir.[6]

Dans l'esprit de Marcel, le moment de consolation qu'Albertine lui apporte (ou ne lui apporte pas) et le moment à Combray où sa mère devait lui donner le baiser du soir et qui tournait en drame quand Swann par sa visite l'en empêchait, ont tendance à s'amalgamer, à fusionner. Marcel vit sa relation avec Albertine (et avec les autres filles qu'il rencontre) sur le modèle de la relation avec sa mère, telle qu'elle s'est cristallisée à Combray au moment du baiser du soir manqué. Cette scène détermine, en tant que scène originaire, la perspective à partir de laquelle Marcel vit toutes les relations qu'il aura au cours de sa vie. Cette scène s'impose également, dans l'univers Proustien, comme le modèle de la vérité en matière d'amour.

Regardons d'un peu plus près la relation avec la mère, telle qu'elle cristallise dans la scène du baiser du soir. Elle a toutes les caractéristiques d'un rapport symbiotique. En général, la vie de chaque enfant commence comme un rapport symbiotique avec sa mère. Pendant la période où le bébé se trouve dans le ventre de sa mère, cette vie est entièrement symbiotique, et elle le reste après la naissance dans la phase de nourrisson. En grandissant, l'enfant s'arrache petit à petit à cette dépendance pour se développer en un être indépendant. C'est du moins la règle générale. Parfois, le développement est raté et l'enfant, psychiquement, ne dépasse pas la phase de nourrisson. Tel semble le cas de Proust. Il est même l'un des exemples les plus remarquables d'une personne qui perpétue, dans sa vie réelle et dans le monde fictionnel de ses personnages, ce modèle symbiotique comme la base

---

[5] *op.cit.* III, p. 130.
[6] *op.cit.* IV, pp. 82-83.

de sa vie affective, comme le modèle sur lequel il décalque la façon dont il arrange les liaisons amoureuses pendant le reste de sa vie et sur lequel il fonde sa conception de l'amour. Ce modèle amène un certain nombre de problèmes. D'abord, l'enfant pris au piège d'une telle symbiose, est en général incapable de se développer en une personne indépendante. Il lui est impossible, ensuite, de nouer des relations durables. Il a tendance à situer son partenaire dans le rôle d'une mère qui le soigne et le nourrit. On a suggéré que Proust a exploité son asthme comme un moyen de consolider et perpétuer cette répartition des rôles qui le mettait dans la position d'un malade dépendant, pour toute sa vie, des soins d'une mère tant qu'elle était en vie et d'instances maternelles en son absence.

L'extension de la répartition des rôles entre le nourrisson et la mère à toutes les relations d'amour explique, dans le cas d'Albertine, un certain nombre de constantes dans la conduite que Marcel attend d'elle. Elle explique notamment une sorte d'amour que nous ne caractériserions pas comme tel et qui consiste principalement à dissiper l'angoisse démesurée que lui cause l'idée qu'Albertine pourra l'abandonner. En effet, le narrateur ne se lasse pas de répéter que l'amour est en réalité un acte rassurant, un acte qui dissipe la panique causée par l'idée qu'elle ne sera pas là pour lui donner le baiser qui lui permettra de s'endormir, peur qui se fonde sur le drame de Combray que sa mère pourrait ne pas monter pour lui donner le baiser du soir, qui se fonde à son tour sur la peur élémentaire du nourrisson d'être séparé de sa mère. Une autre caractéristique de cette conception symbiotique est l'égocentrisme sans bornes de Marcel. À aucun moment, Marcel fait preuve de compréhension pour les sentiments de ses partenaires, il est uniquement occupé par les répercussions que peuvent lui causer une éventuelle rupture avec Albertine. Au moment où, à la fin de *Sodome et Gomorrhe*, Albertine commence à l'ennuyer, et qu'il décide de rompre avec elle, il hésite longtemps à exécuter cette décision, non pas parce qu'il se souvient des effets qu'une telle rupture peut avoir pour elle, mais parce qu'il pense à l'effet que cette décision pourra avoir sur lui, Marcel. Ne sera-t-il pas attiré de nouveau par elle, sitôt qu'il l'aura délaissée ? Son baiser du soir ne lui fera-t-il pas défaut ? Jamais, dans toutes ses considérations élaborées, il ne se demande quel sera l'effet de cette décision sur la fille dont la position dans cette liaison est infiniment plus vulnérable que la sienne, dont le monde peut s'effondrer, qui pourra peut-être prendre sa vie. Proust aurait été étonné, si on lui avait fait cette remarque, car dans la perspective symbiotique qui déterminait sa vision du monde, l'autre est là pour le servir, le nourrir et le soigner, et non pas l'inverse. Présenter la liaison entre Marcel et Albertine à partir de la perspective d'Albertine, à partir de ses intérêts, de ses besoins, ce serait pour Proust poser la question de travers, ce serait présenter le monde à l'envers.

La scène du baiser du soir à Combray explique non seulement le rôle que Marcel impose à tout partenaire, elle explique également le phénomène étrange de la jalousie préconçue, de la trahison qui est congénitale avec l'amour et qui est comme sa condition *sine qua non*. Pour s'en rendre compte, il faut reprendre dans ses détails la scène du baiser du soir. Cette scène tourne au drame pendant les soirées où Swann visite la famille. Quand Swann vient pour dîner, Marcel doit aller se coucher, et son père ne lui permet pas d'embrasser sa mère à plusieurs reprises devant tout le monde, comme c'est son habitude quand elle monte avec lui dans sa chambre. Alors, le rituel quotidien tourne au drame : les obligations sociales empêchent la mère de Marcel de monter dans la chambre de Marcel et de lui donner un dernier baiser du soir. Marcel, angoissé d'être privé de sa « viatique », envoie Françoise avec une note écrite pour demander à sa mère de monter pour un mal qu'il ne peut lui expliquer par écrit. L'histoire qui était jusqu'à ce moment itérative (tous les soirs où Swann rend visite à la famille, la mère de Marcel ne peut monter avec lui pour le mettre au lit) se concentre à partir de ce moment-là sur une soirée spécifique et particulièrement dramatique. Pendant cette soirée, après que Françoise lui a fait savoir que sa mère ne peut venir, Marcel décide de rester éveillé et d'attendre sa maman dans l'escalier. Quand, à la fin de la soirée, elle monte pour aller dormir, elle est fâchée de trouver Marcel qui l'attend et elle lui dit de se coucher au plus vite pour éviter que son père ne le remarque là. Mais c'est trop tard : son père monte déjà et Marcel se prépare à la punition de celui qui, par rapport à lui, se comporte comme un souverain capricieux. Mais à sa grande surprise et à cause de ces mêmes caprices, son père dit à sa mère d'aller se coucher dans la chambre de Marcel, et c'est le triomphe.

La scène originaire montre que la relation symbiotique ne concerne pas que la mère ; qu'il faut compter également avec le père. La relation symbiotique se fonde en effet sur un triangle qui fait que la revendication de la mère par le fils a pour conséquence la rivalité avec le père. Marcel ne peut éliminer son père. Il se trouve (et se maintient soigneusement) dans la position du nourrisson maladif qui ne saurait à aucun moment envisager la confrontation avec son père, dont la position de dieu omnipotent reste incontestée dans tout le roman. Marcel se coince ou se niche dans une situation préœdipienne, dans une situation qui n'aboutira jamais à un conflit avec un père dont l'autorité reste indiscutée. Dans une telle situation, la symbiose signifie que Marcel ne peut jamais revendiquer exclusivement sa mère, qu'il doit la partager avec un rival qui l'emportera toujours sur lui. La possession de cette mère est toujours incertaine et contestée par un père qui peut la revendiquer à tout moment. Sa mère l'abandonnera pour un rival avec qui il ne pourra jamais entrer en compétition, qui fera toujours valoir ses droits. La position du père dans le triangle explique à notre avis l'idée fixe proustienne que l'amour présuppose la trahison du partenaire avec un rival hors d'atteinte. Dans les scènes fictionnelles, le rôle du père, hors d'atteinte du fait que le fils n'est pas (et ne sera jamais) à la hauteur d'engager la lutte avec lui, est transposé sur les amies dont l'amour lesbien met Marcel hors-jeu. Le rôle de la mère, dont la possession est d'un intérêt vital mais incertain, est transposé sur des amantes dont l'amour est toujours accompagné de la trahison avec des rivales invincibles. L'alliance inextricable entre amour et jalousie s'explique à partir de cette situation originelle sur laquelle Proust revient sans cesse dans les volumes consacrés à l'amour.

Le baiser du soir appelle une dernière remarque. Pour décrire l'habitude du baiser du soir auquel Marcel a habitué Albertine, Proust se sert de métaphores stupéfiantes : « chaque soir, fort tard, avant de me quitter, elle glissait dans ma bouche sa langue, comme un pain quotidien, comme un aliment nourrissant et ayant le caractère presque sacré de toute chair à qui les souffrances que nous avons endurées à cause d'elle ont fini par conférer une sorte de douceur morale[7] » : « je sentais, sur mes lèvres qu'elle essayait d'écarter, sa langue, sa langue maternelle, incomestible, nourricière et sainte[8] ». Ce qui stupéfie, c'est non seulement que le narrateur associe étroitement le baiser langue en bouche avec le baiser maternel, mais qu'il l'assimile surtout à la nourriture sacrée évoquée dans le Pater (Donne-nous notre pain quotidien) et dans la Cène. L'association avec le pain sacré évoque à l'horizon l'idéal d'une communion sur le modèle de la Cène, c'est à dire d'une communion sanctionnée par l'assimilation du corps de l'aimée avec tout ce que cela implique concernant le sacrifice de cette aimée et l'idée que la communion ne pourra se réaliser que sur la base de son sacrifice, la consommation de son corps par l'amant et l'établissement de la communion éternelle entre eux sur la base de ce sacrifice. Mais le rapprochement de ces notions sacrées et du baiser langue en bouche provoque en même temps un effet intense de profanation, d'une profanation que Proust qualifie ailleurs de sadisme et qui touche ici en même temps les saints sacrements de l'église et le souvenir de la mère. Cette profanation va, selon Proust, de pair avec l'érotisme et en est la condition nécessaire. Les passages que nous venons de citer sont les exemples les plus extrêmes de la provocation d'un effet érotique par profanation des deux domaines les plus sacrés. Ils montrent également la violence que Proust devait utiliser pour se libérer du cocon étouffant dans lequel il s'était enfermé avec sa mère, et se créer l'espace nécessaire pour une expérience érotique avec d'autres. L'érotisme était pour lui indissolublement lié à la profanation de ce qui lui était le plus cher : le souvenir de sa mère.

---

[7] *op.cit.* III, p. 520.
[8] *op.cit.* IV, p. 79.

La mode substitut de la parole
dans *Gigi* de Colette

Shoshana-Rose Marzel
Université de Bar-Ilan

Dans *Gigi*, Inès Alvarez, grand-mère de Gilberte, dite Gigi, et Alicia de Saint-Efflam, sœur d'Inès, et donc grand-tante de Gigi, éduquent la jeune fille dans le but de lui faire « un très beau sort », sous forme de haute prostitution, telle qu'elles l'ont vécue elles-mêmes. Au moment de l'action, Gaston Lachaille, ami de longue date et magnat du sucre, prétend devenir acquéreur de Gigi. Or, après que les conditions de la vente aient été assurées – surprise ! Gigi se révolte, et se fait épouser par Gaston. Fin du roman.

Rédigé en 1942 et publié en 1944, *Gigi* se déroule précisément en 1899. Ce n'est pas un hasard. En 1899 Alicia a 70 ans (p. 422)[1]. Elle est donc née en 1829 et a pleinement profité, entre ses 23 et 41 ans (avec sa sœur Inès) du boom prostitutionnel caractéristique du Second Empire (1852-1870)[2]. Le métier de ces deux ex-professionnelles a perverti leur cœur jusqu'à leur faire vendre, en partie pour leur bénéfice, leur petite-fille/petite-nièce. Le cas n'était pas rare[3], mais le traitement colettien du thème l'est.

Avec un regard ironique mais cependant tendre, Colette décrit l'univers particulier du demi-monde dans son intimité. La question de l'apparence y est capitale parce qu'elle tisse la trame des relations familiales. En effet, les personnages parlent vêtements, mode, coiffure, bijoux, maquillage et accessoires pour éviter de communiquer réellement.

Une éducation digne
L'aspect sournois de l'éducation prodiguée à l'adolescente réside dans l'opposition entre la rigueur de ses moyens et l'immoralité de ses objectifs. Effectivement, si ses aïeules élèvent Gilberte selon les principes de la bonne bourgeoisie, leur but réel mais tacite est de lui inculquer les moyens de devenir une prostituée.

L'entretien du corps
En premier lieu, sont transmises à Gigi les règles de la propreté : « Mme Alvarez avait fortement inculqué à sa descendance, entre autres vertus, le

---

[1] Toutes les mentions de pages renvoient à Colette, *Gigi* (1944) dans : *Romans - récits - souvenirs*, vol. III, coll. Bouquins, Paris, Robert Laffont, 1989.
[2] Alain Corbin, *Les Filles de noce – misère sexuelle et prostitution aux 19ème et 20ème siècles*, Paris, Aubier- Montaigne, 1978, p. 197 sqq.
[3] *Ibidem*, p. 269 et p. 201.

respect de certains rites et maximes telles que : "La figure, tu peux, à la rigueur, la remettre au lendemain matin, en cas d'urgence et de voyage. Tandis que le soin du bas du corps, c'est la dignité de la femme" » (p. 417). Outre son aspect pratique, cette recommandation insiste pour que se soient les parties du corps « qui servent » qui soient bien entretenues. Dans cette même veine,

> De sa vie passée, elle [Inès] gardait les habitudes honorables des femmes sans honneur, et les enseignait à sa fille et à la fille de sa fille. Les draps ne restaient aux lits que dix jours, et la femme de ménage-laveuse-repasseuse racontait bien haut que chez Mme Alvarez, on n'avait pas le temps de voir passer les chemises et les pantalons de ces dames, ni les serviettes de table. Au cri inopiné de « Gigi, déchausses-toi ! » Gilberte devait quitter souliers et bas, fournir à toute enquête des pieds blancs, des ongles bien taillés et dénoncer la moindre menace de durillon. (p. 419)

De façon plus conventionnelle, Inès veille à envoyer chaque jour Gigi à l'école « nette et les cheveux brossés » (p. 417). Plus loin, c'est tante Alicia qui observe la jeune fille et déclare : « Tu ne dois pas avoir un petit bouton près du nez. [...] tu ne dois ni avoir ni pincer un point noir » (p. 426 *sq.*).

Dans le même ordre d'idée, Gigi reçoit nombres de directives concernant les règles de la décence et la façon de se tenir, par exemple :

> Je t'ai déjà dit que quand tu es assise sur un siège bas, tu dois rapprocher tes genoux l'un de l'autre, et les plier ensemble soit à droite, soit à gauche pour éviter l'indécence.

À quoi Gilberte suggère :

> - Qu'on me fasse des jupes un peu plus longues, que je ne sois pas tout le temps pliée en Z dès que je m'assois. Tu comprends, grand-mère, tout le temps il faut que je pense à mon ce-que-je-pense, avec mes jupes trop courtes.
> - Silence ! Tu n'as pas honte d'appeler ça ton ce-que-je-pense ? (p. 406)

Les réactions choquées d'Inès sont typiques de l'hypocrisie du roman. Suivent encore les injonctions « Tu ne peux donc pas rassembler tes jambes ? » (p. 407), « tire ta jupe » (p. 412), « gantes-toi avant de sortir » (p. 418), « gare à toi si tu marches en grenadier ou si tu traînes les pieds » (p. 427), « ne mange pas trop d'amandes, ça alourdit les seins » (p. 427), etc.

La question du maintien féminin a beaucoup préoccupé les esprits au XIXe siècle[4]. Pour Pierre Bourdieu, ces injonctions qui viennent entraver les mouvements féminins (et qui ne se sont pas limitées à cette époque) véhiculent le rappel constant du système d'opposition – masculin/féminin, droite/gauche, haut/bas, dur/mou – qui fonde l'ordre social et y instaurent

---

[4] Valerie Steele, *Paris Fashion – A Cultural History*, New-York – Oxford, Oxford University Press, 1988, p. 162-167. Philippe Perrot, *Les Dessus et les dessous de la bourgeoisie – une histoire du vêtement au XIXe siècle*, Paris, Arthème Fayard, 1981, p. 185 *sq.*

une hiérarchie. Cet ordre signifie, par exemple, que la droite est préférable à la gauche, le dur au mou, et surtout que le masculin est supérieur au féminin[5]. En l'occurrence, ces instructions corporelles indiquent à Gigi qu'en limitant leur gestuelle, les femmes doivent se soumettre à l'ordre patriarcal. La marginalité de sa famille – sa spécialité professionnelle – ne la libère pas de cette obligation.

Dans le cortège de l'art de tenir son corps et de le garder propre, arrivent également « les bons conseils », douteux en réalité, tels que les énumère Gigi :

> Grand-mère me dit : "Défense de mettre de la poudre, ça gâte le teint ; défense de porter un corset, ça gâte la taille " […]. Là-dessus, voila tante Alicia qui y va d'un autre son de cloche ! Et j'ai passé l'âge du corset-brassière, et je dois prendre des leçons de danse et de maintien, et je dois me tenir au courant et savoir ce que c'est qu'un carat, et ne pas m'en laisser mettre plein la vue par le chic des artistes. (p. 413)

À nouveau, alternent le bon sens et le « savoir » professionnel.

La mode

Parmi ces conseils, suivent également ceux qui concernent la mode à proprement parler. Comme pour le reste, les aïeules se sentent seules investies du savoir nécessaire dans ce domaine. Ainsi, quand Gigi décrit avec émerveillement quelques robes, la première avec « des centaines de petits plis en mousseline de soie gris perle, du haut en bas… » et la seconde « une robe de drap découpé, bleu lavande, sur un fond de velours noir, le dessin découpé fait comme une queue de paon sur la traîne... » – tante Alicia lui coupe la parole pour décréter que « [j]e vois que tu aurais des tendances à t'habiller comme une grande coquette du Français – et tu prends ça pour un compliment » (p. 424).

Ce n'est que vers la fin du roman que Gigi a enfin droit à une véritable garde-robe féminine commandée chez le grand couturier Béchoff-David. Le moment-test tant attendu arrive, quand Gigi se présente à Gaston Lachaille dans une magnifique robe :

> Le mois de mai […] dota Gilberte de deux robes bien faites et d'un manteau léger – "un paletot-sac comme Cléo de Mérode", disait-elle, de chapeaux et de chaussures. Elle y ajouta quelques frisures sur le front qui la banalisèrent. Elle parada devant Gaston dans une robe blanc et bleu, qui touchait presque terre : "Quatre mètres vint-cinq de tour, tonton, qu'elle a, ma jupe !" La minceur de sa taille, sanglée dans un ruban de gros-grain à boucle d'argent, l'enorgueillissait. Mais elle essayait machinalement de libérer son beau cou musclé, pris dans un col baleine, en "venise imitation" comme le corsage froncé. Les manches et la jupe évasée, en toile de soie à

---

[5] Pierre Bourdieu, « Le Corset invisible » dans : « Entretien avec Catherine Portevin », *Télérama* no 2534, 5 août 1998.

rayures blanches et bleues bruissaient légèrement, et Gilberte pinçait avec coquetterie les bouffants des manches sur le bras, un peu plus bas que l'épaule.
– Tu as l'air d'un singe savant, lui dit Lachaille. Je t'aimais mieux dans ta robe écossaise. Avec ce col qui te gêne, tu ressembles a une poule qui a avalé du maïs trop gros... (p. 428)

Au premier abord, cette robe semble être un échec, puisqu'elle ne plaît pas à Gaston. Sa déception traduit en réalité une crainte profonde : celle de voir son amie, honnête, naïve et désintéressée se transformer en personne banale, et peut-être intéressée, justement.

Pourtant, ce serait se méprendre que de croire que la réaction de Gaston indique que le flair des aïeules a failli. Au contraire, cette tenue n'est pas un échec mais une réussite, puisque c'est grâce à elle que les yeux du jeune homme se décillent et qu'il découvre la femme en Gigi : cette robe la métamorphose de garçon-manqué, compagnon de jeux puérils – en maîtresse potentielle. À partir de là, l'action va se précipiter, Gaston Lachaille se déclarer, les aïeules conspirer, etc.

Mais comment la mode atteint-elle ce but ?

Premièrement, Gigi devient femme en portant des vêtements de femme. En effet, le code vestimentaire de la Belle Époque faisait une distinction nette entre les âges, plus qu'il ne le fait aujourd'hui. En l'occurrence, Gigi passe de l'écolière en robe écossaise à la femme en robe bicolore.

De plus, la mode accentue toujours les attributs corporels qui distinguent le féminin du masculin. La mode fin-de-siècle mettait l'accent sur les aspects du corps considérés plus féminins que d'autres, essentiellement la taille, les seins, les hanches et la finesse des extrémités (visages, mains, pieds). Ici, ce n'est que dans cette robe qu'apparaît la taille mince de Gigi et que se manifeste une nouvelle coquetterie. Elle devient donc une femme à part entière.

La mention du réel grand couturier Béchoff-David et de la couturière de moindre renom Lucy Gérard dans le roman attestent de la précision historique chère à Colette. L'écrivain décrit ainsi les relations proches qu'ont effectivement entretenu la Haute Couture et la prostitution de haut vol, au XIXe siècle. En effet, voyant leurs intérêts converger, ces deux organismes ont intensément collaboré : pour les créateurs, le port de leurs vêtements par les courtisanes servait de vivante publicité ; pour les « grandes horizontales », ces vêtements extrêmement couteux étaient autant la preuve de leurs succès que des atouts de séduction[6].

---

[6] Voir encore : Gertrud Lehnert, *Fashion – A Concise History*, Great Britain, Laurence King Publishing, 1999, p. 113 ; Steele, *op. cit.*, p. 158 *sqq.* ; Perrot, *op. cit.* p. 165 *sqq.* ; François Boucher, *Histoire du costume en Occident des origines à nos jours*, Paris, Flammarion, 1996,

Malgré son apparente frivolité, la volonté des deux aïeules d'inculquer à Gigi un savoir-faire de mode est néanmoins fondamentale dans les sociétés modernes. D'après Blumer, « la mode est un excellent mécanisme permettant aux gens de s'adapter, de façon ordonnée et harmonieuse, à un monde changeant, potentiellement plein de possibilités anarchiques[7]3.

Les codes culturels, les bonnes manières, etc.

Tous les personnages du roman se conforment à un strict protocole vestimentaire : Gaston ne conduit jamais sa voiture sans une paire de gants en cuir et porte toujours canne et chapeau ; il fait scandale, quand, sous le coup de l'émotion il sort dans la rue sans canotier ; Inès va régulièrement au marché portant son « caoutchouc » (imperméable) ; Alicia ne sort qu'avec sa voilette, etc.

Ces codes culturels sont également transmis à Gigi. Devant se rendre chez tante Alicia, Gilberte pense endosser son manteau de tous les jours ; réaction de la grand-mère : « À quoi saurait-on que c'est dimanche, alors ? Mets ton manteau uni et ton canotier bleu marine. Quand auras-tu le sens de ce qui convient ? » (p. 406). Le grand mot est lâché : ce qui convient, *le convenable*. Et le roman continue de même : Gigi va-t-elle à son cours, va-t-elle sortir, etc. – les aïeules veillent à ce qu'elle porte la tenue appropriée à l'occasion.

Dans le lot de ces bonnes manières, Gigi intériorise les règles de la politesse, entre autres le compliment obligatoire que toute femme se doit de déclamer avec admiration à un homme « intéressant » à propos de son apparence vestimentaire. C'est d'abord Inès qui congratule Gaston sur l'étoffe de son complet : « C'est distingué au possible, cette rayure fondue. Voila une étoffe comme votre père les aimait. Mais il les portait, je dois dire, avec moins de chic que vous » (p. 408 *sq.*). Bonne élève, Gigi imite son aînée :

> - Asseyez-vous, je vous en prie, tonton. Figurez-vous que je n'ai pas eu le temps de m'habiller. Ce n'est pas comme vous ! En fait de serge bleu marine on ne fait pas mieux !
> Gaston : - Tu n'y connais rien, c'est de la cheviotte. (p. 434)

Naïve, transparente, Gigi échoue.

---

p. 373 ; Shoshana-Rose Marzel, *L'Esprit du chiffon – le vêtement dans le roman français du XIXe siècle*, Berne, Peter Lang, 2005, p. 164 *sqq.*
[7] Herbert Blumer, "Fashion: From Class Differentiation to Collective Selection", dans : *The Sociological Quarterly*, Vol. 10, No. 3, 1969, p. 290 : « Fashion is a very adept mechanism for enabling people to adjust in an orderly and unified way to a moving and changing world which is potentially full of anarchic possibilities ».

Dans ce cas encore, apparaît le mélange de convention et de vénalité propre à ce milieu. La question des bonnes manières était ressentie comme vitale au XIXe siècle, comme en témoignent la pléthore de manuels sur le savoir-vivre[8]. Ici, Gigi intériorise simultanément les codes normatifs et ceux qui pourraient lui servir « plus tard[9] ».

Une certaine sémiotique
Les stades de la vie

Dans ce roman, les stades de la vie sont signalés par les altérations vestimentaires. Les vêtements de Gigi dénotent des rites de passage. La robe écossaise avec des bas de fil, les jupes courtes du début du roman indiquent clairement la jeunesse de Gigi et son immaturité. De même, son refus du « corset Perséphone vert Nil avec les jarretelles brodées en roses coco... » – elle lui préfère un rouleau à musique – montre son caractère juvénile.

Sa robe suivante, « refaite, d'un bleu morne, à corsage froncé sur un empiècement, rafistolage sur lequel on avait cousu, pour l'égayer, trois rangs de galons mohair au bord de la jupe et trois fois trois galons mohair sur les manches, entre le poignet et l'épaule » (p. 423), montre que Gigi, bien que n'étant plus une enfant, n'a pas encore droit aux robes d'adultes.

Enfin, une page importante de sa vie est tournée quand Gigi se fait habiller de pied en cap de vêtements distingués, commandés chez le grand couturier Béchoff-David. Comme le bal de la débutante du XIXe siècle, cette robe marque son entrée dans le monde.

Moins dramatiquement, les aïeules également expriment leur âge, ou leur situation dans la vie par l'apparence circonstanciée ; tante Alicia signale sa vieillesse respectable par de nombreuses dentelles (p. 414) ; Andrée, la mère de Gigi, affiche sa solitude par le négligé de sa tenue d'intérieur, car comme lui fait remarquer sa mère : « On voit que tu n'as pas à craindre le regard de l'homme, ma fille. La présence d'un homme, ça vous guérit une femme de porter peignoir et savates » (p. 418).

Humeur, gestuelle et vêtements

Les personnages expriment leurs humeurs par leurs vêtements et/ou la façon de les traiter. Ainsi l'embarras de Gigi face au nouveau Gaston, celui qui passe de tonton Gaston au statut d'amant potentiel, s'exprime par l'inconfort vestimentaire : elle tire sa jupe nerveusement sur ses genoux, respire

---

[8] Pour n'en citer que quelques-uns, mentionnons le *Manuel de l'homme de bon ton ou cérémonial de la bonne société*, d'Abel Goujon, Paris, Parmentier et Audin, 1830 ; celui de la Baronne Staffe, *Règles du savoir-vivre dans la société moderne*, Paris, Victor-Havard, 1891 ; et celui de la Baronne d'Orval, *Usages mondains. Guide du savoir-vivre moderne dans toutes les circonstances de la vie*, Paris, Victor-Havard, 1901.
[9] La connaissance des pierres précieuses étant également considérée comme indispensable pour l'avenir de Gigi, ce précieux savoir lui est enseigné par tante Alicia. (p. 425 *sq.*)

rapidement jusqu'à tendre l'étoffe de son corsage. Auparavant, fraiche et spontanée, elle découvrait en s'asseyant ses jambes héronnières de quinze ans, faisait sonner ses chaussures dans l'antichambre, ne pendait pas son chapeau mais le jetait, méprisait les élégants bas de soie, etc.

Quant à Gaston Lachaille, heureux et plein d'espoir, il se choisit un complet clair, caresse sa petite moustache relevée au fer, et peigne de ses doigts sa chevelure taillée en brosse ; mais désespéré il porte « un complet d'été à carreaux brouillés », (comme son teint) et oublie son canotier. Même Tante Alicia s'y met : elle porte sa petite dentelle sur la tête en signe de migraine[10].

« Le sérieux de la vie »

Colette décrit le monde borné de ce clan féminin, uniquement instruit par le journal, dans lequel une seule section est lue avidement : celle des potins mondains de bas étage ; là s'étalent les amours des célébrités aux mœurs douteuses, les restaurants et casinos qu'ils rendent à la mode, le suicide raté d'une cocotte abandonnée par son amant, etc. La religion, les adhérences politiques ou sociales, la culture, l'art – « les grandes choses de la vie » – sont pratiquement inexistantes. Quand Gaston Lachaille découvre avec stupeur que Gigi ne sait pas qui est Feydeau et qu'elle va très rarement au théâtre, celle-ci lui explique que son ignorance tient au fait que sa grand-mère et sa grand-tante soutiennent que « le théâtre empêche de penser au sérieux de la vie » (p. 413). Et quand il s'enquiert du contenu de ce sérieux, nous retombons de nouveau dans les préceptes sur le fard, les vêtements et l'apparence.

Ainsi, l'éducation des aïeules est à la fois tendresse et préceptes de métier. Trop innocente, Gigi ne perçoit de cette éducation que ses directives sans prendre conscience de son but.

Colette et la mode

L'omniprésence des questions d'apparence dans ce roman peut surprendre. Pourtant, elle est requise non seulement par le sujet du roman, mais aussi par l'intérêt personnel que lui vouait Colette. Cette femme coquette met à la mode le « col Claudine » ; elle écrit de nombreux articles de mode pour la presse (pour *Le Matin, Vogue, Femina, L'officiel de la couture et de la mode de Paris, Marie-Claire, Modes de Paris,* et bien d'autres encore) ; elle rédige la préface de l'album *Rochas – Vingt-cinq ans d'élégance à Paris* (édition Pierre Tisné, 1951) ; et surtout, elle ouvre un magasin de produits de beauté le 1er juin 1932, au 6 rue de Miromesnil à Paris, avec l'appui financier du

---

[10] Sur ce « vocabulaire du corps », voir encore : Yannick Resch, *Corps Féminin, corps textuel, essai sur le personnage féminin dans l'œuvre de Colette*, Paris, Klincksieck, 1973, p. 11 *sqq.*

Pacha de Marrakech et de la Princesse de Polignac. Tous les produits portent la marque « Colette » ainsi que l'effigie de l'écrivain – de profil – sur les étiquettes[11].

Pour conclure : vêtements et relations familiales

Dans ce roman, Colette utilise à la fois ses connaissances de mode et ses capacités littéraires pour décrire tout d'abord le lien parfois inextricable entre la mode et une féminité à vendre. Mais de plus, l'écrivain approfondit la question en accordant aux vêtements une place exclusive au sein de la dynamique relationnelle[12].

Autorité vs désobéissance

Dans la relation transgénérationnelle, *l'autorité* des aînées s'exprime à travers les choix vestimentaires qu'elles imposent à Gilberte. Ainsi deviennent *des outils de pouvoir* les robes, les coiffures et les accessoires qu'elles interdisent ou qu'elles commandent[13].

Corollaire à cette autorité : l'obéissance de Gigi. Durant tout le roman, Gigi obéit à ses aïeules en élève docile. Le renversement a lieu au moment crucial quand Gigi refuse le marché passé avec Gaston Lachaille. Sa révolte passe avant tout par une désobéissance vestimentaire, son refus de s'habiller comme il convient pour recevoir l'acheteur : « Elle avait gardé sa vieille robe écossaise et ses bas de fil » (p. 434). Refuser la mode, c'est refuser de se fondre dans un moule, et de perdre sa personnalité. En l'occurrence, Gigi refuse le moule prostitutionnel.

Le silence substitut de la parole

Dans ce roman, la transmission de la mode, avec ses codes, ses instructions spécifiques, ses artifices, etc., – expriment ce qui ne se dit jamais à haute-voix. Conséquemment, la préoccupation de l'apparence est simultanément un substitut de la parole et le lieux de tous les messages. Ce silence n'est pas

---

[11] Sidonie-Gabrielle Colette et Sonia Rykiel, *Colette et la mode*, Paris, Plume, 1991 ; Rose Fortassier, *Les écrivains français et la mode*, Paris, PUF, 1988, p. 169 *sqq.*

[12] Sur l'importance de la banalité dans le travail romanesque de Colette, voir Jean Defoix, « Dernières nouvelles », p. 21 *sqq.*, dans *EUROPE*, novembre-décembre 1981.

[13] Notons encore que ce marché n'aurait pu être passé sans la démission maternelle de la mère de Gigi, Andrée. À travers de multiples allusions textuelles, nous apprenons qu'elle aussi avait tâté de la prostitution, mais n'avait pas été capable d'en vivre. En intériorisant l'échelle de valeurs de sa mère et de sa tante, elle considère comme un échec son état de mère-fille qui travaille honorablement. C'est dans cet état d'esprit que l'avenir de Gigi tel qu'on le lui propose – lui semble acceptable.

le fait du hasard ; il est plus facile, effectivement, de discuter chiffon que de parler ouvertement de trafic en chair humaine.

Mais ce silence est à double tranchant. Si, d'une part, il permet la manipulation insidieuse et systématique des deux aïeules, il permet également l'épanouissement secret de la rébellion. Effectivement, à cause de leur travail sournois et de sa naïveté, Gigi interprète l'attention de ses aînées comme de l'amour. Or, cette méprise initiale, due à ce même mur de silence (et à une certaine candeur) permet en retour à Gigi de passer outre, de développer sa personnalité et d'arriver à ses fins[14].

L'homme-objet

Ayant réduit les relations familiales, la prostitution réduit aussi les êtres ; visant essentiellement à exploiter les hommes, elle exclut l'être humain de l'Homme pour en faire un homme-objet, un gagne-pain ;

> À l'intérieur même des cadres sociaux traditionnels, les femmes ont surtout la possibilité de l'exploiter [l'homme] matériellement. Ce ne sont pas les américaines du XXème siècle qui ont inventé l'homme gagne-pain. [...] *Gigi*, le seul roman de Colette "qui finisse bien", et où l'on puisse retrouver le mythe de Cendrillon [...] est en fait une histoire assez sordide. Il faut bien voir que le riche Gaston est avant tout considéré comme une bonne affaire.[15]

C'est également cette réduction humaine que refuse Gigi.

C'est peut-être le recul historique qu'opère Colette qui lui permet d'aborder légèrement des thèmes dramatiques ; traité sur un ton badin, *Gigi* est une comédie ; mais vu le thème du roman, il serait plus approprié de dire que c'est une tragédie qui finit bien. Exposé à travers l'analyse thématique du vêtement, *Gigi* raconte la révolte de l'enfance devant la misère affective des adultes.

---

[14] C'est pourtant Gaston Lachaille qui demande la main de Gigi, ému justement par sa douleur.

[15] Marcelle Biolley-Godino, *L'Homme-objet chez Colette*, Paris, Klincksieck, 1972, p. 88 ; Voir encore : Julia Kristeva, « De Claudine à Sido : Colette ou la chair du monde », dans : *Notre Colette*, Julia Kristeva (dir.), Presses Universitaires de Rennes, 2004, p. 48.

Naši ljudi[1]. De la famille chez Andreï Makine

Murielle Lucie Clément
Université d'Amsterdam

Qu'est-ce que la famille ?

« Depuis longtemps, la famille, pour moi, c'était ma mère, et, à mes côtés, mon frère ; en deçà, au-delà, rien (sinon le souvenir des grands-parents) ; aucun "cousin" cette unité si nécessaire à la constitution du groupe familial[2] », et Barthes continue : « Au reste, combien me déplaît ce parti scientifique, de traiter la famille comme si elle était uniquement un tissu de contraintes et de rites ; ou bien on la code comme un groupe d'appartenance immédiate, ou bien on en fait un nœud de refoulements. On dirait que nos savants ne peuvent concevoir qu'il y a des familles "où l'on s'aime" ». Avec ces quelques phrases de Roland Barthes comme phare, nous étudierons la famille chez Andreï Makine. Il semblerait qu'elle soit très souvent absente des diégèses dans sa complétude. En outre, cette unité si nécessaire à la constitution du groupe familial, les cousins selon Barthes, n'a qu'une présence virtuelle chez Makine et n'est mentionnée qu'une fois au fil de l'œuvre.

D'autre part, Vladimir Droujinine dans *Psychologie familiale* donne une définition du modèle familial russe où règnerait un panachage absurde de traditions (où s'enchevêtrent le *byt*[3] et le *bytié*[4], antinomie conceptuelle sans laquelle une approche de la socio philosophie et socio psychologie russes est impensable[5]) et de gentilité[6]. Dans ces familles, les enfants sont supposés être plus proches de la mère que du père. De plus, comme l'a souligné Olga Makhovskaya dans sa superbe présentation « Crise et transformation du modèle familial russe en situation d'émigration[7] », dans ce

---

[1] Littéralement : « Nos gens ».
[2] Roland Barthes, *Œuvres complètes*, Paris, Seuil, 2002, t. V, p. 849.
[3] Us et coutumes, conventions, cadre socio-psychologiques, le quotidien.
[4] Existence, dépassement du *byt*. Les termes de *byt* et *bytié* sont souvent considérés comme « intraduisibles » par les slavistes.
[5] Andreï Makine, *La Prose de I. A. Bounine, Poétique de la nostalgie*, 1991, Thèse de doctorat en Études slaves, Paris-Sobonne, p. 7.
[6] Vladimir Nikolajevitch Droujinine (Vladimir Nikolaevič Družinin), Psixologija sem'i (психология семьи), Ekaterinbourg, Delovaja kniga, 2000, 176 p.
[7] Olga Makhovskaya, « Crise et transformation du modèle familial russe en situation d'émigration », dans *Famille et société dans l'espace est-européen et la CEI*, (Actes du Colloque international du Centres d'études et de recherches sur les civilisations slaves de l'Université Michel-de-Montaigne Bordeaux 3, 13-14 mai 2004) sous la direction de Pascale Melani, numéro hors série de Slavica Occitania, Specimina Slavica Tolosana – X, 2005, pp. 113-118.

modèle, le père « détient un pouvoir inconditionnel, tandis que c'est la mère qui supporte les responsabilités ». Les relations entre les époux y seraient le champ d'une certaine conflictualité, non seulement psychologique, mais parfois physique aussi. Dans ce modèle peuvent se profiler quelques variantes. On observe alors le père soumis et privé de pouvoir sous la coupe de sa femme. Une situation, créée par les contrecoups de la Seconde Guerre mondiale. Modèle familial qui n'a pu survivre à l'époque soviétique que par un système d'encadrement extérieur développé. Ce modèle se retrouve-t-il dans les romans d'Andreï Makine qui traitent de la période soviétique ? Les familles représentées correspondent-elles à ce modèle familial russe défini par Droujinine ? Nous nous proposons d'offrir un aperçu de la famille, des liens familiaux et de leurs représentations dans différents romans de l'écrivain et d'en dégager les symboles respectifs et leurs implications. L'approche utilisée sera celle du close reading, la plus appropriée à l'analyse critico-spectrale que nous entreprenons.

La famille virtuelle

À une première lecture des romans, nous sommes surprise par le grand nombre de familles photographiées. Le narrateur du *Testament français* (1995)[8] feuillette l'album de photographies familial. C'est probablement la photo de sa grand-mère enfant qui le subjugue le plus :

> Cette photo, prise déjà en Sibérie : Albertine, Norbert et, devant eux sur un support très artificiel comme l'est toujours le mobilier chez un photographe, sur une espèce de guéridon très haut – Charlotte, enfant de deux ans, portant un bonnet orné de dentelles et une robe de poupée. Ce cliché sur un carton épais, avec le nom du photographe et les effigies des médailles qu'il avait obtenues, nous intriguait beaucoup : "Qu'a-t-elle de commun, cette femme ravissante, au visage pur et fin entouré de boucles soyeuses, avec ce vieillard dont la barbe blanche est divisée en deux tresses rigides, semblables aux défenses d'un morse ?"[9]

La photographie reproduit, en premier lieu, le modèle familial de Droujinine avec le père, la mère et un enfant. La figure de Norbert semble bien être celle d'un patriarche imbu du pouvoir dévolu à sa position de *pater familias*.

La description de cette photo, qu'elle soit fictive ou réelle, permet à Makine par l'entremise de son narrateur d'aborder la différence d'âge incongrue entre les conjoints. Le narrateur et sa sœur sont totalement fascinés par cette photographie sur laquelle les époux accusent une différence de vingt-six ans. Comme s'il s'était marié « avec sa propre fille » disent-ils offusqués. Selon leurs livres scolaires, il ne peut s'agir que d'un mariage bourgeois « entre une jeune fille sans dot et un vieillard riche, avare

---

[8] Andreï Makine, *Le Testament français*, Paris, Mercure de France, 1995.
[9] *Ibidem*, p. 20.

et friand de jeunesse ». Les enfants vivent sous le régime soviétique et en filigrane de cette photo transparaît l'idéologie par la remarque qu'elle autorise. Un homme et une femme accusant une telle différence d'âge, mariés ensemble ne peuvent être qu'une réminiscence de la vie bourgeoise combattue à la Révolution. Toutefois, l'histoire de l'enterrement de Norbert où Albertine veut se jeter dans la tombe avec lui dément le statut de victime de cette dernière. « C'est que peut-être... elle l'aimait[10] » finissent-ils par conclure. Mais, cet amour marital, s'il fut, est depuis longtemps révolu. Norbert et Albertine sont les arrière-grands-parents des enfants et ces derniers ne les ont pas connus. Seules les photographies leur offrent un aperçu de leurs aïeux. Il en va de même pour toute la famille à l'exception de leur grand-mère Charlotte. Il sera aussi question d'un oncle et d'une tante paternelle. Les parents, jamais décrits, périssent en cours de roman.

Charlotte, le fruit de leur union, intrigue bien davantage le narrateur que le mariage surprenant de Norbert et Albertine :

> Mais plus encore que l'insolite union entre Norbert et Albertine, c'est Charlotte, sur cette photo du début du siècle, qui éveillait ma curiosité. Surtout ses petits orteils nus. Par simple ironie du hasard ou par quelque coquetterie involontaire, elle les avait repliés fortement vers la plante du pied. Ce détail anodin conférait à la photo, somme toute très commune, une signification singulière. Ne sachant pas formuler ma pensée, je me contentais de répéter à part moi d'une voix rêveuse : "Cette petite fille qui se trouve, on ne sait pas pourquoi, sur ce drôle de guéridon, par cette journée d'été disparue à jamais, ce 22 juillet 1905, au fin fond de la Sibérie. Oui, cette minuscule Française qui fête ce jour-là ses deux ans, cette enfant qui regarde le photographe et par un caprice inconscient crispe ses orteils incroyablement petits et me permet ainsi de pénétrer dans cette journée, de goûter son climat, son temps, sa couleur...".[11]

Un détail frappant de la réflexion du narrateur est sa capacité à entrer dans le cliché, d'en goûter les particularités relatives à la journée lors de la prise de vue, ce qui est d'autant plus surprenant que le narrateur révèle que la scène se passait dans un studio, donc à l'intérieur. Les petons recroquevillés sont le détail qui enclenche la rêverie et la réflexion ainsi que la faculté de pénétrer dans cet univers révolu, cette journée « disparue à jamais ». Par cet effort, il rejoint la famille idéale et la dote d'un membre supplémentaire : un fils.

La mention de la date du 22 juillet 1905 évoque une année importante pour l'Histoire, tant pour la France que pour la Russie. En cette année, la loi de la séparation de l'Église et de l'État est votée en France. En Russie, 1905 est l'année de la révolution prolétarienne sans laquelle la révolution de 1917 n'aurait peut-être jamais vu le jour, du moins n'aurait-elle pas mis si peu de temps à se cristalliser. Par ailleurs, le commentaire de la photographie situe la famille historiquement.

---

[10] *Ibidem*, p. 21.
[11] *Ibidem*, p. 22.

Dans la description de cette photographie se retrouve dans les grandes lignes la définition du modèle familial russe selon Droujinine. S'y allient le *byt* par la description détaillée des orteils de Charlotte enfant, et le *bytié* par l'évocation de la date fatidique de l'année 1905. En outre, par la mention de cette date, affleure aussi dans une mise en abyme l'antinomie du *byt* et du *bytié*. Le *byt* résidant pour la Russie dans le quotidien révolutionnaire et la complexité du cadre socio psychologique généré pour les habitants ; le *bytié*, son dépassement, transcrit dans la loi française dérivée d'un code pénal datant de la Révolution de 1789, le code pénal étant, à son tour, la transcendance des us et coutumes par le système scripturaire.

Charlotte, née avec le siècle, métaphorise la Russie prérévolutionnaire où les relations interculturelles franco-russes avaient droit de cité. Bébé, elle possède un attrait qui se condense dans ses orteils, symbolisation d'une origine exceptionnelle selon Jean Chevalier, *Dictionnaire des symboles* (1982)[12], mais qui forme aussi un symbole érotique. Ce symbole érotique métaphorise le pouvoir de l'horreur révolutionnaire et la fascination du pire exercée sur ceux qui n'ont pas vécu ses temps troublés.

L'érotisme de Charlotte adulte n'est plus pédestre ni sur un piédestal, mais visiblement labial sur « l'unique photo de mariage (toutes les autres, celles où apparaissait le grand-père, seraient confisquées lors de son arrestation) : leurs deux visages, légèrement inclinés l'un vers l'autre, et sur les lèvres de Charlotte, incroyablement jeune et belle, ce reflet souriant de la "petite pomme"[13] ». Deux mots magiques prononcés lors de la prise de vue, confèrent aux femmes photographiées un air mystérieux. De plus, dans cette photographie se profile l'arrestation terrible du grand-père qui sera relatée plus loin, et avec elle, celles de tous les innocents déportés par le régime : connotation situationnelle idéologique de la famille[14].

Chez Makine, l'alchimie de la photographie familiale ne tient pas d'un processus de laboratoire mais en deux mots. Un effet que le narrateur trace jusque sur la face de nombreuses parentes dans l'album familial. Telle : « Cette parente moscovite, par exemple, sur l'unique cliché de couleur de nos albums. Mariée à un diplomate, elle parlait sans desserrer les dents et soupirait d'ennui avant même de vous avoir écouté. Mais sur la photo, je distinguais tout de suite l'effet de la "petite pomme"[15] ». Même les femmes grincheuses ou sans attrait se parent d'une aura bénéfique en prononçant la

---

[12] Jean Chevalier et Alain Gheerbrant, *Dictionnaire des symboles,* Paris, Laffont, 1982, p. 712.

[13] Andreï Makine, *Le Testament français,* Paris, Mercure de France, 1995, p. 94.

[14] Sur la famille du narrateur : Murielle Lucie Clément, « Aleas identitaires dans *Le Testament français* d'Andreï Makine », in *Identité et altérité dans les literatures francophones,* Driss Aïssaoui ed., Dalhousie French Studies, Volume 74-75, Spring-Summer 2006, pp. 297-311.

[15] *Ibidem,* p. 14.

formule magique lorsque prises en photo. De même les insignifiantes, les jeunes comme les plus âgées :

> Je remarquais son [de la petite pomme] halo sur le visage de cette provinciale terne, quelque parente anonyme et dont on évoquait le nom que pour parler des femmes restées sans mari après l'hécatombe masculine de la dernière guerre. Même Glacha, la paysanne de la famille, arborait sur de rares photos qui nous restaient d'elle ce sourire miraculeux. Il y avait enfin tout un essaim de jeunes cousines qui gonflaient les lèvres en essayant de retenir pendant quelques interminables secondes de pose ce fuyant sortilège français. En murmurant "petite pomme", elles croyaient encore que la vie à venir serait tissée uniquement de ces instants de grâce.[16]

La mention des photographies familiales laisse percevoir la cohorte de vieilles filles que la guerre a privées d'épousailles. Fonder une famille ne leur a pas été donné à ces parentes inconnues. Le narrateur, s'il sait les secrets de leur vie, ne les a jamais rencontrées. C'est au travers des clichés de familles que se tissent les liens familiaux d'où la figure paternelle est totalement absente pour cause de décès au champ d'honneur. En contemplant les instantanés, le narrateur s'évade de la réalité quotidienne pour plonger dans leur univers suranné et révolu. Bien que les clichés comprennent l'instantisation du *byt*, ils en saisissent le phantasme pour le narrateur privé de famille qui se sent grâce à eux entouré d'un cocon familial bien que celui-ci reste virtuel. Ce désir de rejoindre l'unité familiale inconnue se retrouve dans plusieurs romans.

Dans *Au temps du fleuve Amour* (1994), la prostituée étale sur le couvre-lit, où le jeune narrateur vient de perdre sa virginité, des photos noir et blanc qui représentent une famille d'allure idéale :

> C'était presque toujours une femme jeune et souriante qui se protégeait les yeux du soleil. Elle tenait dans les bras un enfant qui lui ressemblait. Parfois, à côté d'eux, apparaissait un homme habillé d'un pantalon large et d'une chemise au col ouvert que plus personne ne portait depuis longtemps. Et je respirais l'air frais de ces journées inconnues que je reconnaissais dans la lumière vacillante de la bougie. Un bout de rivière, l'ombre d'une forêt. Leurs regards, leurs sourires. Leur complicité de famille. Malgré moi, je vivais cette joie des gens étrangers. Les commentaires que la femme rousse me donnait à travers ses larmes silencieuses évoquaient toujours cet été paradisiaque. Et puis la fatale dispersion de la chaleur concentrée sur ces clichés jaunis. Quelqu'un était parti, disparu, mort. Et le soleil qui obligeait la jeune femme a plisser les yeux sur les photos s'était transformé en ce halo trompeur des trains de nuit à la gare enneigée de Kajdaï...[17]

Cette jeune famille photographiée correspond aussi au modèle de Droujinine en cela que l'enfant repose dans les bras de sa mère, illustrant le

---

[16] *Ibidem.*
[17] Andreï Makine, *Au temps du fleuve Amour*, Paris, Éditions du Félin, 1994, p. 62.

lien de proximité qui les rattache à former une unité. Toutefois, la figure du père, souvent présente semble anodine et non patriarcale au sens fort, sans autorité démonstrative. Pour le jeune Mitia, les photographies sont un univers virtuel, tout comme l'est là famille représentée, dans lequel il pénètre. En outre, elle représente le franchissement de la limite du *byt* puisque la réalité est tout autre, mais en permettent par la contemplation la transcendance.

> La bordure des photos était ouvragée. Celui qui l'avait découpée devait rêver à cette longue histoire de famille qu'elles allaient évoquer un jour, rassemblées dans un album. Je prenais un cliché, je caressais ce bord façonné, je sentais sur mon visage le vent des journées ensoleillées, j'entendais le rire de la jeune femme, les criaillements de l'enfant... La flamme de la bougie s'étirait, palpitait, la tempête se débattait bruyamment dans la cheminée, le feu ravivé embaumait l'obscurité de senteurs chaudes, pénétrantes. L'ivresse détacha cet instant de ce qui l'avait précédé. L'isba de la femme rousse devenait ma maison retrouvée. Et cette femme assise à côté de moi était un être proche dont je mesurais désormais l'absence...[18]

Par les photographies, Mitia devient conscient de la famille dont il est frustré. Ne connaissant pas le nid familial, il ne peut que vouloir s'y fondre ignorant des pressions que celui-ci peut commettre sur la personnalité. En effet, comme le remarque si justement Olga Mileeva dans son très bel article, « L'influence de l'histoire soviétique sur les représentations de la famille chez les individus russes d'aujourd'hui[19] », la famille est un lieu « ou un organisme qui contrôle et qui oppresse la personnalité, mais d'autre part, c'est un foyer chaleureux autour duquel se réunissent des gens proches qui se soutiennent ». De toute évidence, le narrateur ne pense qu'à la seconde partie de l'énoncé et se glisse aux côtés de la famille avenante.

La femme redevient l'instant d'un regard, une jeune mère avec un enfant dans les bras. Figure de la Madone où le rôle paternel joue une moindre part comme dans le cliché de la femme à la chapka : « une femme en grosse chapka aux oreillettes rabattues, en veste ouatée. Sur un petit rectangle de tissu blanc cousu à côté de la rangée des boutons – un numéro. Dans ses bras un bébé entouré d'un cocon de laine...[20] ». Instantané esthétisé duquel la figure paternelle en filigrane d'absence accable de tout son poids. Il faut garder en mémoire que « Si nous parlons de la famille, le système totalitaire a influencé la famille en tant qu'entité. En premier lieu, par le

---

[18] *Ibidem*, p. 63.
[19] Olga Mineeva, « L'influence de l'histoire soviétique sur les représentations de la la famille chez les individus russes d'aujourd'hui », dans *Famille et société dans l'espace est-européen et la CEI*, (Actes du Colloque international du Centres d'études et de recherches sur les civilisations slaves de l'Université Michel-de-Montaigne Bordeaux 3, 13-14 mai 2004) sous la direction de Pascale Melani, numéro hors série de Slavica Occitania, Specimina Slavica Tolosana – X, 2005, pp. 119-126.
[20] Andreï Makine, *Le Testament français*, Paris, Mercure de France, 1995, p. 307.

truchement de la destruction des limites de la vie privée[21] ». Dans le roman makinien, le système totalitaire se lit en contrepoint de l'histoire familiale représentée par les photographies reflétant l'indissociabilité du domestique et du politique dans les romans. De ce fait, la famille est idéologiquement et historiquement située.

Mais la saga familiale n'est parfois qu'une fiction comme pour le narrateur de *Requiem pour l'Est* (2000)[22] et son aimée. Ces années passées loin de leur pays, forgent leur couple feint, composé de main de maître par le KGB pour mystifier le parti adverse. Leur album de photos de famille rassemble des clichés photographiques falsifiés :

> Un album dont les clichés, savamment exécutés et disposés dans un ordre voulu, devaient confirmer l'identité sous laquelle nous vivions à ce moment-là : un couple de chercheurs canadiens qui dirigeaient une prospection géologique. Des photos de famille, de notre famille qui n'avait jamais existé, qui n'avaient pour réalité que ces visages souriants de nos soi-disant proches et de nous-mêmes dans un décor de vacances ou de réunions familiales.[23]

Ici aussi la famille reste toute virtuelle. Non seulement son rassemblement est fictif, ses éléments et sa représentation le sont tout autant. Par les photographies de cet album, une réalité tronquée est représentée. C'est le *bytié* au superlatif, une mise en abyme de sa transcendance où la vérité quotidienne n'a pas cours, engluée dans une réalité guerrière : « Quant à notre vérité personnelle, elle se résumait à cette vingtaine de visages, jeunes et vieux, qui nous entouraient sur les pages d'un album de photos, nos chers proches que nous n'avions jamais connus...[24] ». Dans cette phrase résonne non seulement sans aucun doute une pointe de regret mais aussi une ressemblance avec la nostalgie de Mitia dans *Au temps du fleuve Amour* pour « un être proche dont [il] mesure désormais l'absence », vue plus haut.

N'y aurait-il donc point de familles tangibles chez Makine ?

Que si. Les grand-mères et les tantes jouent un rôle éducateur important et remplacent les parents absents pour quelque raison obscure, mais que le lecteur peut, plus ou moins, deviner d'après le contexte. Il y a bien sûr, la grand-mère du *Testament français*, Charlotte, une Française échouée en

---

[21] Olga Mineeva, « L'influence de l'histoire soviétique sur les représentations de la la famille chez les individus russes d'aujourd'hui », dans *Famille et société dans l'espace est-européen et la CEI*, (Actes du Colloque international du Centres d'études et de recherches sur les civilisations slaves de l'Université Michel-de-Montaigne Bordeaux 3, 13-14 mai 2004) sous la direction de Pascale Melani, numéro hors série de Slavica Occitania, Specimina Slavica Tolosana – X, 2005, pp. 119-126.

[22] Andreï Makine, *Requiem pour l'Est*, Paris, Mercure de France, 2000.

[23] *Ibidem*, p. 71.

[24] *Ibidem*, p. 74.

Sibérie après les aléas de la guerre, et ses consœurs : Alexandra de *La Terre et le ciel de Jacques Dorme* (2003)[25], française, elle aussi, infirmière et émigrée en Sibérie qui remplace les parents disparus. Pour le narrateur de *Au temps du fleuve Amour*, c'est une tante qui, en l'absence de ses parents, se charge de son éducation. Le narrateur de *Requiem pour l'Est*, quant à lui, est élevé par une amie de ses parents fusillés alors qu'il est encore un bébé, Sacha qui lui a sauvé la vie. Elle aussi est Française. En cela, avec les femmes comme pilier central, la famille makinienne est conforme au modèle droujinien car dans la famille russe, la mère et la grand-mère jouent un rôle central[26].

Si les parents sont absents de la plupart des diégèses, lorsqu'ils sont présents, l'amour qu'ils portent à leurs enfants est gorgé d'altruisme et de sacrifice rendu visible dans les deux premiers titres : *La Fille d'un héros de l'Union soviétique* (1991)[27] et *Confession d'un porte-drapeau déchu* (1992)[28]. Dans le premier, la famine déchire la famille tout juste formée en faisant périr le bébé d'un couple de jeunes mariés qui s'étaient rencontrés dans l'affrontement mortel de deux peuples rivaux : la Seconde Guerre mondiale. La famille à peine reconstituée par la naissance d'une petite fille, Olia, la fille du héros de l'Union soviétique, la mère Tatiana, meurt emportée par le déplacement de l'éclat d'obus resté niché près de son cœur, vestige de la guerre dévastatrice. Oui, la grande famille soviétique dont Makine tire le portrait tout au long des pages, se montre moins chaleureuse lorsqu'il s'agit de défendre ses intérêts individuels. Tatiana est piétinée par la foule familiale, Naši ljudi, dans la queue où elle attend son tour pour un peu de beurre. Sa fille, Olia, sera embrassée par la grande famille des traductrices du KGB qui se prostituent aux étrangers pour récupérer quelques secrets commerciaux d'importance discutable[29]. Cette famille diégétique répondant en tous points au modèle familial de Droujinine est déchiquetée par le destin.

Dans le second roman, la famille nucléaire est enrobée dans la famille communale, elle-même enserrée dans la grande famille soviétique. Les mères y occupent une place de domination domestique que les pères ne peuvent remplir, amoindris par les séquelles de blessures de guerre dont ils

---

[25] Andreï Makine, *La Terre et le ciel de Jacques Dorme*, Paris, Mercure de France, 2003.
[26] Myriam Désert, Kathy Rousselet, « Les réseaux d'entraide familiaux en Russie post-soviétique », dans *Famille et société dans l'espace est-européen et la CEI*, (Actes du Colloque international du Centres d'études et de recherches sur les civilisations slaves de l'Université Michel-de-Montaigne Bordeaux 3, 13-14 mai 2004) sous la direction de Pascale Melani, numéro hors série de Slavica Occitania, Specimina Slavica Tolosana – X, 2005, pp. 119-126.
[27] Andreï Makine, *La Fille d'un héros de l'Union soviétique*, Paris, Robert Laffont, 1990.
[28] Andreï Makine, *Confession d'un porte-drapeau déchu*, Paris, Belfond, 1992.
[29] Sur les aléas dans cette famille voir Murielle Lucie Clément, « Idéalisation et désacralisation d'un héros dans *La Fille d'un héros de l'Union soviétique* d'Andreï Makine » *Roscir*, Juillet 2006, pp. 19-37, http://www.rocsir.usv.ro/actual.htm

périront, laissant les enfants orphelins. Les mères, pleines de courage, taisent à leurs enfants de lourdes anecdotes vécues pendant la guerre et préservent ainsi leur innocence le plus longtemps possible. Belle leçon d'abnégation qui camoufle les récits de cannibalisme de l'une, conséquence de la famine dans le sillage de la guerre et du blocus de Stalingrad, ceux de déportation barbare de l'autre. À tout prendre, très certainement les familles de *Confession d'un porte-drapeau déchu* sont le plus unies, jusqu'à celle des Komsomols qui pourtant rejette les deux héros trop enthousiastes et peut-être pas assez dupes du grand mensonge totalitaire comme le fut Élias, le héros de *l'Amour humain* (2006)[30].

Arrivé aux portes de la mort ce dernier n'oublie pas celles de l'amour dans une famille où la figure maternelle domine faute de présence paternelle au foyer : « C'est finalement le seul mystère que j'ai gardé de mon enfance. Ma mère, déjà détruite par la misère, par le mépris de ceux qui achetaient son corps, a été capable de me donner un bonheur absolu, une paix sans une faille d'angoisse. J'ai toujours pensé que cette capacité d'aimer, en fait si simple, était un don suprême, oui, une puissance divine...[31] ». Ce don sublime ne l'aura pas protégé de croire à l'amour et ses mirages comme à ceux du grand rêve marxiste : la grande famille, Naši ljudi, l'immense mystification propagandiste de « nos camarades ».

En outre, la famille n'est pas tout à fait ce qu'elle semble être. Dans la plus grande tradition du Village Potemkine, approchée de trop près, elle se révèle un leurre. La mère paysanne de *Requiem pour l'Est* cachait en fait une noble, la grand-mère, une étrangère dans *Le Testament français* ; une inconnue du même roman, disparue de l'album familial, se révèle une mère ignorée. Le couple de chercheurs scientifiques dissimule un couple d'espions : leur mariage : une imposture. Dans *Le Crime d'Olga Arbélina* (1998), le garçon viole sa mère à son tour l'amante passionnée de son fils[32].

Chez Makine, la famille est traversée de soubresauts convulsifs hérités des révolutions successives qui ont secoué le pays de part en part, le faisant par deux fois changer de nom ce que traduit si bien le narrateur de *Au temps du fleuve Amour* :

---

[30] Andreï Makine, *L'Amour humain*, Paris, Seuil, 2006.
[31] *Ibidem*, p. 161.
[32] Sur la relation mère / fils dans ce roman voir Murielle Lucie Clément, « Poétique du virtuel dans *Le Crime d'Olga Arbelina* d'Andreï Makine » dans *In Aqua Scribis, Le Thème de l'eau dans la littérature*, Michal Piotr Mrozowicki ed., Gdansk, Presses Universitaires, 2005, pp. 453-462 et « Amour tragique et tendre volupté. Transgression de l'interdit chez Andreï Makine », Annye Castonguay, Jean-François Kosta-Théfaine et Marianne Legault ed., *Amour, passion, volupté, tragédie : Le sentiment amoureux dans la littérature française du Moyen Âge au XXè siècle*, Biarritz, Atlantica Éditions, 2007, pp. 205-224.

> Dès le début du siècle, l'histoire, tel un redoutable balancier, s'est mis à balayer l'Empire par son va-et-vient titanesque. Les hommes partaient, les femmes s'habillaient de noir. Le balancier mesurait le temps : la guerre contre le Japon ; la guerre contre l'Allemagne ; la Révolution ; la guerre civile... Et, de nouveau, mais dans l'ordre inversé : la guerre contre les Allemands ; la guerre contre les Japonais [...]. De la Volga, ils sont allés jusqu'à Berlin en dallant cette route de leurs cadavres.[33]

La famille makinienne est en deuil.

De plus, le couple, cette relation sans laquelle aucune famille ne pourrait se fonder, recèle des secrets revêches à la lumière du jour. Il en est ainsi d'Olga et de son fils, coupables d'une relation inavouable et du narrateur de *Requiem pour l'Est*, de sa compagne et de leur couple, non seulement illégitime, mais encore, fabriqué de toutes pièces par les photographies pour les besoins de la cause. Malgré cette diversité incontestable, les couples disséminés au cours des diégèses, légitimes ou illicites, ont un point commun : beaucoup se forment au cours ou peu après une guerre.

Le champ de bataille est le point de rencontre d'Ivan et Tatiana. Elle est infirmière au secours des blessés, il est un soldat à demi-mort dans une flaque gelée, colonel Chabert et prince André simultanément. Piotr et Liouba font connaissance trois ans après la guerre, le jour anniversaire de la Victoire. Il est invalide, elle vend de l'alcool et des cigarettes dans un kiosque sur le square. Nikolaï découvre Anna à demi enterrée vivante dans une clairière par des tueurs sans merci dans un combat inégal. Jacques Dorme et Alexandra trouvent l'amour au plus fort de la tourmente guerrière. Pavel et la Balkare dont on ignore le nom s'enfuient dans le Caucase pour préserver leur couple des atrocités militaires et fonder leur famille : un fils, le narrateur. Celui-ci, engagé dans les unités d'espionnage, part en mission de plusieurs années dans les pays ravagés par la belligérance des humains avec une compagne. C'est d'une autre réalité guerrière qu'émerge le couple Arbéline, celle de la Révolution. Le futur mari d'Olga, le prince Arbéline, la sauve de son violeur pendant la guerre civile. C'est leur premier rendez-vous, non pas d'amour mais, du destin. Ils se retrouveront à Paris, convoleront. Il la quittera. Suivra alors le couple interdit qu'elle forme avec son fils à son mariage désuni. On le voit, les couples se font et se défont sur fond de guerre et de violences subséquentes et la famille bat de l'aile chez Makine lorsqu'elle n'est pas totalement pulvérisée par d'autres combats, démantelée par les décès ou l'exil[34].

---

[33] Andreï Makine, *Au temps du fleuve Amour*, Paris, Éditions du Félin, 1994, pp. 17-18.

[34] Voir Murielle Lucie Clément, « L'Exil dans *Le Testament français* d'Andreï Makine » dans *Mythes et mondialisation. L'exil dans les littératures francophones*, Olga Gancevici et Adriana Bârsan eds, Suceava, Université de Suceava, 2006, pp.75-87.

Naši ljudi. Ces familles disjonctées et disjointes ne sont rien d'autre que la métaphore des Empires de l'Est, celui de toutes les Russies des tsars et celui des Républiques socialistes soviétiques, explosés et implosés dont le fils hémophilique d'Olga en est le symbole le plus vif. Un empire que l'hémorragie continue occasionnée par les guerres et les conflits extérieurs tout autant qu'intérieurs ont laissé exsangue, défait mais aimé de l'auteur d'un amour infini comme Olga adore son fils jusqu'à la transgression de l'interdit absolu. Makine, fils de cet empire sombré, divulgue les relations familiales, ces liens que l'on n'a pas choisis, comme autant de vaisseaux scindés et désemplis de leur sang qui s'évanouit dans le sol natal et laisse sans vie ce qui fut la plus grande famille politique de tous les temps.

En somme, les romans comprennent peu de représentations de famille traditionnelle suivant le modèle défini par Droujinine. Seules quelques photographies le reconstituent. En effet, la figure du père est le plus souvent absente des familles diégétiques. La raison en sont les guerres ravageuses et faucheuses d'hommes que les romans traitent amplement et qui se manifestent en filigrane dans les photographies familiales, convergence du *byt* et du *bytié*. Les parents et leur progéniture sont souvent liés par des attaches trempées de sang et de mort jusqu'à tisser un amour absolu. Les secrets sont tus au-delà du trépas. Monnaie courante, le mensonge par omission protège, jusqu'à ce que mort s'ensuive, l'âme juvénile si ce n'est celle de l'adulte. Les enfants ne recevront les confidences que l'âge de raison atteint ; les parents n'apprendront d'incontestables vérités qu'au seuil de la folie ou du décès. N'est-ce pas là le concept même de l'enfance : être maintenue hors du champ des aléas inhérents à la vie responsable, dans le giron familial à l'abri de confidences trop accablantes ? Cela dépend des secrets scellés et chez Makine, ils pèsent très lourd : inceste, cannibalisme, internements barbares, massacres, viols sauvages, famines planifiées : symboles et métaphores d'un système cruel, grugeur de vies humaines. En outre, la famille généralement ne procure pas l'écran protecteur que tout enfant est en droit d'attendre des siens. La famille, éclatée, fragmentée, symbolise la Russie déchirée, broyée par les révolutions, une Russie en désaccord avec elle-même, tiraillée par les dissidences internes. Toutefois, lorsqu'elle est pleinement représentée dans les diégèses, c'est une famille « où l'on s'aime » d'un amour indéfectible dont seuls les coups de boutoir forcenés du destin peuvent anéantir la radiance. L'amour des mères y est incommensurable, excessif parfois, décuplé par l'absence ou l'amoindrissement des pères.

Dans les diégèses, la famille apparaît comme une entité maltraitée, unie tout en étant de composition disparate lorsqu'elle n'est pas réduite à sa plus simple expression de couple, inexistante dans ses ramifications. Ses membres, dûment représentés, que ce soit mère, fils, père, tante, fille, grand-mère, frère, se profilent au fil des pages sans être ce qu'ils paraissent au premier abord. L'ambivalence règne parmi les fonctions occupées au sein du cocon familial, cercueil plombé jaloux de ses proies plus que chrysalide d'où s'envolerait dans un bruissement chatoyant un papillon soyeux.

Chez Andreï Makine, la famille pâtit sous le joug totalitaire et le regard sociétal. Tiraillée jusqu'à l'écartèlement, meurtrie, disloquée, pantin désarticulé, elle gît moribonde dans le crime de sang, bafouée dans le simulacre, ignorée dans la fraternité, exécrée dans l'attente. Béatifiée dans les bras des madones, elle ressurgit tel un phénix de ses cendres et, meurt d'épuisement sous l'effort dans un pays où le nous a remplacé le je.

« Plus de médium, plus d'image… » - Le remplacement du lien familial par le clonage dans l'œuvre de Michel Houellebecq : Une possibilité de survie ?

Julia Pröll

Université d'Innsbruck

Introduction

« Tout ce que la science peut permettre sera réalisé, même si cela modifie profondément ce que nous considérons aujourd'hui comme humain, ou comme souhaitable[1] », déclare Michel Houellebecq dans un entretien après la parution de son roman *La Possibilité d'une île*. Ce roman est fidèle à ce vœu et nous décrit un univers où grâce aux travaux de la secte des élohimites le clonage est possible, où la vie éternelle est devenue réalité. Les néo-humains, copies génétiques exactes de leurs ancêtres humains sont produits à la chaîne dans un endroit appelé la « Cité centrale ». La réduplication y démarre à chaque fois qu'un des clones s'éteint[2].

Si nous considérons l'œuvre de Michel Houellebecq comme « œuvre-réseau » où certains thèmes, tel le clonage, sont repris plusieurs fois, *La Possibilité d'une île* apparaît comme la précision apportée à son second roman *Les Particules élémentaires*. Dans le dernier roman de Houellebecq sont décrits les détails sur la vie des clones – détails que son second roman a passé sous silence.

Le clonage affecte profondément les relations familiales, surtout parce qu'il introduit un nouvel ordre généalogique. Contrairement à la famille traditionnelle – un père et une mère engendrent un enfant - le clonage obéit à un schéma monoparental, c'est-à-dire que le couple n'est plus la condition nécessaire pour un enfant. À la dualité se substitue selon Baudrillard « la perpétuation d'une identité[3] ». Cette tyrannie du « même » abolit, toujours selon Baudrillard,

> radicalement la mère, mais aussi bien le père, l'enchevêtrement de leurs gènes, l'intrication de leurs différences, mais surtout l'acte *duel* qu'est l'engendrement. Le cloneur ne s'engendre pas : il bourgeonne à partir de chacun de ses segments […]. Le père et la mère ont disparu, non au profit d'une liberté aléatoire du sujet, mais au profit

---

[1] Michel Houellebecq, « "Tout ce que la science permet sera réalisé"», dans *Le Monde*, 20 octobre 2005.
http://www.lemonde.fr/web/imprimer_élément/0,40-0,50-681484,0html (6.12.2006).
[2] Voir Michel Houellebecq, *La Possibilité d'une île*, Paris, Fayard, 2005, p. 26 *sq.*
[3] *La Transparence du mal. Essai sur les phénomènes extrêmes*, Paris, Galilée, 1994, p. 120.

d'une *matrice appelée code* […]. Et c'est elle, celle du code génétique, qui « enfante » désormais à l'infini sur un mode opérationnel, expurgé de toute sexualité aléatoire.[4]

Pour analyser plus précisément les conséquences de ce changement de paradigme notre argumentation procédera en trois temps. Premièrement il s'agit de décrire le « désastre familial », dont parlent presque tous les textes de Houellebecq. Deuxièmement nous regarderons de plus près la solution proposée face à la misère, solution, qui s'avère illusoire : suivant les théories de Baudrillard sur le clonage nous verrons que la réduplication artificielle, au moins dans *La Possibilité d'une île*, aboutit à ce que Baudrillard appelle « l'enfer du Même[5] ». Mais, comme nous le montrera la troisième partie de ce travail, dans cet enfer, la tradition, la mémoire ou l'engendrement continuent leur existence sur un autre niveau qui est celui de l'écriture. Le fait que les clones commentent le récit de vie de leur ancêtre humain montre le remplacement du lien familial par le lien scriptural.

Mais abordons d'abord la haine omniprésente dans les relations familiales décrites par Houellebecq.

La haine omniprésente dans les relations familiales : conséquence de l'extension du domaine de la lutte

Murielle Lucie Clément[6] constate l'absence de l'amour paternel et maternel dans la plupart des œuvres houellebecquiennes. Selon elle, les pères et les mères sont, à quelques exceptions près, profondément égoïstes et négligent leur progéniture. L'exemple le plus pertinent à cet égard est Janine Ceccaldi, la mère de Bruno Clément et de Michel Djerzinski dans *Les Particules élémentaires*. Les remarques de Bruno sur son fils pubertaire Victor témoignent également d'une haine profonde, une haine exprimée par de nombreuses hyperboles : « Le pré-adolescent est un monstre doublé d'un imbécile, son conformisme est presque incroyable ; le pré-adolescent semble la cristallisation subite, maléfique […] de ce qu'il y a de pire dans l'homme[7] ».

L'amour des fils vers leurs géniteurs ne se porte pas mieux. Michel de *Plateforme* réserve pour son père les désignations de « vieillard », de « con » et de « vieux salaud[8] ». En ce qui concerne le rapport fraternel, particulièrement entre Michel et Bruno dans *Les Particules élémentaires*, Murielle Lucie Clément constate à juste titre que « les frères se rencontrent sans véritable heurt, mais aussi sans véritable affection l'un pour l'autre[9] ».

---

[4] *Ibidem*, p. 120 *sq.*
[5] *Ibidem*, p. 128.
[6] *Houellebecq, Sperme et sang*, Paris, L´Harmattan, 2003, p. 89 *sqq.*
[7] Michel Houellebecq, *Les Particules élémentaires*, Paris, Flammarion, 1998, p. 209.
[8] Michel Houellebecq, *Plateforme*, Paris, Flammarion, 2001, p. 11.
[9] *Houellebecq, Sperme et sang*, p. 131.

Dans le poème *Non réconcilié* du recueil *La Poursuite du bonheur*, un recueil publié avant *Les Particules élémentaires*, le je lyrique, un fils, qui parle après la mort de son père, est l'objet de la même haine que Victor, le fils de Bruno. Cette fois le fils constate non seulement le profond mépris paternel à son égard mais il cherche des explications pour cette dépréciation : « Il m'a toujours traité comme un rat qu'on pourchasse ; / La simple idée d'un fils, je crois, le révulsait. / Il ne supportait pas qu'un jour je le dépasse, / Juste en restant vivant alors qu'il crèverait[10] ».

Le sentiment hostile semble ici étroitement lié à ce que le narrateur du premier livre de Houellebecq a appelé « l'extension du domaine de la lutte » : « Tout comme le libéralisme économique sans frein [...] le libéralisme sexuel produit des phénomènes de *paupérisation absolue*[11] ». Certains ont donc une vie sexuelle excitante, les autres sont réduits à la solitude et à la masturbation. La jeunesse physique est un des atouts dans cette lutte et ce sont les parents qui envient cette jeunesse à leurs enfants. L'hostilité entre père et fils se manifeste très souvent au moment de la puberté, moment où le jeune entre dans le domaine de la lutte, où son désir sexuel se déploie pleinement. Auparavant, une vie familiale harmonieuse paraît possible, la relation entre père et fils n'est pas encore perturbée comme le constate Bruno dans *Les Particules élémentaires* : « Entre 7 et 12 ans l'enfant est un être merveilleux, gentil, raisonnable et ouvert. Il vit dans la raison parfaite et il vit dans la joie. Il est plein d'amour, et se contente lui-même de l'amour qu'on veut bien lui donner. Ensuite, tout se gâte. Irrémédiablement, tout se gâte[12] ».

La Possibilité d'une île radicalise la haine de la génération des parents envers leurs enfants et nous décrit les conséquences néfastes pour toute vie de famille : les élohimites, c'est-à-dire les membres de la secte qui propagent et plus tard réalisent le clonage, plaident pour le refus de la procréation et s'engagent dans le « mouvement *childfree*[13] ». Ces revendications trouvent leur écho dans Daniel1, membre de la secte. Il a quitté sa première femme enceinte mais n'y voit pas de faute. Au contraire, il s'agit, à ses yeux, d'un acte héroïque d'ascèse au sens schopenhauerien du terme qui prouve sa haine de la procréation. Il n'étonne pas que le suicide de son fils ne le touche pas du tout : « Le jour du suicide de mon fils, je me suis fait des œufs à la tomate. Un chien vivant vaut mieux qu'un lion mort, estime justement l'Ecclésiaste. Je n'avais jamais aimé cet enfant : il était aussi bête que sa

---

[10] Michel Houellebecq, « La poursuite du bonheur », dans *Poésies*, dans Michel Houellebecq, 2004, p. 114.

[11] Michel Houellebecq, *Extension du domaine de la lutte*, Paris, Maurice Nadeau, 1994, p. 114 *sq.*

[12] Michel Houellebecq, *op.cit.*, p. 208.

[13] Michel Houellebecq, *op.cit.*, p. 398.

mère, et aussi méchant que son père. Sa disparition était loin d'être une catastrophe ; des êtres humains de ce genre, on peut s'en passer[14] ».

Dans son récit de vie que Daniel1 rédige pour la secte, il parle du leurre qu'est selon lui la soi-disant « solidarité entre les générations ». Lui, il ne voit que de la barbarie : « Tel était le vrai sens de la *solidarité entre les générations* : il consistait en un pur et simple holocauste de chaque génération au profit de celle appelée à la remplacer, holocauste cruel, prolongé, et qui ne s'accompagnait d'aucune consolation, aucun réconfort, aucune compensation matérielle ni affective[15] ».

Le clonage est présenté comme issue à cette misère. La vie éternelle qu'il promet rendra obsolète toute compétition entre les générations, puisque ni la mort prématurée ni la vieillesse ne sont plus à craindre.

Le clonage : Solution au désastre ou « enfer du Même »?

Même si de nombreux textes de Houellebecq proposent le clonage comme solution à la misère relationnelle, une lecture approfondie en souligne le côté ambiguë. C'est la critique allemande Rita Schober[16] qui, à l'égard des *Particules élémentaires*, parle d'ironie face au clonage d'une nouvelle espèce à la fin du livre. Pour le lecteur cette « solution » que propose le généticien Michel Djerzinski apparaît comme le reflet ridicule d'un scénario de film que son frère Bruno a inventé dans un asile de fous. Il y imagine un univers intemporel, entièrement féminin. Aux liens familiaux se sont substitués les liens des femmes à leurs chiens « éternellement vifs et joyeux[17] ». Les hommes, combattants les plus ambitieux sur le champ de bataille du sexe et de l'argent ont disparu : « La seule trace de l'existence masculine est une cassette vidéo présentant un choix d'interventions télévisées d'Édouard Balladur ; cette cassette a un effet calmant sur certaines femmes, et aussi sur la plupart des chiens[18] ».

Dans le recueil de poésies *Renaissance*, le statut du clonage comme voie salutaire est aussi mis en question. Le poème *Les hommages à l'humanité* formulé par un je lyrique cloné, nomme pour la première fois un aspect de faiblesse de la nouvelle espèce : l'absence de toute activité créatrice : « Ils n'avaient que cent ans à vivre / Mais ils savaient écrire des livres / Et ils nourrissaient des croyances[19] ».

---

[14] *Ibidem*, p. 29 *sq.*
[15] *Ibidem*, p. 394.
[16] Rita Schober, « Weltsicht und Romantheorie als Operatoren der Romane Michel Houellebecqs », dans *Auf dem Prüfstand: Zola-Houellebecq-Klemperer*, dans Rita Schober, 2003, p. 291 *sq.*
[17] Michel Houellebecq, *op. cit.*, p. 322.
[18] *Ibidem*, p. 322.
[19] Michel Houellebecq, *Renaissance*, Paris, Flammarion, 1999, p. 17.

Dans *La Possibilité d'une île* les ennuis d'une existence éternelle sont explicitement formulés. Il n'y a plus aucun contact entre les clones ; leur communication est entièrement virtuelle médiatisée par des écrans où apparaissent de temps en temps des vagins ou des membres virils – ersatz visuel pour tout contact sexuel réel. Ont disparu également le rire et les larmes, la mer et le souvenir des vagues. L'eau pourrait être considérée dans ce contexte comme le symbole pour la régression souhaitée dans le ventre d'une mère également absente, une mère qui n'aurait rien en commun avec l'instance froide et asexuelle qu'est la « Sœur Suprême ».

Une image suggestive sur l'écran de Daniel24 lors d'une communication avec Marie22 traduit tout le malaise dans ce « meilleur des mondes possibles » :

> Des êtres humains chauves, vieux, raisonnables, vêtus de gris, se croisent à quelques mètres de distance dans leurs fauteuils roulants. Ils circulent dans un espace immense, gris et nu – il n'y a pas de ciel, pas d'horizon, rien ; il n'y a que du gris. Chacun marmotte en lui-même, la tête rentrée dans les épaules, sans remarquer les autres, sans même prêter attention à l'espace. Un examen plus attentif révèle que le plan sur lequel ils progressent est faiblement incliné ; de légères dénivellations forment un réseau de courbes de niveau qui guide la progression des fauteuils, et doit normalement empêcher toute possibilité de rencontre.[20]

Cette image traduit parfaitement la condition des clones : ils n'ont plus de traits de caractère individuels mais se ressemblent dans une gémellité parfaite. Leur statut d'*animal rationale* est particulièrement accentué mais en même temps leur condition misérable montre que la raison est devenue totalitaire et qu'elle s'est tournée contre l'homme. Les fauteuils roulants symbolisent le support technique dont les clones ont besoin pour « exister » – support qui ne les a pas libérés mais, au contraire, paralysés. Baudrillard, lui aussi, se sert de l'image de l'handicapé en parlant de l'Intelligence Artificielle :

> elles [i.e. les générations futures] traverseront la vie comme un espace aérien, attachées à leur siège. […] les Hommes de l'Intelligence Artificielle traverseront leur espace mental attachés à leur computer. L'Homme Virtuel, immobile devant son ordinateur, fait l'amour par l'écran et ses cours par téléconférence. Il devient un handicapé moteur, sans doute aussi cérébral. C'est à ce prix qu'il devient opérationnel.
> [21]

Le caractère homogène, aseptique de l'espace dans la vision de Marie nous montre qu'il s'agit d'une existence sans défaillances, sans convulsions, sans passions – une existence sans sperme et sang. C'est Baudrillard qui

---

[20] Michel Houellebecq, *op. cit.*, p. 165 *sq.*
[21] *Op. cit.*, p. 58 sq.

souligne qu'avec le clonage le sexe est devenu une fonction inutile car le clonage « réso[ut] [...] toute sexualité œdipienne au profit d'un sexe "non humain", d'un sexe par contiguïté et démultiplication immédiate[22] ». L'existence monadique des clones qui en ressort, l'impossibilité et l'absence de tout lien se traduisent par la légère inclinaison du sol qui rend impossible toute rencontre. Rappelons dans ce contexte ce que Sloterdijk remarque à propos du clonage. Il nous dit que le mot « clone » vient du grec signifiant « branche ». Le clonage serait donc le processus d'autoreproduction où la branche produit des rhizomes sans recours à un partenaire[23]. Dans une telle conception le rhizome devient le symbole de la fin d'une identité qui passe nécessairement par l'autre – passage nécessaire dans toute relation familiale traditionnelle entre parents et enfants. À ce propos, il suffit de se souvenir du stade de miroir comme formateur de la fonction du « je » tel développé par Jacques Lacan[24]. L'Autre étant absent – il n'y a plus ni un « au nom du père », ni un miroir –, le temps de la folie ainsi que des névroses est également révolu. Les clones de *La Possibilité d'une île*, de pures « fictions logicielles[25] », assis devant leurs écrans ne se reflètent plus dans le regard de l'Autre. Cet Autre a tout simplement disparu, comme le constate Baudrillard, pour qui le clonage est le « [r]êve cellulaire de scissiparité, la forme la plus pure de la parenté, puisqu'elle permet enfin de se passer de l'autre et d'aller du même au même[26] ». Selon lui

> [l]e stade du miroir est aboli dans le clonage, ou plutôt il y est comme parodié d'une façon monstrueuse [...]. Plus de médium, plus d'image – pas plus qu'un objet industriel n'est le miroir de celui, identique, qui lui succède dans la série. L'un n'est jamais le mirage, idéal ou mortel, de l'autre [...] et s'ils ne peuvent que s'additionner, c'est qu'ils n'ont pas été engendrés sexuellement et ne connaissent pas la mort.[27]

Dans cet univers de l'isolation absolue la raison et la technique sont devenues totalitaires, despotiques et ont éradiqué toute spiritualité, toute tradition d'une génération à une autre - caractéristiques positives qui font des familles selon Bruno Clément dans *Les Particules élémentaires* des « étincelles de foi au milieu des athées, étincelles d'amour au fond de la nausée[28] ».

---

[22] *Ibidem*, p. 121.
[23] Voir Carl Hegemann (dir.), *Glück ohne Ende. Kapitalismus und Depression II*, Berlin, Alexander Verlag, 2000, p. 35.
[24] Voir Jacques Lacan, *Écrits I*, Paris, Seuil, 1999, pp. 92-99.
[25] Michel Houellebecq, *op. cit.*, p. 345.
[26] *Op. cit.*, p. 120.
[27] *Ibidem*, p. 121.
[28] Michel Houellebecq, *op. cit.*, p. 226.

Même la mort est clinique, elle a perdu son caractère d' « altérité radicale[29] ». Daniel24 quitte la scène seul sans une famille qui lui tiendrait compagnie au moment de décès. La mort a perdu la « terreur animale[30] » qu'a encore ressenti Michel Djerzinski dans *Les Particules élémentaires* à l'occasion de la mort de sa grand-mère ; Daniel24 de *La Possibilité d'une île* n'éprouve, à l'égard de la mort, qu'« une très légère tristesse[31] » - tristesse qui se déploie de préférence dans « un univers d'une propriété et d'une sophistication mortelles[32] ».

Avec le clonage, nous sommes entrés - pour varier une formule de Walter Benjamin[33] - dans l'ère de la reproductibilité technique de l'homme. Comme l'œuvre sériellement reproduite, l'homme, lui aussi, a perdu « son *aura*, cette qualité singulière de l'ici et maintenant, sa forme esthétique[34] ». Révolus sont les temps où il s'est rencontré dans les yeux de l'Autre, où cet Autre aurait pu être son salut ou, parlant en termes sartriens, son enfer. Mais cette délivrance de l'Autre par le clonage n'en est pas réellement une. D'après Baudrillard le clonage a engendré un autre enfer, peut-être pire encore, celui du Même.[35]

L'écriture : échappatoire de l'enfer ?

Vers la fin de son existence Daniel24 de *La Possibilité d'une île* a vivement ressenti le malaise lié à sa condition « infernale ». En témoignent quelques poèmes qu'il n'a pas, contrairement aux usages, reporté sur son adresse IP mais qu'il a griffonnés sur une feuille détachée d'un carnet à spirale : « Les insectes se cognent entre les murs, / Limités à leur vol fastidieux / Qui ne porte aucun message / Que la répétition du pire[36] ».

Comme souvent chez Houellebecq l'être – cette fois le clone – est comparé à un animal pour souligner le déterminisme inéluctable auquel obéit toute existence. D'ailleurs Daniel24 insiste sur l'emprisonnement de l'existence – emprisonnement qui rend obsolète tout choix personnel. Sans de tels paramètres existentiels l'existence des clones apparaît comme entièrement dénuée de sens ; elle est non seulement réduite à la répétition du Même mais se résume dans la répétition du pire.

---

[29] Jean Baudrillard, *op. cit.*, p. 179.
[30] Michel Houellebecq, *op. cit.*, p. 118.
[31] Michel Houellebecq, *op. cit.* p. 169.
[32] Jean Baudrillard, *op. cit.*, p. 68.
[33] Voir Walter Benjamin, *Das Kunstwerk im Zeitalter seiner technischen Reproduzierbarkeit*, Frankfurt am Main, Suhrkamp, 1963, 108 p.
[34] Jean Baudrillard, *op. cit.*, p. 124.
[35] *Ibidem*, p. 128.
[36] Michel Houellebecq, *op. cit.*, p. 182.

Le texte *Consolation technique* exprime également des réserves face au clonage. Le narrateur y déplore surtout l'absence de contact sexuel, l'absence de toute notion d'engendrement impliquée par le clonage. Il regrette que ses futurs clones naîtront dans des bocaux et il se demande si « [s]es petits chéris, nés si loin d'elle [i.e. la mère] auront encore *le goût de la chatte*[37] ». À cette réflexion suit, pour la première fois dans l'œuvre houellebecquienne, un rapprochement de la (ré)écriture d'un texte génétique et du texte littéraire. Dans les deux cas, il s'agit d'un message, d'un code à déchiffrer. Le clonage n'est rien d'autre qu'une nouvelle écriture, rien d'autre qu'un « réaménagement » des lettres qui constituent le corps. Quel rapport entretiennent donc les deux systèmes ? Pour répondre à cette question, Houellebecq réfléchit sur la notion de « nombril ». Les clones sont, contrairement aux êtres humains engendrés sexuellement, dépourvus de nombril – signe d'une coupure originelle, d'une perte d'unité. Ils n'ont pas de nombril, mais ils auront, selon Houellebecq, une littérature léguée par leurs ancêtres humains, une littérature qui sera nécessairement nombriliste. Car, pour Houellebecq, la littérature nombriliste est la seule qui vaille. Ainsi le narrateur de *Consolation technique* nous dit-il : « parler de soi est une activité fastidieuse, et même répugnante ; écrire sur soi est, en littérature, la seule chose qui vaille, à tel point qu'on mesure – classiquement et avec justesse – la valeur des livres à la capacité d'implication personnelle de leur auteur[38] ».

La littérature personnelle, autobiographique apparaît, dans une telle conception, comme le lieu de conservation des souvenirs, des passions et des traumas. En analogie au clonage, on pourrait parler de l'ADN littéraire que laissent les hommes pour continuer à vivre dans la mémoire de leurs enfants-lecteurs.

La coprésence de ces deux modèles de filiation différents régit également le dernier roman de Houellebecq. *La Possibilité d'une île* comporte deux fils narratifs qui s'alternent tout au long du livre : d'un côté, le récit de vie du comique Daniel, père génétique de la lignée des Daniel ; de l'autre côté, les commentaires là-dessus rédigés par les clones après la lecture attentive du récit de vie de leur ancêtre. La pratique du récit de vie établit une tradition liant les clones à leurs ancêtres, liant l'auteur du récit de vie à ses clones-lecteurs. De ce remplacement du lien familial par l'écriture témoigne une remarque de Daniel24 : « Nous pouvons dire aussi, pour

---

[37] Michel Houellebecq, « Consolation technique », dans *Lanzarote et autres textes*, dans Michel Houellebecq, Paris, 2002, p. 89.
[38] Michel Houellebecq, art.cit., p. 89.

reprendre les paroles de la Sœur suprême, que nos générations se succèdent "comme les pages d'un livre qu'on feuillette"[39] ».

Selon la directive de la « Sœur suprême », les clones doivent garder une distance suffisante au récit de vie qu'ils lisent pour que la foi en « l'avènement des Futurs » ne soit pas ébranlée. Daniel25 ne respecte pas cette consigne. Contrairement à Daniel24 le récit de vie de Daniel1 l'encourage non seulement à la rédaction de poésies, poésies témoignant de son existence misérable, mais le pousse aussi à quitter son « huis clos », à se rendre, de son propre gré, de l'autre côté de la « barrière de protection » qui l'enferme dans « l'enfer du Même ». Il veut revivre le bouleversant parcours existentiel de son ancêtre, raison pour laquelle il se rend à Léon, où Daniel1 a vécu des moments décisifs. Il ressemble ainsi à un fils qui essaie de faire resurgir le passé de son père. Nous voyons donc qu'au géniteur dans une relation familiale traditionnelle s'est substitué l'auteur du « récit de vie », qu'au miroir lacanien s'est substitué le passage par l'Autre, qu'est l'écriture. Celle-ci contredit à plusieurs égards la vision technocratique de l'univers des clones.

Contrairement à la prévisibilité technique qui régit la vie des clones, l'acte de lecture du récit de vie comporte toujours un moment aléatoire : même si le récit de vie de Daniel1, par son atrocité et l'omniprésence de la douleur et de la souffrance, vise à précipiter et à accélérer la disparition de l'humanité et à convaincre les clones du « privilège » qu'est leur existence, il éveille dans ses lecteurs Daniel24 et Daniel25 un sentiment nostalgique qui incite même, dans le cas de Daniel25, à l'abandon du domaine protégé.

Mais la lecture du récit de vie n'est pas la seule tâche des clones. Comme déjà évoqué plus haut ils sont obligés de rédiger un commentaire sur le récit de vie de leur ancêtre humain ainsi que sur celui de leur clone-prédécesseur. Le commentaire est – selon Escola[40] – une « écriture seconde » qui se « greffe » sur le texte, en quelque sorte un bourgeon de l'autre texte. Ainsi, le commentaire rappelle, par son fonctionnement, la pratique du clonage tout en constituant son contrepoids créateur.

La pratique du commentaire possède, après la définition que nous venons d'entendre, un moment aléatoire normalement absent de l'univers des clones. Car, toujours selon Escola, le commentaire joue sur les deux axes de la sélection et de la variation – deux possibilités qui sont de la même façon épuisées par les « clones-commentateurs ». En ce qui concerne la

---

[39] Michel Houellebecq, *op. cit.*, p. 168. La comparaison de la vie humaine à un texte écrit est fréquente chez Houellebecq, par exemple dans *Plateforme* : « On se souvient de sa propre vie, écrit quelque part Schopenhauer, un peu plus que d'un roman qu'on aurait lu par le passé. Oui, c'est cela, un peu plus seulement » (p. 189).

[40] Marc Escola, « Le commentaire est-il une écriture seconde? Sur une proposition de G. Steiner», dans *fabula: la recherche en littérature* http://www.fabula.org/atelier.php?%26Eacute%3Bcriture_seconde (15.10.2006).

sélection le moment créateur réside dans le choix des éléments qui, aux yeux du commentateur, valent la peine d'être commentés. La digression sur les chiens de Daniel25 est un exemple pertinent à cet égard. Il choisit le sujet des chiens et le rapport entre ceux-ci et leurs maîtres pour réfléchir sur l'amour des êtres humains[41]. Et Daniel24 déroge à la règle formulée de la Sœur suprême selon laquelle les clones doivent commenter la totalité du récit de vie de leur ancêtre humain[42].

En ce qui concerne la variation Escola nous dit que « la récriture nous découvre dans l'hypotexte des significations et des possibilités neuves[43] ». Contrairement au clonage, perçu comme la répétition du même, la technique du commentaire est donc, de son côté, étroitement liée à la notion d'engendrement d'un nouveau sens. C'est que le commentaire, relevant de la pratique maïeutique au sens socratien du terme, met au jour le sens caché dans le texte commenté. Dans *La Possibilité d'une île*, les commentateurs Daniel25 et Marie23, découvrent, à la suite de leurs lectures, la nostalgie du « lien » et de l'amour en eux. Au lieu de se détourner pleins d'effroi, de la vie de leurs ancêtres humains, ils optent pour un départ. Ils se perçoivent, contrairement aux attentes, comme des créatures « indélivrée[s][44] » qui sont poussées – de même que leurs ancêtres – à une quête à l'issue incertaine. Ainsi Marie23 nous dit dans un poème humain, trop humain rappelant par sa quête de l'idéal et son désir d'envol un poème de Baudelaire[45] : « *Allons ! Il est grand temps de briser la coquille / Et d'aller au devant de la mer qui scintille / Sur de nouveaux chemins que nos pas reconnaissent / Que nous suivrons ensemble, incertains de faiblesse[46]* ».

---

[41] Voir Michel Houellebecq, *op. cit.*, p. 190 *sq.*
[42] Voir Michel Houellebecq, *op. cit.*, p. 102.
[43] Art. cit.
[44] Michel Houellebecq, *op. cit.*, p. 484.
[45] Il suffit de se rappeler dans ce contexte *Le Voyage* de Charles Baudelaire: [...] Un matin nous partons, le cerveau plein de flamme, / Le cœur gros de rancune et de désirs amers, / Et nous allons, suivant le rythme de la lame, / Berçant notre infini sur le fini des mers : [...]. Charles Baudelaire, *Les Fleurs du mal*, Paris, le livre de poche, 1972, p. 170.
[46] Michel Houellebecq, *op. cit.*, p. 384.

Ménage-à-trois : maman – bébé – psychanalyse

Olga Wrońska
Université de Gdańsk

« Malheur à qui se tait, honni soit qui refoule! Voilà le credo » lisons-nous dans *L'Express*. « À quel psy se vouer ? » s'interroge *Le Point*. La politique de G.W. Bush est une « manière de résoudre son complexe d'Œdipe » juge *Le Monde*. Le fait est que la psychanalyse s'inscrit dans le paysage social et mental de la France contemporaine et imprègne la culture générale. Il va de soi que la psychanalyse se recoupe avec la littérature française. Nombre de romanciers s'y réfèrent – *explicite* ou *implicite* – dans le cadre de leur recherche sur le psychisme mais aussi sur leur patrimoine. Parmi ceux qui nouent le dialogue, le ton varie de la méfiance ou la dénonciation à une adhésion franchement enthousiaste. La pratique est discutée ou mise en scène par ceux qui en ont fait l'expérience. Quant au psychanalyste, il devient un personnage de fiction avec une régularité qui mérite l'étude (à titre d'exemple Camille Laurens[1]). La psychanalyse de comptoir imprègne à ce point les lettres françaises que des auteurs comme Nothomb[2] ont pris du temps de relever les allusions multipliées par leur œuvre. À côté des polémiques et des confrontations, la psychanalyse s'infiltre en douceur, orientant le romanesque au gré des acquis théoriques. Elle a modifié la conception de l'homme et, par extension, celle du personnage littéraire. Le héros est structuré en fonction de la nosologie analytique, défini à l'aide du jargon et il n'ignore pas l'origine inconsciente de ses troubles intérieurs. La psychanalyse a non seulement attiré l'attention sur ces thèmes de prédilection – la sexualité, les relations avec les parents, les troubles psychiques, les traumatismes enfantines –, mais elle a aussi fourni des outils adaptés à l'investigation littéraire.

Admettre l'importance de l'âge formateur invite aux explorations autobiographiques que la psychanalyse à la fois encourage et entrave par le soupçon qu'elle fait peser sur la mémoire. Certes, l'authenticité du souvenir est remise en question par la théorie freudienne de l'écran reprise notamment par Ph. Lejeune. Mais la psychanalyse a revalorisé le fantasme qui, en brouillant les pistes, en amorce d'autres. Correctement interprété, il donne accès aux désirs – des parents, de l'enfant –, au carrefour desquels se constitue le roman familial dans son acception freudienne. Il s'ensuit que la psychanalyse a catalysé la mutation de l'autobiographie en auto-fiction. Le

---

[1] Camille Laurens, *Dans ces bras-là,* Paris, P.O.L., 2001.
[2] Amélie Nothomb, *Cosmétique de l'ennemi,* Paris, Albin Michel, 2001.

nombre va croissant de textes sur une identité au fil du rasoir qui se déploie entre la réalité et les plaisirs de la fiction sans qu'on puisse trier les souvenirs évoqués. Avec les distances ainsi prises, la littérature concède sa place à l'Autre niché à la racine du sujet et exploite tout un pan de la théorie analytique qui traite de l'identification et de l'aliénation. Si le roman contemporain flirte avec l'autofiction, c'est qu'elle confronte avec le décalage du sujet à soi, avec la nature hétéroclite et conflictuelle qu'on élide au prix des maladies ou des idéologies, au contour flou et la racine fantasmatique de l'homme post freudien, au feuilleté de son langage. Mais aussi parce que comme le dit le psychanalyste héros du roman de Leslie Kaplan : « l'identité n'est pas une question de sang ou de sol [...] mais dans et par quel récit on s'est constitué[3] ». La psychanalyse donne la liberté de s'interpréter et de se réécrire.

La psychanalyse a assigné des origines précises aux effets générés par l'écriture (la rhétorique, les jeux de mots, la signifiance) en justifiant et en orientant les expérimentations formelles jusqu'alors menées au hasard. Désormais, l'initiative est cédée aux mots conformément à une théorie et selon ses techniques. Elle a guidé les écrivains vers une écriture poreuse qui capte et retient le désir à même le texte et fonde la singularité du « parlêtre ». Cela dit, il est frappant que ce soient majoritairement les femmes qui explorent et exploitent le potentiel mis à leur disposition. Elles y trouvent à contourner le verdict derridien, à désamorcer l'écriture dans la mesure où elle a partie liée avec le symbolique et en faire le champ d'une autre intelligence, celle de l'inconscient traduit dans la métaphore charnelle.

Reste que la psychanalyse implantée dans la littérature peut avoir des contre-effets indésirables. C'est le nombrilisme entoilé sur une psychanalyse de comptoir dont pâtissent les cas malchanceux du romanesque contemporain. Sur le plan de l'énoncé, la première personne du singulier dégouline en confidences, ressassement interminable des pollutions infantiles, troubles corporels ou fantasmes orduriers, le tout sans un brin d'humour. S'il est vrai que la psychanalyse a repoussé les frontières de l'intimité, adaptant des thèmes peu exploités par la littérature (sexualité des parents, physiologie non gratuite), les résultats sont souvent décevants.

Cela dit, l'esprit de rupture propre à une certaine psychanalyse en a fait l'allié inattendu dans la quête identitaire déclinée au féminin qui sera l'objet de cette communication.

L'inconscient serait-ce le féminin refoulé par la civilisation patriarcale ? Le fait est que, selon Lacan, sans la Loi, il n'y a pas de séparation entre le conscient de l'inconscient. Puisque l'instauration de l'ordre symbolique (langage, morale, loi) est une prérogative paternelle, le désir se décline au masculin. De même, l'inconscient que la Loi assigne à la

---

[3] Leslie Kaplan, *Le Psychanalyste*, Paris, P.O.L., 1999, p. 252.

femme et, par extension, sa place dans le langage est subordonnée au fantasme masculin d'une femme toujours mère : creux accueillant d'une jouissance primordiale ou plaie saignante à refermer, à guérir. Faute de pouvoir régresser dans le ventre, l'homme se l'approprie. Certes, la femme convoite le phallus puis l'enfant qui s'y substitue, en se vouant ainsi à l'hégémonie masculine. Elle consent à être définie par le Nom-de-Père (puis celui du mari), mais sans se réduire à la maternité, sans adhérer complètement au langage.

Si la femme évince le symbolique, s'y retrouve « pas toute », c'est qu'elle reste inconsciemment liée à la mère. Il reste une réserve innommable, sédimentée par la haine et son revers de culpabilité, qui l'empêche à se plier à la Loi mais où elle ne peut plus se ressourcer. Élidée du langage, le fantasme de la mère primordiale ne peut être effleuré, et plus rarement élaboré, que par la très grande littérature. Dans le commerce humain, c'est la chosification de la femme qui pallie ce manque à dire. Il échoit à la femme d'être la concrétisation apprivoisée de ce que la psychanalyse pare d'une majuscule, d'apaiser la peur masculine d'être englouti par la Chose. La femme, quant à elle, reste suspendue entre le réel et le symbolique. En ellipse dans le discours, faute d'une syntaxe proprement féminine, son désir perce comme un manque, son identité fonctionne dans la négation (le trou). Incohérente, illogique, indécise, insatisfaite, la femme a du mal à se dire, un mal à être qui s'exacerbe en dépression. C'est la Chose qui, enkystée dans l'idiome, le frappe d'arbitraire tandis que la Loi empêche la femme de s'y abandonner. Dissidente du langage, la dépressive s'aliène sans y renoncer. Défilé incroyablement monotone des mots qui s'enlisent à force de ne rien dire, le discours dépressif au féminin – heurté, brisé, délabré – s'expulse aux confins du logos. Dans une phrase relâchée, les mots errent, vindicatifs et dépréciés. C'est dans cette optique qu'il faut comprendre la dislocation de l'écriture durassienne.

Le postulat durassien, mis en jeu dans la syntaxe qu'il mine et monnaye, trouve sa figuration dans le(s) personnage(s) de la mendiante qui hante(ent) son univers romanesque. Qui est la mendiante ? Née au bord d'un lac où son père pêche de quoi la nourrir, elle s'en verra vite chassée, d'emblée fautive. La mère brandit le bâton en tant que porte-parole de la sentence paternelle et l'oblige à suivre le fleuve issu du lac maternel pour trouver l'oncle, dans la plaine des oiseaux aquatiques, et devenir sa servante. Autant de symboles phalliques aisément déchiffrables et qui montrent l'emprise mâle sur un monde incestueux. La fille refuse ces re-pères. Faute de re-mères, elle rompt les amarres dans le symbolique et dérive, déboussolée et seule, misère personnifiée. Les pistes sont brouillées, l'identité de la fille chancelle, son langage n'est plus compris dans une Indochine où le Nord et le Sud s'embrouillent. Déchu du symbolique, le récit bascule dans l'imaginaire. Expiatoire ou, au contraire, roman initiatique au féminin ? Pour en juger reprenons l'itinéraire de la mendiante : Battambang et le Tonle Sap, Ving Long et le delta du Mékong, Calcutta et le delta du Gange, lac-lacune-lagune en passant par les marécages (mères-cages ?) où la terre ferme est traîtresse car gonflée d'eau. Suivent le golfe de Bengale et l'océan beau et vert... Dans l'ouvrage magistral de la psychanalyse féminisante, Marcelle Marini[4] retrace le trajet apparemment chaotique de la mendiante pour en dégager des cryptogrammes qui cherchent à saisir ce qui échappe au langage. La mendiante aspire au statut symbolique. Mais cela à condition d'être représentée par un signifiant emblématique du féminin et léguée par la femme, en rupture avec le cercle vicieux mère - fille - fille de la fille tel que l'impose le phallocentrisme, un signifiant qui engloberait le maternel mais sans s'y réduire, un désir inter-dit selon une rhétorique féminine. Les jeunes écrivain(e)s suivront le sillage durasien pour imposer la terminaison féminine qui, à en juger par le débat ouvert par F. Beigbeder sur les pages de « Lire », n'est pas acquis dans une France qui préfère l'égalité au masculin à l'altérité admise dans le discours[5].

La psychanalyse est devenue consubstantielle d'un romanesque féminin qu'illustre parfaitement la production de M. Darrieussecq. Si les vociférations ordurières des *Truismes*[6] signalent la non-adhésion au pulsionnel que la cure oblige de confronter en soi et dans l'arrogance du langage quotidien, le roman suivant correspond à « la prise de conscience ». Certes, *La Naissance des fantômes*[7] reste dominé par le psychosomatique. Une histoire traditionnellement charpentée (le mari a disparu, la femme a du mal à admettre et à vivre la perte) est traduite en affects et en sensations (épuisement, pression dans les artères, vue troublée, ouie, odorat brouillés). Mais le corps féminin est réapproprié et revalorisé par un discours qu'il personnalise. À la fois charnelle et osseuse, la narration est bien campée. Les sensations sont tissées en réseaux serrés, dans une trame sobre et pertinente. L'intelligence corporelle agit avec une attention chirurgicale. L'expérience narrative de Darrieussecq fait bien sûr penser au *Procès-verbal* de Le Clézio où Adam Pollo donne une version kinesthésique du monde. Toutefois elle correspond mieux à l'opposition entre l'intellect désincarné (abstrait) et le corps féminin saisi dans sa globalité physiologique et sa représentation inconsciente qu'illustre ce passage de *L'Événement* d'A. Ernaux :

---

[4] Marcelle Marini, *Territoires du féminin avec M. Duras*, Paris, Minuit, 1977.
[5] « Je ne supporte pas les "écrivaines"- déclare Beigbeder dans sa chronique dans *Lire* en mars 2005 -, c'est physique. J'attrape une éruption cutanée dès que je lis ce terme immonde ».
[6] Marie Darrieussecq, *Truismes,* Paris, P.O.L., 1996.
[7] Marie Darrieussecq, *Naissance des fantômes*, Paris, P.O.L, 1998.

Je lisais avec indifférence les textes d'Eluard, de Breton et d'Aragon, célébrant des femmes abstraites, médiatrices entre l'homme et le cosmos. (...) Relier les connaissances entre elles et les intégrer dans une construction cohérente était au-dessus de mes forces. Depuis mes études secondaires, je jouais plutôt bien avec les concepts. Le caractère artificiel des dissertations et autres travaux universitaires ne m'échappait pas mais je tirais une certaine fierté de m'y montrer habile et il me semblait que c'était le prix à payer « pour être dans les livres », comme disaient mes parents, et leur consacrer mon avenir.

Maintenant [enceinte], le « ciel des idées » m'était devenu inaccessible, je traînais au-dessous mon corps embourbé dans la nausée. Tantôt j'espérais être de nouveau capable de réfléchir après que je serais débarrassée de mon problème, tantôt il me semblait que l'acquis intellectuel était en moi une construction factice qui s'était écroulée définitivement. D'une certaine façon, mon incapacité à rédiger mon mémoire était plus effrayante que la nécessité d'avorter. Elle était le signe indubitable de ma déchéance invisible. (...) J'avais cessée d'être une intellectuelle. Je ne sais si ce sentiment est répandu. Il cause une souffrance indicible.[8]

J'allais à la bibliothèque pour travailler mon mémoire abandonné depuis la mi-décembre. Lire me prenait beaucoup de temps, j'avais l'impression de déchiffrer. Mon sujet de mémoire, la femme dans le surréalisme, m'apparaissait dans une globalité lumineuse mais je ne parvenais pas à décomposer cette vision en idées, à exprimer dans un discours suivi ce que je percevais sous la forme d'une image de rêve : sans contours et pourtant d'une réalité irréfutable, plus réelle même que les étudiants penchés sur les bouquins (...). J'étais ivre d'une intelligence de rêve.[9]

En raison de l'enfantement, la femme a un rapport privilégié avec le corps, lieu de vie et parfois de mort de l'autre, palpablement concret, qui, le temps de la grossesse, relève du moi. Or, le noyau de tout inconscient c'est la trace affective du rapport fusionnel avec la mère. Si on accepte par ailleurs la formule de Lacan selon laquelle la castration féminine est fautive, il paraît clair que la femme a aussi un rapport privilégié avec l'inconscient qui s'étaye directement sur le corps. Autrement dit, la peau se mue en perchman où s'écrit le désir avec l'aisance qui n'a d'égale que celle du rêve. C'est la métaphore corporelle ou symptôme hystérique. L'intelligence du corps est certes féminine mais elle n'est pas réservée aux femmes bien qu'elles restent physiologiquement prédisposées. N'empêche, l'autre intelligence est ignorée par le discours rationnel (abstrait) et négligée comme pathologie par les empiristes. La psychanalyse est née grâce à l'interprétation des rêves et au travail avec les hystériques. Parmi ses clientes, Freud comptait Bertha Pappenheim désignée comme Anna O. dans *Les Etudes sur l'hystérie* qui a fait valoir que l'essentiel de la méthode tenait dans la verbalisation, « la cure par la parole » ou encore dans le « ramonage du cheminé » que Breuer rebaptise catharsis. Il y avait aussi Emmy von N. qui se profile derrière l'impatiente baronne Erica von Eulenfeld du roman de Quentin Debray. Elle

---

[8] Annie Ernaux, *Événement,* Paris, Gallimard, 2000, pp. 49-50.
[9] *Ibidem*, p. 118.

incita Freud à faire confiance aux lois qui régissent la parole du malade. Lorsque le souci de décence ou les modes de pensée trop contraintes par la rationalité n'empêchent pas le fonctionnement de l'association libre, d'autres idées émergent, représentations de l'inconscient. Malgré son apport à la recherche de Freud qui bute sur son positivisme, l'intelligence du féminin n'a pas été revalorisée par la psychanalyse ni incorporée dans les sciences correspondantes. Comme le montre le texte d'Ernaux, elle est vécue dans la clandestinité et dans la maladie. Le fait est que Darrieussecq délaisse la carrière académique (la démission converge avec la fin de sa cure et suit de près la soutenance d'une thèse de doctorat) et cherche un terrain plus approprié à ses recherches, la littérature.

Le troisième roman, *Le Mal de mer*, tout en métaphores ciselées, tente d'introduire le féminin dans le symbolique, et en l'occurrence, dans l'ordre des générations qui instaure celui du langage. Récit d'une dépression, mal à dire, maladie d'un langage vide qui manque le sens d'une existence particulière, il tente de médiatiser une expérience qui ricoche sur le discours. Récit d'elle, où la troisième personne du singulier comprend et confond la grand-mère, la mère et la fille, *Le Mal de mer* joue, dès le titre, sur la métaphore maritime qui rend compte de la toute puissance organique de liens qui les unissent et qui trouvent dans la mer un symbole apte à les exprimer. Installé dans une ville balnéaire, elle passe son temps face à la mer qu'elle contemple. Translucide dans sa maigreur qu'habille une robe bleu marin, elle n'agit pas, ne pense pas. Seule la houle qui s'approche indique l'énormité préverbale de l'affrontement en cours. L'affrontement spéculaire (contact dans la distance et dans la reconnaissance) amorce une séparation sans rupture que le plongeon concrétise dans la chair. Elle retraverse le creux primordial sans se laisser emporter, sans se noyer.

> Son corps heurte l'eau, elle bloque tout, autour d'elle c'est le blanc, le sol cogne, l'eau s'élargit, augmente : entre la masse qui vient de s'effondrer, l'écume souffle et bouillonne, et le pan qui se lève par derrière aspire et creuse, c'est une paroi d'organe qu'elle vagues s'épuisent à combler, dans lequel l'eau culbute, enfle puis disparaît, où rien ne s'apaise ni ne se colmate. [...] L'eau est un grand œil vert collé contre son oeil, elle voit.[10]

Identité : singularité dans l'identique. La mendiante de Duras a dilué le premier terme. Elle n'a pas rompu le placenta des fleuves qu'elle suivait, poisson du lac maternel. Le poisson apparaît aussi chez Darrieussecq, sous forme d'un primitif squale qui gît sur la plage : aveugle, amorphe et nauséabond. Même si à un moment « elle » rêve de flotter, se laisser traverser par les vagues - pour que la « migraine fonde, se dissolve dans le flux/ son cerveau devienne une bulle bleuâtre, vide, molle et aqueuse qui

---

[10] Marie Darrieussecq, *Le Mal de mer*, Paris, P.O.L., 1999, p.118.

porterait son corps sous la mer [11] » - en succombant à la tentation fusionnelle, elle se muerait en viande vomie de l'antre maritime.

Un nouveau tournant est marqué par *Le Bébé*. Le texte se flatte d'une écriture posée, une maternité assumée avec profondeur et lucidité, à la première personne. Puisque *Le Bébé* se passe du métalangage, voici une poignée de citations pour illustrer comment la littérature englobe la psychanalyse pour la dépasser :

> Maintenant je comprends l'inceste, celui qui glisse en pente douce, de câlin en langueur, dans la passion du bébé. Et je comprends la nécessité de la Loi.[12]

> Je serre contre moi son délicieux corps chaud, je le mange, je le rapte. Avec son père, je fais l'amour. J'y vois à peu près clair. Sortie de l'enfance ? [...] Quand il ouvre la bouche sur moi, il n'a pas l'ombre d'un doute : je suis à la lui. Selon la théorie, je suis lui : il ne différencie pas son corps du mien. J'attends la crèche pour justement lui signifier que non, établir la frontière entre nous.[13]

> Une des idées canoniques de la psychologie infantile est devenue un lieu commun : le bébé croit que son corps et celui de sa mère ne font qu'un [...] période dite de « l'angoisse de séparation ». Au même moment il se reconnaît dans le miroir. On dit aussi que la personne se fonde avec le « je » point d'origine face auquel se posent un « tu » et un « il » : le moi avant cette structure linguistique, ne serait qu'une nébuleuse flottante entre d'autres corps. Lisant Winnicott ou Dolto, je savoure l'énigme résolue, le mot si juste qu'il sauve.[14]

La psychanalyse a rendu accessibles et acceptables des désirs jadis inimaginables ou simplement tabous. En tant que partie inhérente du psychisme humain, ils trouvent une élaboration symbolique qui évite le malaise intérieur ou le passage à l'acte tout en nuançant notre compréhension du psychisme humain.

Darrieussecq vérifie en pratique la théorie analytique qu'elle connaît et qu'elle discute :

> Que le bébé soit, pour la mère le phallus manquant, c'est là un tel lieu commun, une telle vérité d'évidence, qu'il me paraît inutile d'y revenir. La misogynie et la vulgarité de la proposition, même valide, m'agacent. Dans cette systématique, il me semble que le bébé, mouillé, teteur, avaleur, chaud est pour le père un symétrique exact : le vagin manquant. Le bébé vient, par essence, en plus.
>
> La fonction symbolique du père est connue : séparer l'enfant de la mère, prévenir l'inceste. Mais le bébé est à la fois une érection et un trou, c'est sur tous les fronts qu'il s'agit de tempérer l'amour géniteur.[15]

---

[11] *Ibidem*, p. 20.
[12] Marie Darrieussecq, *Bébé,* Paris, P.O.L., 2002, p. 84.
[13] *Ibidem*, p. 31.
[14] *Ibidem*, p.112.
[15] *Ibidem*, p. 76.

Le texte de Darrieussecq prolonge d'ailleurs sa propre cure : « Il faut éloigner de soi, autant que faire se peut, la pulsion de mort (soigner sa névrose)[16] ». Et dispute au tout psy son rôle conseillant et consolant :

> Le baby-bleus, c'est le désespoir d'adultes engluées dans le rythme d'un nourrisson, ayant à affronter seules une telle réduction de la pensée. Certaines s'adaptent, résistent, nagent avec le courrant et désirent encore – aimant parfois cette étrange fusion, cette fonte d'elle mêmes. D'autres coulent entièrement, blessures d'enfance rouvertes : c'est un autre malheur, d'une autre nature.[17]

Elle rivalise avec les écrits analytiques en conservant les points forts et en évitant les faiblesses, notamment les généralisations autoritaires appuyées sur la nomenclature, dans la mesure où elles sont motivées par les aspirations scientifiques de la psychanalyse :

> Mère : infantilisation, culpabilisation, castration. Gnognoteries, gnangnardises, rototo. Repli. Névrose. Autisme. Ombilic. Prendre la liberté, d'inventer, les phrases, l'amour, la merveille, ce programme de vie, de désir : être mère.[18]

En fin de compte, elle s'amuse à faire de la textanalyse à l'instar des *Interlignes* de Bellemin-Noël[19] :

> Quand j'ai lu, adolescente, *Le Tour d'écrou* de James, j'ai adhéré à la parole de la gouvernante, qui dispute à un couple de fantômes les deux beaux enfants dont elle a la charge. Le relisant aujourd'hui, je sais que cette femme est folle, qu'elle hait ces enfants qui ne sont pas les siens, et qu'elle n'éloigne la petite fille que pour coucher avec le petit garçon. C'est écrit là entre les lignes, et c'est à prendre au pied de la lettre.[20]

Étant donné qu'elle écrit sous l'œil d'un psychanalyste, il est certain que Darrieussecq connaît bien le versant fantasmatique et les ressorts inconscients de ses textes, ce qui oblige à repenser le rôle de la critique d'obédience analytique. Manuel de maternité et roman qui s'applique la psychanalyse, le *Bébé* de Marie Darrieussecq dispute doublement son rôle au psy qui – contrairement aux apparences – n'a plus le dernier mot.

---

[16] *Ibidem*, p. 100.
[17] *Ibidem*, p. 100.
[18] *Ibidem*, p. 179.
[19] Jean Bellemin-Noël, *Interlignes*, Presses Universitaires de Lille, 1988.
[20] *Ibidem*, p. 79.

Les relations familiales dans le roman
d'Amélie Nothomb *Antéchrista*

Ewa Małgorzata Wierzbowska
Université de Gdansk

La lecture du roman d'Amélie Nothomb fournit des impressions de natures différentes. L'écrivaine joue avec le lecteur tout en lui donnant les clefs interprétatives : le mythe de Narcisse, la parabole de l'enfant prodigue, la personnification du Mal opposé au Christ ou à d'autres[1]. Vu le thème de cet article, nous signalerons aussi la présence d'une référence au mythe d'Abel et Caïn. L'héroïne, Blanche, figure plusieurs fois le titre d'un journal où elle est présentée comme l'assassin de ses parents et de son amie, sa *sœur* : « Une jeune fille de seize ans massacre ses parents et sa meilleure amie. Elle refuse d'expliquer son geste[2] ». « Une jeune fille de seize ans massacre sa meilleure amie, la cuisine en ragout et la donne à manger a ses parents, qui meurent empoisonnés[3] ». « Une jeune fille de seize ans massacre ses parents et sa meilleure amie avec un couteau de cuisine pour une curieuse affaire de galette des rois[4] ». Au niveau des idées, on peut aussi retrouver des analogies avec l'histoire inversée de Jacob et Esaü. Le menteur travesti a obtenu le don des parents. Ici, la menteuse obtient leur amour. Ces références aux rapports familiaux nous conduisent vers les problèmes qui semblent être fondamentaux dans le roman de Nothomb/ les relations familiales et, ce qui en découle, la recherche de l'identité.

Une famille, selon toute apparence, normale, des parents éduqués, une fille de seize ans. Blanche aime ses parents même si elle ne sait pas montrer ses sentiments. Rien d'étonnant, car Michelle et François restent indifférents envers leur propre enfant. On peut dire que l'héroïne n'est pas consciente ou plutôt ne veut pas être consciente de l'absence de relation entre les membres de sa famille, elle ne veut pas faire face à cette vérité. Elle accepte la situation malsaine même si elle souffre du manque d'amour depuis toujours. Enfin, l'arrivée de sa copine dans sa famille, Christa, lui montre qu'à proprement parler il n'y a pas de liens entre ses membres, ou qu'ils sont très faibles. Christa crée des liens familiaux, des liens faux (elle ne s'engage pas, elle fait semblant de manifester ses sentiments), mais qui rendent heureux les

---

[1] Amélie Nothomb, *Antéchrista. Roman*, Albin Michel, Paris 2003, 168, p. Par exemple la référence à saint George luttant contre le dragon : « Antéchrista, tu m'entends, tu es le mal, je te terrasserai comme un dragon ! » p. 74.
[2] *Ibidem*, p. 77.
[3] *Ibidem*, p. 78.
[4] *Ibidem*, p. 112.

parents de Blanche : « Nous sommes si heureux quand tu es là ! […] Tu es
libre de refuser, Christa. Mais nous serions si heureux, tous les trois[5] ». Et
les parents de Blanche la blessent impitoyablement en se tournant
entièrement vers Christa et en passant sous silence l'existence de leur fille.
Les sentiments de Blanche découlent de sa situation : elle se sent orpheline.
Les sentiments paternels et maternels se dirigent sur Christa. François ne sait
dire de sa fille que : « elle est grotesque[6] » ; et Michelle enchaîne : « ne lui
accorde aucune attention[7] ». On n'est donc pas surpris que Blanche aie une
piètre opinion d'elle-même : « Tu es le néant[8] ». Dans cette ambiance, une
jeune fille pourrait-elle mûrir normalement ? Le moi retrouve sa propre
identité voire se définit par son rapport à ce qui l'entoure. Or, l'entourage de
Blanche ne lui manifeste qu'une complète indifférence. Du fait du manque
d'intérêt qu'ils éprouvent envers leur fille, les parents de Blanche ne la
connaissent pas. « Ils n'avaient rien compris[9] » dit-elle. « Personne ne me
connaissait de l'intérieur ; personne ne savait que je n'étais pas à plaindre,
sauf moi – et cela me suffisait[10] ». Les parents de Blanche n'ont fait aucun
effort pour la connaître, pour avoir un contact avec elle. Ils se limitent à lui
fournir les moyens de survivre, rien de plus. Blanche, est toute seule avec ses
luttes intérieures, ses choix, ses angoisses.

Ses parents considèrent Blanche comme quelconque et ils ne lui
consacrent pas d'attention. C'est Christa qui réalise leur rêve d'une fille,
ravissante, joyeuse, radieuse, etc. Voilà leur commentaire après leur
première rencontre avec Christa : « Le soir, ma mère déclara : - Ta Christa
est une trouvaille ! Elle est incroyable, drôle, spirituelle, pleine de vie... Mon
père lui emboita le pas : - Et quelle maturité ! Quel courage ! Quelle
intelligence ! Quel sens des relations humaines ![11] ». Christa joue son rôle
d'enfant retrouvée miraculeusement : « - Je suis si heureuse ! cria-t-elle. Et
elle sauta dans les bras de mon père, puis m'embrassa sur les deux joues. -
François, Blanche, vous êtes ma famille, maintenant ![12] ». Et les parents de
Blanche dirigent toute leur attention vers elle. Les baisers, les caresses
tendres lui sont réservées. Le problème qui émerge est l'incapacité d'aimer
l'enfant qui ne réalise pas les attentes de ses parents. Blanche n'éveille pas
chez ses parents de sentiment de tendresse, de besoin de la présenter au
monde, etc. Ils sont superficiels, ils n'essaient pas de retrouver de la
profondeur dans les sentiments de leur fille, ils la cherchent ailleurs. Blanche

---

[5] *Ibidem*, p. 53.
[6] *Ibidem*, p. 112.
[7] *Ibidem*, p. 113.
[8] *Ibidem*, p. 42.
[9] *Ibidem*, p. 56.
[10] *Ibidem*, p. 65.
[11] *Ibidem*, p. 32.
[12] *Ibidem*, p. 55.

devient invisible pour ses parents, surtout pour sa mère : « Elle ne remarqua pas que l'une des deux, sa fille, était au bord des larmes. Elle n'eut d'yeux que pour l'inconnue qui riait. » [...] Je regardais rire ma mère, avec le sentiment d'avoir perdu une alliée[13] ». Ce sentiment de la perte est fortement éprouvé par Blanche qui reviendra à cette situation. Selon Julia Kristeva, « pour l'homme et pour la femme, la perte de la mère est une nécessité biologique et psychique, le jalon premier de l'autonomisation[14] ». Et pour l'adolescente ? Est-elle prête à s'autonomiser sans avoir aucun appui, aucun exemple durant l'enfance ? La jeune fille se sent repoussée, absente.

Blanche devient une tierce personne dans le discours de sa famille. Ce changement s'exprime par l'utilisation des pronoms personnels *tu* et *nous* concernant Christa, Michelle et François, Blanche étant exclue. C'est Blanche elle-même qui s'aperçoit de ce changement au niveau de la langue. « J'étais devenue la tierce personne. Quand on parle de quelqu'un à la troisième personne, c'est qu'il n'est pas là[15] ». Christa joue avec les sentiments des parents de Blanche pour renforcer sa position : « Hélas, Christa, au terme d'un petit silence très étudié, déclara avec une simplicité tragique : - Je viens d'un milieu défavorisé. [...] Je vis qu'elle venait de gagner dix points dans les sondages[16] ». Christa humilie Blanche devant elle-même et aussi devant ses parents : « Je compris que Christa m'avait interrogée dans le seul but de m'humilier devant eux. C'était réussi : à leurs yeux, je n'arrivais pas à la cheville de "cette jeune fille admirable"[17] ».

Christa, favorisée, vole non seulement l'amour des parents de Blanche, mais elle essaie aussi d'accaparer l'identité de Blanche, ce qui prouve que la recherche de l'identité concerne autant Blanche que Christa, même si leurs raisons sont différentes. Le vol se réalise au cours des dîners, pendant lesquels les visiteurs prennent Christa pour la fille de la maison. Les parents de Blanche profitent de chaque occasion pour se présenter avec Christa[18]. Blanche, repoussée, sert de point de repère négatif pour mettre en relief les qualités de Christa : « Et je voyais que celle-ci, sans penser à mal, voyait le beau corps plein de vie de la jeune fille - et je savais que, déjà, elle se demandait pourquoi le mien était moins bien[19] ». « Mes parents la contemplèrent avec admiration et, la minute suivante, regardèrent avec

---

[13] *Ibidem*, p. 24.
[14] Julia Kristeva, *Soleil noir. Dépression et mélancolie*, Gallimard, 1987, p. 38.
[15] Amélie Nothomb, *op.cit.*, p, 39.
[16] *Ibidem*, p, 29.
[17] *Ibidem*, p. 39.
[18] *Ibidem*, p. 115, *sq.* : « Mes parents furent pris de la fièvre de recevoir. Ils retrouvèrent dans d'antédiluviens carnets d'adresses des amis qu'ils eurent soudain le besoin pressant d'inviter à dîner. Tous les prétextes étaient bons pour présenter Christa aux foules. [...] C'était comme si mes parents, en promotionnant Christa, se promotionnaient eux-mêmes ».
[19] *Ibidem*, p. 25.

réprobation leur fille qui, a seize ans, n'était pas fichue d'avoir atteint son indépendance financière[20] ». Blanche n'a pas de possibilité de se défendre : « quoi que je dise, mes parents donneraient raison à sainte Christa[21] ». De plus, celle qui pourrait être le sauveur de Blanche, qui pourrait la libérer de ses complexes, devient son bourreau. Malgré ses expériences horribles vécues par Christa, Blanche garde un bon sentiment envers elle[22]. Le jour de sa victoire intellectuelle lui apporte la honte : « Ce que je ressentis fut étrange : j'eus honte. Moi qui m'attendais à jouir de sa déception, j'en éprouvai une douleur véritable[23] ». Aux yeux de Michelle, Blanche n'a pas le droit de se réjouir de ses bons résultats à l'examen pour... ne pas fâcher Christa ! Les parents de Blanche exigent que leur fille soit soumise à Christa, toujours et partout. « Ils avaient pour Christa une indulgence sans borne et trouvèrent cela bien naturel[24] ». Il est triste de constater que les parents de Blanche, qui n'ont jamais été indulgents envers leur fille, le sont pour Christa : « La seule chose qui me dérangeait dans l'indulgence paternelle, c'était la conscience que je n'en aurais jamais bénéficié en pareil cas[25] ». Ce fait blesse profondément Blanche. Michelle et François pardonnent tout à Christa, mais ils ne veulent rien pardonner à leur fille : « Je compris, au passage, que mes parents ne me pardonneraient jamais une éventuelle brouille avec elle[26] ». Le ton accusateur de la mère résonne dans les oreilles de Blanche. Mais, malgré tout, Blanche reste fidele à ses parents : « En dépit de leurs défauts, j'aimais mes parents. C'étaient de braves gens[27] ». Elle souffre quand Christa les accuse de trop parler pendant le dîner en ne lui donnant pas la possibilité de se présenter. Elle se sent responsable d'eux après l'accusation absurde de Christa.

Les parents de Blanche font semblant de penser (ou ils pensent vraiment) que Blanche change sous l'influence de Christa : « Blanche est transfigurée ![28] » Et Blanche est tout simplement effrayée et malheureuse ; mais Michelle et François ne veulent pas le voir. Ils se mentent à eux-mêmes, ce sont eux que Christa rend heureux, tandis que leur fille reste en dehors de cette *trinité*. Blanche souffre en observant le comportement de ses parents : « Il est terrible de se rendre compte que ses parents ont perdu leur

---

[20] *Ibidem*, p. 29.
[21] *Ibidem*, p. 103.
[22] Les sentiments de Blanche sont ambivalents, d'un coté elle déteste Christa, de l'autre elle ne veut pas que Christa souffre. On pourrait dire que dans l'inconscience Blanche s'identifie partiellement avec Christa et à cause de cela, elle ne peut pas la repousser et la condamner.
[23] Amélie Nothomb, *op.cit.*, p. 100.
[24] *Ibidem*, p. 52.
[25] *Ibidem*, p. 136.
[26] *Ibidem*, p. 50, sq.
[27] *Ibidem*, p. 118.
[28] *Ibidem*, p. 53.

dignité[29] ». Michelle et François deviennent au moins ridicules. François « les larmes aux yeux » parle de Christa absente. Le père de Blanche se comporte jusqu'à la fin de l'histoire comme un jeune homme épris de Christa. Il croit en elle et essaie de lui trouver une excuse, la justification de ses mensonges. François ne permet même pas de parler de Christa[30], il veut garder la fraîcheur et la beauté de son sentiment envers elle, il ne veut pas les tacher par des soupçons invérifiables. Il ne veut pas croire que Christa avait des intentions mauvaises. Michelle, convaincue par la photo de Detlev, s'étonne de la façon d'agir de Christa, elle se sent trahie. La photo du petit copain de Christa suffit pour qu'elle la repousse, qu'elle hésite, qu'elle soit consternée. Le garçon est laid, et cette vérité lui est insupportable. Dans la conscience de Michelle, l'image de Detlev se superpose sur celle de Christa. La laideur suffit pour semer le doute dans son cœur. Cela prouve à quel degré elle est superficielle, et qu'elle ne s'attache qu'à l'apparence.

Les relations familiales influencent les relations sociales. Le roman de Nothomb exprime cette vérité évidente. Mais nous n'observons pas ici de socialisation car les parents de Blanche, du fait de leur attitude envers leur fille, ne transmettent pas de signes qui lui faciliteraient l'adaptation à son milieu social, écolier puis universitaire. La relation mère – enfant est fondamentale à l'égard du développement psychique, émotionnel ; l'éducation par l'observation est la partie principale de la formation initiale. L'amour s'exprime par des gestes amicaux, des paroles douces, des soins attentifs. C'est dans la relation profonde de la fille avec sa mère que prend source la capacité d'entrer en relation avec les autres, de créer et d'entretenir un réseau de contacts subtils et complexes entre les gens, que les relations interpersonnelles qui unissent la sphère privée ont leur source[31]. Blanche, grandissant dans une atmosphère d'indifférence, ne sait pas nouer des relations parce qu'elle n'a rien à imiter. Faute d'avoir eu des relations familiales, Blanche n'est pas douée pour être aimée (évoquer, provoquer l'amour de quelqu'un). « J'étais toujours disposée à aimer[32] » : ces mots perçants de Blanche mettent en relief seize ans d'attente de l'amour, seize ans de solitude :

> Et encore : là, il était question de l'amour des amants. À seize ans, il n'était pas inconcevable que je ne l'aie pas connu. Hélas, je n'en demandais pas tant : si seulement j'avais pu vivre une forme d'amour quelle qu'elle soit ! Mes parents n'avaient jamais eu pour moi que de l'affection, dont j'étais en train de découvrir

---

[29] *Ibidem*, p. 37.
[30] C'est un père fort, imposant ses règles de comportement.
[31] Rosemarie Putnam Tong, *Myśl feministyczna. Wprowadzenie*, PWN, Warszawa 2002, p. 194.
[32] Amélie Nothomb, *op. cit.*, p. 46.

combien elle était précaire : n'avait-il pas suffi que débarque une jeune fille
séduisante pour me reléguer, dans leur cœur, au rang de poids mort ?[33]

Dans le roman de Nothomb on n'observe pas seulement le manque
d'amour paternel et maternel mais aussi le manque d'attention de ses parents
pour Blanche. Ils ne posent même pas leurs yeux sur leur fille : « ...j'eusse
adoré trouver le mode d'emploi de mon adolescence, mais c'était impossible
sans le regard de quelqu'un. Mes parents ne me regardaient pas [...][34] ».
Pour se réaliser en tant qu'adolescente, Blanche a besoin de l'attention des
parents. Elle attend sans résultat leur regard attentif. Le manque d'amour a
pour conséquence un état d'invisibilité : Blanche se sent invisible pour ses
parents et pour les autres aussi : « Depuis ma prime enfance, je ne comptais
plus le nombre de petites filles a qui j'avais offert mon cœur et qui n'en
avaient pas voulu ; à l'adolescence, je m'étais pâmée pour un garçon qui ne
s'était jamais aperçu de mon existence[35] ». Blanche qui essayait de se
retrouver dans le trio de jeunes filles a échoué puisqu'il lui manque son
identité sociale. Sa position dans sa famille et dans son milieu se
superposent : « Les jeunes filles ne s'aperçurent pas plus de mon absence
que de ma présence. J'étais invisible. C'était ça, mon problème[36] ». Blanche
se torture par des questions existentielles : « Défaut de visibilité ou défaut
d'existence ?[37] » L'indifférence de ses collègues accompagne celle des
parents. Blanche est invisible chez elle, tout comme à l'université. Le
sentiment d'infériorité ne permet pas de se rapprocher des autres, de nouer
des relations amicales. Seule la position de la *souris* ou de la *sardine* est
acceptable. Enfin, après des mois avec Christa, Blanche devient visible
d'une façon particulière : comme *l'amie de Christa* ou *la copine de Christa*.
Personne n'a gardé son prénom en mémoire.
        Et encore ce nom signifiant – Blanche – fait référence à la couleur. La
couleur blanche est indifférente, très souvent invisible. Comme l'héroïne du
roman de Nothomb : « Au moins ce corps jamais montré au soleil portait-il
bien mon prénom/ blanche était cette chose chétive, blanche comme l'arme
du même nom, mais mal affûtée la partie tranchante tournée vers
l'intérieur[38] ». Blanche est consciente de sa spécificité, de sa *blancheur*
psychique qui s'exprime par la blancheur physique et consiste à se blesser
soi-même voire à s'automutiler psychiquement. La *blancheur* intérieure se
mêle à la blancheur des murs dans la chambre : « Christa avait dit que ma
chambre ne ressemblait à rien. C'était exact : c'était de cette manière que

---

[33] *Ibidem*, p. 45.
[34] *Ibidem*, p. 66.
[35] *Ibidem*, p. 46.
[36] *Ibidem*, p. 48.
[37] *Ibidem*.
[38] *Ibidem*, p. 21.

cette pièce me ressemblait. Ses murs ne portaient ni portraits de chanteurs ni posters de créatures évanescentes et diaphanes : ils étaient nus comme l'intérieur de mon être. [...] Des livres s'amoncelaient çà et là : ils me tenaient lieu d'identité[39] ». Cela sonne comme une concession au niveau supérieur : je suis nulle... mais... j'ai mes livres. Plus tard, l'héroïne détermine son *statut* : « Vue de l'extérieur, mon existence était squelettique ; vue de l'intérieur, elle inspirait ce qu'inspirent les appartements dont l'unique mobilier est une bibliothèque somptueusement remplie : la jalousie admirative pour qui ne s'embarrasse pas du superflu et regorge du nécessaire[40] ». Son intérieur contient des possibilités inattendues, il suffit de trouver la clé adéquate : l'amitié, l'amour. Blanche profite de son invisibilité *pour lire des jours entiers*, parce que la seule réalité avec laquelle elle peut s'identifier est la réalité livresque. Elle reste insondable pour les autres. En ayant conscience de sa valeur, Blanche, malgré tout, se dévalorise elle-même sous l'influence énorme de Christa. « Moi, n'importe qui, je l'aimais bien. Moi aussi, j'étais n'importe qui[41] ». On voit bien ici que Blanche éprouve le sentiment d'être sans valeur. Dans le psychisme de Blanche, deux positions opposées se montrent simultanément. À leur origine, l'enfant, qui crée une image de soi-même en s'appuyant surtout sur les opinions fournies par ses parents. L'être se fonde par sa relation à soi-même. Michelle et François n'ont pas équipé leur fille en opinions positives, donc la construction de son identité est entravée. Qui plus est, par leur attitude, ils ont affaibli la force des valeurs qu'elle a choisies.

Blanche est concentrée sur elle-même, sur son psychisme, sur ses défauts ; elle sait observer. Dans le premier contact intime avec Christa, elle découvre les désirs de l'autre : « Je savais déjà que je n'y parviendrais pas : quand nous étions nues, côté à côté, face au miroir, j'avais trop senti la jubilation de Christa – jubilation de m'humilier, jubilation de sa domination, jubilation, surtout, d'observer ma souffrance à être déshabillée, détresse qu'elle respirait par les pores de sa peau et dont elle tirait une jouissance vivisectrice[42] ». Blanche découvre qu'observer les souffrances d'autrui fait plaisir à Christa ; elle profite de la souffrance d'autrui ; elle domine en humiliant celle qui est plus faible : « Elle planta ses yeux dans les miens et je vis qu'elle savourait mon humiliation[43] ».

Dès le moment où Christa a contraint Blanche à être nue, dès le moment ou les yeux hilares de Christa se sont posés sur le corps nu de Blanche, celle-ci ne peut plus se regarder avec ses propres yeux ; elle se voit

---

[39] *Ibidem*, p. 57, sq.
[40] *Ibidem*, p. 65.
[41] *Ibidem*, p. 92.
[42] *Ibidem*, p. 25.
[43] *Ibidem*, p. 73, *sq.*

par le regard défavorable de Christa : « je ne pouvais plus me voir qu'au travers de ses yeux et je me haïssais[44] ». Blanche ne veut pas être nue, elle ne veut pas non plus regarder le miroir. Son corps cache la vérité d'elle-même. Elle ne veut pas confirmer ce qu'elle soupçonne d'elle-même. Le moment de l'observation du reflet dans le miroir est le moment de l'identification[45] : « Seize ans de solitude, de haine de soi, de peurs informulables, de désirs à jamais inassouvis, de douleurs inutiles, de colères inabouties et d'énergie inexploitée étaient contenues dans ce corps[46] ». Voilà le secret de Blanche : montrer son corps nu, c'est comme montrer son âme. Donc, découvrir son corps signifie faire un sacrifice. L'extériorisation de ses faiblesses rend Blanche plus susceptible de soumission. Christa sait profiter de son savoir. Blanche met d'ailleurs en relief le fait que *profiter* fonctionne comme un mot magique déterminant Christa. Cette dernière utilise les gens comme des instruments pour atteindre son but.

Blanche déteste son corps depuis sa puberté, elle ne peut pas accepter sa féminité. La note de son corps faite par Blanche est sévère : « Le manque était sa langue maternelle : il exprimait l'absence de force, l'absence de grâce et l'absence de plénitude. Il ressemblait à un hurlement de faim[47] ». Ce hurlement physique est présent aussi au niveau psychique, émotionnel[48]. Blanche recherche désespérément une acceptation, une amitié, un amour enfin, ce qui s'exprime par les mots *absence* et *manque*. Michelle n'a pas rempli son rôle de mère. La relation mère-fille est importante puisque sur celle-ci s'appuie tout le processus d'identification d'une enfant /adolescente en tant que fille/femme[49]. L'attitude émotionnelle de la mère – l'indifférence – est considérée par Blanche comme un refus d'amour[50].

Il convient encore de noter que les deux filles regardent le miroir simultanément. Blanche est obligée de faire face à elle-même et à Christa, ce qui est humiliant. Le reflet de Christa peut être compris comme un reflet souhaité par Blanche. À quoi bon faire des exercices pour les seins contre sa volonté ? Blanche essaye de s'opposer à Christa, sans résultat : « Dans le

---

[44] *Ibidem*, p. 34.
[45] Cf. Lacan J., *Écrits I*, Seuil, Paris 1999, p. 93. Et encore *Myśl feministyczna, op.cit*, p. 259-26: « Avant de se percevoir lui-même, il faut que l'enfant se perçoive d'abord comme il perçoit sa mère : à travers un Autre. Lacan affirme que le processus d'auto-découverte spécifique à l'enfant sert de modèle pour toutes les relations postérieures; le moi se retrouve toujours dans le reflet d'un autre ».
[46] Amélie Nothomb, *op. cit.*, p. 20.
[47] *Ibidem*, p. 21.
[48] *Ibidem*, p. 94 : « si nous remarquons le rôle de l'appareil du miroir dans les apparitions du double où se manifestent des réalités psychiques ».
[49] Cf. J. Laplanche, J.-B. Pontalis, *Vocabulaire de la psychanalyse*, Quadrige/PUF, Paris 1967, p. 187-190.
[50] Cf. J. Laplanche, J.-B. Pontalis, *Słownik psychoanalizy*, trad. E. Modzelewska, E. Wojciechowska, WSiP, Warszawa 1996, p. 165.

miroir, je vis mes épaules et mes bras prendre la position préconisée par Christa et effectuer les exercices qu'elle m'avait prescrits. La voix dans ma tête hurla : "Non ! N'obéis pas ! Arrête !" Soumis, mon corps continua la gymnastique[51] ». Ce désir d'être bien faite, comme Christa, et, par la suite, d'être aimée comme Christa, la pousse vers l'activité gymnastique préconisée par son double[52].

Au cours de ses analyses infinies, Blanche découvre la nature malsaine de Christa. Christa est la personnification du Mal, Antéchrista. « Christa souffrait d'une jalousie pathologique : quand elle me voyait heureuse avec un livre, il fallait qu'elle détruise ce bonheur, faute de pouvoir se l'approprier[53] ». Christa est jalouse, toujours. Elle ne peut pas supporter l'idée que Blanche pourrait se libérer de son influence[54]. En observant Christa dans des situations différentes, Blanche découvre qu'elle n'aime qu'elle-même. « Je découvrais à présent que l'amour était pour Antéchrista un phénomène purement réflexif : une flèche partant de soi en direction de soi. L'archée la plus petite du monde. Pouvait-on vivre à une portée aussi minuscule ?[55] ». Il importe de noter que les deux filles sont concentrées sur elles-mêmes, mais chacune d'une autre façon. Blanche analyse son intérieur, elle se blesse elle-même, elle s'accuse (le sentiment de culpabilité[56]), elle analyse tous les *pour* et *contre*. Christa, par contre, concentre l'attention des autres sur sa propre personne, elle exige l'attention, l'admiration, les remerciements, etc. Elle veut être au centre, dominer toujours et partout. Toutes les deux créent un chiasme sémantique, l'une étant le reflet inversé de l'autre. Encore plus, Christa elle-même crée un chiasme – comme Christa et Antéchrista, ce qui est mis en relief par la phrase suivante : « Christa était aussi belle qu'Antéchrista était hideuse[57] ».

Enfin, Christa disparaît comme un fantôme qui n'a jamais existé. Était-elle réelle ? Ou peut-être était-elle une création schizophrénique de Blanche ? « C'était comme si elle n'avait jamais existée[58] » – constate Blanche après la disparition de Christa. À l'université, personne ne demande à Blanche de ses nouvelles. Elle disparaît charnellement, mais elle reste en tant qu'idée dans la tête de Blanche. Cependant, ce qui a changé dans les relations sociales, c'est que Blanche n'est plus invisible : « J'avais toujours seize ans, j'étais toujours vierge et, pourtant, mon statut avait sacrément

---

[51] Amélie Nothomb, *op. cit.*, p. 35.
[52] Blanche voudrait bien être aimée comme Christa, *ibidem*, p. 108 : « Je n'aurais pas voulu être Christa mais j'aurais voulu être aimée comme elle l'était ».
[53] *Ibidem*, p. 68.
[54] *Ibidem*, p. 96.
[55] *Ibidem*, p. 121.
[56] Cf. J. Laplanche, J.-B. Pontalis, *Vocabulaire...*, *op. cit.*, p. 440.
[57] Amélie Nothomb, *op. cit.*, p. 81.
[58] *Ibidem*, p. 155.

changé. On respectait celle qui s'était taillé une telle réputation dans le domaine du patin[59] ». Ce sont les impressions de ceux de l'extérieur, ils considèrent que Blanche est une autre fille. En apparence elle devient forte, mais la dernière page nie ce changement et indique que Blanche reste soumise à Christa. Et voilà Blanche qui fait la gymnastique des seins d'après les ordres de Christa. On observe ici l'incapacité de s'opposer à une individualité plus forte. Blanche n'arrive qu'à dire *oui*. Il y a quelque chose d'effrayant dans la dernière ligne du roman : « Ainsi, sa volonté fut faite, et non la mienne » qui n'est que la paraphrase d'un verset biblique.

La focalisation interne nous permet d'observer l'évolution du psychisme de Blanche. Elle ressent une douleur profonde à cause de l'indifférence de ses parents envers elle, ce qui ne l'a pas empêché de vivre pendant seize ans. Blanche essaie de comprendre pourquoi ses parents ne l'acceptent pas alors qu'elle ne leur a pas une seule fois donné l'occasion de se plaindre pendant les seize ans de sa vie. Le monologue intérieur découvre ses doutes et ses hésitations, ses peurs et ses hantises. Elle a besoin d'être acceptée et aimée. Est-ce trop ? Les parents de Blanche sont comme aveugles, ils ne veulent voir ni la solitude de leur fille ni le caractère hideux de sa copine. L'intimité entre la fille et les parents n'existe pas. L'unique moment de communauté et de compréhension entre eux est quand Christa les insulte. Ils se taisent ensemble et attendent la sortie de Christa de leur maison.

Le moteur de changement apparent est Christa. Sa présence a libéré un fleuve de tendresse chez les parents de Blanche, inconnu jusqu'alors. Mais on voit bien que le point de départ et le point d'arrivée est le même : le manque de relations dans la famille, la solitude profonde de Blanche, l'incapacité de nouer des liens sociaux. Michelle et François ne changent pas après l'aventure avec Christa, ils ont oublié l'anniversaire de leur fille. Seule, Blanche savoure sa solitude comme toujours.

Le mutisme partiel de Blanche chez elle, imposé par le manque d'intérêt du côté de ses parents, va de pair avec son impossibilité à communiquer au niveau social. Tout au long du roman, nous retrouvons la perplexité d'une enfant laissée à elle-même. La figure de l'enfant abandonnée s'inscrit parfaitement dans l'œuvre de Nothomb. Une énorme solitude commence et finit ce roman.

---

[59] *Ibidem.*

La veuve : personnage emblématique de l'univers de Marguerite Audoux

Bernard-Marie Garreau
Université d'Orléans

On connaît le mot de Clemenceau, qui confirme que « [l]es femmes vivent plus longtemps que les hommes » ; et il ajoute : « surtout quand elles sont veuves »... Cette boutade renvoie à une réalité à la fois historique et linguistique : la veuve ne se masculinise que tardivement, dans la seconde moitié du XVIe siècle. Jusque-là, le veuvage est bien un état civil à part, mais uniquement pour la femme. À l'aube du XXe siècle, l'univers existentiel et littéraire de Marguerite Audoux, on va le voir, fait écho à cette réalité.

Avant de parler du veuvage en tant que tel, on notera que les premières années de la romancière se placent déjà sous le signe de la disparition de l'homme. Alors qu'elle a trois ans – nous sommes en 1866, sa mère vient de mourir de la tuberculose –, le père, qui pourrait faire le premier veuf de cette histoire, s'évanouit dans la nature, laissant deux filles orphelines. Le seul héritage qu'il leur lègue est un nom difficile à porter : Donquichote. Audoux est le matronyme, que l'ancienne bergère, devenue couturière, adoptera définitivement en 1895 à Paris, lorsqu'elle crée son propre atelier.

Sur le plan amoureux, un homme l'avait déjà éconduite, en Sologne, alors qu'elle était servante de ferme et bergère d'agneaux. Un autre homme l'abandonnera en 1912 : c'est Michel Yell, un ami de Gide, que le hasard avait mis sur sa route en 1900. C'est lui qui avait fait découvrir, à Charles-Louis Philippe, Léon-Paul Fargue et d'autres amis, que la jeune femme écrivait ses souvenirs d'enfance avec une géniale simplicité. L'un de ces compagnons de route, le peintre et décorateur Francis Jourdain apporte un soir le manuscrit à Octave Mirbeau qui s'enthousiasme pour cette prose unique. Grâce à lui, Marguerite Audoux, à quarante-sept ans, obtient le Prix Femina - Vie heureuse.

À cette époque, et au-delà, l'homme continue à déserter un paysage affectif déjà sérieusement miné : Charles-Louis Philippe meurt précocement un an avant le fameux Femina qui annonce un tirage à cent mille exemplaires ; Yell la quitte peu après, puis Alain-Fournier, le fils spirituel de l'écrivaine, disparaît à la guerre dix-sept jours après Péguy ; deux ans et demi plus tard, Mirbeau s'éteint à son tour, devenu lui aussi un ami, presque un second père. Nous sommes en 1917, sept années après le succès triomphal de *Marie-Claire*. Marguerite Audoux a cinquante-quatre ans. Le deuxième roman tarde encore à venir ; la production romanesque, jusqu'à la fin, se fera laborieusement et lentement : *L'Atelier de Marie-Claire* en 1920,

De la ville au moulin en 1926, et enfin, *Douce Lumière* en 1937, qui voit le jour neuf mois après le décès de la romancière. Notons bien cette pénible gestation, notons aussi que dès 1913, Marguerite Audoux est seule dans l'existence, après avoir été abandonnée et éconduite. Elle va, comme on dit aujourd'hui, se recomposer une famille. Elle avait déjà élevé, durant les premières années parisiennes les plus noires, sa nièce Yvonne, qui elle-même abandonnera ses trois fils à la romancière. La famille, c'est aussi les amis qui vont, viennent, disparaissent, les hommes en particulier.

Le veuvage féminin, dans cette optique biographique, n'est donc pour nous que métaphorique[1]. La viduité, qui n'a pourtant rien à voir étymologiquement avec le vide, en revient pour Marguerite Audoux elle-même à une vacuité généralisée, une déréliction marquée par un vide affectif tenace qu'en général l'homme a orchestré et vis-à-vis duquel notre romancière n'est pas toujours tendre.

Pour en venir au cœur de mon sujet, qui nécessitait malgré tout ce préambule, c'est dans les romans – et aussi les contes, parus en 1932 – que l'absence de l'homme va particulièrement se révéler à travers plusieurs personnages de veuves. Celles-ci se distribuent en deux ensembles aussi noirs l'un que l'autre : les victimes et les bourreaux, liées ainsi au malheur et au mal.

Les victimes, on les trouve dans l'ensemble de la production, à commencer par Pauline Cherrier, la première fermière rencontrée dans *Marie-Claire*, bienveillante envers la petite bergère, et qui se fait chasser par les propriétaires à la mort de son mari.

Parmi les bourreaux, toutes sont représentatives d'un monde impitoyable, en particulier la seconde fermière de *Marie-Claire*, Mᵐᵉ Deslois, d'une avarice quasi pathologique, et qui œuvre pour chasser l'héroïne, à cause de son amour payé de retour pour Henri Deslois. Le fils de cette harpie, faible comme tous les hommes qui évoluent dans l'univers alducien, ne saura pas résister à la colère de sa mère.

Dans le second roman (p. 201), Madame Dalignac, la patronne de l'atelier, rejoint le clan des « bonnes veuves », mais elle se souvient de sa propre mère, qui s'inscrit dans l'autre catégorie et représente la même inhumanité que Mᵐᵉ Deslois :

> Jusque l'âge de six ans, l'enfant avait connu les caresses de son père, mais à la mort du brave homme, elle n'avait plus trouvé autour d'elle que la haine menaçante de sa mère. Au moment de l'apprentissage elle avait dû faire chaque jour un long détour par une rue sale et peu fréquentée pour se rendre chez la couturière qui l'occupait. Son départ comme son arrivée étaient attentivement surveillés, et lorsqu'un jour, entraînée

---

[1] Cette acception reprend le sens général de *privation* qu'avait le latin impérial et qui rejoint certains emplois modernes. Colette parle ainsi d'«une chemise froissée dont les échelles ajourées sont veuves de rubans ».

par les camarades, elle avait osé revenir par la plus belle rue de la ville, sa mère l'avait frappée avec un tel acharnement qu'elle avait pensé en perdre la vie.[2]

On remarque que c'est souvent la fille qui joue le rôle de souffre-douleur dans ce scénario immuable. Nestine, dans le conte « Les Deux Chênes » (p. 44), se souvient, elle aussi, de la façon dont sa mère l'a spoliée :

> [E]lle recommençait l'histoire du mobilier que son père lui avait laissé en héritage, et que sa mère avait vendu en cachette et fait enlever le jour même de leur mariage tandis que, accompagnés de quelques amis, ils s'en étaient allés en banlieue faire un simple repas suivi d'une longue promenade. A leur retour ils n'avaient plus trouvé dans le logement que l'impotente et son vaste fauteuil, de sorte qu'il leur avait fallu passer leur nuit de noce dans la mauvaise chambre d'hôtel de Nestin, cette chambre où le lit, à peine assez large pour un seul, touchait le mur au pied comme à la tête, et si étroite qu'au matin Nestin avait dû ouvrir le vasistas afin que Nestine pût étendre le bras pour peigner à son aise son épaisse et très longue chevelure.[3]

On s'aperçoit ainsi que ces allusions prennent souvent la forme d'un « récit dans le récit », qui ne fait qu'accuser la typologie sans nuances du conte de fées.

On note également que la création de ce type est d'autant plus significative que les veuves littéraires ont des modèles qui, eux, ont toujours leur mari. Dans la lettre d'avril 1911 d'Alain-Fournier à Jeanne Bruneau (le modèle de la Valentine du *Grand Meaulnes*), on découvre en effet que Madame Dejoulx (Madame Deslois dans le premier roman) n'était pas veuve, et que la scène où l'on fait comprendre à la jeune fille qu'elle doit renoncer au fils est en réalité jouée par le père.

De même, et là c'est le cimetière de Brinon qui nous renseigne, Pauline Cherrier quitte la ferme pour des raisons tout autres que son veuvage puisque Sylvain Cherrier s'éteint en réalité en 1915, à l'âge de soixante-dix-sept ans.

Ces deux exemples suffisent à nous renseigner sur les intentions de l'auteur. La veuve est une surenchère sur le vide affectif et existentiel, subi pour les unes, ou imposé pour les autres. D'où la bipolarité du thème, qui contient ses deux charges, positive et négative.

Mais l'attitude de la veuve est parfois si caricaturale qu'elle peut prêter à rire. Le titre du conte « Mère et fille » est déjà tout un programme pour quiconque connaît ou devine les rouages de la thématique qui petit à petit se dégage. Madame veuve Pélissand, en effet, de peur de se retrouver seule, impose le célibat à sa fille, qui éprouve cependant des sentiments payés de

---

[2] *L'Atelier de Marie-Claire* (1920), Grasset, « Les Cahiers Rouges », 1987, 269 p.
[3] "Les Deux Chênes", in *La Fiancée*, Flammarion, 1932, 248 p.

retour pour un jeune homme qu'elle souhaiterait épouser! Les années passent, et c'est Madame Pélissand qui annonce à Marie (p. 180) qu'elle a elle-même trouvé un parti. On imagine la stupeur de la fille.

> - Mais, maman, tu as cinquante-huit ans!
> - Oui, dit Mme Pélissand. Et après ?
> Après ? Après ? Marie ne savait plus quoi dire, des larmes vinrent à ses yeux, pourtant elle dit encore :
> - Et moi, maman ?
> Mme Pélissand recula sa chaise ; son regard se fit dur et comme si elle se vengeait d'une méchanceté, elle répondit :
> - Toi, ma chère ? Mais tu es assez vieille pour rester seule.
> Elle tapota les bas de la corbeille [4] en reprenant :
> - Tu me reprochais mes cinquante-huit ans, tout à l'heure, et tu as l'air d'oublier que tu en as trente-sept sonnés. [5]

On pourrait voir en Madame Pélissand une Folcoche avant l'heure, mais à l'examen, la tyrannie de cette veuve bénéficie de circonstances atténuantes qui apparaissent dans la conversation qui se poursuit et où c'est la mère qui, dans son entêtement, devient la fille. « Je me marierai parce que je ne veux plus rester avec toi[6] », finit-elle par lâcher (p. 184) avec le ton de révolte des enfants envers leurs parents. Si elle vient de prendre sa décision, c'est qu'elle ne supporte plus d'être étouffée par sa fille, qui est devenue institutrice pour aider la mère à subvenir aux besoins du ménage.

Et l'inversion des rôles est complète (p. 185) lorsque la mère se met à pleurer tout bas en implorant doucement sa fille :

> - Permets-moi d'épouser M. Tardi.
> Alors Marie se pencha sur sa mère et après lui avoir essuyé les yeux, elle l'embrassa tendrement au front en disant :
> - Va, maman, épouse M. Tardi, afin que de nous deux il y en ait au moins une qui ait un peu de bonheur. [7]

C'est en cette fin que le procédé théâtral observé perd son effet pour de nouveau faire place à l'impression dominante du début. Le monde inversé que propose cette comédie cache en réalité l'habituelle tragédie.

Que la veuve représente donc la victime ou le bourreau dans l'œuvre de Marguerite Audoux, elle s'inscrit dans l'univers du conflit. Ce thème est en effet, plus que tout autre, le vecteur d'une lutte dont les acteurs sortent brisés. Brisés, mais non pas vaincus : le veuvage féminin, comme toute situation où la créatrice réalise sa vocation androcide qui est une de ses

---

[4] Il s'agit des bas que Madame Pélissand est en train de repriser.

[5] « Mère et fille », *Ibidem*.

[6] *Ibidem*.

[7] *Ibidem*.

planches de salut, permet à une autre famille d'émerger, dont le chef habituel ne saurait exister, tant les comptes de la romancière sont lourds à régler.

Or, la veuve, curieusement, est presque l'anagramme du mot *œuvre*. Et l'on va pouvoir constater maintenant que le fonctionnement de ce thème, c'est aussi celui de l'élaboration littéraire.

Le personnage de Christine, dans le roman posthume *Douce Lumière*, est en ce sens un symbole de ce que représente l'écriture alducienne. En effet, l'infirmière en question, enceinte des œuvres d'un homme déjà mort dans les tranchées, met au monde un enfant qui ne vit pas, puis elle décède à son tour.

C'est là l'image même de la condition de l'écrivaine, veuve de tout ce que l'existence lui a refusé – un père et un compagnon pour l'essentiel - et qui se lance à plume perdue dans cette autre lutte spéculaire qu'est le corps à corps avec l'écriture. Expérience dans laquelle, au-delà de *Marie-Claire*, et peut-être du deuxième roman, celle qui devient une sorte de veuve littéraire semble se consumer en tentant une impossible parthénogenèse, la tragique aventure de mettre seule au monde des enfants de moins en moins viables. Je l'ai montré dans d'autres articles, Marguerite Audoux n'a plus grand chose à dire après *Marie-Claire*. L'essentiel, pour elle, n'est pas d'innover, mais de se re-produire, dans tous les sens du terme. C'est le lieu de rappeler ce que la future romancière a vécu en 1883, l'année où, des œuvres d'un éphémère compagnon, elle met au monde, le 6 mars, un enfant qu'elle appelle Henri, du prénom de son premier amour. L'enfant meurt un mois plus tard, le 4 avril. Marguerite, qui s'appelle encore Donquichote à l'époque, demeure stérile. Michel Yell, en 1912, la quittera d'ailleurs pour pouvoir fonder une famille. Il a douze ans de moins que la quinquagénaire, alors définitivement seule. L'écriture va ainsi devenir pour elle l'unique moyen d'enfanter dans la douleur.

Le statut des veuves qui peuplent l'œuvre de Marguerite Audoux est donc bien celui de l'écrivaine, confrontée non seulement à la viduité existentielle, mais encore à celle d'une inspiration morte. Même dans les critiques qu'elle tente parfois de faire à la parution des œuvres de ses amis, elle refait du *Marie-Claire* ; et lorsqu'elle veut parler de sa propre production, elle n'en aborde jamais le fond ou la forme, mais seulement les conditions dans lesquelles elle produit. Son œuvre ressemble ainsi, au fil du temps, à la photo jaunie d'un conjoint disparu, et qu'elle tente, à chaque nouvelle parution, à chaque nouvelle parturition, de dix ans en dix ans, de ranimer, comme si elle soufflait à jamais sur un feu éteint. Elle cherche ainsi, par-là même, à faire vivre l'enfant à jamais mort-né de ce père absent. L'écriture, provoquée par le veuvage perpétuel et du père et de l'enfant, devient un acte vital, mais impossible. Une sorte d'aporie.

Il serait alors intéressant d'éclairer ce drame féminin qui s'incarne ici dans le veuvage de l'écriture par le détour d'une comparaison, en particulier

avec Mirbeau, qui, laconiquement, a intitulé deux de ses *Contes cruels* :
« Veuve » ! Le premier récit met en scène une jeune et superbe veuve qui a
épousé un homme passionnément amoureux ; mais le nouvel époux, victime
de sa jalousie pour le premier mari, finit par succomber. Son domestique le
retrouve un matin étendu au sol, un couteau planté dans le cœur. On ne
saurait d'ailleurs dire s'il s'agit d'un suicide ou d'un meurtre... Le second
conte est d'une tout autre tonalité : le narrateur est un ami intime d'un
couple ; le mari meurt subitement, et l'ami répond si bien à l'appel au
secours de la veuve qu'il termine entre ses bras le jour même de
l'enterrement, tout comme dans la chanson de Georges Brassens intitulée
« La Fessée », qui relate une veillée funèbre connaissant le même
dénouement. Le personnage de la veuve n'est donc ici qu'un paravent qui
dissimule un autre sujet ; ce n'est plus un thème, mais un simple motif qui
est un prétexte formel, puisque le premier conte est un pastiche de Paul
Bourget, mais également satirique puisque dans les deux récits la veuve s'en
tire à bon compte à travers l'honorabilité et la consolation rapide, dans la
tradition déjà représentée par La Fontaine et sa « Jeune Veuve » (« Entre la
veuve d'une année / Et la veuve d'une journée / La différence est grande »).

Le premier des deux contes en question a également la tonalité
tragique et la peinture psychologique, voire pathologique, qui n'est pas sans
faire penser à Maupassant. J'avais d'ailleurs réuni, parmi d'autres, ces deux
auteurs dans un article ayant également trait à la famille, puisqu'il s'agissait
de « La Mort de l'enfant, de Guy de Maupassant à Nancy Huston ». Les
conclusions qui ressortaient de la comparaison des différents traitements du
motif en question ressemblent étrangement à ce que nous venons d'observer
ici à propos de la veuve : Chez les deux romanciers en question, la mort de
l'enfant traduit certes une révolte, plutôt métaphysique chez Maupassant,
avec notamment sa phobie de la paternité, et sociale chez Mirbeau, alors que
chez les écrivaines, parmi lesquelles nous incluions Marguerite Audoux, le
traitement du motif semble lié de façon beaucoup plus manifeste à un
contexte de culpabilisation, qui ferait passer du collectif au matriciel.

Le personnage de la veuve, chez Marguerite Audoux, n'est donc pas
un simple *motif*, mais véritablement un *thème*, au sens où l'entend Jean-
Pierre Richard qui, dans *L'Univers imaginaire de Mallarmé* (p. 21) le définit
comme « un principe concret d'organisation, un schème ou un objet fixe,
autour duquel aurait tendance à se constituer et à se déployer un monde[8] ».
Sans doute même est-ce « le » thème alducien par excellence, dans la mesure
où il se situe au centre du fonctionnement de l'écriture narrative, même si
cette écriture se nourrit de sa propre impuissance. Ce thème est en effet à la
fois, nous l'avons vu, le rappel de la disparition de l'homme dans la vie et
dans l'œuvre, et l'origine d'une difficultueuse, sinon impossible création. En

---

[8] Le Seuil, 1961, 654 p.

ce sens, et dans un double mouvement, la veuve représente un deuil en tant que douleur, et en même temps aide la romancière à « faire son deuil » puisque l'écrivaine utilise, dans une optique totalement doloriste, cette souffrance pour avancer. Marguerite Audoux choisit, non pas d'enterrer le mal et le malheur incarnés par ce personnage de la veuve, mais bien au contraire d'exhumer le personnage en question en le produisant et le re-produisant jusqu'à l'œuvre posthume où Christine, veuve de guerre, veuve d'enfant, et finalement veuve d'elle-même, trouve sa symbolique inscription dans les dernières pages produites.

Cette fonction essentielle du personnage tranche donc bien avec le simple emploi (au sens théâtral) qui se révèle chez les autres romanciers, ou encore avec la tradition plus légère de la veuve joyeuse, formulée par Stendhal lui-même dans *De l'amour* : « En France, les hommes qui ont perdu leur femme sont tristes, les veuves au contraire gaies et heureuses ».

Chez Marguerite Audoux, les hommes qui ont perdu leur femme sont rares, et la Veuve, quant à elle, est bien l'allégorie tragique de la difficile condition de femme et de créatrice que fut celle de Marguerite Audoux dans cette première moitié du XXe siècle.

Perdition ou salut de l'héroïne ? La famille dans deux romans de Julien Green (*Adrienne Mesurat, L'Autre*)

Nadège Vultaggio-Grenglet

Collège Jules Ferry de Douai (France)

La famille occupe une place prépondérante dans les romans de Julien Green (1900-1998) qui s'intéresse particulièrement aux relations entretenues par le personnage principal, jeune homme ou jeune femme, avec un père, une mère, une sœur, un oncle, une tante... et à ses répercussions. Une ombre plane toujours au-dessus de ces familles : décès d'un père et/ou d'une mère ; présence d'un père et/ou d'une mère tyrannique, avare, possessif, d'une sœur malade ; influence des ancêtres... Paradoxalement, même absente, la famille est là, obsédante pour un héros qui reste seul. Ses effets sur lui sont terribles, excessifs tant dans le mal que dans le bien ; la haine, l'indifférence se substituant à l'amour.

Adrienne Mesurat (1927) et *L'Autre* (1971) sont deux romans révélateurs de cette atmosphère. Ils présentent tous les deux une héroïne. La première est en conflit avec son père, sa sœur au point de devenir meurtrière ; la seconde est tiraillée entre l'éducation religieuse d'une mère qui est devenue folle et les infidélités d'un père qui s'est suicidé. Ces deux romans permettent d'analyser le traitement greenien, riche et complexe, des relations familiales et de voir une évolution : d'une représentation pessimiste, naturaliste sur un fond d'hérédité, de complexe d'Œdipe, même nié par l'auteur, à une dimension optimiste, spirituelle où la famille génère des épreuves indispensables à surmonter pour se construire et être sauvé.

Quels rapports l'héroïne entretient-elle avec sa famille ? En est-elle victime et pourquoi ? Comment doit-elle assumer ses relations familiales pour espérer atteindre le bonheur, trouver le salut ? La famille est-elle totalement responsable de ce qu'il lui arrive ?

Grâce à la poétique et la rhétorique, nous verrons d'abord que Julien Green a une vision spécifique de la famille et des relations qu'elle entretient avec l'héroïne. Ensuite, nous analyserons leurs conséquences sur l'héroïne dans la constitution de sa personnalité et la prise en main de son destin.

Caractéristiques de la famille greenienne et nature de ses relations avec l'héroïne

Caractéristiques de la famille greenienne

a) Sous le signe du manque

Dès l'*incipit*, Julien Green présente la famille de l'héroïne. Nous sommes d'emblée marqués par ce qui la caractérise : son absence et son omniprésence, ses contradictions, sa totale opposition au stéréotype de la famille unie, attentionnée… Pourtant Jean-Éric Green écrit dans l'*Album* consacré à son père :

> Julian Green n'a guère de goût pour les généalogies, alliances, parentés, histoires de famille. Pour lui *"tous les squelettes finissent par se ressembler"*. Sa famille, cependant, n'est pas de tout repos et lui-même recèle tant de désirs inexplicables qu'il ne pourra finalement s'en débarrasser qu'en créant des personnages, en s'inventant en quelque sorte une descendance nouvelle.[1]

Julien Green transposerait ses angoisses, ses complexes, sa différence pour se libérer. Or il refuse la psychanalyse et dénigre le complexe d'Œdipe. Par contre, nous pouvons davantage évoquer l'influence autobiographique dans son écriture romanesque.

La famille greenienne est de fait placée sous le signe du manque. En effet, Julien Green est marqué dans sa personnalité et ses choix religieux par ses diverses origines (Angleterre, Irlande, Écosse, France, États-Unis…). Il était très attaché à sa mère et a été élevé dans un milieu surtout féminin, dans la nostalgie du Sud des États-Unis et le goût des lettres. Ses rapports avec son père étaient distants, les affinités quasi inexistantes. En 1916, il devient catholique. En outre, la mort a frappé sa famille : un frère, un oncle, puis sa mère, sa sœur. Pour Julien Green, le décès de sa mère a sonné le glas de son enfance, de l'insouciance, du bonheur. Peu à peu, il découvrira son homosexualité et apprendra à l'accepter sans se croire définitivement perdu.

Nombre de personnages principaux sont très jeunes orphelins, recueillis plus ou moins chaleureusement par un oncle, une tante, un tuteur ou une « bonne » âme… à l'attitude contestable et au manque d'affection (séquestration, fanatisme, exploitation…) : Wilfred dans *Chaque homme dans sa nuit*, Louise dans *Le Mauvais Lieu*, Élizabeth dans *Minuit*, Angèle dans *Léviathan*…, l'enfant devenant un objet qui sert des intérêts, des désirs ou un objet gênant dont il faut se débarrasser. Avec la mort du père, de la mère, dont nous n'apprenons presque rien, commence pour leur progéniture un parcours qui l'amène à se construire et dont l'issue est souvent fatale.

---

[1] *Album Julien Green*, Paris, Gallimard, « Pléiade », 1998, pp. 13-14. Souligné dans le texte.

C'est dans ce cadre qu'évolue Karin, l'héroïne de *L'Autre*[2]. Elle a perdu son père qui s'est noyé par amour pour une fille qui lui résistait et sa mère en est devenue folle. Karin se retrouve donc, pour ainsi dire, orpheline, entourée de quelques « amis ».

D'autres, comme dans *Adrienne Mesurat*[3], ont une famille mais celle-ci se caractérise par les thématiques de la décomposition, de la maladie physique et/ou morale. Adrienne n'a plus de mère. Elle vit avec son père tyrannique, possessif et sa sœur souffrante. De même Émily, l'héroïne de *Mont-Cinère*, vit avec sa mère très avare, depuis le décès paternel. Elles ne sont pas seules, mais c'est tout comme. Avec ce décès, elles ont perdu, semble-t-il, leur unique allié familial que ce soit un père, une mère..., qui se distinguait par une faiblesse. Elles vont devoir apprendre à vivre sans cet apparent protecteur, sans reproduire son parcours.

b) Une omniprésence pesante

Même quand la famille est absente, elle se distingue par sa présence envahissante, son influence permanente. D'abord, l'héroïne a hérité des traits de ses parents, souvent contradictoires. Ainsi Karin est tiraillée entre la tentation de la chair qui lui vient du père et le refus d'y céder, dicté par la religion de sa mère, par l'éducation reçue. Pour Joseph Day, héros de *Moïra*, la condamnation du corps vient du père. Julien Green transpose dans le père et la mère puis dans Karin le dilemme de sa personnalité dont il a tant souffert. Elle aussi a du mal à communiquer et demeure mystérieuse. En outre, des allusions et des motifs ponctuent le texte, donnant l'impression que les parents sont toujours là en sourdine : ce sont les questions de Roger à Mlle Ott, à Karin ; c'est le motif de l'eau, associé au suicide du père. L'eau hante, fascine Karin qui craint, à juste titre, jusqu'au finale de connaître la même destinée :

> Je sortis sur le port et regardai *l'eau* à mes pieds. *Elle était d'un vert qui tournait au noir et remuait doucement contre la coque des barques.* On eût dit *qu'elle les flattait comme on flatte une bête. Mon père s'était noyé plus loin*, sous les arbres. Pour rien au monde je ne me serais *jetée à l'eau comme lui*. Je me demandai une fois de plus comment il avait trouvé le courage *d'avancer d'un pas dans le vide. Un pas et l'eau vous étouffait. Par une prudence instinctive*, je reculai, me méfiant de *ce que je pouvais faire sous le coup d'une impulsion subite*, et je rentrai chez moi où m'attendait mon travail.[4]

---

[2] *L'Autre* (1971), in *Œuvres complètes* de Julien Green, Paris, Gallimard, « Pléiade », III, 1973, pp. 709-991.
[3] *Adrienne Mesurat* (1927), in *Œuvres complètes* de Julien Green, Paris, Gallimard, « Pléiade », I, 1972, pp. 283-519.

[4] *L'Autre*, pp. 884-885. Nous soulignons.

Dans *Adrienne Mesurat*, l'odeur d'eucalyptus, la peur de la contagion, la chambre tant convoitée pour sa vue sur la maison du bien-aimé docteur Maurecourt rappellent sans cesse à Adrienne l'ancienne présence de Germaine, sa sœur. Les allusions perfides de Mme Legras, la voisine et de Désirée, la cuisinière lui rappellent sans cesse qu'elle a tué son père. Des personnages secondaires prennent ainsi le relais de la famille « disparue » et continuent son travail de sape.

Quand la famille est là, sa présence est pesante. Ainsi dans *Adrienne Mesurat*, l'histoire commence par la description de portraits, appelés le « cimetière » (p. 285), qui présentent les ancêtres d'Adrienne. L'auteur insiste sur la contradiction entre d'un côté, les Mesurat autoritaires et de l'autre, les Serre, les Lécuyer faibles. Adrienne sera victime de cette double hérédité, Julien Green reprenant ainsi comme arrière-plan littéraire l'idée développée par Émile Zola et les naturalistes :

> *Le front bas, les traits forts, avec quelque chose de résolu dans le visage*, on avait coutume de dire qu'*ils ressemblaient à des chefs*. Hommes et femmes, *ils plantaient devant eux le regard presque agressif des bonnes consciences*. [...]
> *Tout au contraire* des Mesurat, qu'il était impossible de confondre avec une famille étrangère, les Serre et les Lécuyer *ne différaient point les uns des autres, et ils se ressemblaient entre eux*, quoiqu'ils ne fussent pas sortis de la même souche. On imaginait qu'ils avaient dû naître, grandir et disparaître, à peu près *comme des plantes, résignés à vivre, également résignés à mourir*, et rien ne transparaissait dans leurs yeux, sinon cette âme distraite, changeante et débonnaire que l'on voit quelquefois à la foule.[5]

Nature des relations familiales
a) Une absence de relation, de communication

Dans *L'Autre*, Karin ne voit presque plus sa mère et toute communication est impossible vu que celle-ci est folle. Elle se réfugie dans le mensonge, s'invente une autre famille correspondant à son idéal, révélant ainsi sa souffrance, son besoin d'affection familiale, indispensable à une vie équilibrée. Son rêve de bonheur, d'une famille unie, riche, sans souci est interrompu par la mort du père et l'éloignement de la mère :

> "Mon père était *diplomate*, dit-elle en descendant avec moi les marches pour faire le tour de la maison... *Lui et ma mère recevaient beaucoup de monde* [...]".
> "Quand mon père est mort, tout a pris fin en un seul jour. La maison, ils l'ont vidée avec une rapidité incroyable, comme dans un cauchemar. *Ma mère a disparu*".[6]

Quant à Adrienne, elle s'ennuie entre une sœur prématurément vieillie par la maladie, convaincue de la gravité de son mal, exigeant une attention

---

[5] *Adrienne Mesurat*, pp. 285-286. Nous soulignons.
[6] *L'Autre*, p. 795. Nous soulignons.

constante et un père englué dans ses habitudes provinciales, son conformisme. Leurs conversations, leurs préoccupations révèlent la banalité de leur quotidien. Adrienne n'y participe guère, la communication ne s'effectuant que dans un sens. Elle ne peut pas exprimer sereinement ses sentiments et vit dans la peur. Elle se laisse porter passivement par cette atmosphère, comme l'indique le motif de la prison, comme si elle avait renoncé à se battre. En leur présence, Adrienne a deux attitudes – le silence et le secret – qui cachent ses sentiments violents. L'intrigue suit un mouvement de crescendo jusqu'à l'explosion de la révolte, manifestée par l'aide apportée à la fuite de sa sœur et par le parricide, montrant son refus d'entrer dans le moule que l'on veut lui imposer.

b) Un rapport d'opposition, de force

Édith Perry affirme que « la cellule familiale – expression dont les connotations négatives de l'enfermement n'échappent pas – est dans les romans de Julien Green l'espace privilégié de l'oppression »[7]. De fait, quand il y a une relation familiale comme dans *Adrienne Mesurat*, elle s'effectue sur le mode du conflit comme le prouvent les termes « bataille », « défaite » (p. 315). Adrienne ne s'entend ni avec sa sœur, ni avec son père. Rien n'échappe à leur regard. Ils exercent sur elle une violente oppression, lui donnent des ordres, la harcèlent de questions, la menacent, la surveillent, l'empêchent de sortir, surtout depuis qu'ils ont découvert son amour pour le docteur Maurecourt. Ainsi lors de cet interrogatoire, le père manifeste toute son autorité et sa violence pour obtenir l'aveu d'Adrienne. Même Germaine est terrifiée et quittera la maison pour un hospice, ne supportant plus celui qu'elle nomme « un tyran » (p. 351) :

> "Alors, *s'écria le vieillard en frappant la table de son poing*, tu comprends que *j'en ai assez ; je veux savoir*, tu entends. Tu caches quelque chose. *Veux-tu parler ?*"
> *Il la secoua par le bras.*
> "Tu vois quelqu'un, *hein ? Avoue, hein ?*"
> *Adrienne poussa un cri de douleur* et voulut se dégager mais *son père avait la main ferme.*
> "*Non, je ne te lâche pas*, dit-il. *Tu vas répondre. Tu aimes quelqu'un, hein ?*"
> *Il la secouait si fort* qu'elle faillit tomber. Elle vit *l'effroi* sur le visage *de sa sœur* et s'en sentit gagnée par une *sorte de panique.*
> "Oui", *cria-t-elle d'une voix aiguë* dont le ton l'étonna elle-même.[8]

[7] Oppression et liberté dans l'œuvre romanesque de Julien Green (1927-1971), Lille, ANRT, «Thèse à la carte », 2003, p. 176.
[8] *Adrienne Mesurat*, p. 323. Nous soulignons.

Peu avant le parricide, il prend plaisir à la gifler :

> Et, brusquement, *il la gifla.* Elle ne bougea pas. *Il vit sa joue blême se colorer un peu sous le coup.* Ses yeux immobiles que l'horreur avait agrandis, ce regard de haine impuissante *l'excitèrent. Il la gifla de nouveau de toutes ses forces.* Elle chancela et poussa un soupir qui ressemblait à un râle.[9]

La disparition de la mère semble leur donner tous les droits, y compris pour la sœur de la remplacer, leurs défauts s'exprimant alors sans retenue :

> "*Je prends ici la place de ta mère*, dit-elle d'une voix que *la haine* faisait trembler un peu. Heureusement, il y a quelqu'un *pour te surveiller* : c'est moi. Le devoir *te commande de me répondre. Je veux savoir* ce que tu as fait hier soir".[10]

Ils usent et abusent de leur autorité, considérant Adrienne, pourtant âgée de dix-huit ans, comme une enfant. Germaine n'hésitera pas, par jalousie, vengeance et cruauté, à dénoncer au père les escapades nocturnes de sa sœur. Ils veulent lui imposer leur modèle, niant sa personnalité et lui font vivre un enfer. Elle éprouve donc à leur égard des sentiments violents − haine, honte, dégoût... − qu'elle tente de dissimuler. Ils auront sur elle des effets néfastes au point de la détruire, même si l'histoire montre qu'ils avaient raison de ne pas encourager son amour illusoire, impossible. Adrienne est victime d'une famille dominatrice sur laquelle elle n'a aucun pouvoir, aucune emprise, une famille qui veut imposer sa loi. Julien Green critique ainsi un type d'éducation et ne ménage pas l'ironie ou ici les commentaires acerbes du narrateur omniscient :

> Cependant, sous les dehors d'une existence uniforme, Adrienne cachait une inquiétude *dont on l'eût difficilement soupçonnée ; on l'avait rendue sournoise*, en effet, et elle présentait aux regards de son père et de sa sœur un visage *où ils eussent été incapables* de lire la moindre émotion, *en admettant qu'ils s'en fussent donné la peine.*[11]

Le point de vue de Julien Green a évolué et transparaît dans ses romans. Dans les premiers, la famille amène l'héroïne à une destruction totale, contribue à sa perte. Un personnage meurtrier qui se laisse aller au désespoir ne peut pas être sauvé. Pour Michèle Raclot, « le caractère conventionnel du thème disparaît derrière l'inquiétude métaphysique que suscitent la fermeture paroxystique des âmes et le mystère de l'altérité »[12]. À partir de 1950, avec *Moïra*, un tournant s'amorce. L'approche de Julien

---

[9] *Ibidem*, p. 390. Nous soulignons.
[10] *Ibidem*, p. 315. Nous soulignons.
[11] *Ibidem*, p. 300. Nous soulignons.
[12] *Le Sens du mystère dans l'œuvre romanesque de Julien Green*, Paris, Aux amateurs de livres, 1988, tome I, p. 157.

Green est plus nuancée, pour devenir davantage optimiste. Convaincu que le péché ne ferme pas définitivement les portes du paradis, il met en scène une héroïne finalement sauvée. Quels sont le rôle de la famille et ses conséquences sur l'héroïne ? La famille est-elle la seule responsable ? C'est ce que nous allons essayer d'analyser maintenant.

Fonctions de la famille et conséquences sur l'héroïne
Perdition de l'héroïne
a) La caractérisation de l'héroïne
Le rôle premier de la famille est de contribuer à la caractérisation de l'héroïne par l'hérédité de traits qu'elle aura à assumer dans son parcours. Ainsi Karin connaît trois phases : religieuse dont elle sera détournée par Roger, son premier amour ; pécheresse où elle se livre à l'ennemi en période de guerre ; religieuse grâce à Roger qui s'est converti et au prêtre.

Ensuite, la personnalité de l'héroïne va se dévoiler au contact de cette famille qui a pour unique effet d'exacerber ses défauts : colère, haine, révolte, désespoir…, mais le lecteur ne lui en tient pas rigueur. Il éprouve de la pitié, de la sympathie à l'égard de cette héroïne car toute la narration désigne la famille comme responsable.

Enfin, la famille donne à l'héroïne un statut de victime tragique. Adrienne, ne supportant plus la pression paternelle, va dans un état de semi-conscience pousser son père du haut de l'escalier et devenir ainsi meurtrière. Elle pense à tort que cet acte va résoudre ses problèmes, lui permettre de retrouver sa liberté, d'être heureuse. Par la suite, le destin mettra sur sa route des mauvaises rencontres : Mme Legras la volera, Marie Maurecourt l'empêchera de voir son frère et ce dernier lui révèlera qu'il n'est pas amoureux d'elle... Adrienne va donc de désillusions en désillusions qui lui seront fatales. Jamais elle n'a su apprécier la réalité et s'y adapter. Elle s'est trompée sur ses sentiments. La famille a certes un effet d'accélération dans ce processus, mais Adrienne est avant tout victime d'elle-même, de son imagination, de ses rêveries, ressemblant ainsi à Madame Bovary. De fait, Jean-Éric Green résume la vision de son père : « Le caractère, c'est la destinée, et le caractère est le précipité de toute l'alchimie du sang d'une famille[13] ». Quant à Karin, elle sombre dans la prostitution, contribue froidement à la mort de Mlle Ott à qui elle reproche d'avoir dévoilé à Roger, qu'elle veut reconquérir, son attitude à l'égard des Allemands durant l'Occupation et le paiera de sa vie, victime de deux hommes qui ne lui pardonnent pas son passé débauché.
b) La destruction de l'héroïne
Adrienne assiste progressivement à sa destruction physique, manifestée par le motif du miroir qui lui montre son image de plus en plus dégradée, reflet

---

[13] *Album Julien Green, op. cit.*, p. 14.

de son âme (pp. 287, 311, 447-448…) : « La glace de son armoire lui
renvoya l'image d'une femme *aux yeux cernés, aux joues blêmes* et dont les
cheveux dénoués flottaient librement sur son peignoir rose. *Ses mains étaient
froides*[14] ». Après le parricide, elle est la proie de bourdonnements, de peurs
et de cris incontrôlés, signes avant-coureurs de la folie.

Par la folie, c'est donc bien la destruction morale qui atteint également
Adrienne. Elle est condamnée à la perdition pour s'être laissée aller au
désespoir, pour ne pas s'être tournée vers la religion et parce que personne, à
l'exception du docteur Maurecourt, ne lui pardonne ses actes. Aucun moyen
humain ne lui a permis d'échapper à son destin, ni le voyage, ni les
souvenirs, ni les autres. C'est en elle que se trouvait la solution.

La destruction devient alors sociale. Elle perd toute dignité, son
identité. Elle devient un pantin désarticulé, une folle mise à l'écart, celle que
l'on ne comprend pas, que l'on évite, que l'on juge étrange, dont on se
moque :

> Comme tout à l'heure, *elle parlait à mi-voix*, mais sa langue s'épaississait et *elle
> n'articulait pas un mot que l'on eût pu saisir.*
> Parfois, son inquiétude grandissait *subitement.* Alors, elle ramassait ses forces et
> courait sur la route pendant quelques secondes, comme stimulée par un aiguillon. *Puis
> son esprit s'égarait de nouveau dans d'autres voies*, et elle traînait des pieds.
> Des promeneurs l'arrêtèrent un peu plus tard, comme elle dépassait les premières
> maisons du village voisin. *Elle ne put donner ni son nom ni son adresse. Elle ne se
> rappelait plus rien..*[15]

Ainsi, comme l'écrit Michèle Raclot, « la solitude des âmes et
l'incommunicabilité sont aggravées dans les romans de Green par des
rapports familiaux d'où l'amour est radicalement banni, et où triomphent la
cruauté, la perversité – au mieux l'indifférence »[16].

Salut de l'héroïne
Un début ambigu

D'un point de vue païen, Karin meurt de la même façon que son père :
noyée. Les passants pensent qu'elle s'est suicidée, peu la regrettent et elle est
vite oubliée. La rancune est tenace car beaucoup lui reprochent encore son
passé et comme l'indique le narrateur : « De toute façon, l'opinion générale
était que *la mort avait débarrassé le royaume d'une des plus indignes de ses
sujettes. Quelque chose prenait fin.* On ne verrait plus *l'Allemande* promener
son visage tourmenté dans les jardins publics[17] ». C'est ainsi que commence
l'intrigue, par la mort de l'héroïne. Nous pourrions donc croire qu'elle fut

---

[14] *Adrienne Mesurat*, p. 399. Nous soulignons.
[15] *Ibidem*, p. 519. Nous soulignons.
[16] *Le Sens du mystère dans l'œuvre romanesque de Julien Green, op. cit.*, p. 157.
[17] *L'Autre*, p. 714. Nous soulignons.

victime des autres et de ses penchants hérités du père, qu'elle a été punie pour ses fautes, qu'aucune autre issue n'était possible.

Pourtant, la tristesse, le tragique ne dominent pas. L'optimisme l'emporte :

> Il y avait malgré tout du *bonheur dans l'air*, ce matin-là. Tout le monde était d'accord sur ce point. Le soleil bousculait ce qui restait de l'interminable hiver scandinave, [...], pour verser sur la ville toute sa *grosse lumière tapageuse*. Les arbres étendaient sur les pierres l'ombre encore fine et précise de leurs branches où *chaque bourgeon luisait comme un joyau*. [...]
> "Karin ! fit-il. Elle avait l'air de *sourire*. [...]"
> Là où le corps avait reposé un moment plus tôt, *le soleil brillait sur les pierres blanches*.[18]

Julien Green pratique l'implicite : il ne dit pas clairement que Karin est sauvée mais il procède par allusions. Deux indices nous mettent sur la voie : la lumière et le sourire, associés au bonheur. La découverte du corps coïncide avec le matin et le printemps, symboles de vie, de renouveau. Les autres retournent à leur quotidien, à leur vie terrestre, matérielle mais Karin, elle, bénéficie de la paix tant souhaitée. Le finale nous le confirme de même que le titre *L'Autre* qui insiste sur sa différence tout en désignant l'homme et/ou Dieu.

b) Une reconstruction difficile

La suite du roman est un retour en arrière qui fait la lumière sur ce décès. Nous assistons alors au parcours laborieux de l'héroïne, cheminement qui va lui permettre d'évoluer, de se construire : tentée par la chair, elle succombe comme son père à la luxure avant de se retourner vers la religion maternelle. Ces deux étapes correspondent aux parties deux et trois du roman. Cette dernière est particulièrement importante car, écrite à la première personne du singulier, nous pouvons vivre avec Karin ses doutes, ses états d'âme, sa solitude, sa souffrance... De fait, elle va progressivement effectuer un retour sur elle-même, vers la religion, s'accepter telle qu'elle est, reconnaître ses fautes, trouver un compromis, apprécier la réalité à sa juste valeur, comprendre que se livrer aux sens n'amène pas le bonheur... Un combat se livre en elle entre la petite voix du bien et celle du mal, représentant la bonne et la mauvaise conscience : « Ce fut alors qu'une voix intérieure me cria : "Tu es perdue, Karin ! Le piège se referme sur toi. Il faut te ressaisir. C'est maintenant ou jamais"[19] ». Il lui faudra aussi éviter les mauvaises influences, souvent représentées par de jeunes gens charmants. Heureusement des guides sont là pour l'aider comme Roger, Marie, Émile, le prêtre... qui lui

---

[18] *Ibidem*, pp. 711-713. Nous soulignons.
[19] *Ibidem*, p. 923.

accordent leur pardon répondant à ses irréductibles ennemis – « Elle a été punie, elle a payé[20] » – tel Jésus envers les pécheurs. Si le prêtre a pardonné..., ce sont alors les rancuniers qui deviennent coupables et Karin, elle, est sauvée. Commettre des fautes n'implique pas une condamnation définitive de l'être humain, s'il en assume les conséquences et accepte de changer avec courage. Il en sera de même pour Joseph dans *Moïra* : il accepte finalement de se rendre, après avoir tué Moïra. Julien Green montre donc qu'il y a toujours quelque chose de bon dans l'homme et un espoir possible, qu'une attitude s'explique, sans pour autant se justifier, par des raisons ici familiales.

L'épisode final de la mort de Karin confirme cette dimension spirituelle, optimiste. Karin est heureuse, sereine. Précédemment, elle a eu cette discussion avec le prêtre :

> "Au fond, dis-je en jetant la tête en arrière, *je suis tombée dans un piège.*
> - Un piège, Karin ?
> - Oh ! comprenez-moi. *Quand il joue avec le diable pour sauver une âme, il arrive au Seigneur de tricher.*
> - *Cette fois encore le diable a perdu*", fit-il [...].[21]

Pour annoncer la quatrième partie, Julien Green cite l'*Évangile de Matthieu*, X, 28 : « *Ne craignez point ceux qui tuent le corps et qui ne peuvent tuer l'âme...*[22] ». Puis le destin met sur la route de Karin deux inconnus, symboles du mal, imbus de rancune :

> "*Fräulein...*"
> Karin se dégagea et bondit en arrière. Elle avait été suivie. *Trapu et large d'épaules,* l'homme ne bougeait pas [...]. L'inconnu la considérait avec un grand sourire qui découvrait *des dents jaunes. Le visage d'une simplicité grossière était couturé de rides qui semblaient tracées avec la pointe d'un canif dans la peau rougeâtre.* Un chandail noir et un pantalon de velours aux plis informes revêtaient un *corps puissant et disgracieux.* Karin demeura immobile et comme fascinée par *tout ce qu'il y avait de sinistre dans cette rencontre.* "Ce n'est pas possible, pensa-t-elle, ce n'est pas vrai". Soudain elle se ressaisit et demanda :
> "Pourquoi m'appelez-vous Fräulein ?
> - Tu ne comprends donc plus d'allemand ?" fit derrière elle une *voix ironique, presque polie.*
> Se retournant, elle vit un garçon vêtu de toile bleu pâle qui la regardait, les mains dans les poches. *Sa figure étroite et avide évoquait irrésistiblement un animal guettant sa proie avec un plaisir cruel.* [...] Une fois, les dents serrées, elle remonta avec une seule pensée dans tout son être : *vivre,* puis de nouveau, exténuée, elle coula sans se débattre.[23]

---

[20] *Ibidem*, p. 712.
[21] *Ibidem*, p. 986. Nous soulignons.
[22] *Ibidem*, p. 987. Souligné dans le texte.
[23] *Ibidem*, pp. 989-990. Nous soulignons.

Karin semble rencontrer le diable comme ultime épreuve avant le jugement dernier. Les deux hommes se distinguent par leur laideur, leur cruauté et leur lâcheté, condamnables aux yeux de Julien Green. Ils lui rappellent ses erreurs passées et son goût pour la chair. Karin sera sauvée car elle a déclaré sa foi au prêtre, elle s'est repentie, elle veut vivre et ne cède pas au désespoir. Karin est victime d'un accident voulu par ses agresseurs : en tentant de leur échapper, elle est tombée à l'eau.

La famille, comme la société, a des effets néfastes sur l'héroïne car au lieu d'être un soutien et de lui apporter affection, complicité, réconfort, elle accentue ses problèmes, sa souffrance. Elle n'accepte pas sa différence et tente d'annihiler sa personnalité, l'amenant donc à commettre l'irréparable. L'héroïne ne peut compter que sur elle et de son attitude dépend son salut. Est-ce dû à l'éducation reçue par Julien Green et à son sentiment d'être à part ?

De surcroît, dans ses romans, Julien Green ne se focalise pas sur une unique relation familiale mais il s'intéresse et décrit aussi bien les relations parentales, fraternelles que le cousinage... déclinant toute une palette d'horreurs : violence, désordres, parricide... Peut-être les mères sont-elles plus terribles que les pères, les rapports avec leur fils plus ambigus, proches de l'amour, de la possessivité ? Mais globalement, toutes les relations familiales sont synonymes de conflit, de haine. Personne n'échappe au coup de pinceau noir et critique de l'auteur. Par contraste, le personnage principal est ainsi mis en relief, la famille constituant un obstacle à surmonter.

Enfin, l'image de la famille n'évolue guère au fil des romans. Parfois les parents n'apparaissent pas, uniquement évoqués comme une lourde hérédité à assumer. Parfois les enfants sont pires que leurs parents, telle Émily « dominée par la passion même qu'elle reproche à sa mère, le besoin de posséder »[24]. Seul le regard porté sur la faute change : d'une condamnation sans appel à une rédemption possible, révélant l'apaisement tardif de Julien Green.

---

[24] *Le Sens du mystère dans l'œuvre romanesque de Julien Green, op. cit.*, p. 172.

De l'enquête généalogique à l'enquête historique :
La Vie scélérate de Maryse Condé et
Le Labyrinthe du monde de Marguerite Yourcenar

Fabienne Viala
Université Paris III

Dans un roman de 1988 d'un côté, dans une monographie familiale proche du roman historico-didactique de 1987 de l'autre, les narratrices – Claude Louis et Marguerite de Crayencour – reviennent sur le passé de leurs aïeux, sur les méandres de leur lignage en tentant de faire la lumière sur un monde révolu. Dans les deux œuvres, l'écriture est motivée par une quête généalogique figurée sous la forme d'une enquête au point de conduire les narratrices à se faire historiennes et détectives de leur propre passé. En mettant au jour les secrets familiaux, en exhibant les plaies du passé, l'enquêtrice cherche non seulement à comprendre son histoire mais aussi celle de tout un peuple, de toute une époque dont ses ancêtres sont les représentants.

Les bribes du passé
Pour combler les trous du passé, Claude met en place un véritable jeu de piste inauguré par la mention dès l'incipit de « mon aïeul Albert Louis », tel un sésame qui ouvrirait grand la porte du souvenir.

À partir de là, se met en place en quatre parties une reconstitution de l'histoire familiale, labyrinthique et difficile, laissant bien souvent la narratrice dans le désarroi et le doute : « J'avoue que nous touchons là à un mystère ! Pourquoi Albert interrompit-il les études brillamment commencées de son fils ? Qui lui avait mis dans la tête cette école industrielle d'Angers ?[1] ».

La grande énigme familiale que Claude essaie farouchement d'élucider concerne la mort du fils aîné du Soubarou, Bert, qu'il eut avec une jeune mulâtresse du temps où il suait sang et eau à Panama. Jouant de la mise en suspens propre au récit à énigme – et d'ailleurs nous n'oublions pas que la famille est un des cadres privilégié du roman policier – la narratrice juxtapose les indices, interroge les témoins pour tenter de faire la lumière sur une mystérieuse mort d'allure suicidaire, donc condamnée à rester taboue chez les Louis :

---

[1] Maryse Condé, *La Vie scélérate,* Paris, Seghers, 1987, 334 p. , p. 92.

De plus en plus surpris, Jacob réalisa soudain que toutes les images de Bert avaient disparu des cadres où elles se trouvaient et que même son nom n'était plus prononcé. [...] A ce point, les deux frères eurent conscience d'un mystère, d'une rature volontaire, d'une tombe ensevelie à dessein sous des tonnes de béton.[2]

Claude remonte ainsi la piste d'Angers où Bert se maria et eut un fils sans l'accord paternel : « Pourquoi de retour au pays, Gilbert de Saint-Symphorien rompit-il tout contact avec son filleul ? Cela demeure un mystère[3] ».

Outre les tournures interrogatives, qui miment le processus de l'enquête, la narratrice utilise abondamment le lexique du manque et de l'érosion pour exhiber les peines encourues lors de sa recherche : « Je m'apprêtais à commencer sans tarder mon travail de fourmi, recueillant des miettes d'information pour les engranger dans le lieu sûr de ma tête[4] ».

L'enquête yourcenarienne en trois volets cherche elle aussi à percer le mystère familial, sous les traits de ses propres parents, héritiers d'un monde révolu dont elle n'a pu saisir que des bribes :

Dans un volume destiné à former avec celui-ci deux panneaux en diptyque, j'ai essayé d'évoquer un couple de la Belle Epoque, mon père et ma mère, puis de remonter au-delà d'eux vers des ascendants maternelles installés dans la Belgique du XIXème siècle, et ensuite, avec plus de lacunes et des silhouettes de plus en plus linéaires, jusqu'au Liège rococo et même, jusqu'au Moyen Age.[5]

Il s'agit bien d'une enquête familiale où la narratrice est un personnage du passé :

Que cet enfant soit moi, je n'en puis douter sans douter de tout. Néanmoins, pour triompher en partie du sentiment d'irréalité que me donne cette identification, je suis forcée, tout comme je le serais pour un personnage historique que j'aurais tenter de recréer, de m'accrocher à des bribes de souvenirs reçus de seconde ou de dixième main, à des informations tirées de bouts de lettres ou de feuillets de calepins qu'on a négligés de jeter au panier.[6]

Les documents insérés

Cette gageure que constitue la reconstruction de leur propre passé, dans un but bien plus généalogique qu'autobiographique, conduit les deux narratrices à user de documents insérés, ostensiblement intégrés dans la trame narrative.

De manière systématique, Claude traque la vérité et tente de venir à bout des énigmes du passé. Dans une régie narrative omniprésente plutôt

---

[2] *Ibidem* , p. 110.
[3] *Ibidem*, p. 298.
[4] *Ibidem*, p. 268.
[5] Marguerite Yourcenar, *Archives du Nord,* Paris, Gallimard, 1983, 372 p., p. 15.
[6] Marguerite Yourcenar, *Souvenirs Pieux,* Paris, Gallimard, 1999, 370 p., p. 12.

qu'omnisciente, puisque la narratrice ne cesse de revenir sur ses méconnaissances, le « je » intervient de manière récurrente pour nous rappeler que nous ne sommes pas dans un roman extradiégétique – la saga des Louis – mais bien dans un roman qui contient en son sein une enquête autobiographique en quatre temps, obéissant à une déontologie d'authenticité et de vérité.

Se succèdent alors les témoignages, recueillis de la bouche de personnages secondaires apparaissant furtivement au discours indirect libre au détour d'un chapitre, comme cette femme mûre qui déniaisa les deux amis, Bert et Gilbert : « Je retrouve nos deux lurons chez Loretta, une dame gabrielle mûre mais qui les aimait adolescents. Oh, elle se souvient ! "Bert était tellement honteux qu'il entrait dans le lit la tête et la queue basses"[7] ».

Outre ces moments où elle fait parler les témoins comme de véritables personnages secondaires, il n'est pas rare que la narratrice donne son avis sous la forme de commentaires digressifs, ainsi à propos du voyage de son grand-père Jacob à New York : « Je me réjouis, quant à moi, de cette parenthèse dans la vie de mon grand-père, de cette bolée d'air dans la geôle étouffante de son existence. Je me réjouis de cette fenêtre un instant ouverte sur l'ailleurs[8] ».

La subjectivité est donc bien présente mais dans le but inamovible de « comprendre », de saisir qui étaient ces fantômes du passé dont elle est l'héritière, porteuse d'une histoire familiale à trous à rapiécer. D'où des aveux répétés d'impuissance, face aux documents manquants, même en note (« je me demande ce que sont devenues ces photos[9] ») à propos des lettres et photos que sa mère faisait écrire à Bébert, le fils de Bert, à sa famille en Guadeloupe.

Par conséquent, on ne s'étonnera pas que ces témoignages surgissent comme autant de récits enchâssés, autonomes à l'intérieur du texte de Claude, lui-même texte gigogne dans le roman de Maryse Condé.

Parfois, du fait que Gilbert de Saint Symphorien ne possède pas les lettres que Bert envoyait à son père, on doit se contenter de « la copie d'une lettre que le brave Jean Joseph adressa à Albert pour tenter de le fléchir[10] ». Les propres conclusions du témoin clé sont aussi fournies au dossier. Pour Gilbert il s'agit indubitablement d'un suicide, preuves à l'appui : « J'ai là toutes les lettres ! Imaginez cette peau de chagrin d'existence, se rétrécissant chaque jour, cet esprit naguère vif, curieux de tout, agonisant dans la médiocrité ![11] ».

---

[7] Maryse Condé, *op. cit.*, pp. 79-80.
[8] *Ibidem*, p. 127.
[9] *Ibidem*, p. 167.
[10] *Ibidem*, p. 156.
[11] *Ibidem*, p. 157.

On songe aussi au récit explicitement signalé comme le « récit de Gilbert de Saint Symphorien » où l'on trouve quatre lettres de sa correspondance avec Bert. Puis au récit de sa cousine Aurélia, petite fille de Bert, détentrice elle aussi d'une lettre accablante qui prouve la dureté de cœur des Louis face à ce fils indigne. Clairement signalé par un décrochage narratif et une signalétique claire, le « récit d'Aurélia », repris un peu plus loin page 295, enchâssera des témoignages de personnages secondaires, à l'instar du récit de sa cousine Claude, tel celui de Bobby Alfred, un musicien de la boîte « la cabane cubaine » qui avait pris Bébert sous son aile.

Le premier roman de Maryse Condé s'articule donc sur un réseau narratif complexe qui joue abondamment de l'insertion de lettres, qui contribuent à donner une valeur documentaire à l'enquête de Claude. Elles sont tantôt isolées : on en trouve quatre dans la première partie, huit dans la seconde dont quatre enchâssées dans le récit de Gilbert, quatre dans la troisième dont une dans le récit d'Aurélia. Tantôt fournies par les témoins au sein même de leur récit. À cela s'ajoutent les témoignages oraux réécrits par la narratrice sans régie énonciative, où l'on ne sait pas quand, comment, dans quelle condition elle a obtenu ces informations.

Le Labyrinthe du monde utilise aussi largement l'insertion de documents afin de donner plus de poids à la reconstruction rétrospective du passé. Dans le chapitre « Deux voyageurs en route » dans *Souvenirs Pieux*, Yourcenar insère des poèmes et des méditations poétiques écrits par son oncle Octave, mort tragiquement. Dans le dernier chapitre intitulé « Fernande », elle remonte la piste de l'existence et de la personnalité de cette mère méconnue, morte en couche au premier chapitre. Elle insère une lettre de vœu de nouvel an écrite par sa mère encore petite fille à son père, plus loin une lettre écrite par Fernande toujours, mais cette fois jeune fille, à son futur mari Michel, père de la narratrice[12].

Ces documents directement issus du passé permettent de mieux connaître ces êtres disparus, qui bien que portant le même patronyme sont parfaitement étrangers à l'auteur. Ces souvenirs pieux, qui donnent leur titre au premier volet de l'enquête, sont comme des petits cailloux semés le long du sentier du passé pour tenter de remonter le temps et lutter contre l'oubli[13].

Les commentaires de documents

Claude commente le journal de son aïeul, en critique les lourdeurs syntaxiques, en tire des explications :

> Je possède le journal que tint mon aïeul, assis au milieu des embruns du pont, son encrier d'encre violette calé sur un tas de cordages. Il ne présente aucune valeur

---

[12] Marguerite Yourcenar, *Souvenirs Pieux, op. cit.*, p. 275 et 341.
[13] *Ibidem*, p. 303.

littéraire. La syntaxe en est lourde et les fautes d'orthographe fréquentes. Aussi je ne prendrai pas la peine d'en reproduire des extraits. Il m'a permis seulement de savoir quel homme était Albert Louis.[14]

De la correspondance avec Harriett de San Francisco, il ne reste qu'une lettre et outre le sentiment de déperdition, la narratrice fait elle même le tri dans ce qui reste, souvent critique quant au talent littéraire des hommes de la famille. Ainsi la cinquième séquence de la deuxième partie commence malicieusement par un très beau texte sur New York, puis se poursuit ainsi : « Ce n'est sûrement pas mon grand-père Jacob qui écrivit cela. Ce texte est de Paul Morand, écrivain français qui visita New York en 1930. Voici la lettre de Jacob à Tima[15] ».

Or, une telle juxtaposition rend frappant le contraste entre le style de l'un et de l'autre, au détriment de Jacob, bien sûr.

Ce qui n'est pas sans rappeler que Yourcenar nous dira sans ambages que son grand-père n'avait rien d'un poète, et les lettres envoyées d'Italie par le jeune Michel Charles, qu'il a faites relier à son retour, n'ont aucun intérêt littéraire. Par contre, elles ont un indéniable intérêt documentaire. Elles livrent de précieux renseignements sur la mentalité d'un jeune homme de la haute bourgeoisie du Nord, dépourvu de sensibilité esthétique, formaté par les préjugés de son temps. Michel Charles n'est pas un humaniste, « ce n'est qu'un très bon élève qui a fait ses humanités », et il sera choqué par la *raccolta pornografica*, ces deux petites salles du musée de Naples qui, comme leur nom l'indique, contiennent les sculptures les plus licencieuses. Et Yourcenar de commenter : « C'est l'éternelle réaction de l'homme du nord devant les pompes mêlées de laisser-aller du catholicisme italien[16] ».

Dans ce récit de voyage dont elle hérite, Yourcenar va sélectionner les passages dignes d'intérêt et leur donner une patine documentaire que l'écriture à chaud et sans recul de l'aïeul, alors jeune voyageur, n'avait pas su imprimer. Ainsi en est-il du passage de l'ascension de l'Etna[17]. Elle soumet les souvenirs de son grand-père à une réécriture poétique, les éclaire de sa propre culture de l'antiquité – qu'on sait inépuisable chez Yourcenar – en faisant des références tantôt littéraires tantôt ethnologiques : le périple infernal sur l'échine du volcan lui rappelle les textes du philosophe Empédocle, qui mourut en se jetant dans le cratère et l'*ustrinum,* où l'on brûlait les cadavres à moindre frais. La réécriture vient se superposer sans guillemets au document souche pour faire de la poétique historique une écriture à deux voix qui revêt une véritable valeur historiographique et documentaire.

---

[14] Maryse Condé, *op. cit* , p. 59.

[15] *Ibidem,* p. 121.

[16] Marguerite Yourcenar, *Archives du Nord, op. cit.* , p. 142.

[17] *Ibidem,* p. 146.

Les deux enquêtrices adoptent bien une posture littéraire maîtrisée où elles ont la compétence narrative que les personnages du passé, issus de leur propre généalogie, n'avaient pas.

L'arbre généalogique
Pour sa grande enquête en trois volets, Yourcenar utilise de très nombreux documents, tels que photos, carnets de bals, souvenirs pieux, lettres et écrits autobiographiques. Le « déballage » de la cassette qui contient tous les « restes » de sa mère est sûrement l'un des passages qui montre le plus clairement le sentiment d'impuissance qui assaille l'historienne en quête de traces : des « reliques capillaires » et « quelques autres épaves », de « pieux déchets » ou des « brimborions » que la mort de leurs possesseurs rend « vains comme ces accessoires-jouets qu'on trouve dans les tombes[18] ».
Claude a elle aussi sa boîte, donnée par son grand-père Jacob :

Mon grand-père savait bien que s'il n'intervenait pas, un matin, comme Ti-Jean, je partirais pour un périple fatal. Aussi il tenta de me retenir en m'asseyant devant une bonne douzaine de forts albums cartonnés et ouvrit le premier à la première page sur le visage d'un homme d'une trentaine d'années [...] sa bouche s'ouvrant sur une infinité de dents à manger le monde. Mon père, ton aïeul Albert Louis.[19]

C'est en classant les photos que Claude a été interpellée par un « garçonnet mulâtre. Les cheveux partagés par une raie sur le côté gauche et soigneusement calamistrés. Costume à col marin. Cerceau. Bottines. Fixant l'objectif sans rire ni sourire. Au dos de la photo, une main peu habituée à l'écriture, avait écrit : Albert Louis, Angers, 1934 ». Claude n'admet pas qu'on lui dise « on ne sait pas ce qu'il est devenu », sa curiosité est attisée et dès lors elle n'aura de cesse de résoudre l'énigme. Par ces photos interposées, elle reconstitue progressivement, sous les yeux du lecteur, les branches de son arbre généalogique, et d'ailleurs le roman a été traduit « Tree of life » en anglais.
Cette recherche se fait de concert avec Aurélia, la cousine bâtarde : « Il faut que tu obtiennes l'état civil exact de la mère de mon grand-père. Vous dites simplement une négresse anglaise qu'il avait connue à Panama ! J'ai donc des parents à Panama ? Dans une île anglaise ? Pour moi, c'est important de savoir[20] ».
Yourcenar a, quant à elle, une conception bien particulière de la généalogie, au point qu'elle déclare : « J'aimerais avoir pour aïeul

---

[18] Marguerite Yourcenar, *Souvenirs Pieux, op. cit.*, p. 68-70.
[19] Maryse Condé, *La Vie scélérate, op. cit.*, p. 218.
[20] *Ibidem*, p. 308.

l'imaginaire Simon Adriansen de *L'Œuvre au Noir*[21] ». Cela dit, quand on sait le soin documentaire qu'elle apporte pour construire ses personnages historiques romanesques, on ne pourra que mieux prendre au sérieux sa tentative de s'affronter à son propre réseau familial, enchevêtré et touffu. Dans *Archives du nord*, l'écriture mime le feuilletage de l'album photo : « Tournons rapidement les feuillets de l'album[22] ».

En même temps, comme dans le cas de Claude face aux photos de Bert, c'est aussi une manière pour la fille de retrouver son père tant aimé et désormais disparu :

> Mais les instantanés de la vieillesse me retiennent davantage. Un vieil homme pensif, correctement vêtu de tissu anglais, ...penchant sa haute taille vers un petit chien avec lequel il a fait amitié...Le même vieillard, seul, assis sur les marches d'un palais ou d'un cloître italien...Adossé au paysage immémorial du Latium [...] : dans ses vêtements de lainage grisâtre, Michel a l'air d'un vieux mendiant au soleil.[23]

On trouve des photographies, elles aussi tissées de manière très particulière dans la trame du récit. Le texte insère des commentaires au fur et à mesure que l'album de famille Crayencour est parcouru. Nous pénétrons ainsi dans un véritable musée de la bourgeoisie où les scènes familiales saisies par l'appareil photographique sont comparées à des scènes figées dans le marbre : « Ces bourgeois qui, au cours d'interminables poses, imprègnent de leur forme la plaque traitée au nitrate d'argent, ont sans le savoir la sévère frontalité de la statuaire primitive et la vigueur des portraits d'Holbein ».

Après avoir décrit ses grands-parents paternels, elle poursuit en évoquant les enfants :

> Les voici donc, tels que les a pris le photographe, et pris est le mot : pris dans leurs beaux vêtements, dans le beau mobilier et les beaux accessoires du salon du patricien, pris dans les us et coutumes de leur siècle [...]. Comme tous les enfants de leur temps, ils ont déjà, du moins devant l'objectif, une dignité de petites grandes personnes ; ils sont d'une époque où l'enfance est encore sentie comme un état dont il convient de sortir le plus tôt possible, pour accéder bien vite au rang du monsieur et de la dame.[24]

Selon l'auteur, la photographie s'apparente à un « art médiumnique[25] » qui livre des traces posthumes d'êtres fantômes exactement comme l'écriture tente de le faire pour le passé. Les personnages du *Labyrinthe du monde* cessent d'être flous, dans la mesure où ils sont « remis en contexte ». Leurs états d'âme, leur mentalité, tout ce qui les rend vivants

---

[21] Marguerite Yourcenar, *Archives du Nord, op. cit.*, p. 75.

[22] *Ibidem*, p. 201.

[23] Marguerite Yourcenar, *Quoi ? L'éternité,* Paris, Gallimard, 1998, 340 p., p. 202.

[24] *Ibidem*, pp. 201-202.

[25] *Ibidem*, p. 197.

alors qu'ils sont poussière depuis longtemps, est ressuscité et nous est rendu intelligible par le rapport étroit qui les lie à leur milieu.

Réécrire l'histoire
Ce qu'on lit à travers les recherches biographiques des deux auteurs n'est rien moins qu'une tentative de reconstruire l'histoire d'une époque et d'un peuple – la haute bourgeoisie des Flandres, le peuple noir des Antilles – par le truchement d'une démarche apparemment individuelle.

Le schéma de l'enquête familiale fonctionne à la fois comme schéma narratif – avec alternance de lettres, de photographies commentées, d'indices historiques insérés dans la trame du récit – et à la fois comme programme éthique. Il s'agit en effet d'atteindre l'authenticité historique en passant par la mise en scène fictionnelle et, *in fine*, de faire la lumière sur un passé oublié ou dévoyé : la dynastie Crayencour est pour Yourcenar représentative de l'humanité toute entière, la famille Louis est le blason de l'histoire du peuple noir depuis la fin de l'esclavage jusqu'au milieu du vingtième siècle.

La métaphore de la famille chez Marie NDiaye

Eglė Kačkutė
Université de Vilnius

L'œuvre de Marie NDiaye est particulièrement uniforme. Elle examine minutieusement la vie de famille. Chez l'auteur, la figure de la famille est le thème principal de son œuvre qui prend une dimension symbolique et métaphorique. Rosa Galli Pellegrini parle de « la métaphore obsédante » chez NDiaye, qu'elle associe avec « des formes et significations de termes récurrents[1] ». La figure de la famille peut être vue comme un de ces termes récurrents. Cet article a pour but d'interpréter la métaphore de la famille chez Marie NDiaye en tant qu'une double métaphore de soi et de la communauté. Les rapports entre le soi et l'autre sont représentés dans son œuvre comme des rapports internes de la famille. Ainsi la famille devient une métaphore de soi, où les personnages symbolisent différents aspects de la même identité. D'autre part, la famille représente une communauté et fait partie d'une plus grande société.

L'ensemble de l'œuvre de NDiaye est profondément marqué par une atmosphère douloureuse. Tous ses livres sont organisés autour d'un personnage qui essaie de rentrer en communauté presque toujours représentée comme une famille et n'y arrive jamais. Ce personnage, comme la narratrice dans *La Femme changée en bûche*[2], Fanny dans *En Famille*[3], Lucie dans *La Sorcière*[4], Rosie dans *Rosie Carpe*[5], Papa dans *Papa doit manger*[6], etc. est défini comme un autre, qui, malgré tout, fait partie de la même famille. Ainsi, la différence apparaît à l'intérieur du soi, ce qui suggère que la famille chez NDiaye représente le soi en tant qu'une identité multiple et contradictoire. Cette représentation du soi porte un message profondément éthique. Comme nous avons déjà montré par nos recherches précédentes ce message change la signification de la violence contre l'autre[7].

---

[1] « Marie NDiaye : de l'abandon à la (ré)appropriation », dans Rosa Galli Pellegrini (dir.), *Trois études sur le roman de l'extrême contemporain: Marie NDiaye, Sylvie Germain, Michel Chaillo*, Paris, Fasano, Schena: Presses de l'Université de Paris-Sorbonne, 2004, p. 35.

[2] Paris, Éditions de Minuit, 1989, 156 p.

[3] Paris, Éditions de Minuit, 1991, 311 p.

[4] Paris, Éditions de Minuit, 1996, 174 p.

[5] Paris, Éditions de Minuit, 2001, 338 p.

[6] Paris, Éditions de Minuit, 2003, 94 p.

[7] « *The Self as Other* in French and British Contemporary Women's Writing », dans *Contemporary European Women Writers: Gender and Generation, Cambridge,* Scholars Press, 2007 (à paraître).

Des exemples de la violence, surtout la violence entre les membres de la même famille, y compris celle contre les enfants, sont nombreux chez NDiaye. Naturellement et légitimement, beaucoup de critiques voient l'écriture de NDiaye comme un reflet de la société presque perverse et la famille comme un dépôt de ses maux[8]. Cependant, si on considère que l'autre fait partie du soi, la violence contre l'autre est aussi la violence contre soi ce qui effectivement rend la violence contre l'autre impossible. On voit que les résultats de la violence chez NDiaye ne sont jamais définitifs, les agresseurs n'arrivent jamais à éliminer leurs victimes. C'est pour cela, il nous semble, qu'au-delà de la systématique représentation de « la famille en désordre[9] » et la critique de la société il y a chez NDiaye un message constructif et, comme nous l'avons déjà indiqué, éthique, même s'il est presque impossible de le définir comme positif.

L'emploi de la métaphore de la famille permet à NDiaye d'émanciper à la fois le sujet, c'est-à-dire, l'identité du soi et le concept de la famille (ou bien d'une communauté plus large) des contraintes de l'autorité unique. Les liens entre l'identité du soi et les structures sociales sont étroits et on peut les interpréter dans un contexte psychanalytique. Le complexe d'Œdipe qui, selon Freud, organise le sujet, est basé sur la prohibition de l'inceste ce qui est aussi un des principes fondamentaux de la société occidentale. Cela montre que les mêmes mécanismes, les mêmes tabous sont au cœur du sujet et des structures sociales[10]. Le même argument a été repris par Lacan qui à travers « Le Nom du père » situe la métaphore du père au centre du sujet et introduit l'Ordre Symbolique comme l'ordre psychologique et social[11]. Le modèle hétérosexuel et patriarcal du soi et de la société proposé par Freud et développé par Lacan fut l'objet de la critique, principalement féministe. Le contre-pied de cette structure psychanalytique a été pris non seulement par des théoriciennes féministes mais aussi par bien des écrivaines. De ce fait aujourd'hui, il existe déjà une longue tradition de polémique avec les théories freudienne et lacanienne dans la littérature des femmes. Cette tradition favorise la figure maternelle, surtout son rôle dans le développement du sujet féminin, et parle beaucoup des relations positives mère-fille pour mettre en avant l'idée et l'importance de linéarité et de

---

[8] Voir entre autres Pellegrini *art. cit.*, p. 171 ; Sara Bonomo, « La Mise en œuvre de la peur dans le roman d'aujourd'hui : *Rosie Carpe* de Marie NDiaye », dans *Travaux de littérature 17, Les Grandes peurs 2 : l'Autre*, l'ADIREL, 2004, 532 p ; Shirley Jordan, « Telling Tales : Marie Ndiaye's Mythopoetic Imagination », dans *Contemporary French Women Writing : Women's Visions, Women's Voices, Women's Lives*, Oxford, Bern, New York: Peter Lang, Vol. 5, 2004, 300 p.

[9] Elisabeth Roudinesco, *La Famille en désordre*, Paris, Librairie Arthème Fayard, 2002, 243 p.

[10] Sigmund Freud, *The Essentials of Psychoanalysis*, London, Penguin Books, 1991, 597 p.

[11] Jacques Lacan, *Écrits*, Paris, Seuil, 1970, 289 p.

continuité féminines dans la conception du soi et de la société. Il nous semble que NDiaye prend une nouvelle position par rapport aux deux conceptions et essaie d'aller au delà des deux modèles du soi et de la société, c'est-à-dire, les modèles fondés sur l'autorité patriarcale ou matriarcale qui ont depuis fait leur temps.

Premièrement, NDiaye démontre la double logique de la paire mère-fille et met en place une structure multidimensionnelle qui implique une possibilité de présence des grands-parents, de la mère, du père, d'une fille, d'un fils ou bien des deux, leurs propres enfants et même des tantes et des oncles. Ainsi, un modèle social qui ne soit pas organisé autour d'une autorité unique est proposé. C'est une société qui n'est pas soumise à un ordre autoritaire, fixe et monothéiste. Les identités de tous les personnages, qui sont membres de la même famille sont établies à travers les autres membres d'une famille. Cela est particulièrement évident dans le contexte des identités des parents et des enfants. Dans cet article nous allons nous concentrer surtout sur ce genre de dépendances. Néanmoins, la dépendance mutuelle des deux membres du couple est aussi spectaculaire et elle s'établit à travers la dépendance des parents de leurs enfants. La plupart des couples de parents sont des couples séparés, pourtant jamais définitivement. Dans la pièce *Papa doit manger* Papa revient chez Maman après plusieurs années d'absence ; les parents de Lucie, dans le roman *La Sorcière*, ne vivent plus ensemble mais ne sont pas divorcés ; dans le cas des parents Carpe, dans le roman *Rosie Carpe*, la mère attend un enfant d'un autre homme, ce qui ne l'empêche pas de continuer à vivre avec le père Carpe, et ainsi de suite.

Deuxièmement, il est important de noter que ni figures paternelles, ni maternelles chez NDiaye ne sont associées avec l'autorité. Les personnages des pères sont faibles au point d'être ridiculisés, mais ils sont néanmoins indispensables et aimés. Prenons l'exemple de *Papa doit manger*. Après dix ans d'absence, il revient chez Maman. Il n'a plus de quoi vivre, il porte un costume emprunté, il a besoin non seulement de Maman, mais de son argent aussi. Ainsi, le but de Papa est de restaurer son statut en tant qu'époux légitime de Maman, ce qui lui garantirait une certaine position sociale et économique. Dans son ouvrage *La vie psychique du pouvoir* Judith Butler parle des dépendances psychologiques du sujet des pouvoirs dits externes[12]. Elle constate que le développement et l'existence d'un sujet ne sont pas possibles sans un attachement dont le sujet ne se rend pas compte et qui persiste tout au long de sa vie. Butler développe sa théorie de subordination du sujet à travers plusieurs théories de subjectivation, y compris la dialectique du maître et du valet de Georg Wilhelm Friedrich Hegel[13]. Dans

---

[12] Traduit de l'américain par Brice Matthieussent, Paris, Éditions Léo Scheer, 2002, 309 p.
[13] Georg Wilhelm Friedrich Hegel, *La Phénoménologie de l'esprit*, trad. Jean-Pierre Leffèbvre, Paris, Aubier, 1991, 565 p.

cette dialectique le maître symbolise une pure conscience, tandis que le valet représente son corps, qui fournit au maître tout ce qui est matériel. Ainsi, Butler propose une réflexion sur la dépendance de la conscience vis-à-vis du corps en disant que dans son intériorité le sujet reste toujours subordonné à son corps. Le valet travaille et produit des objets qui appartiennent au maître et en le faisant il marque ces objets avec sa propre signature. Or, le valet est effectivement l'esclave du maître, ce qui fait que les objets produits par le valet appartiennent au maître. De la même façon, la signature du valet lui appartient aussi. Ainsi, le valet signe les objets de la part du maître, ce qui implique la dépendance du maître vis-à-vis du valet. De l'autre côté, la signature n'appartient pas au valet non plus : « Il faut ainsi comprendre le travail de l'esclave comme un marquage qui régulièrement se démarque[14]». C'est-à-dire, la signature du valet est un marquage qui se démarque régulièrement. En conséquence c'est une identité qui s'efface toujours. Supposons que tous les personnages de la pièce *Papa doit manger* constituent l'unité d'une seule identité. Dans ce cas, on peut dire qu'ils symbolisent les aspects d'une conscience ou d'une identité individuelle évoqués par Butler. Le personnage de Papa peut être associé avec l'image du maître, autrement dit, avec l'aspect abstrait de la conscience. Tandis que ses filles Mina et Ami peuvent être associées avec celle du valet. Elles représentent une preuve physique de la paternité du Papa, ou bien de son identité en tant que leur père. Il revient chez Maman en tant qu' époux légitime, mais son retour passe d'abord par les filles. La façon même dont le personnage est surnommé dans la pièce, Papa, signifie qu'il n'est un mari pour sa femme que dans sa capacité de père pour les filles de sa femme. Cela est vrai par rapport au personnage de Maman aussi, dont nous ne découvrons jamais le prénom. Les identités des deux parents en tant que partenaires sont basées sur celles de leurs filles.

La pièce commence par le coup de sonnette du Papa à la porte de Maman, sauf que de l'autre côté de la porte il n'est pas accueilli par Maman, mais par leur fille cadette Mina. Papa veut entrer, Mina ne le lui laisse pas. Ce détail signifie la dépendance identitaire de Papa vis-à-vis de sa fille. Pour établir son identité de mari de Maman, Papa est obligé d'établir son identité en tant que père par rapport à ses filles d'abord. Symboliquement parlant, elles doivent le reconnaître comme leur père, elles doivent, donc, « signer » sur ses objets validant sa paternité. Papa le sait et il fait tout pour être reconnu par elles. Il commence par une persuasion. Son premier argument est qu'il a le droit de rentrer simplement parce qu'il est le père de Mina. Cela ne convainc pas la jeune fille. Il continue, alors, par une ruse, en disant qu'il est devenu homme d'affaires à l'étranger et qu'il a créé une société prospère. Cet argument est beaucoup plus efficace que le premier : « Alors, si vous

---

[14] Butler, *op. cit.*, p. 73.

avez de l'argent, je peux voir à vous laisser entrer un tout petit peu, je peux...[15] », – dit Mina. Pour convaincre la deuxième fille, Ami, Papa lui offre des pâtes de fruits. Dans les deux cas, ce sont des choses matérielles, des objets que les filles acceptent, et le faisant « signent » sur eux et ainsi accordent à Papa son corps, son identité. Malgré le fait qu'une des deux filles reconnaît la paternité de Papa, son objectif n'est pas encore atteint, parce que son statut de mari de Maman est remis en question. Il paraît que Maman a un nouvel homme, le professeur de français Zelner, qui désormais occupe sa place auprès de Maman, ce qui fait pour Papa un obstacle de plus à surmonter. Et pour le faire, il utilise la même méthode, sauf que maintenant il doit faire « signer ses objets » par Maman. Voici le dialogue de Maman avec Papa à ce sujet :

> PAPA. – Je suis revenu. Puis-je t'embrasser ?
> MAMAN. – Ah, je ne sais pas, je ne sais pas. Mon dieu.
> Mes enfants, n'écoutez rien de ce que dit Papa, ne faites confiance qu'au professeur pour ce qui est de la vérité.
> PAPA. – Les enfants aimeront mieux être du côté de Papa que du côté de la vérité. Ma femme, tu es belle, tu es merveilleuse et tu m'honores. [...] Ma femme, je te retrouve et tu es ma gloire !
> Je suis riche. Je suis grand.
> Reprends-moi. [16]

Papa utilise les mêmes arguments dans le même ordre. D'abord il affirme que le seul fait qu'il est le père des enfants lui permet de rentrer et lui assure le statut de mari. Cet argument échoué, il commence à parler de sa fortune et de sa réussite imaginaires. À la fin de la pièce Maman finit par reprendre Papa, qu'elle a défiguré de ses propres mains et dont Mina ne veut plus s'occuper. En le reprenant chez elle Maman confirme sa propre dépendance de Papa.

Dans cette pièce le personnage de Papa, au niveau psychologique et social est grotesque et faible, il dépend non seulement de sa femme, mais aussi de ses enfants. Malgré tout (et c'est ainsi que Bakary Sangaré interprétait le rôle de Papa à la Comédie Française en 2003) il est toujours aimé et aimable[17]. Le personnage du père dans l'autobiographie fictionnelle de NDiaye *Autoportrait en vert* ressemble au personnage de Papa[18]. Il est aussi pitoyable et aussi entouré par des personnes qui l'aiment par habitude ou par devoir. En outre, le type d'une personne ratée est fréquent chez NDiaye, on peut même dire qu'il n'y a pas d'autre type dans son écriture. Ce

---

[15] NDiaye, *op. cit.*, 2003, p. 15.
[16] *Ibidem*, p. 30.
[17] Ce n'est pas par hasard qu'il est surnommé Aimé. NDiaye, *op. cit.*, 2003, p. 29.
[18] Paris, Mercure de France, 2005.

qui importe c'est que ces personnages généralement négatifs sont représentés sans amertume et surtout sans jugement. Comme le dit Pellegrini : « La romancière n'exprime aucun jugement ; ses personnages ne subissent ni récompense ni punition[19] ». Dans une reprise NDiaye a dit qu'elle avait l'impression de travailler sur le motif du vampirisme : « Le vampire suce le sang et l'être qu'il a aspiré devient lui-même vampire. Contre son gré, ce qui le rend malheureux en principe. C'est pour cela que les vampires sont des êtres tristes, parce qu'ils sont prisonniers de cette loi[20] ». Cela confirme que l'auteur ne voit pas ses personnages comme des êtres mauvais non plus, mais plutôt comme des êtres tristes qui obéissent à la loi ou à l'impératif incompréhensible qui leur est imposé de l'extérieur. Du fait que la plupart des protagonistes de NDiaye sont femmes, on a l'impression que les personnages féminins sont plus particulièrement touchés par cette loi malheureuse qui rend ceux ou celles qui lui obéissent malheureux. Autrement il n'y a pas de grande différence entre les personnages des deux sexes. De manière générale, les personnages des mères en comparaison aux pères ont plus de pouvoir y compris la capacité de faire mal, mais fondamentalement, elles sont aussi faibles, perdues et dépendantes des autres.

Prenons l'exemple de la narratrice d'un de ses romans de jeunesse *La Femme changée en bûche*. L'aspect le plus important de l'identité de la narratrice et protagoniste anonyme du roman à laquelle le titre fait référence est son statut de la femme par rapport à son mari. Par contraste avec les romans plus récents de NDiaye, où la figure de l'enfant joue un rôle important dans l'identité de la mère, le personnage de Bébé est relativement secondaire dans ce roman. Trompée par son mari, son identité en tant que sa femme est en crise. Dès le début du roman elle cherche « la manière la plus impitoyable[21] » de punir son mari qui l'a trompée. La femme trouve « la meilleure » solution et s'adresse au Diable pour qu'il lui procure : « ce qu'il pensait être le mieux pour tuer Bébé, qui serait immédiat et sans souffrance pour l'enfant, et absolument définitif[22] ». On comprend que cette manière à la Médée de se venger de son mari est, peut-être, aussi sa façon de se créer une nouvelle identité. Elle brûle leur Bébé vivant et part chez le Diable. Pour interpréter cet épisode, revenons au motif du vampirisme, évoqué par NDiaye et à la théorie de l'identité performative développée par Butler. Ce que NDiaye appelle le « vampirisme », peut être lu comme une expression de la théorie d'identité de Butler qui repose sur l'identification avec l'extérieur imaginaire. Le principe de base de cette identité performative est

---

[19] *op. cit.*, p. 32.
[20] Catherine Argand, « Marie NDiaye », dans *Lire*, avril 2001.
[21] NDiaye, *op. cit.*, 1989, p. 10.
[22] *Ibidem*, p. 22.

que le sujet devient ce qu'il imagine devoir être : « Le fait d'attendre le dévoilement autorisé de sens est le moyen par lequel l'autorité est conférée et établie : l'attente fait advenir son objet. [...] l'attente d'une essence genrée produit ce que cette attente pose précisément à l'extérieur d'elle-même[23]». Le sujet imagine qu'il y ait un type « d'une essence », c'est à dire d'une identité « idéale » à l'extérieur de lui qu'il ne connaît pas et dont il attend le dévoilement autorisé pour qu'il puisse s'identifier avec elle et, en conséquence, la devenir. Pour Butler cet imaginaire extérieur est une expression de la loi externe intériorisée par le sujet. Selon elle, ce qui est à l'extérieur du sujet et, effectivement, ne lui est pas accessible, est conçu par le sujet comme quelque chose à qui il est obligé d'obéir. L'image du vampire s'approche de la loi de l'extérieur imaginaire par le fait que c'est toujours la loi de l'autre qui est intériorisée par le sujet et qui, désormais, crée les lois du sujet à sa place. En outre, ce sont des lois défavorables au sujet aussi bien qu'à son entourage. Le Diable représente la loi pour la narratrice de *La Femme changée en bûche* à laquelle elle est obligée d'obéir. Ainsi, le motif de la violence injustifiée est fortement inscrit dans le texte. Dans son incohérente explication de son comportement vis-à-vis de son mari la narratrice évoque « la morale » et « l'ordre » auxquels tous les deux sont subordonnés :

> Mon mari qui me trahissait ne devait-il pas être puni de la manière la plus impitoyable ? Sans égards pour la propre douleur que j'en éprouverais peut-être, pour les désagréments, les tracas? J'ai dit qu'il devait en être ainsi et que c'était bien ennuyeux, bien désagréable à envisager. Mais une puissante morale l'exigeait, ainsi que l'ordre.[24]

Les questions rhétoriques au début du passage reflètent l'état de la narratrice, sa solitude et son impuissance. Elle reconnaît que la punition du mari est douloureuse pour elle-même et implique qu'elle le fait contre son propre gré. Finalement, la femme constate que c'est « une puissante morale [...] ainsi que l'ordre », les notions qui, dans ce cas, symbolisent la loi, exigeaient cette punition et que tous les deux, ils ne peuvent pas échapper aux conséquences regrettables de cette loi. Par conséquent, l'image du vampire, ou bien celle d'une personne ratée, peut être lue comme une métaphore de la condition humaine, principale source de souffrance, mais aussi la condition primaire de l'existence, la plus proche et a laquelle il est impossible d'échapper.

Un autre exemple de la figure maternelle face aux problèmes identitaires et souffrant de la grande dépendance vis-à-vis de son mari et de

---

[23] Butler, *Trouble dans le genre (Gender trouble)*, Traduit de l'anglais (États-Unis) par Cynthia Kraus, Éditions la Découverte, 2005, p. 35-36.
[24] *Ibidem*, p. 11.

sa fille aussi, est la mère de Fanny dans le roman *En Famille*. Pour garder
l'intégrité de sa famille d'origine, une famille gouvernée par des opinions
racistes, elle est obligée de renoncer à sa fille Fanny. Celle-ci porte une
marque de la différence sur sa peau héritée de son père noir. Le personnage
de Fanny signifie aussi l'impossibilité de la mère à se dissocier de son mari.
Sa propre fille portera toujours la couleur foncée comme un témoignage
éternel des relations de sa mère avec son père noir. Ainsi, la figure d'enfant
chez Marie NDiaye (surtout un enfant adulte) est non seulement la figure
donnant l'identité aux figures des parents mais aussi le symbole des liens
ininterrompus entre les parents.

L'un des types complexes de personnage féminin chez NDiaye est
celui de la fille-mère, souvent représentée comme une victime de la loi
cruelle de sa mère, mais aussi de ses enfants. Un des exemples de la mère,
femme et fille qui manque d'autorité, chez NDiaye est Lucie dans le roman
La Sorcière[25]. Au début du roman on la voit délaissée par son mari. Plus
tard, ses filles jumelles, auxquelles elle avait transmis son don de sorcière,
s'en servent pour l'abandonner. Elles se transforment en corneilles et
s'envolent pour de bon. Ainsi, son identité en tant que femme et mère est
sérieusement disturbée, presque détruite. Lucie prend donc la décision de
réunir ses parents séparés, en espérant qu'une fois son identité du passé
réglée, son identité du présent se réglerait aussi. La réunion de ses parents
symboliserait la légitimité de son identité en tant que fille. Encore une fois,
son plan ne se réalise pas. La permanente crise identitaire systématiquement
représentée dans l'œuvre de NDiaye souligne son caractère performatif aussi
bien que fragile. L'identité de soi et la vie en société contemporaine est une
permanente négociation entre ses différents aspects tout en reconnaissant
leurs existences sans jugement où hiérarchisation.
En conclusion, l'omniprésence de la famille dans l'œuvre de Marie NDiaye
a le caractère métaphorique. Ses deux aspects – l'identité du soi et de la
communauté – s'entrelacent, se complètent et forment une totalité unique.
Dans les deux cas, la différence apparaît à l'intérieur. Autrement dit, l'autre
est présent à l'intérieur du soi et au centre de la société. Cela rend les
représentations systématiques des identités interdépendantes à la fois
productives et problématiques. D'un côté, l'interdépendance des identités
des membres de la même famille et le manque d'autorité paternelle aussi
bien que maternelle suggèrent une nouvelle politique de la construction
d'identité et de société, une politique transcendante une autorité unique et
autoritaire. Cela suggère que la spécificité de l'identité aussi bien que la
société contemporaines se repose sur la capacité de négocier entre leurs
différents aspects. De l'autre côté, cela implique quand même l'impossibilité
d'une harmonie psychologique et sociale. Les relations internes entre les

---

[25] L'exemple le plus touchant étant Rosie dans le roman *Rosie Carpe*.

différents aspects de la personnalité et entre plusieurs membres de la société ne seront jamais faciles.

L'espace familial de l'enfermement dans le théâtre de Tremblay : l'exemple de Marcel

Kinga Zawada
Université de Toronto

L'univers dramatique de Michel Tremblay ressemble à un interminable feuilleton, où la famille est souvent vue comme la source de traumatismes individuels aussi bien que collectifs. L'espace familial dans le théâtre tremblayen, loin de représenter un lieu de complicité ainsi que de partage, est un lieu de discorde, d'impuissance et de frustration, fréquemment caractérisé par la solitude, l'enfermement et la claustration. La réplique de Marie-Louise, un des personnages les plus connus de Tremblay en témoigne : « J'ai lu dans le *Sélection*, l'aut'jour, qu'une famille c'est comme une cellule vivante, que chaque membre de la famille doit contribuer à la vie de la cellule... Cellule mon cul... Ah! oui, pour être une cellule, c'est une cellule, mais pas de c'te sorte-là ! [...] Une gang de tu-seuls ensemble, c'est ça qu'on est ![1] ».

En effet, la plupart des personnages tremblayens ne contribuent aucunement à la vie de leurs cellules familiales respectives, mais tentent – souvent en vain – de les faire éclater, de les détruire ou de les fuir. Les uns (par exemple Albertine et Gérard) restent à jamais prisonniers de leurs cellules, enfermés entre les murs de leurs pitoyables demeures, cloitrés dans leur quartier, dans leurs habitudes et leur misère. Les autres essaient de s'échapper par tous les moyens. Carmen, quitte l'austère foyer familial pour devenir chanteuse dans une boite de nuit. La Grosse Femme trouve un échappatoire dans la littérature et les histoires de son beau-frère Édouard. Édouard mène une turbulente vie nocturne et il se travestit en divers personnages féminins (surtout les vedettes à l'affiche) pour finalement se construire l'identité d'une Duchesse. Thérèse se noie dans l'alcool, et Léopold préfère le suicide à son existence quotidienne aux côtés de sa femme et de ses enfants.

Mais il y a un personnage particulier dans le théâtre de Tremblay : Marcel, le fou, qui a une façon singulière de se dérober à son espace familial, puisque, de par sa folie, ce personnage évolue simultanément dans plusieurs espaces et s'associe par conséquent à plusieurs « cellules ».

Mentionnons que Marcel fait aussi partie de l'univers romanesque de l'auteur québécois. C'est un des personnages principaux des *Chroniques du Plateau Mont-Royal : La Grosse Femme d'à côté est enceinte* (1978),

---

[1] *À toi, pour toujours, ta Marie-Lou*, dans Michel Tremblay *Théâtre I*, Montréal/Arles, Leméac/Actes Sud, 1991, p. 137.

Thérèse et Pierrette à l'école des Saints-Anges (1980), *La Duchesse et le roturier* (1982), *Des nouvelles d'Édouard* (1984), *Le Premier Quartier de la lune* (1989) et *Un objet de beauté* (1997). Quant au théâtre, il figure comme personnage dans *En pièces détachées* (1966, 1994), dans *La Maison suspendue* (1990), ainsi que dans *Marcel poursuivi par les chiens* (1992), sans oublier qu'il est évoqué par Manon comme le « frère fou » de Thérèse dans *Damnée Manon, sacrée Sandra* (1977) et comme « garçon pas normal » d'Albertine dans *Albertine, en cinq temps* (1984). Le personnage romanesque s'avère en quelque sorte une extension du personnage théâtral et vice versa. Son insertion dans plusieurs œuvres et plusieurs genres à la fois, sert à renforcer l'effet de réel (ou l'effet-personne) qu'il produit. Dans le monde tremblayen, Marcel apparaît comme une personne véritable, ou du moins vraisemblable, dont il est possible de (re)constituer la « biographie ».

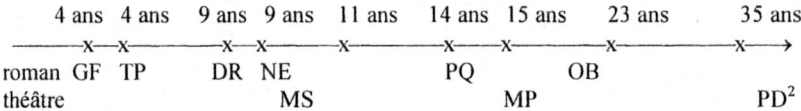

	4 ans	4 ans	9 ans	9 ans	11 ans	14 ans	15 ans	23 ans	35 ans
roman	GF	TP	DR	NE		PQ		OB	
théâtre				MS			MP		PD[2]

Cependant, même si les écrits de Tremblay viennent se greffer les uns aux autres, chacun d'eux constitue néanmoins une entité en soi. Bien que ces ouvrages se complètent et s'éclairent de façon réciproque, ils peuvent aussi être analysés en tant qu'unités indépendantes, ce qui nous permet d'aborder Marcel uniquement dans les textes dramatiques dans lesquels il participe : *En pièces détachées*, *La Maison suspendue* et *Marcel poursuivi par les chiens*.

Dans *La Maison suspendue* Marcel est un enfant de onze ans, qui vient passer des vacances dans la maison de campagne à Duhamel, en compagnie de sa mère Albertine et de son chat imaginaire nommé Duplessis. Dans *Marcel poursuivi par les chiens*, il est un adolescent de quinze ans, qui se cache dans l'appartement de sa sœur Thérèse afin de fuir le jappement des « chiens » qui le poursuivent. Dans *En pièces détachées*, il est un adulte de trente-cinq ans, qui s'évade d'un asile et s'introduit en plein milieu de la nuit dans le salon de sa mère.

Gardant à l'esprit que « la dimension irréductible de tout texte destiné à la mise en scène est celle de la spatialité[3] », ainsi que le fait que « les signes spatiaux peuvent "parler d'autre chose que d'espace"[4] », nous allons

---

[2] Les sigles correspondent aux titres suivants : (GF) *La Grosse Femme d'à côté est enceinte* ; (TP) *Thérèse et Pierrette à l'école des Saints-Anges* ; (DR) *La Duchesse et le roturier* ; (NE) *Des nouvelles d'Édouard;* (MS) *La Maison suspendue* ; (PQ) *Le Premier Quartier de la lune* ; (MP) *Marcel poursuivi par les chiens* ; (OB) *Un objet de beauté* ; (PD) *En pièces détachées*.
[3] Michael Issacharoff, *Le Spectacle du discours*. Paris, José Corti, 1985, p. 69.
[4] Louise Vigeant, *La Lecture du spectacle théâtral*, Laval, Mondia, 1989, p. 35.

identifier et définir les espaces dramatiques *mimétiques* aussi bien que *diégétiques* qui concernent Marcel et interroger les relations entretenues par celui-ci avec les personnages qui en font partie. Dans des croisements et des juxtapositions d'espaces représentant le monde réel et la configuration du délire d'un aliéné mental, nous allons voir la nature des liens entre Marcel et les femmes de son cercle familial : sa mère, sa sœur, sa tante, sa nièce et sa grand-mère, ainsi que les rapports de Marcel avec les membres de son univers fantasmatique, qui apparaissent comme une sorte de famille onirique subrogée.

Rappelons que selon Issacharoff « l'espace mimétique, représenté sur scène, est perçu par le public. L'espace diégétique, au contraire, étant tout simplement référé dans le discours des personnages, se limite à une existence verbale[5] ». Outre la distinction entre le mimétique et le diégétique, il est manifeste que l'espace dans lequel évolue Marcel est toujours en opposition avec un autre espace : l'espace qui représente le monde réel contraste indéniablement avec son analogue imaginaire.

La Maison suspendue

Dans *La Maison suspendue*, l'espace qui représente le monde réel de Marcel c'est la cabane de Duhamel — de l'ordre du mimétique, et la ville de Montréal — de l'ordre du diégétique. Précisons que le temps dramatique dans cette pièce est une juxtaposition de 1910, de 1950 et de 1990 et que des conversations de trois générations d'une seule famille ont lieu dans le même endroit, à quarante ans d'intervalle. Marcel évolue parmi les personnages des années cinquante.

Dans son espace réel, Marcel entretient une relation très froide et distante avec sa mère Albertine. Celle-ci dévalorise constamment le comportement du jeune garçon : « Faut laisser dormir les enfants. Surtout celui-là. Y va se réveiller, là, pis y va recommencer ses niaiseries[6] ». Elle ne cesse d'attirer l'attention sur la déviance de son fils en s'énervant à la simple mention du chat, et en piquant une rage lorsqu'elle aperçoit la cage : « Moé, quand j'le vois arriver avec sa cage à moéneaux vide... – C'est pour Duplessis » – tente de l'amadouer Marcel – « Je le sais que c'est pour Duplessis, c'est ben ça qui me rend folle ! » (p. 26) se plaint-elle en lançant

---

[5] *Op.cit.*, p. 72.
[6] Michel Tremblay, *La Maison suspendue*, Montréal, Leméac, 1990, p. 74. Précisons que *Marcel poursuivi par les chiens* a été publié par Leméac en 1992. Quant à *En pièces détachées*, nous avons décidé de nous servir de la cinquième version et dernière édition de cette pièce (1994, toujours chez Leméac) afin d'éviter la confusion onomastique. Claude, Robertine, Hélène, Henri et Francine de la première version se transforment au fur et à mesure des révisions en Marcel, Albertine, Thérèse, Gérard et Joanne, ce qui les relie bien entendu avec les ouvrages ultérieurs de Tremblay. Toutes les citations seront tirées des éditions ici mentionnées et la pagination sera indiquée entre parenthèses dans le texte.

des soupirs d'exaspération. Irritée par l'égarement de son fils, Albertine refuse de tenter de le comprendre, de l'aider ou de lui communiquer son affection – que ce soit par le geste ou par la parole, et met l'accent sur la distance qui la sépare de son enfant : « J'vis vingt-quatre heures par jour à côté d'un enfant que j'ai jamais compris » (p. 99). Capable uniquement de manifester son impatience, son irriratation et sa colère, Albertine ne réussit qu'à souligner l'anormalité de son fils et à l'enfoncer davantage dans son isolement et sa folie.

Deux autres personnages féminins sont liés à Marcel dans cette pièce. Il s'agit de la Grosse Femme (tante Nana), qui tolère la conduite de l'enfant, mais ne s'oppose pas pour autant à l'autorité de sa belle-sœur Albertine : « Marcel, on a accepté que t'emmènes Duplessis avec toé à condition que t'en parles pas pis que tu y parles pas. En tout cas, pas devant ta mère » (p. 26). Il y a aussi sa grand mère Victoire, qui sans contact direct, semble néanmoins prédire le sort de cet enfant infortuné en jetant une malédiction sur sa fille Albertine : « Tu vas hériter de tout ce que j'ai de plus laid […]. Tu le sauras pas, mais tu vas traîner avec toé mon malheur à moé » – dit-elle à l'enfant qu'elle porte – « J's'rai pas capable de pas te transmettre mon malheur… pis de pas le transmettre aussi à tes enfants » (pp. 112-113).

L'univers imaginaire du garçon fou dans *La Maison suspendue* participe uniquement du diégétique. Duplessis n'est pas figuré sur scène ; sa présence est signalée par un objet scénique : une cage d'oiseaux vide dans laquelle Marcel transporte l'animal imaginaire. On ne peut ni voir ni entendre le chat fantasmatique sur scène, on ne voit que sa cage. Il est néanmoins possible d'observer – grâce au gestes et aux paroles de Marcel – la dissemblance entre l'espace réel et l'espace imaginaire. Le monde réel de Marcel à l'âge de onze ans reflète un environnement dont l'atmosphère est très tendue et très instable. Le jeune enfant est témoin de fréquentes disputes familiales, de l'éternelle discorde entre Édouard et Albertine, ainsi que des colères, de la froideur et de l'incompréhension de sa mère. Alors qu'avec les personnages qui constituent l'espace réel, Marcel semble coupable, anxieux et méfiant, lorsqu'il est en compagnie de son chat imaginaire, il se laisse facilement aller aux caresses et au rire et se présente comme un enfant très heureux : « Viens Duplessis… Viens… Y dorment… […]. (*Il caresse le chat invisible.*) On va être bien, ici, tous les deux […]. (*Il se couche sur le dos.*) Tu me chatouilles, Duplessis, tes moustaches me chatouillent… (*Il rit.*) (*Il caresse Duplessis.*) On est bien, hein… On va être bien, ici, tous les deux... on va être heureux » (pp. 118-119).

Comme le souligne André Brochu : « Marcel, privé de la tendresse maternelle, [...] peut trouver un substitut dans la chaleur ronronnante de son chat[7] ».

Marcel poursuivi par les chiens

L'espace mimétique dans le deuxième texte, *Marcel poursuivi par les chiens*, n'est pas aussi explicitement suggéré par les indications didascaliques que dans la pièce précédente puisque « *[l]'action se déroule sur un plateau nu devant un immense ciel* » (p. 11). Le vide scénique met l'accent sur la présence, les mouvements et le discours des personnages. Marcel, Thérèse, Florence, Rose, Mauve et Violette nous informent que l'espace dramatique représenté sur la scène est scindé en deux. D'une part, la conversation entre Marcel et sa sœur a lieu dans l'appartement de Thérèse. D'autre part, les étranges femmes qui tricotent, Florence, Rose, Mauve et Violette, évoluent dans un espace qui leur est propre. Chez les tricoteuses, c'est simultanément « ici, à Duhamel » (p. 14) et dans la tête de Marcel – qui est donc à la fois abrité chez Thérèse et plongé dans un ailleurs. « Pour lui, y'est toujours à Montréal » – dit Florence – « Mais dans sa tête... loin dans sa tête, y'a besoin de nous autres. Pis y'est revenu » (p. 15).

L'espace réel mimétique de Marcel, c'est l'intérieur froid et empestant l'alcool de chez Thérèse, où l'adolescent vient se réfugier après avoir été témoin d'un meurtre au French Casino. L'espace réel diégétique représente le logis du garçon, la maison de la rue Fabre, où sa mère Albertine et sa tante Nana, s'affairent autour du frigidaire entre les séances de repassage et parlent anglais lorsqu'elles ne veulent pas que Marcel les comprenne. L'espace réel diégétique dans cette pièce signale également le vacarme de la ville avec ses rues palpitant de vie ou bien désertes lors des heures creuses, les odeurs de boisson et de cigarettes des boîtes de nuit, le bain dégouttant de sang de la chanteuse Mercedes au French Casino et l'appartement de la voisine de Thérèse où cette-dernière cache depuis trois ans l'existence de sa fille Johanne.

Dans le monde réel, Marcel est ostracisé par ses pairs et mis à l'écart par sa famille. Dans son propre foyer, il est considéré comme un étranger dont la présence est peu signifiante. En effet, Albertine « s'occupe pus ben gros de son garçon » (p. 29) et elle l'exclut de l'espace familial en s'exprimant en anglais, langue que Marcel ne comprend pas. En plus, elle associe l'épilepsie qui afflige son fils à une déficience mentale, « a'pense à c't'heure que c'te tête-là est complètement vide [...] a'pense que Marcel est complètement irresponsable » (p. 29).

---

[7] *Rêver la lune. L'imaginaire de Michel Tremblay dans Les Chroniques du Plateau Mont-Royal*, Montréal, Hurtubise, 2002, p. 161.

Quant à Thérèse, elle semble à première vue être le seul personnage faisant partie de l'univers réel, qui manifeste son amour pour l'enfant délirant. Elle l'accueille chez elle, l'écoute et tente de le calmer. Mais trop préoccupée par son propre malheur et son désir de vengeance, elle ne réussit pas à apaiser son petit frère et le voit s'enfoncer davantage dans les abîmes de la folie. En plus, malgré l'affection qu'elle lui porte, Thérèse ne cesse de mettre en évidence les tares de son frère. Elle attire l'attention sur sa maladie, en guettant constamment une crise : « Fais pas de crise, Marcel, reste avec moé... » (p. 47). Elle le présente comme instable et maladroit : « As-tu faite une gaffe encore ? [...] Es-tu sûr que t'as pas faite un mauvais coup ? » (p. 19). Elle refuse de prendre au sérieux les inquiétudes de son frère et renvoie sa peur d'être intoxiqué par le personnel d'une boîte de nuit au rang de la paranoïa : « Tu dis n'importe quoi [...]. Y'a rien de plus grave dans c'te place-là que des goofballs pis les goofballs y font pas ça » (p. 47). En plus, elle l'infantilise et le considère indigne de confiance, ne lui dévoilant que très tardivement l'existence de sa fille : « [J]'avais peur que t'alles toute dire à moman » – explique-t-elle – « Ah, pas par exiprès, là, mais t'aurais pu t'échapper » (p. 40). De la sorte, elle empêche la formation d'une relation quelconque entre Marcel et Joanne. Alors que les gestes de Thérèse montrent la tendresse et l'envie de protéger Marcel – elle le prend dans ses bras et elle le berce –, ses paroles révèlent la méfiance, le manque de confiance et l'incrédulité face à ce qu'il raconte.

Il est donc possible de constater que les personnages féminins qui forment le monde réel marginalisent Marcel et présentent son écart par rapport à la norme comme état pathologique infortuné, infantilisme et débilité mentale.

Ceci est loin d'être le cas en ce qui concerne les femmes qui peuplent l'espace imaginaire de Marcel. Les tricoteuses ne cachent pas leur prédilection pour le garçon. Après l'avoir initié pendant dix ans à la littérature, à la musique et aux arts plastiques, elles l'entourent à nouveau de leurs soins, lui garantissent leur protection et promettent de continuer son éducation. Même si elles reconnaissent les déficiences corporelles, la nervosité, ainsi que la maladie de Marcel, elles ne le dévalorisent pas pour autant. Bien au contraire, elles considèrent sa condition comme un avantage et un don.

Les tricoteuses, qui s'apparentent simultanément aux Muses, aux Moires, aux Parques ou à des figures angéliques[8], affichent clairement leur

---

[8] Dans *Marcel poursuivi par les chiens* les tricoteuses rappellent qu'elles ont élevé Marcel en l'initiant aux arts, qu'elles protègent sa famille de loin, et qu'elles tricotent infiniment en prévoyant le futur. Leurs affinités avec les Muses ou les Moires sont beaucoup plus explicites dans les romans, et les parallèles avec les divinités antiques sont soulignés dans toutes les études les concernant. Nous nous retiendrons donc de réitérer les mêmes propos. On peut consulter au sujet des tricoteuses les études portant sur Tremblay d'André Brochu, de Jacques

non-appartenance au monde réel, représenté dans la pièce par un quartier montréalais. Femmes-couleurs, femmes-fleurs, elles connotent déjà de par leurs noms la poésie, la peinture et les gammes de musique, qui contrastent avec la stérilité artistique et intellectuelle de l'univers réel. Détentrices du savoir et gardiennes « des choses essentielles » (p. 17), elles connaissent le passé, elles sont capables de prédire l'avenir et elles peuvent même « voir » (p. 52) les pensées des personnages. Peu importe si on les associe aux divinités grecques, romaines, ou à des esprits angéliques, l'important est de reconnaître que l'espace investi par Florence, Rose, Mauve et Violette représente un « ailleurs », situé hors du monde réel[9] : un espace sacré, accessible uniquement aux élus, parmi lesquels se trouve Marcel. Le contact avec ces entités divines est catégoriquement interdit à Thérèse, qui ne peut ni les voir ni les entendre. « À qui tu parles comme ça ? » (p. 63) – s'inquiète-t-elle lorsque son frère échange des phrases avec Florence et ses filles, qu'elle ne peut percevoir. Effectivement, les tricoteuses n'interviennent jamais auprès de Thérèse. « [O]n peut rien pour elle. A' sait même pas qu'on existe » (p. 32) – souligne Violette. Même si elles écoutent ses confidences, elles ne lui adressent pas la parole, ne la touchent pas, ne s'approchent pas d'elle et « *se détournent un peu* » (p. 25) lorsqu'elle parle et manifestent peu d'affection à son égard. « C'est pas elle qu'on veut entendre ! » – dit Mauve. « A' nous dérange » (p. 24) – renchérissent Rose et Violette.

En ce qui concerne Marcel par contre, leur attitude est tout à fait différente. Elles échangent des répliques avec lui et elles entonnent *Le temps des cerises* pour le calmer et l'endormir. Florence s'approche fréquemment de lui, l'effleure de la main, l'embrasse sur la tête et l'encourage dans le récit qu'il a de la difficulté à reconstituer. En plus, elles ne le qualifient jamais de fou, mais l'appellent affectueusement « trésor » et « espoir » (p. 14). Pour Marcel la frontière entre les deux espaces est clairement abolie et les divinités lui accordent le droit de passage dans leur univers sacré par le biais des lunettes de soleil. « Quand t'auras besoin de nous autres – dit Florence – Quand tu voudras nous voir, t'auras juste à les mettre... (*Elle montre les lunettes.*) [...]. Aussitôt que tu vas les avoir mis, tu vas être rendu ici » (p. 64). La figuration scénique de Rose, de Mauve, de Florence et de Violette permet donc de percevoir le fou comme un personnage privilégié et sa folie

---

Cardinal, de Marie-Lyne Piccione, de Pierre Popovic, d'Alain-Michel Rocheleau, de François Rochon, de Robert Verreault, de Louise Vigeant et en particulier l'article d'Antoine Sirois, « Délégués du Panthéon au plateau Mont-Royal : Sur deux romans de Michel Tremblay », *Voix et images*, vol. 7, n° 2, 1982, pp. 319-326.
[9] Dans la mise en scène d'André Brassard de *Marcel poursuivi par les chiens* par la Compagnie des Deux Chaises au Théâtre du Nouveau Monde en 1992, la séparation entre le monde terrestre et le monde sacré s'inscrit dans l'utilisation de l'espace scénique. Marcel et Thérèse sont placés à un niveau inférieur et les tricoteuses sur un palier surélevé.

comme une intervention divine. L'épilepsie dont il est atteint peut alors être assimilée, comme dans l'antiquité, à la possession divine et le discours insensé et incohérent du fou au langage oraculaire.

La co-présence scénique de l'espace réel et de l'espace imaginaire dans *Marcel poursuivi par les chiens* permet donc au public de participer à la folie du personnage et de plonger dans son espace mental. Ce qui le pousse à appréhender la folie de Marcel de deux façons contradictoires. Cette rencontre de deux univers qui s'excluent provoque un oscillement chez le destinataire, qui penche tantôt du côté réel – représenté par Thérèse, tantôt du côté imaginaire – représenté par les tricoteuses.

En pièces détachées

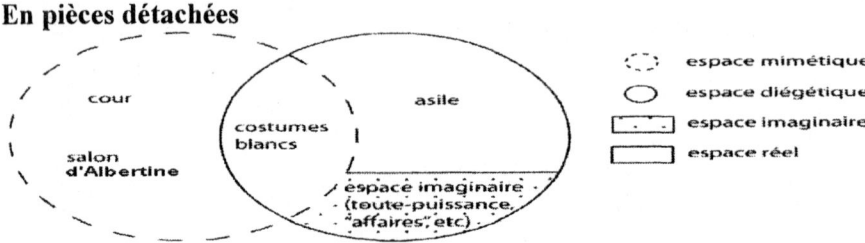

Dans le troisième texte dramatique, *En pièces détachées*, l'espace réel de Marcel est à la fois mimétique et diégétique. L'espace réel diégétique, c'est l'austérité de l'asile, la blancheur des murs et des uniformes, les autres malades, ainsi que le son des cloches qui retentissent selon Marcel « fort, fort… longtemps, longtemps… J'ai beau leu'crier d'arrêter, que j'les ai entendues, y continusent pareil ! » (p. 68). L'espace réel mimétique de Marcel dans ce texte dramatique, c'est le foyer familial – lieu de la mésentente, de l'irritation et de l'impuissance. *Je suis pus capable de rien faire* semble être le mot d'ordre de tous les personnages.

Cette pièce confirme que dès sa tendre enfance, Marcel a été rejeté et délaissé par sa famille. « Y s'étaient jamais occupés de lui dans'maison » (p. 54) – commente la voisine. Marcel aussi souligne le fait qu'il a toujours été exclu des conversations domestiques et considéré complètement insignifiant : « Aie, y vont arriver, y vont rentrer, pis y me verront pas ! […] comme si j's'rais pas là ! Comme quand j'étais p'tit » (p. 57). Albertine a d'ailleurs caché l'existence de son fils pendant un an et « le bruit courait qu'y était mort » (p. 53). Lorsque Marcel, âgé de trente-cinq ans s'échappe de l'hôpital et fait irruption dans le salon familial, qu'il confond avec son milieu carcéral, les femmes, bien que touchées et émues par cette intrusion, s'empressent de le retourner le plus rapidement à l'asile. Complaisantes à la demande de leur parent aliéné, elles revêtent leurs robes blanches, et en le faisant, renforcent davantage son délire. Elles l'assurent qu'elles viennent le chercher pour le ramener à la maison, alors qu'elles s'apprêtent à le renvoyer à l'hôpital. Dans cette pièce, les femmes écartent complètement Marcel et l'excluent de sa cellule familiale pour le confiner à l'espace asilaire et l'enfermer dans une autre sorte de cellule.

Afin de fuir l'espace asilaire, Marcel plonge dans un monde imaginaire – strictement diégétique – où il devient tout puissant, invisible et il parle même une nouvelle langue. « Moé, j'peux toute faire ! J'ai toutes les pouvoirs ! » (p. 72). Il accède à cet espace en se parant de verres fumés : « [Q]uand j'ai mes lunettes là, j'disparais dans les murs pis y'ont beau parler en anglais, j'comprends toute ! Toute ! C'est mon pouvoir qui fait ça ! » (p. 59).

Cependant, le public n'a aucun accès à cet endroit magique, qui, par conséquent ne passe plus du tout pour un espace merveilleux ou sacré. Sans la mention de Duplessis, sans la glorification de la créativité et de l'imagination, sans la figuration scénique des fantasmagories apaisantes, dans *En pièces détachées*, le personnage de Marcel ne reflète que l'image d'un malade qui a besoin d'être soigné.

La cage

L'espace de l'enfermement est aussi signalé par la récurrance insistante de l'image d'un espace clos et fermé : « la cage » sous de mutliples configurations. Cet espace carcéral se manifeste sous forme d'une cage d'oiseaux dans le premier texte, de l'espace mental de Marcel dans le deuxième, et de l'enceinte d'un asile dans le troisième. La position de la cage par rapport à Marcel diffère dans chaque pièce et ne manque pas de provoquer un changement dans la perception du fou. Dans *La Maison suspendue*, Marcel est situé à l'extérieur de la cage et peut manipuler son contenu à volonté, ce qui reflète son statut dans la pièce : un enfant qui « joue » avec l'imaginaire. Dans *Marcel poursuivi par les chiens*, la cage – même si elle est partiellement mimétique – se trouve à l'intérieur de Marcel. Cette fusion souligne la perte de contrôle du personnage sur l'imaginaire. Enfin, dans *En pièces détachées*, complètement égaré dans son délire, Marcel est emprisonnée entre les murs de l'asile, à l'intérieur de la cage. Le positionnement du fou par rapport à la cage contribue de la sorte à expliquer le sentiment croissant d'inquiétude et d'appréhension à l'égard de ce personnage, qui atteint son apogée dans *En pièces détachées*.

Conclusion

Il est donc crucial d'identifier et de définir tous les espaces auxquels participe un personnage dramatique sans se limiter à l'examen de l'espace représenté sur scène, car comme nous l'avons vu, les composantes et les caractéristiques des espaces (mimétique / digégétique) dans lesquels évolue

Marcel et les relations de celui-ci avec les autres personnages qui en font partie, signalent sa folie et orientent le lecteur à la percevoir de telle ou telle manière.

En plus, dans le cas de ce personnage, l'espace « réel » ne fait pas forcément partie de l'espace mimétique et, en corollaire, l'espace mimétique ne représente pas toujours le « réel ». Le public peut ainsi être témoin du fait que le privilège d'accès au monde imaginaire est pour le fou simultanément un bénéfice et une malédiction.

Ce qui importe également, c'est que dans chaque pièce, Marcel est désigné comme fou par les membres de son entourage. Son altérité lui est attribuée par sa mère, par Thérèse, par sa tante, par sa grand-mère et par sa nièce. Il est vu comme autre par tous ceux qui l'entourent. Toutefois, pour les tricoteuses il est un génie, un talent, un trésor, tandis que pour les personnages du monde réel, il est fou, malade, dangereux. Que Marcel soit effectivement différent ne pose aucun doute[10], mais les traits attribués à sa folie changent en fonction de son rapport avec les groupes au pouvoir qui constituent son espace.

---

[10] Lui-même reconnaît sa différence : « [C]hus pas toujours là [...] j'vois pas toujours les mêmes affaires que vous autres pis [...] y'a d'autre chose qui m'intéresse dans'vie que la boisson pis le cul » (p. 47).

Le théâtre de Michel Tremblay et l'impasse communicative dans la relation frère-sœur : le cas d'Albertine et d'Édouard

Cory Alan Burns
Université de Toronto

Dans la dramaturgie québécoise contemporaine, la cellule familiale occupe une place importante. Sous la plume de Michel Tremblay, ce sujet est riche et complexe d'un point de vue relationnel, ses pièces traitant, parmi d'autres, les thèmes suivants : l'inceste, la folie, la mort parentale, l'orientation sexuelle et la notion de l'héritage. Dans son œuvre, la dynamique conflictuelle atteint une sorte de paroxysme, au sein duquel prédomine ce que j'appelle « l'impasse communicative ». Tremblay transmet le caractère incontournable de cette impasse en employant des techniques dramatiques qui incorporent un jeu d'espace-temps, des éléments fantaisistes, ainsi qu'une réappropriation innovatrice de la mise en scène traditionnelle. Qui plus est, Tremblay révèle les barrières psychologiques et émotionnelles de ses personnages à travers leurs moyens d'expression verbale.

Menée à l'intérieur des paramètres établis par la sémiotique théâtrale, telle que développée par Pavis, Ubersfeld, et Rosen entre autres, ainsi qu'à l'intérieur de l'analyse du discours au sens large, c'est-à-dire non seulement linguistique et pragmatique (Kerbrat-Orecchioni et Bateson) mais aussi psychanalytique (Watzlawick, Bailleux, Leiper et Kent), mon étude de la dynamique interrelationnelle entre les personnages en conflit montrera la nature et la fonction des mécanismes d'impasse ainsi que leurs effets pathétiques sur le moteur dramatique.

Plus précisément, mon analyse examinera les échanges verbaux et non-verbaux entre les personnages tremblayens Albertine et Édouard, dans le but de repérer des instances d'impasse communicative. Albertine, frustrée, enragée, butée, égocentrique, fermée à la poésie, décide de souffrir plutôt que de faire face à la réalité. Son frère Édouard, travesti des quartiers populaires de Montréal, épris de culture française, tente de régler ses comptes avec la société et surtout avec Albertine, mêlant l'émotion, le pathétique et la dérision. Ces personnages névrosés et névralgiques figurent dans six des pièces de Tremblay. Par contre, dans cet article, je me concentrerai sur les trois pièces suivantes : *La Maison suspendue, Albertine en cinq temps* et *La Duchesse de Langeais*[11].

---

[11] L'ordre des pièces suit la chronologie de la vie des personnages Albertine et Édouard.

L'impasse communicative se révèle principalement à travers ce que j'appelle le recours monologal et le conflit dialogal, deux moyens d'expression verbale qui fonctionnent comme des mécanismes de ce type d'impasse. L'impasse communicative, tel que je la conçois, est une dynamique oppositionnelle basée sur la peur et la résistance au changement. Au sein de cette dynamique conflictuelle, le monologue possède une qualité de dissociation qui le fait dégénérer en état d'introspection. Le dialogue, quant à lui, démontre un rapport agressif, à la foi initiatif et réactif, composé de stratégies rhétoriques qui charpentent les interrelations entre les personnages de sorte que l'échange aboutit plutôt à une solitude à deux qui les pousse encore davantage dans la voie de l'aliénation. Les deux mécanismes bloquent donc le processus communicatif. Dans les trois pièces à l'étude ici, ces mécanismes sont le résultat d'une influence inéluctable du dysfonctionnement familial qui assure ainsi l'isolement de la sœur et du frère[12].

Dans *La Maison suspendue*, Tremblay situe l'action de cette pièce dans la région rurale de Duhamel, sur la véranda d'une maison de campagne au bord du Lac Saint-Simon. Cette maison sert de repère visuel pendant le déroulement de la pièce. C'est la maison familiale de trois générations des années 1910, 1950 et 1990. Alors que le motif tremblayen de l'oppression associée à l'institution familiale semble passer au second plan dans cette pièce, les notions d'héritage et de prise au piège dominent. En perpétuant une technique dialogale qui lui est propre, Tremblay nous offre un portrait familial construit de moments intimes en contrepoint ; il met en valeur les

Pièce	Époque dépeinte	Âges de la sœur et du frère
Le Passé antérieur (2003)	1930	Albertine : 20 ans ; Édouard : 19
La Maison suspendue (1990)	1950	Albertine : 40 ans ; Édouard : 39
En pièces détachées (1970)	c. 1960	Albertine : dans la cinquantaine
Albertine en cinq temps (1984)	1982	Albertine : 70
La Duchesse de Langeais (1973)	c. 1970	Édouard : dans la soixantaine
Demain matin,		
Montréal m'attend (1972)	1970	Édouard : dans la soixantaine

[12] *En pièces détachées* et *Demain matin, Montréal m'attend*, pièces qui suivent dans la chronologie de la vie des personnages d'Édouard et d'Albertine, placent ceux-ci en dehors de la cellule familiale originaire. Pourtant les mêmes habitudes comportementales s'y manifestent auxquelles s'ajoute le monologue.

dynamiques conflictuelles des trois générations qui sont isolées l'une de l'autre sur le plan du dialogue mais imbriquées thématiquement. Les indications scéniques au début de la pièce, adhèrent d'une certaine façon aux unités de temps et de lieu. Le point nodal spatio-temporel (une soirée de juillet à l'extérieur de la même maison) fait le pont entre les trois générations. De surcroît, pour soutenir la continuité temporelle de la structure dramatique de la pièce, Tremblay utilise le même acteur pour jouer les trois garçons âgés de onze ans (Gabriel, Marcel et Sébastien) qui figurent dans les trames narratives qu'incarne chacune des trois générations. Au niveau rhétorique, il y a des occasions où les personnages de chaque époque se font écho ou parlent simultanément. Ces trois éléments de la mise en scène transgénérationnelle rendent intemporelle la notion d'héritage familiale, démontrant l'influence continuelle du passé sur le présent.

L'époque des années 1950 est marquée par l'arrivée des personnages Albertine, Édouard, La Grosse Femme (leur belle-sœur et arbitre), et Marcel, le fils d'Albertine. À l'insu d'Albertine, Édouard a perdu son emploi. Il arrive à Duhamel accompagné de La Grosse Femme, espérant qu'Albertine acceptera de l'accueillir temporairement chez elle. Le rapport d'antagonisme entre Albertine et Édouard se fait voir dès leur arrivée en scène :

> ÉDOUARD : Une demi-heure de plus pis mon cul était définitivement inutilisable !
> ALBERTINE : Édouard, franchement ! Tu nous avais promis de pas faire de farces cochonnes de la semaine !
> LA GROSSE FEMME – *complice* : Édouard…On avait dit qu'on commencerait pas avant demain […] (pp. 23-25).

Dès le début de la pièce, il est évident qu'Édouard cherche à provoquer une réaction auprès d'Albertine qui, comme prévu, réagit avec dégoût et impatience. Malgré son rôle d'arbitre, La Grosse Femme n'est pas tout à fait neutre, atténuant l'animosité entre frère et sœur tout en l'attisant.

Au cours de la pièce, l'antagonisme s'intensifie ; Albertine réagit d'une manière de plus en plus personnelle, faisant allusion à la vie d'Édouard : « Mon Dieu, tu parles comme moman, dit-elle, c'est juste si tu portes pas ses robes, aussi […] » (p. 35). Ses répliques ne sont pas seulement de nature rabaissante mais sont aussi chargées de peur, de honte, d'incapacité, de paranoïa et de refus : « C'est ça sortez donc dehors pour parler dans mon dos, à c't'heure » reproche-t-elle à son frère et à La Grosse Femme (p. 54). Lorsque Édouard lui demande si elle veut vraiment parler de leur conflit, Albertine expose la source de l'indignation qu'elle ressent au sujet de son frère :

> Tu le sais pas c'que tu me fais, Édouard, hein, tu le sais vraiment pas ! Tu joues avec moé, tu joues avec mes réactions […] tu le sais pas […] à quel point tout ça est grave !

> [...] Quand [...] j'te vois arriver de la rue Mont-Royal chus jamais sûre que c'est
> vraiment toé parce que c'est jamais la même personne [...] ! Tout le monde peut lire la
> honte sur mon visage ! (p. 84)

En partageant un tête à tête avec La Grosse Femme, qui essaie de lui
expliquer le caractère imaginatif et expressif d'Édouard, Albertine révèle
qu'elle a peur de l'homosexualité de son frère et de la folie de son propre
fils, bref, de tout ce qu'elle ne comprend pas. Cette posture de refus
catégorique chez Albertine est soulignée par l'emploi d'expressions comme :
« Chus pas capable » (p. 102), ou « J'peux pas ! » (p. 109) et sa tendance à
vouloir dormir pour « oublier » (p. 99).

De même, le refus chez Édouard se manifeste par sa façon d'insister
sur l'importance du déguisement. Dans le contexte de l'œuvre tremblayenne
la double vie d'Édouard explique, dans une certaine mesure, sa façon de
s'exprimer : il a l'esprit vif, la réplique choquante et le style flamboyant.
Dans cette pièce, ces traits de caractère se révèlent indispensables au
fonctionnement de son for intérieur. Pour lui, c'est dans le monde de la
fantaisie, de la comédie, du spectacle, du déguisement et ses effets qu'il se
plaît et se sent le plus à l'aise. Par contraste, Albertine se méfie du spectacle
– elle ne s'identifie pas à l'illusoire, dont l'intangibilité lui paraît
incontrôlable. Pourtant, Édouard reconnaît l'effet captivant et manipulateur
de l'illusion, derrière laquelle il cherche lui aussi à exercer un certain
contrôle. Il explique l'importance du « rire » à Albertine :

> J'voulais parler du rire, Bartine, du rire ! Tout c'que tu me reproches tant, en fin de
> compte, vient toujours du fait que je vire toute en ridicule ! Si je revirais pas toute en
> ridicule, c'est moé qui le serais, ridicule, Bartine ! J'ris avant que les autres rient !
> C'est pas compliqué ! [...] c'est moé qui a voulu qu'y rient ! J'aime mieux qu'y rient
> dans ma face, pis avec moé, que dans mon dos quand chus là ! [...] C'est ça que j'ai
> trouvé, la dérision, pour avoir le respect du monde ! Le respect ! (p. 109)

C'est à ce moment où ces deux personnages se révèlent en opposition
dialectique : « la rage » d'Albertine et « le rire » d'Édouard s'érigent comme
deux pôles de résistance qui maintiennent une tension entre ces deux
personnages – Albertine réagit avec indignation et égoïsme, et son frère
emploie ses identités théâtrales multiples pour faire de même[13].

---

[13] C'est dans *Le Passé antérieur* que Tremblay révèle une des sources primaires de la rage
d'Albertine. Après être sortie presqu'une année avec son petit ami Alex, Albertine reçoit une
lettre dans laquelle son ami met fin à leur relation. Suite à cette rupture, Albertine a souffert
d'une forte dépression qui a duré deux mois, pendant lesquels elle s'est enfermée dans sa
chambre « à brailler, [...] à sacrer contre tout le monde » (p.12). À la suite de cet épisode,
Alex se lie avec Madeleine (la sœur d'Albertine) qu'il a l'intention d'épouser. L'action de la
pièce commence un jeudi soir alors qu'Albertine décide de reconquérir son « cavalier ». En

« Le rire » et « la rage » leur ont été légués par la génération précédente. Josaphat, père et oncle d'Albertine (et oncle d'Édouard) pouvait faire lever la lune en jouant du violon. Il était fantasque et joyeux. Victoire, sa sœur et conjointe, quoique partageant son idéalisme au début de leur relation incestueuse, est devenue amère au moment où elle a appris qu'il avait vendu la maison, ce qui obligera Victoire de déménager à Montréal. Enceinte, elle lègue à son enfant, Albertine, son aigreur. Ces legs positifs et négatifs sont mis en évidence dans les instances où Albertine et Édouard font écho aux paroles de Victoire et Josaphat.

Avec la mise en place d'une dynamique d'opposition, Albertine et Édouard sont dans une impasse communicative. Pourtant, vers la fin de la pièce, cette impasse paraît s'éclipser lorsqu'Albertine, en écoutant son frère inventer une histoire où il rappelle leur jeunesse, ferme les yeux et se permet un moment de fantaisie. Dans son scénario, Édouard lui demande la permission de retourner chez elle, pour y vivre temporairement. À ce moment dans la pièce, les deux personnages ont fait des concessions : Albertine utilise son imagination et Édouard s'est changé en vêtements d'homme. Selon les didascalies, les deux s'embrassent. Grâce à ce rapprochement, l'impasse communicative semble abolie.

Cependant les didascalies qui suivent indiquent tout le contraire, puisqu'il est question d'une résistance physique de la part d'Albertine. Édouard lui rappelle qu'en l'acceptant chez-elle, elle devra endurer toute la gamme de ses identités théâtrales : « Si tu dis oui, tu vas être obligée d'endurer la Poune, pis madame Pétrie, pis Shirley Temple, par exemple [...] *Albertine se raidit* » (p. 115). Cette réaction suggère une opposition de la part d'Albertine. Il ne s'agit pas d'une concession totale, ni d'une résolution aux problèmes fondamentaux de leur relation. Elle n'a pas dit oui à la requête d'Édouard, et cette raideur chez Albertine indique plutôt un retour à son comportement inflexible.

La mise en doute de la réconciliation entre frère et sœur est accentuée par l'entrée en scène de Marcel, le fils d'Albertine, un personnage troublé et instable. Rappelons qu'avec l'arrivée de Marcel, les deux autres garçons, Gabriel et Sébastien, sont aussi en quelque sorte présents, puisqu'ils sont tous joués par le même acteur – une technique scénique qui rend flou les distinctions temporelles entre chaque époque. La conversation qu'il tient

---

attendant l'arrivée d'Alex qui vient chercher Madeleine, Albertine confronte d'abord sa mère, sa sœur, son frère et éventuellement son ancien ami. Chaque confrontation dévoile le côté égoïste et buté d'Albertine et ne fait qu'accentuer la rancœur qu'elle éprouve envers ces gens. C'est pendant l'échange entre Albertine et Édouard qu'ils exposent les deux pôles de résistance, « la rage » et « le rire » qui les caractérisent et les séparent.

avec son chat invisible termine la pièce sur une note fantaisiste. De ce fait, cette scène met en question tout ce qui précède, y compris la résolution du conflit entre Édouard et Albertine. Incertaine dès le début de la pièce, la réconciliation entre frère et sœur semble encore plus improbable, étant donné la qualité ténue des mots d'un personnage instable et perdu dans un monde fantaisiste.

Bien que la résolution du conflit entre Édouard et Albertine soit contestable, le comportement habituel qui définit leurs caractères ne l'est pas. Antagonistes dès le début, leurs échanges verbaux et non-verbaux démontrent un rapport progressivement agressif. À la fois initiatif et réactif, ce rapport consiste en une répétition de stratégies rhétoriques évasives et de tirades justificatrices qui charpentent les relations entre ces personnages de sorte que leur interaction aboutit à une situation d'enfermement, à une impasse communicative. La nature habituelle de cette dynamique oppositionnelle, basée sur la peur et la résistance au changement, est mise en évidence non seulement par la présence obligatoire d'un arbitre, La Grosse Femme, mais aussi par le lien à l'anamnèse, par les moments où les conflits du passé s'inscrivent dans l'action du présent. Ainsi construite, cette dynamique d'impasse assure l'isolement de la sœur et du frère. Alors que dans *La Maison suspendue*, Albertine et Édouard s'expriment à travers le conflit dialogal et la tirade autojustificatrice, dans d'autres pièces où ils figurent, *Albertine en cinq temps* et *La Duchesse de Langeais*, ces personnages s'extériorisent d'une manière intime et personnelle, isolés dans leur expression monologale. Ces deux dernières pièces sont des emblèmes de cet isolement.

L'action d'*Albertine en cinq temps* se déroule dans une maison de retraite où, Albertine, à l'âge de 70 ans, revisite son passé en dialoguant avec quatre de ses « moi » d'autrefois ainsi qu'avec une version de sa sœur Madeleine. Ces cinq Albertine, âgées de trente, quarante, cinquante, soixante et soixante-dix ans, jouées par des actrices différentes, représentent chaque époque. Au sein de cette mise en scène multidimensionnelle, le personnage de Madeleine est le seul à pouvoir bouger librement parmi les autres puisqu'il n'est pas limité par des contraintes temporelles. À cette notion du temps statique qui se limite aux personnages d'Albertine, s'ajoute l'espace contraignant de la petite chambre où Albertine est condamnée à passer le reste de ses jours. Comme dans d'autres pièces, Tremblay respecte l'unité de lieu alors qu'il manipule celle du temps, pour montrer que le passé se manifeste dans le présent, surtout au niveau comportemental et rhétorique.

La rage se manifeste différemment chez chaque Albertine. À quarante ans, la rage se transforme en affrontements hystériques avec sa mère et sa fille Thérèse. Encore une fois, le conflit se montre itératif et transgénérationnel. À cinquante ans, Albertine se révolte, coupe ses liens avec sa fille et fait interner Marcel dans un asile. Suite au décès de sa fille, elle devient dépressive et, à l'âge de soixante ans, s'enferme dans son appartement. Recluse, elle se soulage les nerfs en prenant des médicaments, mais, suite à une surdose, elle entre dans un coma.

Six mois suivant sa réanimation, elle semble avoir perdu son côté amer, car elle semble reconnaissante d'être toujours en vie. Pourtant, cet événement entraîne aussi des remémorations, qui elles, provoquent un retour à la sous-estimation, au reproche, au refus et à la rage. *Albertine en cinq temps* n'est pas un monologue au sens strict du terme, mais cette pièce a des points en commun avec ce mode dramatique. La confrontation d'Albertine avec son passé est motivée par les événements exceptionnels qui précèdent son internement à la maison de retraite. De surcroît, elle se trouve à « l'étage des confus », ce qui suggère qu'elle est prédisposée à avoir des moments de dissociation avec la réalité, reflétés dans son discours. En effet, elle se perd fréquemment dans les images évoquées par les conversations qu'elle tient avec ses « moi » d'autrefois. Par exemple, en évoquant les souvenirs de sa jeunesse à Duhamel, Albertine à 70 ans croit boire du lait que Madeleine offre à son « moi » de 30 ans : « Ça goûte de la campagne, » remarque-t-elle. Par ailleurs, les didascalies mettent en évidence le fait qu'elle est perdue dans ses pensées, elle « *[fait] le geste de porter la tasse à ses lèvres* » (pp. 354-57). De plus, Albertine âgée de 70 ans, en se questionnant, demande à son « moi » de 60 ans de « vérifier » sa mémoire pour voir « si [ses] souvenirs sont aussi effrayants, dit-elle, [qu'elle pensait] » (p. 384). Se douter et se perdre ainsi dans la fantaisie souligne donc la qualité dissociative de son discours.

En outre, le recours à chacune des cinq représentations d'Albertine vers la fin de la pièce suggère que la confrontation et la réconciliation d'Albertine à 70 ans avec son passé produisent une fragmentation permanente de son caractère ; l'unification de sa personnalité reste inachevée, même si, selon les didascalies, les cinq Albertine « s'étendent le bras vers la lune et soupirent en unisson ». Cependant, Tremblay précise que ce geste n'atteint pas son cible : « comme *si* elles avaient un contact physique » (p. 388) (Je souligne). Une telle qualification dans les didascalies rend hypothétique ce geste unificateur, soulignant la qualité illusoire de ces pseudo-personnages. Au niveau théâtral, il y a six figures sur scène, mais leur présence et leur mouvement sont limités par des contraintes spatio-temporelles. Quatre des Albertine et Madeleine sont, en fin compte, éphémères. Au niveau dramatique, dans le monde des personnages, il n'y a qu'un seul individu isolé – Albertine, âgée de 70 ans, dont la personnalité fragmentée reste inchangée.

Quant à Édouard, son destin est aussi pathétique. La pièce où il figure, âgé de soixante ans, est un monologue en deux actes. Dans *La Duchesse de Langeais*, Édouard est en vacances et se trouve sur la terrasse d'un café quelque part en Amérique du Sud. Récemment abandonné par son amant de 20 ans, il se saoule pour oublier. Il raconte ses quarante dernières années en tant que prostitué et artiste travesti, se reprochant d'être tombé amoureux après tant d'années de métier. Son rôle comme Duchesse de Langeais est un clin d'œil satirique tremblayen au personnage de Balzac du même nom. En réappropriant ce personnage romantique qui symbolise le comportement bienséant et l'altruisme religieux, Tremblay dépeint un deuxième personnage qui se caractérise par la vulgarité et l'indulgence sexuelle avec une ferveur aussi dogmatique : « Je suis une mante religieuse, proclame la Duchesse, une mangeuse de mâles » (p. 80) !

Au premier acte, la Duchesse s'autoglorifie dans le but de justifier ses sentiments d'abandon. Confrontée à sa propre humanité, elle proclame : « "La duchesse" a une peine d'amour ! [...] Ben moé aussi j'pensais qu'après quarante ans de métier on n'avait pus de cœur, imaginez-vous donc » ! N'acceptant point cette révélation, elle s'encourage en se disant : « Une femme du monde, ça chiâle pas devant le monde ! Une femme du monde, ça chie sur le monde ! Je chie sur le monde » (p. 84) ! Soutenue par la défiance et l'alcool, elle évoque les souvenirs de ses « milliers d'hommes » et son « répertoire » de « grandes vedettes » qu'elle a jouées pour les séduire (pp. 83-85).

Au deuxième acte, presque complètement saoule, son vernis de « putain internationale » commence à s'écailler, ses souvenirs montrent un côté encore plus personnel. Essayant de s'encourager et oscillant entre la flatterie et l'autodénigration, elle sombre dans l'alcool et la pitié de soi. Comme la personnalité d'Albertine, le caractère de la Duchesse se démontre aussi fragmenté. Cependant, elle est consciente des stratégies qu'elle emploie pour récupérer une partie de son moi. Une de ces stratégies, qui consiste à jouer des rôles multiples, est soulignée par les didascalies qui parsèment le texte de la pièce : « *Très femme du monde* [...] *Sur un ton neutre* [...] *Très actrice* » (p.83-85). En outre, la Duchesse elle-même avoue cette fragmentation de caractère : « Une vraie, vraie, vraie folle ! [...] J'le crie partout depuis quarante ans » (p. 80). Simultanément, son discours est marqué par les changements rapides de perspective lorsqu'elle se parle en apartés: « J'ai soif [...]. Pus de glace! M'as-tu obligée de boire ça nature! [...] Ça fait rien, vas-y, ma tite-fille, t'es capable ! Envoie, là, montre [...] c'que t'es capable de faire... Ouais... Ben là, ma noire, tu dépasses les bornes » (p. 80) ! Dans cette citation, les autoréférences passent par des déclamations à la première personne du singulier, aux cajoleries à la deuxième et troisième personne du singulier[14].

---

[14] Voir aussi sur ce sujet l'article de Ruth Antosh, « The Hermaphrodite as Cultural Hero » dans *Essays on Modern Quebec Theater*, Joseph I. Donohoe et Jonathan M. Weiss, dir., Michigan State University Press, 1995, pp. 209-211.

En conjonction avec ces changements de perspective, la Duchesse fait des autoréférences qui oscillent entre les deux genres sexuels. Le plus souvent, elle s'associe au féminin comme convient à une « femme du monde » ; par contre, il y a des occasions où elle se permet de montrer son côté masculin. Consciente de l'effet séduisant que pourrait produire l'ambiguïté sexuelle, la Duchesse capte l'essence du travesti : « Quand tu peux arriver à faire croire à un homme, explique-t-elle, qu'il couche avec une grande vedette internationale pis que c'te grande vedette féminine-là c'est quand même un homme, parce que c'est avec un homme qu'il veut coucher, ben chapeau[15] » (p. 85) !

Cette prise de conscience de ses stratégies n'empêche pas la Duchesse de subir des ruptures associatives avec la réalité. Les pauses sporadiques dans le texte, les références didascaliques à une « *Rêveuse* » démontrent qu'elle se perd dans ses pensés (p. 87). L'action de se parler, les autoréférences oscillant entre le féminin et le masculin ainsi que les changements de perspective dévoilent les qualités dissociatives de son discours.

Cette allure dissociative permet au lecteur de s'attarder sur la notion d'identité chez Édouard. En effet, le personnage d'Édouard est bipartite, il joue à la fois un « moi » homosexuel et un « moi » Duchesse travesti. Ces deux éléments du personnage sont incomplets – Édouard est marginalisé par la société de l'époque et sans déguisement, la Duchesse est inachevée en tant que rôle théâtral[16]. Le monde d'Édouard est celui du spectacle et de l'illusion théâtrale, du « rire » dont il a parlé dans *La Maison suspendue*. Sans déguisement et sans public pour lequel il peut monter un spectacle, Édouard / la Duchesse, tout comme Albertine, se trouve vieillissant, fragmenté, isolé, n'ayant comme seul recours d'expression verbale une lamentation monologale. Il n'est plus du tout question ici d'Albertine. La communication entre le frère et la sœur semble définitivement rompue.

---

[15] *Ibidem.*
[16] Au début de la pièce, Tremblay précise, dans les didascalies, que l'acteur sur scène ne porte pas le déguisement de drag-queen.

Relations familiales dans le théâtre de Jean-Paul Sartre

Renata Jakubczuk
Université Marie Curie-Skłodowska de Lublin

> *Sartre jette l'homme sur l'océan de l'existence comme*
> *un navigateur sans boussole sous un ciel sans étoiles ;*
> *comme un navigateur qui ne sait pas même où il va, et*
> *ne pressent qu'à peine ce qu'il cherche.*[1]

Comment aborder le problème des relations familiales, devrait-on dire plutôt, de l'absence des relations familiales chez un dramaturge comme Jean-Paul Sartre, ce classique du XXe siècle ? Évidemment, ceux qui sont familiers de son œuvre remarquent tout de suite que les personnages sartriens sont le plus souvent étrangers les uns aux autres. L'Autre chez Sartre est plus ennemi qu'ami : c'est quelqu'un qui, par sa présence même, nuit à la liberté de l'autrui en tant que juge potentiel de ses actes.

Parmi ses nombreuses pièces de théâtre où Sartre illustre le mieux ses idées philosophiques[2], on n'en retrouve que deux dans lesquelles les protagonistes soient des proches : *Les Mouches* (1943) avec la famille mythique des Atrides et *Les Séquestrés d'Altona* (1959) avec une famille de la haute bourgeoisie allemande von Gerlach. Il est intéressant par ailleurs, de souligner un autre élément permettant de rapprocher ici ces deux œuvres dramatiques : c'est la mise en cause d'un régime totalitaire[3].

Dans *Les Mouches*, il est possible d'aborder les relations entre les protagonistes selon plusieurs optiques différentes : 1) les rapports de force liés au pouvoir exercé (dominant/dominé[4]) ; 2) la question existentielle de la liberté de l'homme et de la responsabilité de ses actes ; 3) les problèmes de la fameuse famille mythologique marquée par un destin funeste.

Pour ce qui est des *Séquestrés d'Altona*, il convient de dire avec Loris[5] que deux problèmes y sont envisagés : 1) un problème historique qui s'attache à la culpabilité d'un régime et à la responsabilité de l'homme dans ce régime ;

---

[1] Pierre-Henri Simon, *L'Homme en procès*, Neuchâtel, Editions de la Baconnière, 1950, p. 74.
[2] Philosophie existentialiste et philosophie littéraire concernant une littérature engagée.
[3] Compte tenu des dates de la création des pièces mentionnées, dans *Les Mouches*, on peut voir les dilemmes de la Seconde Guerre Mondiale et dans *Les Séquestrés d'Altona* une transposition des problèmes de la guerre d'Algérie.
[4] Sartre y accuse aussi bien les crimes de l'occupant que les tentations du compromis de l'occupé.
[5] Robert Loris, *Sartre dramaturge*, Paris, Nizet, 1975, p. 283.

2) un problème familial qui traite de la culpabilité d'un père et de la responsabilité d'un fils. Pour *Les Mouches*, on dirait : la culpabilité d'une mère et la responsabilité d'un fils/d'une fille. Il est bien évident que c'est ce dernier qui est susceptible d'être traité dans les cadres du sujet proposé. C'est aux liens familiaux donc et, par corollaire, aux conflits passionnels qui en résultent que se référera la réflexion qui suit. Quelles sont donc les bases relationnelles qui lient les personnages dans *Les Mouches* et dans *Les Séquestrés d'Altona* ?

La pièce sur le mythe d'Électre commence par l'arrivée d'Oreste, son frère, dans leur ville natale, Argos. Tout y est hostile à ce jeune étranger ; personne ne veut lui adresser la parole. Les femmes rencontrées, vétues de deuil, se comportent de façon bizarre et s'enfuient quand il les interpelle. Toutes les portes se ferment brusquement au moindre essai d'entrer chez quelqu'un ; au moindre essai de communication avec les habitants de cette ville étrange où le repentir règne depuis quinze ans. Tout est noir, tout est triste, tout est malheur et remords depuis l'assassinat d'Agamemnon. C'est en vain que l'on chercherait du bonheur là où même les enfants naissent coupables et portent le fardeau de leurs parents.

Or, c'est dans cette ambiance repoussante que grandit Électre, fille du roi, soumise au rôle de servante dans le palais gouverné par les meurtriers de son père. Elle est triste comme les autres Argiens qui expriment leur repentir mais la source de cette tristesse n'est pas la même. Elle n'a pas peur des dieux qu'elle accuse d'avoir participé au meurtre de son père. Elle insulte Jupiter librement :

> Ordure ! [...] tu ne me fais pas peur. [...] Je viens de faire mes offrandes pendant que toute la ville est en prières. Tiens : voilà des épluchures et toute la cendre du foyer, et de vieux bouts de viande grouillants de vers, et un morceau de pain souillé, dont nos porcs n'ont pas voulu [...]. Je peux te cracher dessus, c'est tout ce que je peux faire[6].

Une attitude bien différente des autres citoyens résignés à la volonté royale et divine. Cette jeune fille se révolte consciemment contre l'indifférence dans laquelle passe le crime de sa mère et de son oncle : « chacun connaît par cœur les crimes des autres ; ceux de la reine en particulier n'amusent personne, ce sont des crimes officiels, des crimes de fondation, pour ainsi dire » (p. 39). L'existence de cette jeune fille est remplie de haine et de volonté de vengeance. Voilà quelques caractéristiques d'Électre, petite sœur qui attend l'arrivée de son frère-vengeur, Oreste.

Ce dernier vient à Argos et se présente comme Philèbe de Corinthe ; un jeune de dix-huit ans, beau et souriant. Un être pur et innocent qui n'a connu que le bonheur dans sa vie. Mais ce bonheur n'est pas absolu : Oreste éprouve un manque, un vide qu'il cherche à remplir, à satisfaire à tout prix.

---

[6] Jean-Paul Sartre, *Théâtre*, Paris, Gallimard, NRF, 1947, pp. 29-30.

Ce vide que l'on pourrait appeler aussi « solitude » est lié à l'absence de la famille : son père est mort, sa mère l'a abandonné quand il était tout petit, il ne connaît pas sa sœur. Il poursuit donc son destin que la fatalité funeste avait fixé bien avant sa naissance. C'est lui-même et tout seul qui crée ses relations avec la famille devant un lecteur/spectateur[7].

Ainsi, en rencontrant Électre pour la première fois, il manque l'occasion de créer des liens sains basés sur la sincérité : il emprunte le jeu des Argiens et le mensonge devient une première marche dans la construction de l'escalier familial. Électre lui explique la règle du jeu :

> [...] notre jeu national : le jeu des confessions publiques. Ici chacun crie ses péchés à la face de tous [...].
> [...] Les gens vont t'implorer pour que tu les condamnes. Mais prends bien garde de ne les juger que sur les fautes qu'ils t'avouent : les autres ne regardent personne, et ils te sauraient mauvais gré de les découvrir. (pp. 38-39)

Électre dévoile toute l'hypocrisie du comportement des citoyens d'Argos en marquant bien la distance entre elle-même et les autres, y compris la reine et sa mère en particulier. Les rapports entre Électre et sa mère sont ambigus. La fille cherche en vain l'amour maternel mais Clytemnestre avoue librement : « Ce que je hais en toi, Électre, c'est moi-même [...]. Mon enfant, ma trop fidèle image, je ne t'aime pas, c'est vrai [...] » (pp. 40-41). Elle n'a donc pas empêché Égisthe d'avoir fait de la princesse une servante ; elle n'a même pas essayé d'épargner à sa fille toute sorte d'humiliations, la douleur d'une enfant mal-aimée, la solitude d'une orpheline repoussée. Il n'est pas étonnant donc qu'Électre se révolte et nie la conduite de sa mère qui regrette, en même temps, d'avoir abandonné son fils. Lui, elle l'aime et elle l'a toujours aimé. En voyant en un jeune étranger son fils bien-aimé, elle le supplie de partir avant que le malheur arrive, avant qu'il accomplisse la volonté divine : « Va-t'en. Je suis sûre que tu vas nous porter malheur. Va-t'en. Je t'en supplie par ta mère, va-t'en » (p. 42). Par contre, le crime futur de sa fille la réjouit : « Tu es jeune, Électre [...]. Mais patience : un jour, tu traîneras après toi un crime irréparable. [...] Nous verrons alors ce que deviendra ton jeune orgueil » (p. 40) ce qui augmente encore la haine d'Électre. Cette dernière ne pense qu'à la vengeance, mais

---

[7] Cette création des relations entre Oreste et sa famille, surtout Électre, peut être comparée à la création existentielle de l'identité d'un personnage. Ainsi, à chaque étape existentielle d'un personnage correspond une étape similaire des rapports familiaux:
1) inexistence ↔ les proches ne se connaissent pas mais éprouvent un besoin de se rencontrer;
2) découverte de l'existence par l'acte ↔ ils entreprennent des démarches pour se rejoindre;
3) l'acte commis ↔ ils s'unissent dans l'accomplissement de leur destin (matricide);
4) la responsabilité ↔ elle se manifeste de façon différente chez les deux protagonistes : Oreste en assume toutes les conséquences et Électre renie la légitimité du crime en rejetant la responsabilité sur Oreste.

pour y aboutir, elle a besoin de son frère ; un frère qui aurait « le crime et le malheur dans le sang » (p. 64) comme elle-même. En conséquence, elle n'attend pas un frère pour retrouver enfin l'amour familial, pour le rendre heureux dans sa ville natale, pour récompenser l'absence de la famille pendant toute sa vie. Tout au contraire, elle veut s'en servir pour mener à bien ses projets de punition des meurtriers détestés. Or, elle attend « quelque grand soldat, avec les gros yeux rouges [...] toujours à cuver de colère » (p. 64) qui pourrait frapper bien fort et non un jeune homme bien fait et doux. Pour Philèbe, elle a une faiblesse, une faiblesse de femme et pas de sœur. Elle avoue simplement :

> Je te regarde et je vois que nous sommes deux orphelins. (*Un temps*) Mais je t'aime, tu sais. Plus que je l'eusse aimé, lui. (p. 65)

Philèbe était le premier à voir en Électre une fille belle, le premier à lui dire des compliments, à la respecter ; le premier à lui parler tendrement, à l'écouter enfin. Comment concilier les rêves et la réalité ? Électre ne veut pas du mal à Oreste et elle lui conseille de partir et ne jamais revenir :

> Va-t'en, belle âme. Je n'ai que faire des belles âmes : c'est un complice que je voulais. (p. 66)
> Philèbe, va-t'en, je t'en supplie [...] rien ne peut t'arriver que du mal, et ton innocence ferait échouer mes entreprises. (p. 68)

En effet, au lieu d'un adjuvant tant attendu, Oreste est devenu opposant à ses projets et Électre sent que son « acte irréparable » sera d'autant plus lourd à porter. Mais Oreste ne se laisse pas dissuader et veut faire preuve de son appartenance à la famille des Atrides par une action exceptionnelle qui l'unirait à sa sœur pour toujours. Il avait besoin de cet acte pour sortir de son inexistence et faire preuve de sa liberté : une liberté égale à celle des dieux qui l'ont condamné à cette destinée tragique. Et Oreste demeure libre malgré le double crime qu'il porte sur les épaules – les dieux ne peuvent rien contre lui. Il n'en est pas de même pour Électre qui se résigne à l'attitude des autres Argiens et plonge dans le repentir. Une fois le meurtre accompli, elle éprouve des remords et accuse Oreste d'avoir tué leur mère :

> Oreste : [...] Électre, nous avons décidé ce meurtre ensemble, et nous devons en supporter les suites ensemble.
> Électre : Tu prétends que je l'ai voulu ?
> Oreste : N'est-ce pas vrai ?
> Électre : Non, ce n'est pas vrai... Attends... Si ! Ah ! je ne sais plus. J'ai rêvé ce crime. Mais toi, tu l'as commis, bourreau de ta propre mère. (p. 102)

De cette façon, les relations entre Oreste et Électre passent à une autre étape : c'est la mise en doute de leur « exploit » commun.

Il est tentant de terminer sur un constat de faillite : les rapports entre Oreste et Électre ressemblent aux relations parmi tant d'autres personnages sartriens. Elles ne font que refléter l'idée centrale de la réflexion sartrienne et notamment que l'autre, qu'il soit frère ou sœur est toujours l'obstacle à la liberté individuelle, donc l'offense à l'être. Qu'ils soient proches ou étrangers, les contacts entre les gens sont toujours difficiles.

En est-il de même pour *Les Séquestrés d'Altona* que Jacques Lecarne considère comme une « pièce plus tragique que dramatique, plus problématique que dialectique, aussi dense que difficile ?[8] ».

Le début de la pièce[9] est peu encourageant pour un lecteur/spectateur : « une grande salle encombrée de meubles prétentieux et laids », « une porte close », « un parc touffu » et trois personnes qui ne se parlent pas. Un monde hostile à tout étranger, à toute interruption de l'ordre établi dans cette maison et dans cette famille de la haute bourgeoisie allemande où chacun vit à côté de l'autre. On sent que des événements importants vont suivre et qu'il n'y a point de sympathie ni de bienveillance entre ces gens. En effet, le lecteur/spectateur aurait envie de fuir devant une telle situation car l'ambiance y est effrayante, le suspens pèse lourd sur les personnages. Le silence est enfin interrompu par les coups d'une grosse pendule qui fait sursauter un personnage masculin : Werner von Gerlach, le frère. Leni, la sœur, se moque de lui : « A trente-trois ans ! [Agacée] Mais rassieds-toi ![10] ». Ils ont peur tous les deux du père qui les a convoqués à une réunion de famille. Le troisième personnage présent, c'est Johanna, la belle-sœur de Leni et la femme de Werner ; une parente par alliance donc qui devra jouer un rôle catalyseur dans les relations familiales. Reste le dernier protagoniste, celui autour duquel tout se passe, Frantz, le frère aîné dont la présence est marquée uniquement par « trois immenses photos » sur le mur du fond. Voilà une famille sartrienne : le père, sénior-chef-salaud ; Frantz, demi-fou, refugié depuis treize ans ; Werner, le frère cadet, dominé par ses proches ; Leni, leur sœur qui cherche sa place dans la famille et Johanna, belle-sœur qui s'efforce de comprendre sa nouvelle famille. À aucun moment de la pièce, on ne parle de la mère, même en évoquant les souvenirs d'enfance.

Avant de présenter les difficultés principales dans les relations entre frères et sœurs adultes dans la pièce de Sartre, il faudrait revenir sur leurs rapports avec les parents, ou plutôt avec le père, dans l'enfance. Et, pour

---

[8] Jean-Paul Sartre, dans *Dictionnaire de la littérature française du XXe siècle*, Encyclopaedia Universalis, Paris, Albin Michel, 2000, p. 718.
[9] L'argumentation qui suit a déjà fait l'objet d'une communication préparée à l'intention du colloque international *Frères et sœurs dans les littératures romanes*, Lublin, octobre 2005.
[10] Jean-Paul Sartre, *Les Séquestrés d'Altona*, Paris, Gallimard, NRF, 1960, p. 14.

cela, il paraît utile de partir d'une banalité : rien n'est normal dans cette famille de riches bourgeois allemands, tout est jeu et mensonge. L'absence de la mère implique, en quelque sorte, l'absence de l'amour : lien fondamental pour toute famille. Et la famille des Gerlach ne forme pas une unité des proches mais un ensemble d'individus réunis et dominés par un père tout puissant. Le père, ce chef agissant uniquement par intérêt, domine et détermine les relations entre ses enfants. Ainsi, il a toujours préféré Frantz à Werner et Leni, tous les deux, devant marquer leur existence dans la famille. Frantz, c'est l'image du père : « avec lui disparaîtra le dernier des *vrais* von Gerlach... je veux dire le dernier monstre » (p. 35) avoue ce dernier. Certes, en torturant les prisonniers pendant la guerre, Frantz est devenu un bourreau. Mais, avant le départ, c'était un être pur et innocent, sensible aux malheurs des autres qui se révoltait contre l'opportunisme du père : « Petit prince ! Petit prince ! Tu veux porter le monde sur tes épaules ? Le monde est trop lourd et tu ne le connais pas ! » (p. 50) dit le père qui se souvient de sa jeunesse et de sa volonté de changer le monde. Mais il essaie d'empêcher son fils de subir les conséquences de son acte. Encore une fois, il arrange tout, ou presque tout, pour épargner son héritier. Frantz, un jeune de dix-huit ans, part donc sans dire un mot mais il cherche ses motifs, ses explications : « Les innocents avaient vingt ans, c'étaient les soldats ; les coupables en avaient cinquante, c'étaient leurs pères » (p. 45). Le père est coupable aussi envers Werner et Leni qui tremblait de peur pendant toute leur enfance :

> Leni – « (A Werner) Tu ne te les rappelles pas, nos attentes ? (A Johanna) Il tremblait, il demandait qui serait puni !
> Werner – Tu ne tremblais pas, Leni ?
> Leni, *sèchement, elle rit* – Moi ? Je mourais de peur mais je me disais : il paiera ». (p. 15)

Voilà la base des futures relations entre frères et sœurs adultes dans la famille des von Gerlach – la peur, la froideur, l'indifférence, l'insensibilité, le manque d'amour, un jeu permanent et le mensonge omniprésent :

> Dans la famille, voyez-vous, nous n'avons aucune prévention contre la vérité. Mais chaque fois que c'est possible, nous nous arrangeons pour qu'elle soit dite par un étranger. (p. 31)

Envers le père, on éprouve même une haine profonde :

> Werner et ses enfants, père, vous vous en foutez ! [...] Même si vous viviez assez longtemps pour voir mon premier fils, il vous répugnerait parce que ce serait la chair de ma chair et que je vous ai répugné dans ma chair du jour où je suis né ! Pauvre père ! Quel gâchis ! Les enfants de Frantz, il les aurait adorés. (p. 35)

crie son fils cadet avec mépris et dégoût.

Et s'il n'y a pas d'amour entre le père et ses enfants, traités de façon inégale par ce dernier, il est difficile d'en trouver des traces dans les relations entre les héritiers. En effet, Werner et Leni doivent rivaliser pour attirer l'attention du père, occupé par les chantiers et amoureux de Frantz. Werner, en tant qu'une personnalité relativement faible, se résigne à la volonté du père en provoquant ainsi la colère et la violence de Leni qui « déteste les victimes quand elles respectent leurs bourreaux » (p. 15). Elle déteste aussi son père en cherchant à l'humilier et à le punir avec une constance remarquable. Or elle aurait souhaité trouver le secours auprès de Werner. Mais ce dernier aime son père malgré tout et ne peut pas agir contre lui. Il l'aime d'un amour malheureux, sans espoir mais suffisamment fort pour se soumettre à sa volonté et agir malgré les oppositions de sa femme, Johanna. La haine serait donc une caractéristique principale pour définir les rapports de Leni avec ses proches : le père parce qu'il est bourreau et le frère cadet qui est sa victime.

Cependant, une petite lumière apparaît dans cette maison plongée dans l'obscurité car Leni devient plus tendre, plus douce, beaucoup plus attentive aux besoins des autres quand elle va voir son frère aîné, Frantz. À plusieurs reprises dans la pièce, elle avoue l'amour à son frère : « j'aime Frantz et je l'aime parce qu'il est mon frère » (p. 91). Est-ce cette petite étincelle positive dans la pièce ?

Le moins que l'on puisse dire sur cet amour, c'est qu'il est ambigu. Ce n'est pas un sentiment pur, innocent, platonique entre frère et sœur. Tout au contraire, une autre obsession sartrienne y intervient : l'inceste. Pour Leni, un être libre, dans les deux sens – propre et figuré – du mot, c'est un choix. Le choix par lequel elle manifeste sa supériorité. C'est aussi le choix par le biais duquel elle veut manipuler son frère et, par ricochet, son père :

> [...] je suis née Gerlach, cela veut dire : folle d'orgueil – et je ne puis faire l'amour qu'avec un Gerlach. L'inceste, c'est ma loi, c'est mon destin. *(Riant.)* En un mot, c'est ma façon de resserrer les liens de famille. (p. 112)

Quant à Frantz, il voit les choses d'un œil différent :

> Oh ! Sœurette ! Tu es là, je t'étreins, l'espèce couche avec l'espèce [...]. Mais je tiens à déclarer que jamais Frantz, fils aîné des Gerlach, n'a désiré Leni, sa sœur cadette. (p. 91)

De nouveau, il refuse de faire face à une réalité honteuse qui le dépasse : « Pauvre égaré [...]. Il me désire sans m'aimer, il crève de honte, il couche avec moi dans le noir... » (p. 92) et, en résultat, d'en assumer la responsabilité. Ainsi, il devient un lâche, un nouveau Garcin qui, contrairement au protagoniste de *Huis clos*, peut encore faire preuve de sa liberté. Il en est de même pour Werner qui reste toujours à l'ombre de son frère : « Je suis un homme comme les autres. Ni fort, ni faible ; n'importe qui. Je tâche de vivre » (p. 37). Certes, Werner aurait aimé être indépendant, il entreprend même une timide tentative de révolte : « Il y a des esclaves qui se révoltent. Mon frère ne sera pas mon destin » (p. 37) mais ce ne sont que des mots vides, dépourvus d'actes quelconques. Et, même si la présence de Frantz pèse lourd sur Werner, le frère aîné se soucie peu du sort du frère cadet. Pour Frantz, Werner ne représente aucun danger, il est un être insignifiant qui existe seulement à travers sa femme, Johanna.

Plus de haine que d'amour, plus de rivalité que de solidarité familiale, le terrain devient propice à la jalousie. Elle s'étend sur la famille des Gerlach depuis longtemps : Werner et Leni, enfants, enviaient à leur frère Frantz l'intérêt que lui portait leur père. Werner adulte n'a pas changé et il repproche à son père : « Pour façonner Frantz à votre image, vous n'avez rien épargné. Est-ce ma faute si vous ne m'avez enseigné que l'obéissance passive ? » (p. 22) et, plus loin, « Oh, père, pas une fois dans notre vie, vous ne m'aurez fait confiance » (p. 23). En effet, Werner ne prend le dessus sur Frantz que dans une seule situation – il est marié à une belle femme dont son frère ne peut que rêver. On peut comprendre donc son inquiétude, sa colère même, quand il apprend que Johanna rend des visites régulières à Frantz. Pour ce dernier, le sentiment de jalousie est totalement inconnu : il reste trop orgueilleux malgré tous les événements dans sa vie. Par contre Leni, plus possessive que ses frères, veille sur son territoire avec une tenacité considérable. Elle aussi, elle est jalouse de Frantz mais non à cause du père – elle s'en est débarassée depuis la séquestration du frère-aîné, il y a treize ans – mais à cause de sa belle-sœur. Frantz est son unique point d'accroche pour continuer à manipuler les gens autour d'elle : « Je fais ce qui est juste. Mort ou vif, il est juste que tu m'appartiennes puisque je suis la seule à t'aimer tel que tu es » (p. 191). Faut-il le comprendre : « la seule à ne pas te juger ? à ne pas juger tes actes ? Tu n'as rien à craindre puisque j'accepte ton jugement et je ne t'impose pas le mien ? ». Il est peu probable que Leni ne soit pas tentée par le jugement de son frère : elle menace de dire la vérité affreuse à Johanna, elle lui ment à plusieurs reprises rien que pour continuer son jeu...

Ne croyant « ni à Dieu ni au Diable » (p. 18), Leni se fait sa propre morale fondée sur le mensonge. Et tous ceux qui sont familiers de l'œuvre dramatique de Sartre savent fort bien que le mensonge ou le manque de vérité, de sincérité entre les gens est une autre caractéristique majeure de sa création littéraire, caractéristique portée ici au rang de ressortissant.

Mais, avant d'aborder le problème du mensonge, il nous paraît utile de partir d'un autre, non moins important, celui concernant les difficultés de la communication dans *Les Séquestrés d'Altona*. Comment les personnages se parlent-ils ? La première remarque qui s'impose est celle qu'ils ne s'adressent pas directement à la personne à laquelle ils veulent transmettre un message : parfois par nécessité et c'est le cas des relations avec Frantz mais plus souvent par roublardise pour manipuler les autres membres de la famille. « Chez Sartre la communication est manquée par définition, car elle est le conflit absurde de deux libertés qui cherchent mutuellement et vainement à s'aliéner et à se fasciner[11] ».

Et dans ce jeu communicatif, le rôle essentiel revient à Johanna, la belle-sœur. Le fait qu'elle soit « nouvelle » dans la famille est d'une importance non négligeable. Comme le lecteur/spectateur, elle est perdue dans cette maison hostile et elle découvre, au fur et à mesure, les principes sur lesquels sont fondés les liens familiaux ou, plutôt, les rapports de force entre ces gens. Werner, habitué à ses techniques depuis longtemps, s'y retrouve mieux. Il sait qu'il faut toujours chercher une idée cachée derrière les paroles prononcées à haute voix : « Quand ils [Leni et le père] me parlaient de Frantz, ils s'arrangeaient pour que les mots te frappent par ricochet » (p. 59) explique-t-il à sa femme. Leni aussi en est tout à fait consciente : « [Père] Dimanche dans la soirée, vous nous avez fait cadeau d'une bombe à retardement [...] Je la trouverai » (p. 128). Encore une fois, elle ne s'adresse pas directement à son père pour lui demander ses motifs : probablement, il ne répondrait pas, mais, ce qui est significatif, c'est le fait qu'elle n'essaie même pas. Sachant d'avance que ses tentatives seront vaines, que le père ne lui dira pas la vérité, elle y renonce et continue leur jeu de mensonge « à qui perd gagne » (p. 58). Dans cette famille, on ne dit pas, tout simplement, la vérité ; on la crie pour faire mal à l'autre, on s'en sert comme d'une arme pour blesser et même tuer l'autre. Le mensonge devient un outil dans leur jeu commun : l'outil qui sert à attirer davantage de partisans pour son propre camp, pour son propre intérêt. De cette façon, Leni prend possession de Frantz qui ne veut pas croire qu'elle lui ment : « A tout le monde, sauf à moi : c'est la règle du jeu » (p. 102) dit-il à Johanna. Leni lui sert de paravent pour cacher ses propres mensonges ou plutôt pour ne pas penser à cette vérité épouvantable que seulement les fous osent avouer : « Il n'y en a qu'une : l'horreur de vivre » (p. 146). Le père ment constamment à tout son entourage mais cela ne l'empêche pas d'en reprocher aux autres : « Ne mentez pas, vous qui me reprochez mes mensonges » (p. 135). Même Werner, le moins impliqué dans le jeu, n'est pas épargné : Leni, sa sœur, le met à nu pour montrer qu'il n'était pas vrai à Hambourg car il a toujours eu peur des mots. Et sa femme constate tristement : « Tu m'as menti ! » (p. 17).

Et s'il n'y a plus d'espoir pour cette famille, il reste Johanna : « une parente par alliance, une étrangère, dira la vérité pour vous » (p. 31) annonce-t-elle courageusement au début de la pièce. Une autre étincelle positive ? Certes, si elle ne s'était pas laissée embarquer dans toute cette histoire, elle n'aurait jamais menti. Mais, depuis le fameux conseil de

---

[11] Suzanne Lilar, *A propos de Sartre et de l'amour*, Paris, Editions Bernard Grasset, 1967, p. 69.

famille, faisant partie intégrale de la machine infernale démarrée par le père, petit à petit et malgré elle, Johanna se met à jouer le même jeu :

> Eh bien, voilà : je mens. A Werner par mes silences ; à Frantz par mes discours. [...] Deux langages, deux vies, deux vérités, vous ne trouvez pas que c'est trop pour une seule personne ? [...] Je suis ma pire ennemie. Ma voix ment, mon corps la dément. (pp. 133-135)

Ainsi, le mensonge s'étend sur tout le monde comme un cancer, une maladie mortelle plongeant chacun à sa façon dans le désespoir de vivre. Où aboutissent les personnages sartriens ? Comme les « grands de ce monde ne supportent pas de mourir seuls » (p. 128), le père réussit son jeu : avant d'emmener son fils aîné au voyage suicidaire, ils s'expliquent tous les deux : « Deux criminels : l'un condamne l'autre au nom de principes qu'ils ont tous deux violés [...] Mon cher père [...] je suis tortionnaire parce que vous êtes dénonciateur » (pp. 203-204). Ils choisissent donc, consciemment et librement, la mort : la seule solution possible pour ces deux bourreaux. Leni, restant seule dans ce monde, prend la place occupée jusqu'à présent par Frantz : elle va vivre séquestrée dans sa chambre avec des crabes imaginaires comme seuls témoins et seuls juges de sa vie. Restent deux victimes, Werner et Johanna, délivrés des serments et des promesses qui devront faire face à une nouvelle situation, à une nouvelle réalité. Sauront-ils en profiter ?

De même que pour *Les Mouches,* il est tentant de conclure en disant que leur avenir sera sombre : le ménage en miettes, les reproches, la jalousie, le manque de confiance, les mensonges. Rejoindront-ils le sort – l'échec – des autres personnages qui ont mesuré lucidement leurs impuissances à satisfaire leurs désirs : désir d'autonomie de Frantz, désir de pouvoir du Père, désir d'amour de Léni ? Faudrait-il constater que les relations d'amour, de sympathie ne sont plus possibles entre les époux ?

Pierre-Henri Simon formule un jugement sur l'ensemble de l'œuvre sartrienne :

> Dans tous les cas, les rapports avec l'autre sont ambigus : ils sont conflits et communion, refus et solidarité, redoutable antipathie et sympathie désirable. Que le théâtre de Sartre insiste sur le côté négatif, sur la solitude irritée et blessée du moi livré aux autres, c'est d'abord évident ; et pourtant, toutes les portes ne sont pas fermées, la liberté de l'un ne s'accomplit pas nécessairement dans l'assujettissement de l'autre, encore moins dans l'exclusion de tous.[12]

---

[12] *Théâtre et Destin*, Paris, Librairie Armand Colin, 1959, p. 170. Ce livre écrit vers la fin de 1958 et le début de 1959, c'est-à-dire avant la création des *Séquestrés d'Altona* (première représentation le 23 septembre 1959 et publication en 1960) aborde le problème des rapports des personnages sartriens avec autrui.

Si, dans le cas des *Mouches* où le sens profond est ailleurs, les liens familiaux mènent nécessairement à l'échec, on a le droit de se demander si une étincelle positive ne jaillit point dans *Les Séquestrés d'Altona* ?

En effet, tout n'est peut-être pas perdu ici car aussi bien Werner que Johanna sont des gens libres qui n'ont pas de fardeau à porter. Contrairement à ce qu'affirme Sartre lui-même[13] : « je n'ai voulu montrer que le négatif. Ces gens-là ne peuvent pas se renouveler. C'est la déconfiture, le crépuscule des dieux », il suffirait qu'ils retrouvent le sentiment qui les a autrefois attirés l'un à l'autre pour pouvoir reconstruire des relations saines. Car s'il y a l'amour dans le regard de l'autre, il n'y a plus de place pour le mépris, pour le jugement. La question reste donc ouverte. À nous de faire nos choix.

---

[13] Jacqueline Autrusseau, *Jean-Paul Sartre : Frantz non plus n'était pas un nazi*, Les Lettres Françaises, 17 septembre 1959.

De quelques histoires de famille à la naissance de Chloé Delaume : traumas et usage singulier de la langue

Marc Décimo
Université d'Orléans et Collège de 'Pataphysique'

> Je m'appelle Chloé Delaume. Je suis un personnage de fiction. Mon corps est né bien avant moi. Origine contrôlée : race blanche, sexe féminin, pays occidental industrialisé. L'estimation de mon habitacle lorsque j'en ai pris possession avoisinait les 25 ans de vétusté sur pilotis. À l'intérieur, c'était très sale, ça empestait le chagrin rance ; des flaques de sang caillé grumelaient le parquet, des narcisses exsangues dépotés, des cadavres de mots hérissés de débris. Un pudding de vers blancs surplombait le cortex, en dépit de l'huile de coude et des litres de javel, il reste encore une auréole, je n'ai pas pu ravoir le plafond et je n'ai pas les moyens de repeindre.
>
> Je m'appelle Chloé Delaume. Je suis un personnage de fiction. De la mienne, celle que j'ai choisie...
>
> « Leçon de Littérature », incipit inédit.

Si *Le Cri du Sablier*[1] s'essaie à dire l'inénarrable et l'indicible d'un *fait divers* particulièrement terrible, ce livre fait surtout « l'autopsy » des *petits faits vrais* qui ont marqué l'enfance pas heureuse du tout de la soi-disant Chloé Delaume. De cette tentative de mettre en « réciténia » cette part autobiographique qui l'a « oxydée dedans », qui l'a rendue dedans « pire que les autres » par « les quelques nénuphars » qui s'y trouvent, de ce travail de reconstitution des faits résulte partiellement Chloé Delaume. À ce mal, à cette « peine » qui se développe sur fonds de drame, s'ajoutent d'autres faits, d'autres souvenirs. Ils sont littéraires. Et un livre vient en rendre raison : *Les Juins ont tous la même peau*[2] (je laisse tomber le mauvais sous-titre flanqué par l'éditeur).

C'est confier combien la naissance de Chloé Delaume comme *auteure* et comme *personnage* résulte *aussi* de sa rencontre avec Boris Vian et, plus sûrement, de sa rencontre avec au moins certains passages de *L'Écume des jours* (1947) : bien sûr le choix de « Chloé » comme prénom pour son pseudonyme en témoigne. L'allusion aux nénuphars (au pluriel sous la plume de Chloé Delaume) renvoie à ce qui se trame dans la poitrine de la Chloé de *L'Écume des jours*. De même que *Les Juins ont tous la même peau* renvoie au titre de Vernon Sullivan (alias Boris Vian) : *Les morts ont tous la*

---

[1] Léo Scheer, Paris, 2001 pour l'édition originale ; chez Gallimard, folio n° 3914, Paris, 2003, 127 p.
[2] La Chasse au Snark, Paris, 2005, 96 p.

même peau (1947). Sinistre mois de juin en vérité : il date à la fois la mort de B. Vian et celle des parents de ladite Chloé Delaume.

À l'évidence, d'autres titres font jalon et mériteraient d'être examinés de près. Par exemple : *Les Mouflettes d'Atropos*, son premier livre[3] ; *La Vanité des Somnambules*[4] ; et *Certainement Pas*[5]. Dans ces livres, ce n'est pas tant l'expérience de la prostitution, de son propre divorce, de la psychose qui importe que la description des faits qui l'ont contraint à subir et à mener jusque là cette existence comme à vouloir à plusieurs reprises l'achever. Ces livres construisent au fil du temps et dans le travail à rebours de l'écriture l'identité même de Chloé Delaume, à la fois comme personnage de fiction et auteure, en déployant les contraintes qui ont modelé sa vie. Mais, essentiellement, cette volonté de faire œuvre me parait procéder surtout d'une relation à des morts bien particuliers, son père et sa mère et Boris Vian. Dès lors, deux livres au moins me paraissent nécessaires pour élaborer « Chloé Delaume » et expliquer sa venue à l'écriture : *Le Cri du Sablier* et *Les Juins ont tous la même peau*.

Tout d'abord *Le Cri du Sablier* s'écrit en relation à son père et à sa mère, morts dans le sang, « osso-bucco filandreux génétique ». Et *Les Juins ont tous la même peau* en relation à Boris Vian, un auteur qui est décédé depuis longtemps lorsque Chloé Delaume est en âge de se servir d'un ordinateur (elle est née en 1973 et Boris Vian est mort le 23 juin 1959).

Rappel des faits : en sa présence (elle avait dix ans), à l'idée d'un divorce possible, son père tue sa mère. Après hésitation, il épargne sa fille et il se suicide. Ce que tente d'organiser et d'objectiver en le mettant en récit *Le Cri du Sablier* n'est pas tant l'acte du dénouement que la mise en scène de l'intrigue : ce père et cette mère qui lui ont *parlé* et ne lui ont jamais rien *dit*. La petite enfance, entendue comme cette période passée en famille avant le drame, relève de la *reconstitution des faits*, petits faits et petits dires qui se tramant entre enfant et parents, narration d'une relation qui laisse sans voix.

Ensuite, l'invention de Chloé Delaume se précise en relation à un écrivain qui lui a dit mais qui ne lui a jamais parlé. Ce moment, c'est celui où elle découvre *L'Écume des jours* et, du coup, la littérature. Pour les traces que l'enfance et cette lecture laissent, on les peut affirmer constitutives de l'invention de Chloé Delaume. D'autres lectures certes, notamment celle d'Antonin Artaud, de Lewis Caroll, de Rimbaud, de Flaubert…, sont sans doute importantes mais aucune n'égale en révélation la lecture de *L'Écume des jours*. Pour ce que la littérature est susceptible de suggérer, cette découverte fait date. On comprend que cette scène soit pensée comme une défloration : le jour où elle lit *L'Écume des jours*, elle sent pour de bon de

---

[3] Farrago, Tours, 2000, 144 p.
[4] Farrago-Léo Scheer, Paris, 2002, 152 p.
[5] Verticales, Paris, 2004, 368 p.

quoi retourne l'enjeu de la littérature (la vraie) ; les mots peuvent parfois s'employer aussi à cet effet sensible de partager l'émoi, le désarroi, « la peine ».

Le livre de Chloé Delaume ne peut donc viser ni *à parler de* Boris Vian, ni à décrire les textes (ce qui ferait l'objet d'un travail de « maîtrise » ubuniversitaire) mais il s'efforce de rendre sensible ce point d'intersection entre un roman, *L'Écume des jours* (une certaine idée de la littérature), et cette lectrice que fut, en classe de seconde, à cause en partie de cet événement, la future Chloé Delaume. Juste ça et rien que ça. Toucher juste à l'endroit où la littérature se révèle un point sensible.

Il y a ainsi pour elle deux temps, celui de cette vie d'enfant-sans-relation et dont le lien avec les parents se conclut par l'indicible drame puis, grâce à un roman et à ce moment de la rencontre et du partage l'émergence de l'idée que la peine peut être et traînée et dite. Entre ces deux moments, comme au sablier, du temps s'écoule avant que le cri s'échappe. Lycéenne, Chloé Delaume découvre la possibilité d'une île, une forme, la force d'une métaphore vive, le bénéfice d'une *équivalence* qui permet de dire, de prendre pied et de mettre un kaléidoscope de mots sur des sensations jusque là indicibles. Cette métaphore, mentir-vrai du roman, apparaît là comme *le* moyen oblique de rendre enfin possible en soi, même post-mortem, la connivence et la vie. Dans la relation que Chloé Delaume entretient avec « ses » morts, il y a donc toujours des mots, des mots sentis mortifères pour avoir porté le drame et pour lui avoir assigné à elle un destin de misère et il est, un jour, des mots éprouvés sympathiques et cathartiques.

Peine et lecture façonnent. Fixent un certain timbre, une certaine tension exercée sur les cordes vocales, bientôt portée par la scansion de ses textes, assonances, allitérations et, surtout, une syntaxe si singulière.

Ainsi scandée, courte aussi, la phrase bousculée évite toute mise en scène trop grammaticalement normative et trop explicative qui affaiblirait la violence de la narration, cette violence dont il faut bien faire état. Des éléments (mots et syntagmes), qui n'ont d'ordinaire rien à faire ensemble, se trouvent juxtaposés par parataxe et s'entrechoquent, le plus souvent dans des énumérations et sans ponctuation, ni mot-outil de liaison, ni déterminant, ni armature logique, ni verbe ou les juste nécessaires, à la limite parfois du compréhensible : « patronyme torrentiel giclé le septentrional, préservation seconde moitié, l'aume, Alice, l'œuf blanc translucide du bardot mais pas Chloé, évidemment » ; « Je serais le même sac de tripes mais apatride nymphéacées période de floraison l'été plante aquatique feuillage caduc pieds immergés. » ; « Une petite boule de pas fini, d'un chagrin sec l'anadyomène, un prénom sans écho aucun empestant musique pulmonaire ». Il faut, pour s'y repérer mieux et tâcher de comprendre, s'efforcer d'entrer dans le rythme, de trouver les respirations pour réussir les regroupements susceptibles de faire sens et n'avoir pas le souffle coupé. Là est le point sensible, du côté de ces heurts. Cette syntaxe impose avant tout au lecteur la difficulté d'entrer en affinité dans le texte. Ou on lâche le livre ou l'on prête attention pour se familiariser et s'adapter à l'usage qu'elle fait de la langue, pour s'habituer à l'air de la chanson, pour reconstituer la trame des associations d'idées d'un enchaînement plutôt imprévisible. L'hybridation – faire voisiner des éléments hétéroclites qui n'ont a priori vraiment rien à faire ensemble – (tels ses parents ?), paraît un trait distinctif de sa pratique discursive. Leur proximité oblige le lecteur à faire un travail de reconstitution : quel(s) lien(s) rapproche(nt) les termes ? Comment se tissent les relations, par contiguïté ou par métaphore ? Quel fil tirer, quelle association d'idées ? Quelle respiration retenir ?

On comprend alors combien certains traits « stylistiques » de Chloé Delaume relèvent de cette « nécessité intérieure ». Elle détermine la modalité de la relation à l'autre. Comme Boris Vian (on peut le supposer), il lui faut inventer le moyen de dire et que ça compte au moins pour un entourage forcément restreint, un éditeur et puis pour quelques lecteurs. À son tour, il lui faut mettre en place une syntaxe susceptible de toucher parce qu'elle est en quête de cette relation qui fit tant défaut. On lui a parlé. On ne lui a rien dit. Cette relation qu'entretient Chloé Delaume avec ses morts de prédilection que sont son père, sa mère et son auteur contemporain favori, me paraît déterminer sa vocation pour la « vie » littéraire, par opposition à la fatalité qui s'exerce aveuglément (sans qu'on en perçoive généralement les motifs et l'ouvrage), par opposition à la mort.

Dans son usage de la langue, on peut s'étonner de l'insistance de Chloé Delaume à vouloir fournir l'exacte valeur des mots : elle recourt fréquemment au dictionnaire. Ce travail de précision sans doute professionnelle, qui est aussi un geste familial et scolaire (la maman était professeur de français), va jusqu'à une utilisation singulière de la fonction métalinguistique : dans ses textes mêmes, elle inclut carrément la définition de mots. Il s'agit de ne pas s'y tromper. Il convient de partir sur les meilleures bases, de la *valeur* sûre, attestée, de la valeur référentielle (puisque telle est la fonction pragmatique du dictionnaire). Qu'il n'y ait pas (ou le moins possible) de malentendu sur le sens, on ne sait jamais ce qu'il peut en sortir. Qu'on soit bien fixé sur les conséquences que l'emploi d'un mot entraîne. Que ce très fastidieux et savant travail de vérification et de précision lui importe, qu'il ne soit pas épargné et déborde même, me paraît entretenir un lien secret avec sa tentative d'« autopsy ». Ce recours réflexe au dictionnaire est certainement pour elle une étape là encore nécessaire. À partir de la valeur sociale d'un mot, il faut tenter, d'évaluer ce qu'on peut lui faire dire une fois mis en discours, déployé dans la syntaxe et parmi les réseaux de significations implicites. On n'est jamais assez attentif à ce qui se dit dans ce qui se parle (et que ne détermine pas forcément le dictionnaire), ni assez prudent. À l'évidence (encore faut-il en prendre conscience), les mots du dictionnaire *parlent* mais ne *disent* pas tout ; mais, en repartant d'une valeur établie précisément, celle de l'univers de la dénotation, peut-être est-on en mesure de discerner ce qui, dans les mots, vous façonne et peut déterminer votre destin. Dans son dernier livre sur la télévision[6], Chloé Delaume s'attache à de petites phrases clefs énoncées par un président de chaîne et elle rappelle le sens référentiel de certains mots : sans qu'on évite pour autant le drame social lié à l'a-culturation massive et, s'il est déjà trop tard, par sa tentative au moins aura-t-on partagé avec elle la même lucidité et finira-t-on certes bête de consommation mais cela *en toute connaissance de cause*. L'insupportable, ce n'est pas que ça vous tombe dessus mais de ne pas savoir pourquoi ça vous tombe dessus. Les mots, même les plus anodins en apparence, les petites phrases, méritent qu'on y prenne garde. Ne trahissent-ils pas ou ne devraient-ils pas trahir les intentions si l'on y était plus attentif ? Il ne faut pas passer. On voit bien pourquoi. Le drame familial n'a pas été évité. Il dut pourtant avoir ses signes avant-coureurs. Les mots doivent avoir prévenu. Et toutes les petites phrases en apparence sibyllines de la mère et du père ont plaqué leur ananké pour que la vie de Chloé soit de misère.

La représentation que Chloé Delaume se fait des mots est ambivalente. Ils exigent un effort. Il faut savoir en discerner la trame, qu'ils annoncent un drame ou, par l'expérience partagée du nénuphar, l'espoir de se sentir moins seul. Voilà qui tient à la fonction même de la littérature, à sa religion. De Cassandre à Emma. Tout est affaire de nuances et de discernement. C'est précisément sur ce seuil que s'établit la distinction entre *parler* et *dire* : ce mort, Boris Vian, qui ne lui a jamais parlé, lui dit tandis que ses parents, qui lui ont beaucoup parlé, ne lui ont jamais rien dit. Cela rend définitivement « Chloé Delaume » nécessaire. Elle ne peut pas ne pas écrire (elle assure conséquemment qu'elle ne sait rien faire d'autre) et, surtout, elle ne peut pas écrire autrement qu'elle écrit jusqu'à ce jour.

Le « choix » de l'« autofiction » est encore tout trouvé. Il s'impose et pas seulement comme un effet lié à l'histoire littéraire et à la découverte de Serge Doubrovsky vers 1992. Il est simplement inhérent à la réalité vécue par Chloé Delaume. Comment ne pas se doter d'un nom inédit lorsqu'on est la nièce d'un condamné à perpétuité pour terrorisme qui a défrayé la chronique et qu'on porte le même nom ? Plutôt que de faire état du destin des parents, comment ne pas pourvoir des histoires aux intéressés qui, à l'école ou ailleurs, interrogent ? La fiction, – *des mots, toujours des mots* – sont alors et toujours la seule histoire partageable. Le nom de famille même, la « vérité première », pour les violences qui s'y attachent, n'est concrètement plus énonçable en société : ce *non-dit* impose d'opposer et

---

[6] *J'habite dans la télévision*, Verticales, Paris, 2006, 176 p.

d'affirmer un « je » inventé, un *nom dit* et de le répéter à qui veut bien l'entendre comme *histoire véritable* et, comme par un effet de la méthode Coué, de le servir à qui veut bien l'accepter : « Je dis infiniment souvent : je m'appelle Chloé Delaume, je suis un personnage de fiction et. ». La phrase est tenue de s'interrompre. La conjonction ne supporte et ne coordonne ici rien d'autre que l'indicible. Elle ouvre sur ce qui serait tellement long à déplier tout de suite que le lecteur doit rester suspendu. Ça va probablement venir mais.

La nature de ce pacte de lecture qu'instaure Chloé Delaume du point de vue du lexique passe aussi par ce besoin d'utiliser des mots rares ou désuets, voire archaïques, qu'elle pique parfois dans un dictionnaire ou volontiers sur internet en jouant au scrabble, « ce jeu d'échecs des mots ». Pourquoi réifier ? Quelle modalité ce dispositif entraîne-t-il dans la relation qui s'établit du lecteur à l'auteure ? On peut dire : Chloé Delaume donne du lustre à des mots morts-vivants (ils sont encore au dictionnaire et ils ne sont point encore définitivement ensevelis). À ces mots qui ne sévissent plus guère qu'au musée du dictionnaire, elle donne l'occasion de pouvoir dire encore (tiens donc !), tout en les rendant d'autant plus étranges et d'autant plus archaïques qu'elle les fait voisiner avec des tournures orales familières et ordinaires, vivantes (« non, vraiment, pas du tout » ; « un mort […] à qui je voudrais parler » ; « sans qui je ne serais pas très bien » ; « mais c'est très difficile et surtout compliqué ») : cela rajoute en hybridité. Mais ce recours aux raretés impose encore un indice pour qui veut lire vraiment. Le lecteur doit ne pas céder à la facilité ; il doit faire l'effort de consulter à son tour le dictionnaire, il doit prendre le temps de découvrir la dénotation que livre le dictionnaire et s'inquiéter des connotations possibles. Il doit réfléchir. Vocabulaire et syntaxe réclament du lecteur une attitude qui n'est certainement pas passive (ne pas voir ce qui se trame peut entraîner la perte). En définitive, la littérature serait une école pour construire la vie (la vraie), celle où l'on ne subit qu'*en connaissance de cause*. Et, si l'on est prêt à jouer le jeu, à lire, le pacte est de fait embrayé dès le titre, *Les Juins ont tous la même peau*, qui, pour faire énigme, doit interroger et inviter à parcourir la suite, le déploiement (comme dans le syntagme : « je suis un personnage de fiction et. »). C'est au fil de la lecture et par rétro-lecture que les mots prennent (presque) tout leur sens (certains éléments peuvent échapper, y compris à l'auteure). Le livre comme solution est ce qui permet de requérir du lecteur cette attention au poids des mots, qui fit tant défaut aux parents et à l'enfant (les parents dans le sens où les mots portent parfois jusqu'au drame ; l'enfant pour n'échapper point à la culpabilité inévitable de n'avoir su déceler). Le livre est donc ce qui témoigne aussi, désormais, a posteriori, par son travail d'*écriture de la reconstitution* de la vigilance de Chloé. Cette vigilance s'impose comme devant être partagée : elle s'exerce pour Chloé comme une tension qui doit être partagée parce que, par excès ou par défaut, les mots en s'alignant et en se faisant écho exercent toujours un surplus de performativité : il y a ce qui se dit et il y a ce qui se trame.

Ces mots qui parfois ne vont pas de soi, par exemple « anadyomène » et « bardot » employé dès l'incipit, mérite qu'on s'attarde (j'ai cité plus haut les bribes de phrase dans lesquels ils sont insérés). Ce sont les pièces à conviction. Il faut prendre à témoin le dictionnaire. Que confirme-t-il ?

Anadyomène : (Vénus), surnom de Vénus ou Aphrodite sortant de l'onde (du grec *anadyo* : j'émerge). Suit une énumération d'œuvres plastiques traitant de *La Naissance de Vénus*.

Connotation : Un poème de Rimbaud extrait du *Recueil de Douai*, « Vénus Anadyomène » (1870). Il débute sur l'émergence de Vénus : « Comme d'un cercueil vert en ferblanc » et il s'achève sur ces vers :

> « – Et tout ce corps remue et tend sa large croupe
> Belle hideusement d'un ulcère à l'anus ».
> Bardot : Produit accidentel. Petit mulet produit par l'accouplement d'un cheval et
> d'une ânesse…

Connotation : Cette citation : « …Et la médecine moderne, complice en cela de la plus sinistre et crapuleuse magie, passe ces morts à l'électrochoc ou à l'insulinothérapie, afin de bien, chaque jour, vider ces haras d'hommes de leur moi, et de les présenter, ainsi vides, ainsi fantastiquement disponibles et vides, aux obscènes sollicitations anatomiques et atomiques de l'état appelé « bardot ». Livraison du barda de vivre aux exigences du non-moi. Le Bardot est l'astre de mort par lequel le moi tombe en flasque, et il y a, dans l'électrochoc, un état flasque, par lequel passe tout traumatisé. Ce qui lui donne non plus à cet instant de connaître, mais affreusement et désespérément méconnaître ce qu'il fut quand il était soi. J'y suis passé et ne l'oublierai pas ». (Entrevue radiophonique d'Antonin Artaud quelques mois avant sa mort).

S'il fallait insister davantage sur l'hybridation qui préside à la naissance de Chloé Delaume comme une Vénus « empestant musique pulmonaire » (Chloé Delaume est une jolie fille), je remarquerais combien elle est ce résultat, un *être* littéraire, une création lexicale. Elle est tout d'abord un prénom (Chloé) (en premier lieu, par ordre d'apparition) et un nom (qui provient d'une création lexicale qui ne figure pas au dictionnaire, « l'aume », emprunté à Artaud dans *L'Arve et l'Aume*, « tentative agrammaticale à propos de Lewis Caroll et contre lui [7] ». De l'onde des mots, Chloé Delaume surgit. Elle est encore la somme de phrases toutes affirmatives, inlassablement assumées sur le mode du « je ». Elle est cette

---

[7] L'Arbalète, Paris, 1947.

histoire faite à la fois de paroles rapportées, de petits faits, de lectures authentiques (dont celle assidue du dictionnaire) et d'une trame que la critique s'appliquera à débrouiller : par exemple, ce fait qui frise la coïncidence : les textes de Vian et d'Artaud, ici donnés comme particulièrement sensibles, datent de 1947 : la date de naissance de la mère. Je vois dans la tentative et la quête « Chloé Delaume », une *abréaction* et une détermination farouche de vivre, non pas passivement mais *en toute connaissance de cause*.

« Je m'appelle Chloé Delaume. Je suis un personnage de fiction. De la mienne, celle que j'ai choisie… ».

« Je m'appelle Chloé Delaume, je suis un personnage de fiction et. ».

Liens familiaux et quête des origines
dans la littérature des Acadiens de Louisiane :
une écriture généalogique au service de la mémoire collective

Cécilia Camoin-Nicolas
CIEF, Université Paris IV-La Sorbonne

En 1921, la législation de Louisiane interdit formellement l'usage du français dans le cadre de l'école, rendue obligatoire en 1916. Les Francophones de Louisiane, issus pour nombre d'entre eux d'Acadiens exilés en 1755 par la couronne britannique, cheminent alors dans les années sombres de l'assimilation jusqu'en 1968, date de proclamation de la Louisiane comme un état bilingue (francophone et anglophone). Durant cette période, les Acadiens de Louisiane, nommés aussi « Cadiens » ou « Cadjins », durent leur survivance au noyau familial dans lequel ils continuaient de pratiquer leur langue et leur culture. La famille, lieu clôt et secret, demeurera alors le refuge, la matrice de la langue et de la culture franco-acadiennes en Louisiane.

Les écrivains de la « Renaissance Cadienne », mouvement littéraire de renouveau francophone apparu après 1968, doivent enfanter la langue et l'Histoire commune dans la création. Héritiers de la maïeutique socratique, les écrivains ont comme mission de révéler la problématique commune de ce peuple en quête de reconstruction, voire de renaissance. L'écriture devient le lieu de l'enquête identitaire, et l'auteur cadien met son œuvre au service de la mémoire collective. Il fait de sa création une scène où se joue, à l'échelle familiale, l'abandon de 1755 et l'aliénation de 1921. Pour ce faire, il métaphorise dans un premier temps la relation entre parent et enfant, dont l'absence ou la faiblesse symbolise le défaut de transmission induite par la législation américaine. Les relations familiales, en écho avec les relations trans-nationales (avec les Anglophones états-uniens ou les Français de l'Hexagone), voient apparaître dans un second temps le thème de l'adoption, comme issue possible au conflit linguistique et culturel. Ce phénomène est à relier avec la volonté de créer, dans un troisième temps, une écriture généalogique, pour une réconciliation du Cadien et de son Histoire.

L'abandon parental ou la rupture de transmission
Tout d'abord, le constat d'absence ou d'abandon parental symbolise une rupture historique et linguistique. Le rapport entre la petite-fille et la grand-mère s'affiche comme symbole du lien entre la génération d'avant l'assimilation et celle de l'après libération linguistique. Au-dessus de cette attache, plane le spectre de la mère absente ou morte, qui figure la rupture du

lien générationnel. Ainsi, l'image de la mère est toujours indirecte, comme figure fantomatique du néant qui s'est profilé pendant les années sombres de l'assimilation. Dans la nouvelle *L'Histoire de la Vieille,* la narratrice retrouve une photo de ses parents : « j'ai rencontré les visages d'un joli couple[1] » et compare sa mère à : « une jumelle[2] ». Or, ce personnage a fui : « [maman] a disparu complètement : pas de lettres, pas de photos, comme si elle n'avait jamais existé[3] ». Cet anéantissement de la mère prophétise la mort du français en Louisiane si rien n'est fait pour rétablir et revaloriser les origines. En effet, selon l'analyse de Zachary Richard, la femme fut le lien, lors de l'exode, entre la famille déracinée et ses origines françaises : « Dans la société acadienne, autant en Louisiane que dans les provinces maritimes canadiennes, le rôle de la femme est primordial. C'est la femme acadienne qui transmet la culture. C'est la femme acadienne qui a pu maintenir la cohésion de la famille et donc de la société pendant l'exil[4] ». La génitrice symbolise aussi la mère patrie originelle : la France. Cette première matrice, qui envoya de solides paysans des campagnes coloniser et prospérer en Nouvelle France, les a abandonné lors du tragique épisode du « Grand Dérangement ». Ce traumatisme dû à l'abandon est illustré dans la littérature cadienne par la disparition de la mère, qui présage de l'élimination possible de la langue maternelle.

David Cheramie, dans son recueil de poésie *Lait à mère*[5], comme l'indique le double sens du titre, représente à la fois la mauvaise transmission de la culture, de la langue française, – le lait maternel, devenu amer par la disgrâce linguistique –, et ce rapport conflictuel à la matrice, qui a nourri l'enfant d'un liquide vital mais désincarné de son pouvoir de communier la culture et l'amour maternel. De même, dans la nouvelle *Le capot*, un jeune cadien est attaqué par un chien appartenant à des Anglophones. Ce dernier déchire le manteau familial, reçu en héritage. Or, la mère est incapable d'effacer cette offense, et laisse ainsi son fils au déshonneur :

> J'ai demandé à ma mère de rapiéceter le capot. Mais elle ne voulait pas. Elle disait que le trou état trop grand et que le capot état trop vieux. Et puis, il y avait des taches de

---

[1] Eve Fournet, *L'Histoire de la Vieille, dans* Cheramie, David, *Feux Follets : Anthologie de la nouvelle louisianaise*, Lafayette, éd. de la Nouvelle Acadie, 1998, 93 p., p. 43.

[2] *Ibidem.*

[3] *Ibidem.*

[4] « L'émergence d'une littérature francophone en Louisiane », http://www.centenary.edu/french/textes/emergence.htm, Bibliothèque Tintamarre.

[5] David Cheramie, *Lait à mère*, Moncton, Canada, éd. d'Acadie, 1997, 69 p.

sang autour du trou où la bête m'a mangé [...]. [Ma mère] a passé la nuit à essayer d'enlever les taches de sang. Mais les taches ne sont jamais parties.[6]

Le viol de l'Histoire acadienne se poursuit dans les lois assimilatoires, et le rapport de la mère à l'enfant reste superficiel : la génitrice, absente ou impuissante, laisse la génération en proie au vampirisme de l'hégémonie anglophone.

En outre, cette absence de transmission entre la mère et l'enfant se complète par la mort prématurée du père francophone. La vulnérabilité du père, couplée à celle de la langue, fait de celui-ci un emblème de la séparation. Dans *L'Histoire de la vieille*, le père se profile en reflet dans un miroir, comme image d'une transmission inachevée : « [mon père] sentait profondément la peur inidentifiable de sa propre humanité ***** Je me regarde dans le miroir et je me vois le jour de la remise des diplômes[7] ». La jeune femme, qui ne se voit pas directement dans le miroir, ignore son héritage : l'identité physionomique est inachevée, car lésée par l'absence paternelle.

De même, dans la nouvelle *Trois saisons*, racontant l'épopée des Acadiens lors de la déportation de 1755, la mort du père amorce le mutisme de sa fille : « Marie avait arrêté de parler depuis la mort de son père[8] ». Or, cette aphasie est rompue par l'arrivée d'une petite poupée – *catin* en franco-cadien –, qui viendra relayer le silence de Marie. Dans ce passage, la jeune fille découvre le cadeau inachevé de son père, et sort soudain de son silence : « Marie a serré la catin à moitié finie dans ses bras et a commencé à pleurer doucement. 'Papa, papa !' elle a dit tendrement[9] ». Cette poupée devient à son tour la muette, sorte de totem libérant l'enfant de son mal. Le corps a ainsi besoin d'être remplacé, mission dont se charge l'écrit. Nouvelle matrice linguistique et identitaire, le récit se fait corps inaugural pour reprendre en lui la souffrance acadienne et la refigurer, entière, à son lecteur cadien.

Le père est celui qui restaure les fiertés individuelles et collectives. La nouvelle *Le Tablier* raconte comment une petite cadienne est mise à l'écart à cause de l'indigence de ses parents, incapables de lui offrir le tablier demandé par l'institutrice. Là, le père de la fillette refuse l'assistance de la maîtresse. La narratrice le présente alors comme un colosse que l'on a tenté de mettre à genoux, à présent rendu à sa digne verticalité : « On dirait qu'il était plus grand que jamais et j'ai cru qu'il aurait pas pu sortir de la porte, à

---

[6] Charles Larroque, *Le capot,* dans *Feux Follets* n°4, Lafayette, éd. de la Nouvelle Acadie, Printemps 1994, 51 p., p. 23.
[7] Eve Fournet, *L'Histoire de la vieille, op. cit.,* p. 43.
[8] Antoine Bourque, (pseudonyme), *Trois saisons, Contes, nouvelles et fables de Louisiane,* Lafayette, Louisiane, éd. Nouvelle Acadie, 1988, 89 p., p. 27.
[9] *Ibidem,* p. 30.

force qu'il était grand[10] ». Cette présence du père, exceptionnelle dans la littérature écrite acadienne louisianaise, explique aussi les raisons de sa carence : le père est celui qui protège et qui construit. Or, sa disparition, dans *Trois saisons* par exemple, illustre la rupture d'avec le mythe acadien et de la langue française. Il annonce aussi le vide de la génération précédente, sacrifiée par une censure linguistique et culturelle. De cette manière, dans *L'histoire de la Vieille*, la narratrice explique : « Mon père, une énigme, c'est un homme que je n'ai jamais réellement connu[11] ».

Les Cadiens deviennent étrangers à eux-mêmes lorsqu'ils cessent de connaître le français, ce qui est révélé par le conflit des générations. La pièce *La dernière quilte* met en scène la rupture culturelle et linguistique entre un père, Franck, et son fils, Mark :

> _Franck : Ecoute Mark, on s'a promis de pratiquer notre français quand on est ensemble. Parle-moi en français.
> _ Mark : Man, you always bring up this French crap when I'm telling you something important. [...] Well, you know how hard it is for me to explain everything in French.[12]

Ce non-dialogue entre un père Cadien et son fils Texan illustre non seulement la diglossie cadienne, mais également l'oubli des origines. Contre cette tendance, les auteurs cadiens diffusent les valeurs de leur père, comme modèle à suivre : « Mon père est poète, / sa poésie écrite aux coups / de marteaux et de scie / Sa fantaisie, sa frénésie / révélée au lever du soleil / son horaire poétique[13] ».

Ce recours systématique du père ou de la mère en littérature relève d'une métaphorisation. Si l'on suit le cours de l'Histoire, l'on pourrait considérer que la mère est initialement incarnée par la France, la mère patrie, alors que le père est le lieu des interdits et des sanctions, l'Amérique du Nord. Cependant, dans l'optique de l'adoption, il apparaît davantage que la mère est l'Acadie, terre du réconfort, de la sensualité et de l'enfance, tandis que le père adoptif représente l'État de Louisiane, sol de la maturité, des responsabilités et des désillusions – le père effectif étant, bien sûr, le Roi de

---

[10] Earlène Broussard, *Le Tablier*, *Feux Follets* n° 2, Lafayette, éd. de la Nouvelle Acadie, 1991, 38 p., p. 15.
[11] Eve Fournet, *L'Histoire de la Vieille*, *op. cit.*, p. 42.
[12] Les « Sages femmes », *La dernière quilte*, (1989), dans *Une fantaisie collective : Anthologie du drame louisianais cadien*, Lafayette, Centre d'Etudes Louisianaises, 1999, 365 p., p. 268. Traduction personnelle : « Écoute, tu ramènes toujours cette connerie de français quand je te dis quelque chose d'important. Bon, tu sais combien c'est dur pour moi de tout expliquer en français ».
[13] Zachary Richard, *Outils*, dans *Faire récolte*, Monton (Canada), éd. du Perce-Neige, 1998, 129 p., p. 68.

France. Dans cette perspective, il s'agit de retrouver la langue maternelle, étouffée par l'autoritarisme de la langue d'adoption, l'anglais.

Le thème de l'adoption

De cette façon, en parallèle de l'abandon, se profile le thème de l'adoption instaurant un nouveau lien familial. L'autobiographe Créole Lucille Landry, recueillie par un ecclésiastique cadien, relate de cette façon son adoption : « Alors, j'étais manière petite, moi, et [Monseigneur Jeanmard] m'a, pour ainsi dire, adoptée [...]. En fait, malgré toutes les difficultés que j'ai eu à souffrir dans ma jeunesse, je suis très contente d'avoir toujours été adoptée par du beau monde[14] ». De cette manière, l'adoption, bien acceptée, est envisagée comme une réponse aux tentatives d'assimilation états-uniennes. L'adoption voulue signifie l'enrichissement tandis que, contrainte, elle implique la mauvaise transmission. Les auteurs acadiens de Louisiane appellent ainsi à un élargissement du noyau culturel, de la famille acadienne à la famille francophone, qu'elle soit créole ou houmas. Cette tendance explique la large place laissée au lien entre époux, qui peut être considéré comme une adoption collatérale entre adultes. Il implique la multiplication des Francophones, à l'image de la « revanche des berceaux » instaurée au Québec.

Pour pallier ce manque parental, la littérature se fait également l'écho des adoptions trans-générationnelles. La grand-mère, entité à la fois charismatique et fragile, est omniprésente. Premièrement, la relation entre la grand-mère et la petite-fille est à ce point fusionnelle que sa mort, sujet récurrent dans les récits cadiens, marque également la fin d'un espoir pour la petite fille. Dans la nouvelle *Grand-mère*, la narratrice est au chevet de son aïeule mourante : « je tiens sa main et je la regarde dans les yeux[15] », tandis que la mort s'annonce par la rupture de ce lien : « elle ne me regarde plus[16] ». L'adoption de la fille par la grand-mère symbolise une transmission réussie, un passage de témoin trans-générationnel : « grand'mère est là [...]. Je me glisse dans son odeur rassurante, je me réfugie dans sa chaleur, je me dis que Grand' mère et Maman ont le même goût sur la joue[17] ». De la même façon, dans la relation qui unit grand-mère et petit-fils, l'omniprésence de l'ancêtre morte et la force du souvenir qu'elle engendre s'imprègne jusque dans les objets qu'elle a utilisé : « Son tiroir gigantesque garde ses secrets / [...]. De cette armoire, de ce vieux bois, / On n'entend pas la voix. / À

---

[14] Lucille Landry, *Tantine, l'histoire de Lucille Augustine Gabrielle Landry racontée par elle-même à 82 ans*, rédigé par Monica Landry et Julien Olivier, Bedford (Louisiane), Development Center for French and Creole, 1981, 45 p., p. 10.
[15] Gwenn Laviolette, *Grand-mère*, dans *Feux Follets, anthologie de la nouvelle louisianaise*, *op. cité*, p. 21.
[16] *Ibidem*, p. 21.
[17] *Ibidem*, p. 39.

beaucoup de souvenirs l'armoire est fidèle. / Mais, à moi, elle me parle, elle[18] ». La grand-mère, qui parle la langue originelle, indique le chemin : « On parle plus *parlabré francé,* / Ici on parle n'importe quoi / [...]. Ma grand-mère parlait / la langue du roi[19]». Sa disparition entraîne ainsi un questionnement identitaire et linguistique.

Deuxièmement, à contrario du lien fusionnel entre la grand-mère et la petite-fille ou le petit-fils, le lien entre le grand-père et le petit-fils s'annonce révélateur des tensions intergénérationnelles. Alors que le grand-père tente de conserver et de promouvoir la culture et la langue franco-cadienne, le petit-fils est happé par les sirènes anglophones. Cette tension est tout à fait illustrée dans la pièce d'Émile DesMarais, *Mille misères, laissant le bon temps rouler en Louisiane.* Le grand-père insiste sur la nécessité de conserver le legs francophone : « L'héritage, mon garçon, c'est tout ça qu'on a appris de nos pères. C'est not' musique d'accordéon, not' langage cadjin, nos contes et nos coutumes. C'est not' façon de viv' et de se saoûler au fais-dodo. On a pu résister aux Américains pendant des siècles. Il faut pas lâcher la patate asteur[20] ». Le grand-père fait figure de sage, de garant de la mémoire collective, et remplace ainsi le père absent. Ce personnage explique également, en parlant de son fils prénommé *Parfait,* l'aliénation provoquée par la politique linguistique américaine :

> Il était si parfait que mon et ma vieille, on l'a appelé comme ça : Parfait. [...] La maîtresse d'école, la pauv' bête, c'était eine Irlandaise qui s'appelait Murphy. Equand elle a demandé à ton père quoi-ce c'était son nom, naturellement il a répondu 'Parfait'. Alle a dit, 'Mais c'est pareil que Murphy excepté que ti mets eine 'Pi' au lieu d'eine 'M'.' Alorse, quand Parfait a revenu de l'école il avait devenu *Purphy.*[21]

Dans ce témoignage littéraire, apparaît la politique d'annihilation enclenchée par la loi de 1921 : il s'agit de renommer, d'américaniser l'individu, et par là même d'éradiquer une culture. Le nom, « situé, symboliquement, au confluent de l'existence "pour soi" et de l'existence "pour autrui"[22] », est à la rencontre de l'individualité et de la collectivité. L'aliénation provoquée par l'assimilation et le nouveau nom tentent de détruire la filiation franco-acadienne pour reconstruire, à partir d'un être déraciné, un Américain nouveau. Ce déchirement doit être double : vis-à-vis

---

[18] Carol J. Doucet, *La Charrue,* Lafayette (Louisiane), éd. Center for the Louisiana Studies, 1982, 25 p., p. 1.

[19] Zachary Richard, *Têtu,* dans *faire récolte, op. cit.,* p. 67.

[20] Emile DesMarais, *Mille misères, laissant le bon temps rouler en Louisiane,* (1979), *dans Anthologie de la littérature française de la Louisiane,* Mathe Allain et Barry Ancelet, Bedford (USA), éd. NMDC, 1981, 354 p., p. 302.

[21] *Ibidem,* Acte I, scène 1, p. 304.

[22] Jean Starobinski, *L'œil vivant,* Paris, Gallimard, coll. TEL, 1961,305 p., p. 238.

de la langue et vis-à-vis des origines françaises, comme l'explique ce même personnage : « Le premier jour que Purphy s'en a revenu de l'école en disant "Paurlay-voos fronsay" pareil comme ein Amaricain. J'y ai demandé éou-ce qu'il avait appris ça et il m'a dit que c'était du français parisien[23] ». Ainsi, l'école américaine a procédé à une double assimilation, une double dépréciation de la langue cadienne, en faisant du français une langue étrangère aux propres Francophones du Pays Cadien.

L'enquête familiale

Face à la violence de la loi linguistique, le manque ou le défaut parental est corrigé par le rôle moral de l'ancêtre, qui fait figure de mémoire collective, en même temps qu'il prévient du risque de disparition de la langue. De même, la fonction des écrivains cadiens est de rétablir le lien entre les générations, entre le Cadien moderne, si proche d'être assimilé, et ses aïeuls francophones. Les auteurs endossent alors la responsabilité de la mémoire collective, et leur écriture se fait enquête familiale. Romanciers, poètes, nouvellistes et autobiographes recherchent dans leur Histoire commune l'empreinte générationnelle laissée par les Acadiens, qui justifie le rapport passionné aux parents morts.

En effet, l'écriture permet à l'auteur de rassembler et d'annoncer ses propres origines, rattachées à celles de la communauté cadienne. L'écrivain généalogiste est très soucieux du devoir de mémoire, autant de l'Histoire collective que de ses souvenirs personnels. Il est un conservateur de souvenirs, d'anecdotes : « Je dois garder en mémoire cette histoire[24] », devenant ainsi la mémoire de son peuple. C'est pourquoi il se sent investi de multiples missions : conserver, transmettre et revendiquer l'héritage acadien. La relation avec les parents morts relève de l'ubiquité, par allusions, d'éléments rappelant les ancêtres. Dans Le Capot, c'est un manteau qui fait office de relais : « Il y avait un capot dans l'armoire de ma chambre [...]. C'est ma grand-mère qui l'a fabriqué. Ça a été fait de coton ramassé par grand-père et son fils, mon père[25] ». Il s'agit ici du corps quasi fantomatique des aïeux.

L'attachement fervent aux ancêtres aboutit à une fusion identitaire avec eux. Le Cadien moderne, dans sa quête généalogique, se confond avec ses anciens, rejoignant par là même la théorie lacanienne de l'empreinte généalogique, selon laquelle l'individu porte, dans son subconscient, la mémoire génétique du traumatisme de ses ancêtres. Jeanne Castille, dans son

---

[23] Émile Desmarais, *Mille misères : laissant le bon temps rouler en Louisiane*, (1979), *op. cit.*, Acte I, scène 1, p. 305.
[24] Julia Swett, *La ferme de Nanny et Parrain*, dans *Feux Follets, anthologie de la nouvelle louisianaise*, *op. cité*, p. 36.
[25] Charles Larroque, *Le capot, op. cit.*, p. 23.

autobiographie, semble illustrer cette thèse : « Me voici donc, la génération du Grand Dérangement ! La génération des déportés. J'imagine (j'essaie d'imaginer, je crois que j'imagine…) leur long, interminable et fantastique voyage de là-bas vers chez nous, ici, j'imagine (j'essaie d'imaginer, je crois que j'imagine…) leur calvaire[26] ». Le regard présent plonge dans un passé autant étudié que fantasmé tandis que la répétition du verbe « imaginer » renforce l'impression d'une recherche mentale, s'astreignant à extraire de sa mémoire héréditaire des souvenirs enfouis. En cherchant la réminiscence de ses ancêtres, l'auteur entreprend « le grand voyage des générations[27] », ainsi qu'une recherche d'elle-même, une légitimation de sa langue et de sa culture : « Le goût que je porte au passé – surtout le passé de mon peuple – et qui sans doute est à l'origine de ma vocation d'historienne, ce goût a fait de moi une dévote de la généalogie […]. Je vois là, dans sa pratique, l'une des façons de sauver, dans la Louisiane française qui s'efface, la langue française qui se perd et prive les Acadiens de leur être[28] ». Le subconscient se dévoile de cette façon dans les écrits des auteurs cadiens, qui élèvent la généalogie au rang de thérapie collective.

Il semble que celle-ci réponde à la déconstruction de la famille, amorcée dès le 'Grand Dérangement'. L'on utilise en effet cet euphémisme pour désigner l'expulsion des Acadiens de Nouvelle-France par le gouvernement britannique. Le « dérangement » était alors celui des familles, séparées lors de la déportation. Jusque dans les temps modernes, le traumatisme de 1755 se prolonge, dans une empreinte générationnelle que Zachary Richard, dans son recueil de poésie intitulée *Feu*, nomme le karma. Le chanteur et poète raconte ainsi un événement survenu après une soirée acadienne : « La nuit du spectacle "Soirée acadienne" au théâtre / […]. Quatre jeunes Acadiennes, / Venues de l'Acadie, rentrant chez elles. / Catastrophe sur le highway / […]. Un camion fonçant dedans tuant subitement trois des quatre[29] ». Là, Richard fait un parallèle entre la survivante de l'accident et son aïeule, rescapée du Grand Dérangement : « On voyait que ses yeux, ses yeux bruns et distants, / Comme les yeux de son arrière-grand-mère un matin de 1755[30] ».

La catastrophe semble se répéter dans les années sombres de l'assimilation, qui accélèrent l'anéantissement des familles en divisant les langues des générations. Les constats de cancer se multiplient alors, comme autant de symboles de la marque traumatique. Zachary Richard évoque le

---

[26] Jeanne Castille, *Moi, Jeanne Castille, de Louisiane*, Luneau-Ascot Editeur, 1983, 222 p., p. 40.

[27] *Ibidem*, p. 41.

[28] *Ibidem*, p. 38.

[29] Zachary Richard, *12 août, dans Feu*, Montréal, éd. Les Intouchables, 2001, 135 p., p. 96.

[30] *Ibidem*, p. 96.

décès de son grand-père, dont « le cancer a vidé ses joues[31] », c'est-à-dire le siège de la parole. Dans le poème de Diana Girouard, *L'appel*[32], deux amis évoquent la mort de leur ami Monceaux, des suites d'un cancer. Dans son recueil *Lait à mère*, David Cheramie se remémore plusieurs fois la mort de son père, fervent adepte de la francophonie : « J'ai appris les mots [...]. Que mon pépère a essayé de m'apprendre / [...] plein de mots français qu'il a réellement / voulu que j'apprenne / Il est mort d'un cancer quand j'avais huit ans, et je / connaissais juste quelques mots[33] ». De cette manière, le poète désigne l'origine de son malaise linguistique, le cancer de son père francophone, et l'apprentissage inachevé de la langue française. Le titre de son recueil *Lait à mère*, s'explique alors : le cancer lui a ôté prématurément un père francophone pour le laisser à la mère imposée, les Etats-Unis anglophones. Ce cancer est donc l'incarnation de la destruction, et le poète se doit d'être le « chasseur de cancer[34] », c'est-à-dire celui qui refuse la névrose linguistique. Le rôle de l'écrivain louisianais francophone est alors de renouer avec sa langue, ainsi qu'avec ses ancêtres.

Le livre devient alors une tribune, prenant l'arbre généalogique comme modèle stylistique. Il s'agit de retrouver, dans la réminiscence provoquée par l'enfantement de l'écriture, les racines entaillées par les dérangements successifs. La reconstitution généalogique se rapporte alors à une reconstitution physique. Elle tente de reconstruire la mémoire, le corps familial, à l'image de l'arbre décharné, à partir d'un héritage différé, d'une évocation verbale. Ce travail de retour aux origines permet de renouer avec l'esprit d'enfance, l'utopie originelle d'avant les traumatismes de 1755 et 1921. L'esprit d'enfance se retrouve nécessairement dans les thèmes du questionnement, du jeu de rôle, de récréation et du mimétisme. Dans cette perspective, les nouvelles et romans abondent en initiateurs, souvent par l'entremise de la grand-mère ou de la mère, mais également de l'enfant, devenu lui-même guide. De cette manière, les écrivains révèlent la transmission biaisée par la loi linguistique de 1921, traduisant aussi le double mouvement de perte et de quête. Il s'agit alors d'élargir la nidification effectuée lors de l'autarcie cadienne à une identité plus large, une filiation recouvrant l'ensemble de l'héritage acadien, regroupé autour de ce que Zachary Richard appelle la « famille pan-acadienne[35] », à la base de la revendication actuelle de l'Acadianité.

---

[31] Zachary Richard, *Ce soir, dans Feu, op. cit.*, p. 16 *sqq.*
[32] Diana, Girouard, *L'appel, dans Feux Follets* n°2, *op. cit.*, p. 8.
[33] David Cheramie, *souvenirs de sneaux*, dans *Lait à mère, op. cit.*, p. 43.
[34] David, Cheramie, *La contre-danse d'un contre-temps*, dans *Lait à mère, op. cit.*, p. 24.
[35] *L'émergence d'une littérature francophone en Louisiane*, art. cit.

Conjugalisme et familialisme de l'immoral chez les romancières contemporaines

Christine Détrez
École Normale Supérieure Lettres et Sciences Humaines

« Vingt-huit ans donc, toujours debout, avec le corps qui me travaille» : cette ouverture du roman de Lorette Nobécourt, *La Conversation*[1], pourrait servir d'exergue à une grande partie des productions romanesques féminines contemporaines. En effet, si les féministes des années soixante-dix avaient avancé que la libération de la femme passerait par l'écriture du corps, elles semblent avoir été entendues par les auteures depuis les années quatre-vingt-dix, désormais reconnues, auxquelles peuvent être adjointes les « révélations » de chaque rentrée littéraire, nymphettes éphémères dont on célèbre l'affranchissement de tous tabous : « nouvelles barbares » selon le *Nouvel Observateur* du 26 août 1999, « scandaleuses » – comme le titrait une série d'entretiens de *France Inter* lors de l'été 2001 – , ces femmes seraient plus attachées à la description de leurs aventures sexuelles qu'amoureuses, et au butinage libertin qu'à la description des relations familiales. Comme le souligne Annie Ernaux, dans *L'Usage de la photo* : « j'appartiens sans doute à la première génération des femmes qui connaissent davantage l'étonnement renouvelé des lits aléatoires que l'habitude du lit conjugal[2] ».

Mais paradoxalement, il nous semble que cette littérature ne s'éloigne pas tant des discours de défense du familialisme[3] qu'on pourrait le croire. Bien au contraire : c'est tout un familialisme de l'immoral qui se déploie, la littérature ne faisant en cela que réfracter les discours et représentations qui lui sont contemporains, tout en contribuant à les alimenter. À partir d'un corpus d'écrivaines françaises contemporaines (Camille Laurens, Alice Ferney, Virginie Despentes, Anna Rozen, Catherine Millet, Annie Ernaux, Lorette Nobécourt, etc.), nous[4] avons tenté d'étudier la vision du couple qui s'y déploie, et de l'interroger à la lumière des discours contemporains, qu'ils viennent des médias ou de ce sens commun terriblement savant que nourrissent les best-sellers de psychologie ou de neurobiologie. C'est ainsi

---

[1] Paris, Grasset, 1998.

[2] avec Marc Marie, Paris, Gallimard, 2005, p. 131.

[3] Pour une définition et l'histoire de la notion de « familialisme », nous renvoyons à Rémi Lenoir, *Généalogie de la morale familiale*, Seuil, 2003.

[4] Ce « nous » n'est pas ici un pronom emphatique : il s'agit d'un travail mené avec Anne Simon : voir Christine Détrez et Anne Simon, *À leur corps défendant. Les femmes à l'épreuve du nouvel ordre moral*, Paris, Le Seuil, 2006.

un véritable espace discursif – au sens que lui confère Michel Foucault[5]– consacré à la conjugalité aménagée qui nous semble manifeste.

Des amants maintenant, un mari pour la vie ? Le familialisme de l'immoral

Les critiques soulignent à chaque rentrée littéraire la liberté de ton, l'amoralisme des nouvelles écrivaines. Effectivement, au niveau des sexualités décrites, le corpus prend souvent des airs de kamasutra littéraire. En effet, postures et positions y sont particulièrement détaillées et diversifiées, comme si les personnages ne connaissaient guère de tabous dans les pratiques, ni les auteures dans leur expression. De la masturbation au multipartenariat, l'éventail est large.

C'est également le réseau sexuel qui explose, qu'il s'agisse des amants identifiés et que l'on soit en couple ou non. La sexualité des femmes semble ainsi reprendre la loi des grands nombres, notamment en ce qui concerne les conquêtes. Catherine Millet par exemple précise ne pas connaître le visage de la plupart de ses partenaires[6]. Dans de nombreux romans, les amants se succèdent, dotés d'un prénom ou simplement désignés par une lettre[7]. C'est parfois également leur fonction (père, mari, amant, etc.) qui les distingue[8], ou leur façon de faire l'amour[9]. Ils peuvent enfin être confondus dans un nombre impossible à clore, comme dans *La Vie sexuelle de Catherine M.*, où la narratrice en dénombre quarante-neuf « identifiables », auxquels s'ajoute une foule anonyme.

Sans nous attarder ici sur l'aspect stéréotypé de ces discours[10], il nous semble que, paradoxalement, se dessinent les contours d'une forme de morale bien traditionnelle, visant à la préservation du conjugalisme, forme moderne du familialisme. Ainsi, l'Amour avec un grand A reste la grande affaire de ces femmes, et l'enjeu des sexualités les plus débridées. Dans *L'Amour, roman*, de Camille Laurens[11], les descriptions très crues des rencontres sexuelles avec l'amant s'intercalent avec le récit conjugal, avec l'album des amours de la lignée maternelle, avec des maximes de la Rochefoucault et des chansons populaires sur l'amour. La romance – le roman de l'amour – est au centre de nombre d'œuvres, et les « essais à répétition », les « tentatives toujours déçues de [s]'acoquiner avec

---

[5] Michel Foucault, *L'Archéologie du savoir*, Paris, Gallimard, 1969.
[6] Catherine Millet, *La Vie sexuelle de Catherine M.*, Paris, Seuil, 2001.
[7] par exemple, Anne Garréta, *Pas un jour*, Paris, Grasset et Fasquelle, 2002, ou Catherine Cusset, *Jouir*, Paris, Gallimard, 1997.
[8] Camille Laurens, *Dans ces bras-là*, Paris, POL, Folio, 2000.
[9] Catherine Cusset, *op.cit.*
[10] pour une analyse détaillée, voir Christine Détrez, Anne Simon, *op.cit.*
[11] Paris, POL, 2003.

d'autres[12] » tendent ainsi vers ce seul but : la femme, même quand elle n'est pas seule, veut rencontrer « au monde LA personne[13] », et y reconnaître le « vrai » prince[14] : « un jour, sœurette, je serai la femme d'un homme, SA femme[15] ».

La forme achevée de l'amour est l'amour conjugal : le couple, que Durkheim analysait déjà comme un véritable instrument de l'ordre social, est à préserver coûte que coûte. Comme l'écrit Anna Rozen, les « conventions » sont « destinées à éviter que la société ne retourne au chaos[16] », ce dernier étant, en ce cas, toute forme de société échappant aux lois familialistes... Le couple devient ainsi une entité à part entière, un *Nous*, pour reprendre le titre du roman de Lorette Nobécourt, pourvu d'une majuscule et en italiques dans le texte, assimilé au Nôus, « ce bibelot du bonheur qui [implique] fatalement un appartement en commun, des dimanches chez [les] parents, des vacances entre amis, un mariage et bien sûr quelque progéniture » et qui pourrait se résumer en un « faire un enfant avec l'homme que j'aime et rester avec lui[17] ». Mais les choses n'étant plus aussi simples, quelques aménagements sont à prévoir dans les règles de ce jeu auquel « les adultes ont non seulement le droit mais le devoir de jouer[18] »... pour que soit préservé l'essentiel : la conjugalité.

La littérature permet ainsi d'appréhender « les types d'orientations intimes[19] ». Michel Bozon en discerne trois : le réseau sexuel, dont le type littéraire serait Catherine Millet, le désir individuel, avec par exemple Annie Ernaux dans *Se perdre*[20], et la sexualité conjugale, comme chez Camille Laurens. Il nous semble néanmoins que c'est bien cette dernière forme qui domine dans les écrits de femmes contemporaines, même s'il peut se conjuguer aux deux premières possibilités. C'est en tout cas cette sexualité conjugale qui va être la plus médiatisée : comme le remarque à juste titre Michel Bozon, les études analysant la réception de ces romans par les

---

[12] Anna Rozen, *Méfie-toi des fruits*, Le Dilettante, 2002, J'ai Lu, 2003, p. 122.
[13] Christine Angot, *Pourquoi le Brésil*, Paris, Stock, 2002, p. 18.
[14] Christine Angot, *Peau d'âne*, Paris, Stock, 2003.
[15] Lorette Nobécourt, *Nous*, Paris, Pauvert, 2002, p. 141.
[16] Anna Rozen, *op. cit.*, p. 149.
[17] Lorette Nobécourt, *op. cit.*, p. 40.
[18] *Ibidem*.
[19] Michel Bozon, « Littérature, sexualité et construction de soi. Les écrivaines françaises du tournant du siècle face au déclin de l'amour romantique », *The Australian Journal of French Studies*, Université de Melbourne, 2004.
[20] et pourrait-on compléter, dans *L'Usage de la photo*, où le couple est une « entité» détestée (p.58).

lecteurs, ou celles portant sur les prix obtenus par les auteures, en révèlent la légitimité dans le monde social[21].

Si la neurobiologie fonde l'amour sur un plus fort que soi génétique, des auteures sont conscientes du plus fort que soi social et culturel de ces « contes de fées mensongers[22] ». Et certaines d'essayer de répondre à la question, en suggérant que l'on vit dans un monde où tout est fait pour deux – « tarif couple, chambre double et supplément single, machines à expresso pour deux tasses, paniers à deux anses et chansons sentences[23] ». Ces « chansons sentences » sont d'ailleurs un leitmotiv de L'Amour, roman, de A la Claire Fontaine (« alors on chante, il y a longtemps que je t'aime, on reprend la rhapsodie, on tisse les mélodies, jamais je ne t'oublierai[24] ») à Cora Veaucaire (« La, la, la, je vous aime Chantait la rengaine, La, la, mon amour Des paroles sans rien de sublime Pourvu que la rime Amène toujours »), en passant par Pascal Obispo et Indochine. Refrains et maximes littéraires fonctionnent alors comme autant d'inscriptions dans la culture des interrogations de l'auteure, contre toute explication biologique : « Une chose est sûre, c'est que de toutes ces histoires qui inventaient l'amour [...] aucune, absolument aucune, n'était naturelle [25] ».

Car l'amour s'inculque à l'école, comme les règles de grammaire[26] ou de mathématiques, et est un pur produit de l'éducation : « Comme eux Yolande, tu voulais aimer et rassembler toutes les données nécessaires à la réussite de cette mathématique qu'est l'amour, parce que c'était ce qui t'avait été enseigné par des adultes qui croyaient en savoir quelque chose[27] ».

Et l'enseignement se diffuse par les romans, les lectures, les contes racontés dans l'enfance, les chansons, le cinéma : « L'amour n'est pas une maxime, l'amour, c'est du roman[28] », « l'amour c'est du cinéma[29] », « l'amour c'est des mots[30] ». Consciente donc que l'amour, « c'est une légende », la narratrice n'en redemande pas moins encore la fable : « raconte-moi, lis-moi encore, mon cœur n'est pas las de l'entendre[31] ».

---

[21] Michel Bozon, op.cit., et Isabelle Charpentier, Une intellectuelle déplacée. Enjeux sociaux et politiques de l'œuvre d'Annie Ernaux, Thèse de science politique, Université d'Amiens, 1999

[22] Lorette Nobécourt, op.cit., p.87.

[23] Anna Rozen, op.cit., p.119.

[24] Camille Laurens, op.cit., p. 17.

[25] Ibidem, p. 162.

[26] Ibidem, p.42.

[27] Lorette Nobécourt, op.cit., p.40.

[28] Camille Laurens, op.cit., p.254.

[29] Ibidem, p.94.

[30] Ibidem, p. 139, p.142.

[31] Ibidem, p.249.

Bien que les romancières soient donc souvent conscientes du rôle de la société et de l'éducation dans la transformation de l'amour en valeur phare de la féminité contemporaine, la question reste récurrente : « Est-ce que c'est ça, l'amour ?[32] ».

> C'est la grande question, la seule, au fond, celle que j'ai toujours entendue même lorsqu'elle n'était pas formulée et quelques fois aussi je l'ai posée -les mots, les yeux -, d'autres fois non, ou bien murmurée, juste pour voir, juste pour savoir - mais souvent non, souvent tue, réponse non sue, inventée, suggérée : est-ce que tu m'aimes, est-ce que c'est de l'amour, ce que tu éprouves, ce que tu dis, ce que tu fais, est-ce que c'est de l'amour, est-ce que c'est l'amour ? Et la question hante le temps, la question monte et descend à l'infini l'axe du temps, toujours actuelle, de tout temps, intemporelle et intempestive à la fois.[33]

La question se transmet ainsi de génération en génération, de femmes en femmes (évidemment, l'amour est une affaire de femmes), de l'arrière-grand-mère à la narratrice. Le livre de poèmes a été trouvé dans l'armoire de l'arrière-grand-mère, et remplace les piles de linge marqué, les verres de cristal ou les bijoux de famille, inscrivant la recherche même de l'amour dans le patrimoine familial. Cette question se décline alors diversement. Le « qu'est-ce que tu appelles aimer ? » de *L'Amour, roman* est complété par le « est-ce qu'il m'aime ? » de *L'Usage de la photo* d'Annie Ernaux, question à laquelle doit répondre la collection de photos d'habits épars avant l'amour : « Je me demande si compléter et décrire nos photos n'est pas pour moi une façon de me prouver l'existence de son amour, et devant l'évidence, devant la preuve matérielle qu'elles constituent, d'esquiver la question, à laquelle je ne vois aucune réponse, est-ce qu'il m'aime ?[34] ». Le sexe sous toutes ses formes ne se pense alors qu'en fonction de l'amour conjugal. Les combinaisons sont multiples, mais articulent toujours la triade sexe/amour/couple : le sexe effréné et la multiplication des amants sont tantôt le moyen garanti statistiquement de trouver l'amour, tantôt celui de sauvegarder le couple une fois constitué. Péquignot l'a bien remarqué pour les romans Harlequin[35] : si les lectrices habituées au sentimentalisme le plus romantique et platonique n'ont pas été choquées par la création de collections axées sur la sexualité, c'est que le sexe n'est qu'une façon de tenter de comprendre l'homme, vouée ou non, dans notre corpus propre, à l'échec selon le degré d'optimisme de l'auteure.

---

[32] *Ibidem*, p.11.
[33] *Ibidem*, p.14.
[34] Annie Ernaux et Marc Marie, *op.cit.*, p. 121.
[35] Bruno Péquignot, *La Relation amoureuse. Analyse sociologique du roman sentimental moderne*, Paris, L'Harmattan, 1991.

L'infidélité est alors intégrée dans le sentiment conjugal, mieux elle lui profite ; ainsi des deux amants de *La conversation amoureuse* :

> Il avait aménagé la morosité conjugale. Il possédait un refuge dont Blanche se privait : il était infidèle. [...] et si étrange que cela puisse paraître, ce papillonnement l'attachait encore à son épouse. Elle était la permanence vers laquelle il revenait. Elle était son havre, la gardienne de sa foi dans l'amour, la seule pour qui il ressentait ce sentiment. Tout cela était parfaitement explicable.[36]

Les frasques sexuelles ne mettent donc pas en péril le couple, et servent même parfois à raviver le désir conjugal. La structure traditionnelle du couple, loin d'être en crise, est ainsi au cœur de cette libération sexuelle. Questions de littérature ? Pas seulement... La même « morale » de l'immoralité se retrouve en effet, on l'a évoqué, dans la presse : la « polyfidélité » (le fait d'avoir des amants ou des maîtresses sans trahir l'amour, présenté comme spécifique, dévolu au conjoint, et sans remettre en question la légitimité du couple) est devenue la façon « normale » de vivre la conjugalité « avec un souci majeur : ne pas mettre en danger leur couple, leur noyau dur[37] ».

Les injonctions médiatiques : la polyfidélité

« Les Bovary modernes de l'écriture sont nourries à la lecture assidue des articles de *Marie-Claire* et de *Biba* » ironise Pierre Jourde[38]. Les influences sont autrement plus complexes. Plutôt dans le sens de Michel Foucault, la conjonction de thèmes, indéniable, n'est pas à notre avis le produit d'une lecture passive de ces magazines, mais l'expression, par deux médias différents, d'une sorte de doxa morale commune, la manifestation de l'appartenance à une même configuration discursive. La presse comme la littérature expriment toutes deux cette vulgate scientifico-sociologico-psycho-féministe – qu'elles diffusent ainsi et perpétuent – et fonctionnent à part égale comme de véritables entrepreneurs de morale.

Or, l'ode à l'amour est le leitmotiv de ces magazines, et il ne s'agit pas uniquement de marronniers d'été (comment rencontrer et garder l'homme de sa vie) ou de numéros spécial Saint-Valentin. Ainsi, le « zapping amoureux» n'a-t-il de sens que pour « rencontrer un jour le bon[39] ». Entre constat et perpétuation de la norme, l'article affirme ainsi : « Princes charmants à péremption rapide. Car voilà le paradoxe. C'est pas

---

[36] Alice Ferney, *La Conversation amoureuse*, Arles, Actes Sud, 2000, p. 148.
[37] *Nouvel Observateur*, n°2073, p. 12.
[38] *La Littérature sans estomac*, Paris, Esprit des péninsules, 2002, p.205.
[39] *Jalouse*, n°82, Juillet-Août 2005 , p.55.

parce qu'on peut baiser partout qu'on n'a plus envie de rêver. On continue, sous nos airs cyniques, à chercher the only one. [...] La libération des mœurs n'a pas entamé notre croyance aux contes d'enfant[40] ».

Sexe et sentiment, mais surtout sexe et conjugalité. Le « sextoy », que l'on achète entre copines, dans une réinterprétation moderne de la réunion Tupperware renommée pour les besoins de la cause « réunion Fuckware », dans des sexshops ou des enseignes de luxe (Rykiel), serait, sous sa forme ancestrale de vibromasseur, une des meilleures ventes des catalogues par correspondance[41]. Il est surtout emblématique de l'ambiguïté relevé précédemment : il ne doit être utilisé qu'avec le « mari », le «chéri» ou le « fiancé ». De même, en vrac, pour les cours de strip-tease et... pour l'infidélité, admise voire conseillée, mais tant que cela n'empiète pas sur le couple légitime. « Infidélité : n'avouez jamais ! » conseille *Avantages*, spécialiste à l'appui, en l'occurrence Serge Hefez, « psychiatre, psychanalyste, thérapeute de couple[42] ». Un cas d'école a été ainsi la presse de l'été 2004, qui à l'occasion d'un fait divers (une actrice trompée) a consacré dossiers spéciaux et « unes » croustillantes à l'infidélité ou plutôt à la « polyfidélité » ou « fidélité au pluriel ». L'infidélité est ainsi présentée comme un aménagement « moderne » du couple, un « des nouveaux jeux amoureux » (couverture du *Nouvel Observateur*). En bref, non seulement l'infidélité ou la polyfidélité n'enlèveraient aucunement les sentiments portés au conjoint, mais elles seraient même une façon de mieux l'aimer, un « booster de sentiments[43] » : « l'escapade amoureuse aurait des vertus thérapeutiques sur la libido conjugale » (*L'Express*). C.Q.F.D.

Le pouvoir de la science : la neurobiologie

Les experts convoqués dans les médias viennent de tous les horizons, dont la science. Contre le mythe d'une science détentrice de la Vérité, les travaux des historiens ont montré combien les résultats obtenus étaient conditionnés par les hypothèses de départ, et combien celles-ci dépendaient des représentations symboliques contemporaines[44]. Or, attribuer cette orientation partisane aux siècles obscurantistes serait une erreur : la science la plus contemporaine peut être susceptible d'une analyse du même type, et des chercheuses ont montré combien la médecine[45] ou encore la neurobiologie[46]

---

[40] Ibidem, p.56.
[41] Elisabeth Badinter, *Fausse route*, Paris, Odile Jacob, 2003.
[42] *Avantages*, octobre 2003.
[43] *Questions de femmes*, n° 97, p. 76.
[44] Thomas Laqueur, *La Fabrique du sexe. Essai sur le corps et le genre en Occident*, Paris, Gallimard, 1990.
[45] voir Emily Martin, *The Woman in the Body. A Cultural Analysis of Reproduction*, Boston, Beacon Press, 2001 [1987].
[46] Dorothée Benoit-Broaweys, Catherine Vidal, *Cerveau, Sexe et Pouvoir*, Paris, Belin, 2005.

étaient orientées par des stéréotypes en termes de genre. De même que certains ouvrages s'attachent à démontrer que génétiquement les femmes ne savent pas lire les cartes routières ou que toujours génétiquement les hommes ne trouvent pas le beurre dans le frigo ni ne savent repasser, il est également édifiant de retrouver dans les best-sellers de neurobiologie le même familialisme de l'immoral repéré à la fois dans certains des romans analysés et dans les médias. Ainsi, Lucy Vincent dans *Comment devient-on amoureux*, paru chez Odile Jacob en 2004, démontre-t-elle, expériences scientifiques et taux hormonaux à l'appui, que si l'infidélité est biologiquement normale, en revanche, elle ne doit surtout pas conduire à briser son couple. Et il n'est pas innocent, bien évidemment que ces livres s'adressent plus spécifiquement aux femmes... C'est le cas également de toute la production pseudo savante consacrée à la bonne marche du couple qu'analyse Irène Jonas[47]. La sociologue étudie ainsi tout un corpus de traités « psy » traitant du couple, et met au jour la nouvelle norme d'épanouissement en ce domaine, et montre combien la responsabilité et la réussite en sont imputées uniquement à la femme.

Le public de cette littérature et de cette presse que nous avons envisagées n'est d'ailleurs pas n'importe lequel. Les thèmes liés à la sexualité libérée sont le fait de magazines destinés aux actives de milieux plutôt favorisés (*ELLE, Biba, Marie France, Marie Claire*...), tandis que dans la presse plus « populaire » s'apprend plutôt la gestion des crises « quotidiennes » du couple. Or, les femmes de catégories aisées, au capital culturel élevé, sont sans doute celles qui présentent le plus de risques pour le maintien des normes familiales classiques : elles n'ont pas forcément d'enfants, et, si elles en ont, peuvent vivre seules, étant financièrement indépendantes, et elles ont grandi avec les idées du féminisme plutôt qu'avec celles de l'Église. Comme le soulignent Christine Guionnet et Erik Neveu[48], plusieurs facteurs se conjuguent qui menacent le lien conjugal : la valorisation d'une norme de vie sexuelle intense et gratifiante répétée à longueur d'enquêtes journalistiques –voire sociologiques –, confrontée au caractère routinier de la vie conjugale, la substitution de l'attirance et de l'amour à la convenance ou au lignage comme socles du couple, mais également l'évolution des cadres juridiques et des conditions matérielles avec la montée du travail des femmes. N'oublions pas que 46% de la population active est féminine, que 63,8% des femmes travaillaient en 2004, et que 71% des demandes de divorce en France émanent des femmes. De la même façon, les enquêtes sur la sexualité montrent l'augmentation en

---

[47] Jonas, Irène. 2006. « L'antiféminisme des nouveaux traités de savoir-vivre à l'usage des femmes », *Nouvelles Questions Féministes*, vol 25, n°2, p. 82 *sqq*.
[48] Christine Guionnet, Erik Neveu, *Féminins/Masculins*, Collection U, Armand Colin, 2005, p. 94.

quelques décennies du nombre moyen de partenaires sexuels (déclarés) dans la vie d'une femme. La liberté des comportements les plus privés et l'affranchissement des tabous sont donc normés et orientés, encadrés par de multiples discours, littéraires, médiatiques, scientifiques. Le sexe éperdu est récupéré pour s'insérer dans les cadres du familialisme garants de l'ordre social, et les valeurs persistent malgré la crise des institutions traditionnellement chargées de les assurer. Et qu'importe alors si pour cela, et pour préserver l'essentiel, on aménage quelque peu l'ordre moral...

La famille chez Marguerite Duras : variations autour d'un mythe

Hamida Drissi
Université de Marne-La-Vallée (France)

Dans l'œuvre de Marguerite Duras, la famille fait partie intégrante de la littérature et constitue un leitmotiv aux modulations multiples. De texte en texte, l'écrivain ne cesse de mythifier sa famille, de reconstituer un roman familial marqué par la perte irrémédiable du père et par le conflit fratricide.

L'imaginaire durassien est indéniablement marqué par l'histoire familiale. La romancière revient à plusieurs reprises sur cette « famille en pierre, pétrifiée dans une épaisseur sans accès aucun » et retrace une histoire « de ruine et de mort[1] », de haine et d'amour mêlés. Précisons toutefois qu'en dépit de ses sentiments ambivalents à l'égard de sa famille, Duras ne la rejette pas et n'en vient jamais à proférer la fameuse sentence gidienne « Familles, je vous hais ! », qu'elle juge ainsi : « C'est un mot stupide. Qu'aurait-il fait sans elle ? C'est de son refus qu'il écrit. Si elle ne se tenait pas là, gardienne de l'indéchiffrable, il n'y aurait pas de livres du tout dans le monde[2] ». Si, au fil des œuvres, l'histoire familiale s'est révélée être une source d'inspiration incontournable, force est de constater qu'elle ne s'est manifestée que progressivement. En effet, Marguerite Duras a cultivé, au début de sa carrière, un certain mystère autour de sa famille et de sa vie. Ce n'est qu'en 1984, date de la publication de *L'Amant*, qu'elle établit un lien entre sa vie et son œuvre et qu'elle revendique franchement le caractère autobiographique de son écriture. Cependant, bien avant cette date, Duras a livré à ses lecteurs certains indices permettant de deviner l'importance de la cellule familiale dans son écriture. Dès son premier roman *Les Impudents*, Duras nous propose un schéma familial centré autour du personnage de Maud, une jeune fille qui tente d'échapper à l'emprise familiale. À ses côtés, nous retrouvons une mère tyrannique, Mme Taneran, un frère aîné violent, Jacques, et un petit frère fragile, Henri. Les membres de cette famille se déchirent sans cesse mais ne parviennent pas, curieusement, à se quitter. Les sentiments contradictoires qui animent la famille des *Impudents* font écho à ceux qui régissent la famille de la romancière elle-même. Avec les Donnadieu, Duras connaît tour à tour l'attachement et le rejet, l'innocence et le crime. La communauté familiale, privée du père et dominée par le frère aîné, est le théâtre des conflits les plus violents et, étrangement, de l'unité la

---

[1] Marguerite Duras, *L'Amant*, Ed. de Minuit, Paris, 1984, p. 69.
[2] Marguerite Duras, *Le Matin*, 28 septembre 1984.

plus étroite. Il est nécessaire toutefois de souligner que le substrat biographique demeure sous-jacent à l'œuvre et ne se révèlera que par petites touches successives. Il n'est donc pas étonnant que Duras organise son deuxième roman *La Vie tranquille*, comme le précédent, autour des passions qui déchirent une famille. Mais au-delà de leurs ressemblances ou de leurs différences, la publication de ces deux premiers romans installe l'histoire familiale dans l'univers littéraire et marque une étape décisive dans la reconnaissance progressive par l'écrivain de la place et de l'impact, au sein de son œuvre, de la genèse familiale. À cet égard, la parution de *Un Barrage contre le Pacifique*, six ans plus tard, vient confirmer et prolonger cette reconnaissance. Avec ce livre, l'auteur nourrit son écriture en puisant, encore une fois, dans son vécu personnel. Ce sont ses relations complexes, fondées sur les paradoxes et le silence, avec les différents membres de sa famille qui alimentent son récit et structurent son univers littéraire. La tragédie que la romancière attribue aux protagonistes de *Un Barrage* ressemble à celle qu'elle a vécue elle-même avec sa famille en Indochine. Dans un entretien accordé à Bettina Knapp en 1971, Duras estime en effet que « l'œuvre la plus autobiographique, si l'on parle des événements ou des faits, est *Barrage contre le Pacifique*[3] ». Elle avoue par ailleurs en 1972 à Germaine Brée que « *Un Barrage* est entièrement autobiographique[4] ». Malgré ces déclarations, nous constatons que le vécu familial, tel qu'il est exposé dans les écrits durassiens, n'est pas encore explicitement avoué. Ceci dit, il nous semble qu'en dépit des réticences de l'auteur, *Un Barrage* a définitivement libéré la parole durassienne quant au rôle joué par sa famille dans la constitution de son imaginaire. Les deux nouvelles *Le Boa* et *Des Journées entières dans les arbres* s'inscrivent dans la lignée de *Un Barrage* et lèvent à leur tour le voile sur d'autres aspects du milieu familial. En effet, quatre ans après la publication de l'« épopée[5] » des barrages, Duras revient encore une fois à la mère. Mais cette fois la figure maternelle est l'objet d'une parole plus critique et plus virulente. Les deux textes mettent l'accent sur la douleur causée par la mère. L'écrivain pointe du doigt, sans aucune complaisance, l'injustice maternelle, son amour préférentiel pour son fils aîné. La mère ne manque pas d'ailleurs de saisir la virulence des accusations formulées à son encontre puisqu'elle désavoue à la fois l'œuvre et la fille. « Ma mère, raconte Duras, m'a reçue, seule, couchée, habillée de noir [...] et elle a refusé de me parler, de m'embrasser. Elle m'a dit simplement qu'elle ne comprenait pas que j'aie pu inventer une histoire pareille, aussi dénuée de

---

[3] *The French Review*, vol. 13, n° 4, mars 1971, pp. 653-659.

[4] « An interview with Marguerite Duras » dans *Contemporary Literature*, vol. XIII, 1972, pp. 401-422.

[5] C'est ainsi que Duras qualifie le récit héroïque de la mère lors d'un entretien accordé à Marianne Alphant, dans *Libération*, 4 septembre 1984.

fondement que celle du fils dans les *Journées entières dans les arbres*[6] ». Par la suite, de 1973 à 1977, Duras reconnaît de plus en plus l'influence de l'histoire familiale sur son travail d'écrivain. Durant ces années, l'écrivain révèle sans retenue, lors d'une série d'entretiens comme *Les Parleuses*, la grande influence du cercle familial sur l'inspiration littéraire et éclaire ouvertement le lien entre sa famille et celle qui ne cesse de hanter ses œuvres. Les années quatre-vingt marquent un tournant décisif dans l'exploitation du schéma familial puisque Duras dévoile dans *L'Amant* de nouveaux pans de son vécu et fait de sa famille un lieu originaire. François Nourricier corrobore notre interprétation en affirmant que l'écrivain remonte avec *L'Amant* « à ses sources, à sa scène fondamentale[7] ». Le livre se présente donc comme le roman des origines dans lequel la romancière ose briser les tabous et raconter en toute transparence la violence des rapports familiaux, l'amour incestueux pour le petit frère et l'aventure scandaleuse avec l'amant chinois. Insensiblement pourtant, plus l'écrivain revendique l'aspect réaliste de son milieu familial, plus il clame sa sincérité, et plus la vérité sur le passé familial se dérobe.

En effet, sous le double travail de l'amplification imaginaire et de la censure, Marguerite Duras modifie certains aspects de l'histoire familiale et déjoue en permanence le réalisme. Au fil du temps et des œuvres, le lecteur retrouve à vrai dire les mêmes figures. Mais la configuration familiale est sans cesse reprise, déplacée d'un texte à l'autre. Elle constitue une « cellule génératrice[8] » de l'univers durassien. La sincérité de plus en plus affichée de l'auteur va de pair avec la publication de récits se donnant à lire comme autant de déclinaisons possibles du clan familial dont la structure originelle restera à jamais confuse. L'effet de vérité recherché par le discours est donc une stratégie mystificatrice puisque la simple confrontation entre *Un Barrage*, par exemple, et d'autres récits publiés ultérieurement comme *L'Amant* ou *L'Amant de la Chine du Nord*, montre bien que Marguerite Duras n'obéit guère au pacte autobiographique tel qu'il était défini par Philippe Lejeune[9] et qu'elle invente, qui plus est, un véritable mythe familial. Dès lors, nous devons croire Marguerite Duras lorsqu'elle affirme à Hervé Le Masson : « L'histoire de votre vie, de ma vie, elle n'existe pas, ou bien alors il s'agit de lexicologie. Le roman de ma vie, de nos vies, oui mais pas l'histoire. C'est dans la reprise des temps par l'imaginaire que le souffle

---

[6] « Mothers », dans *Le Monde extérieur*, Paris, P.O.L., 1993, pp. 194-197.
[7] « François Nourissier a aimé *L'Amant* de Marguerite Duras », dans *Le Figaro Magazine*, 20 octobre 1984.
[8] Nous empruntons cette expression à l'article de Madeleine Borgomano, « L'histoire de la mendiante indienne, une cellule génératrice de l'œuvre de Marguerite Duras », *Poétique*, n° 48, novembre 1981, pp. 479-493.
[9] Philippe Lejeune, *Le Pacte autobiographique*, Paris, Seuil, « Poétique », 1975, 361p.

est rendu à la vie[10] ». C'est justement par le truchement de déplacements et d'amplifications symboliques des personnages que Marguerite Duras glisse peu à peu le récit de la famille vers le mythe. Ainsi en est-il de sa mère. Celle-ci est en effet omniprésente dès le premier jaillissement de l'écriture. Elle fait d'emblée partie de l'imaginaire en tant que personnage mythique. À ce propos, le héros mythique est une notion qui doit être entendue dans plusieurs sens. La figure mythique peut d'abord refléter « l'image idéalisée et exaltée[11] » d'une personne réelle. Elle peut aussi relever du mythe défini par Mircea Eliade comme un récit racontant une action surhumaine, « un événement qui a eu lieu dans le temps primordial, le temps fabuleux des commencements[12] ». Le personnage mythique est enfin, selon les termes de Gilbert Durant, l'objet d'un « discours ultime[13] » sur les origines. Or, il nous semble que la mère, dans les récits durassiens, illustre tour à tour ces différentes définitions. Avec la mythologie familiale conçue à la fois comme produit de fabulation et comme « discours ultime », c'est bien aux origines de la parole durassienne, à l'origine du processus créateur, au « temps fabuleux des commencements » que nous remontons.

« J'ai pris ma mère, Marie Legrand, et je l'ai livrée à la littérature[14] » déclare Marguerite Duras à l'occasion de la sortie du film *Des Journées entières dans les arbres*. C'est ainsi que Marie Legrand devient une héroïne mythique. Elle se défait de toutes les déterminations physiques et psychologiques propres au personnage réaliste dans le roman traditionnel et se présente comme une figure universelle, dépourvue de nom. Elle est alors évoquée soit à la troisième personne : « Elle », soit comme étant « la Mère », désignation générique et minimale qui renforce encore plus sa valeur archétypale, avec ce que cela implique de contradictions. À l'instar de nombreux personnages mythiques comme Andromaque ou Phèdre, la mère est une héroïne protéiforme. Elle est souvent décrite comme une mère martyre, nourricière et protectrice. Cette description valorisante de la figure maternelle est cependant perpétuellement contrariée par une représentation moins glorieuse où elle prend les traits d'un « monstre dévastateur[15] », terrifiant et dangereux. La narratrice accentue par ailleurs sa dimension mythique en lui conférant une force surhumaine. Dans *L'Eden Cinéma*, la

---

[10] *Le Nouvel Observateur*, 28 septembre 1984.

[11] Alain Rey (dir.), *Le Grand Robert de la langue française*, Paris, Ed. Le Robert, 1951-1966 ; éd. revue et augmentée en 1989 (9 tomes).

[12] Mircea Eliade, *Aspects du mythe*, Paris, Ed. Gallimard, [1963], coll. « Folio Essais », 1988, p. 18.

[13] Gilbert Durand, *Figures mythiques et visages de l'œuvre. De la mythocritique à la mythanalyse*, Ed. Dunod, 1992, p. 30.

[14] Entretien avec Jack Gousseland, dans *Le Point*, n° 230, 14 février 1977.

[15] Marguerite Duras, *Un Barrage contre le Pacifique*, Ed. Gallimard, [1950], coll. « Folio », 1978, p. 183.

mère ose défier à la fois la volonté divine et les forces naturelles. En dépit de son échec cuisant, elle ressasse toujours les mêmes projets et refait, infatigable, le monde. Cette « obsession du succès » qui l'anime révèle le « désir obscur de transcender les limites de la condition humaine[16] », inhérent à tout personnage mythique. L'acharnement aveugle condamne fatalement la mère à revivre la même tragédie exemplaire et le texte durassien à dire et redire le même malheur. L'histoire somme toute banale d'une veuve escroquée par le système colonial, impuissante devant l'injustice sociale et la force des éléments naturels, se transforme sous la plume durassienne et atteint la grandeur du mythe. Le récit de la concession incultivable, des barrages qui s'écroulent sous l'assaut répétitif des eaux du Pacifique, qui n'est autre que la mer de Chine, est désormais un récit sacré. Il est transmis par les enfants, voire par tous les habitants de la plaine et consacre sans cesse la grandeur maternelle. À travers cette structure itérative, incantatoire, l'écrivain inscrit le récit du malheur familial dans la répétition, et c'est là, à en croire Mircea Eliade, une des caractéristiques principales du mythe.

Marguerite Duras engage par ailleurs l'histoire familiale créée dans une voie de plus en plus éloignée de la réalité biographique et du temps linéaire. À titre d'exemple, l'action du trio familial, dans *Un Barrage*, donne à maintes reprises cette impression d'un temps bien au-delà du temps personnel, au-delà de la continuité chronologique bergsonienne. L'histoire est à peine commencée que l'échec du clan familial est d'ores et déjà annoncé. Le lecteur se trouve de la sorte au cœur d'un récit qui brouille souvent les durées réelles, qui « abolit le Temps profane, chronologique, et récupère le Temps sacré du mythe[17] ».

Outre cette temporalité subjective, les écrits de Marguerite Duras mettent en scène également une géographie personnelle, mythifiée, induisant une redistribution de la réalité référentielle. En effet, les motifs spatiaux dans lesquels se déploient les fictions de Marguerite Duras sont souvent des lieux retranchés du reste du monde comme la concession dans *Un Barrage*, coincée entre la mer et la forêt. Ce sont là des espaces aux contours à la fois précis et flous, investis d'une forte connotation symbolique. Duras s'évertue en réalité à souligner non seulement l'aspect particulier de ces endroits, mais aussi à amplifier leur dimension générale et exemplaire. La ville de Kam devient ainsi, dans la mythologie durassienne, l'emblème de la misère familiale et s'oppose à Ram, symbole du luxe de la colonie européenne. Les deux villes cessent de référer et représentent beaucoup moins un cadre spatial réel, qu'une construction purement imaginaire. Ainsi, à partir de substrats autobiographiques, ou prétendus tels, Marguerite Duras s'adonne à

---

[16] Mircea Eliade, *op. cit.*, p. 228.
[17] *Ibidem*, p. 175.

une mythification de l'histoire personnelle et favorise l'émergence d'un roman familial.

La lecture croisée des textes durassiens nous montre que l'écrivain revient sans cesse à la mère, aux deux frères et déploie un véritable roman familial. À travers cette expression, nous prenons en considération non seulement l'acceptation psychanalytique de la notion telle qu'elle a été définie par Freud, mais aussi sa dimension fabulatrice et romanesque. Notons d'emblée que l'absence du père dès la tendre enfance, chez Marguerite Duras, génère indéniablement une modification du roman familial. En effet, s'ils n'excluent pas complètement le père, les textes du début comme *Les Impudents* et *La Vie tranquille* nous en offrent une image assez négative et dégradante. Les figures de M. Taneran et du père de Francine privent immédiatement la figure paternelle de son rôle de chef de la tribu le plaçant à jamais en dehors du cercle familial. Tel qu'il est présenté dans les œuvres ultérieures de Duras, le père existe surtout grâce à son statut social. M. Desbaresdes est ainsi tout le temps désigné comme étant le « directeur d'Import Export des Fonderies de la côte[18] » tandis que la représentation du père de *L'Amant de la Chine du Nord* se réduit uniquement à l'exercice de sa fonction classique de mari autoritaire, responsable de la sécurité matérielle de la famille. C'est un père impitoyable, castrateur qui interdit l'histoire d'amour avec l'adolescente blanche. La loi castratrice, implacable du père suscite la haine du fils et exacerbe son désir de meurtre. Cette mort souhaitée du père est perceptible dans un certain nombre de récits durassiens et se traduit particulièrement à travers l'éviction totale de la figure paternelle. C'est justement le cas dans *Nathalie Granger* où le père s'éclipse dès le début de l'œuvre. Dans la maison, espace exclusivement féminin, l'absence du père n'est même pas notée comme le précise Duras.

L'absence significative du père dans la mythologie durassienne détermine, sans aucun doute, la structuration des rapports familiaux et privilégie dès lors la présence obsédante da la figure maternelle. L'ombre de cette dernière plane sur tous les récits durassiens. Assez souvent, la mère siège majestueusement « au centre de son royaume[19] ». C'est elle qui assure la force et l'unité du groupe familial et il est très édifiant que sa mort dans *L'Eden Cinéma* sonne le glas de la cohésion familiale. La disparition assez prématurée du père oblige la mère à pallier ce manque primordial, à assumer un double rôle : « Il y avait chez ma mère, précise Duras, le fait d'être à elle seule la parenté, totale[20] ». Tout au long des textes, la figure maternelle

---

[18] Marguerite Duras, *Moderato Cantabile*, Paris, Ed. de Minuit, [1958], « Double », suivi de « *Moderato Cantabile* et la presse française », 1988, p. 23.

[19] Marguerite Duras, *L'Amant de la Chine du Nord*, Paris, Ed. Gallimard, 1991, p. 14.

[20] *Savannah Bay, c'est toi*. Réalisation : Michelle Porte ; production : I.N.A., diffusée le 2 avril 1984.

investit de plus en plus le lieu du père et exerce son pouvoir phallique. La scène où, dans *Un Barrage*, elle bat Suzanne et l'accuse de prostitution confirme indéniablement sa dimension castratrice : « Ç'avait éclaté lorsque Suzanne était sortie de table. Elle s'était enfin levée. Elle s'était jetée sur elle et elle l'avait frappée avec les poings de tout ce qui lui restait de force. De toute la force de son droit, de toute celle, égale de son doute[21] ». La violence inouïe du châtiment corporel infligé à la fille indique clairement que nous sommes bien au cœur d'un foyer monoparental où la mère cumule à elle seule la fonction maternelle et paternelle.

L'absence du père provoque en outre une déformation du roman familial dans la mesure où le couple parental habituel : Père/Mère cède la place au couple pervers : Mère/Fils. L'ensemble de l'œuvre durassienne met en exergue la particularité et l'ambiguïté des liens unissant la mère et le frère aîné. Ces derniers entretiennent des rapports plus que complexes et étranges. Encore confus dans les premiers romans, le caractère incestueux de leurs relations est présenté comme une donnée autobiographique dans les textes ultérieurs : « Et puis n'y a-t-il pas eu aussi cette préférence exagérée qu'elle avait pour mon frère aîné ? J'en ai tellement parlé. Elle aimait son fils aîné comme on aime un mec, un homme[22] ». Encouragé par la mère, Joseph occupe véritablement le rôle du père dans *Un Barrage*. Sa fonction de chef de famille, garant de l'harmonie et de la stabilité de la cellule familiale, est unanimement reconnue et approuvée. Par contre, le frère aîné de *L'Amant de la Chine du Nord* représente, lui, la figure paternelle dans sa forme la plus archaïque. Il exerce un pouvoir tyrannique. La scène inaugurale où la narratrice décrit minutieusement la réaction violente du grand frère à la vue de la sœur et du frère cadet en train de danser sur un air joué par la mère consacre sa dimension œdipienne : « Il avance. Il atteint le couple du petit frère et de la sœur. Et puis il le fait : il prend le petit frère par les épaules, il le pousse jusqu'à la fenêtre ouverte de l'entresol. Et, comme s'il y était tenu par un devoir cruel, il le jette dehors comme il le ferait d'un chien[23] ». L'intervention violente de Pierre traduit à la fois sa jalousie maladive à l'égard du petit frère[24] et sa volonté de monopoliser l'amour maternel. La mère cautionne par sa passivité le comportement meurtrier et injuste de son fils aîné. Elle affiche aussi, de la sorte, l'adoration indéfectible qu'elle lui voue. L'amour monstrueux existant entre la mère et le grand frère culmine dans la mythologie familiale à travers la scène primitive réunissant dans la mort et au fond de la même tombe le couple incestueux : « Elle a demandé

---

[21] Marguerite Duras, *Un Barrage contre le Pacifique, op. cit.*, p. 136.
[22] « Ma mère avait… », dans *Le Monde extérieur, op. cit.*, pp. 203-204.
[23] Marguerite Duras, *L'Amant de la Chine du Nord, op. cit.*, p. 14.
[24] Le frère aîné désire secrètement la sœur. La vue du couple euphorique qu'elle forme avec le petit frère exacerbe sa convoitise et attise sa jalousie.

que celui-là [Pierre] soit enterré avec elle. Je ne sais plus à quel endroit, dans quel cimetière, je sais que c'est dans la Loire. Ils sont tous les deux dans la tombe. Eux deux seulement. C'est juste. L'image est d'une intolérable splendeur[25] ». Le lien passionnel entre la mère et le grand frère exclut les deux autres enfants et attise le conflit fratricide.

Nous constatons en effet que le processus de mythification mis en place par l'écrivain recouvre également l'opposition radicale de la fratrie. Le conflit tragique qui oppose constamment les deux frères s'énonce, chez Duras, comme une loi universelle, comme une évidence :

> Régulièrement des batailles éclatent entre mes frères, sans prétexte apparent, sauf celui classique du frère aîné, qui dit au petit : sors de là, tu gênes. Aussitôt dit il frappe. Ils se battent sans un mot, on entend seulement leurs souffles, leurs plaintes, le bruit sourd des coups. [...] Quand ils se battaient on avait une peur égale de la mort pour l'un et pour l'autre ; la mère disait qu'ils s'étaient toujours battus, qu'ils n'avaient jamais joué ensemble, jamais parlé ensemble.[26]

Pierre et Paul cessent d'être le grand et le petit frère pour s'ouvrir à une représentation plus mythique où ils sont les doubles de Caïn et Abel. La relecture durassienne du conflit fratricide s'inscrit dans la continuité de l'interprétation augustinienne, qui fait des deux frères bibliques les archétypes du Mal et du Bien. Duras maintient ce manichéisme en conférant à Pierre tous les attributs du mal. La brutalité morale et physique du grand frère fait de la famille durassienne un endroit extrêmement dangereux, une réplique de la famille biblique, meurtrie par le fratricide originel. La Bible nous indique en effet que le fils aîné du premier couple humain, Caïn le cultivateur, a tué son frère Abel le berger, dans un accès de jalousie, car Dieu avait agréé l'offrande d'Abel et non la sienne. Notons cependant que Duras nous livre une relecture particulièrement originale du mythe primitif de Caïn et Abel dans la mesure où elle fait de Pierre un personnage bien complexe qui condense la double figure d'Œdipe et de Caïn. La démence œdipienne et caïnique du frère aîné pèse lourdement sur les deux autres enfants. La sœur et le petit frère peuvent, comme nous l'avons déjà montré, former avec la mère une autre famille, où Paul sera le substitut paternel. Dans l'incapacité de tuer le père (fantasme de tout petit garçon selon Freud), déjà mort réellement, Pierre transfère sa haine sur le petit frère en essayant de le tuer pour s'imposer comme le chef de « la horde primitive[27] ». Lors d'un repas à Sadec, décrit dans L'Amant de la Chine du Nord, Pierre exige la viande de son petit frère et l'exclut sauvagement de l'espace familial : « Pierre a repris

---

[25] Marguerite Duras, « Mothers », dans Le Monde extérieur, op. cit., p. 99.
[26] Marguerite Duras, L'Amant, op. cit., pp. 74-75.
[27] Sigmund Freud, L'Homme Moïse et la religion monothéiste, Paris, Ed. Gallimard, coll. « Connaissance de l'inconscient », 1986, 256 p.

le morceau de viande dans l'assiette de Paulo et il l'a mis dans la sienne. Et il l'a mangé – un chien on aurait dit. Et il a hurlé : un chien, oui c'était ça. Espèce de crétin. Tu sais bien que les gros morceaux c'est pour moi[28] ». Pierre est, aux yeux de la sœur, l'assassin du petit frère qui sera, tel Caïn, privé de rédemption et condamné à expier sa faute originelle. Si Pierre incarne la figure du Méchant, Paul, lui, est le type du Juste persécuté. C'est un double d'Abel, un être extrêmement fragile. Il est intéressant de noter à cet égard que le nom « Abel » signifie en hébreu « buée », « petit vent » ou encore « vanité ». C'est comme s'il condamnait celui qui le porte à préfigurer, à son insu, toute l'expérience de la fragilité humaine. Le désarroi et l'innocence du petit frère sollicitent constamment l'instinct protecteur de sa sœur : « Je voulais tuer mon frère aîné. […] C'était pour enlever de devant ma mère l'objet de son amour, ce fils, la punir de l'aimer si fort, si mal, et surtout pour sauver mon petit frère[29] ». La relation incestueuse au petit frère est un motif récurrent dans l'œuvre de Duras. En effet, cet amour passionné est un amour fondateur, originel qui détermine profondément l'expression du désir chez Duras. Il traduit singulièrement la volonté de la sœur de transcender la distance qui la sépare du petit frère. Dans le texte durassien le rêve de fusion, d'identité, gomme l'altérité et « convoque, selon Danielle Bajomée, tous les avatars de l'androgyne[30] ». Cette figure archétypale, qui pour Platon participe aussi bien de l'homme que de la femme, est valorisée chez Duras car elle traduit ce profond désir de fusion dans une unité qui transcenderait la différence, dans une totalité, une félicité non seulement bisexuelle mais aussi métaphysique. Mais le désir de gémellité relève le plus souvent de l'ordre du fantasme dans les écrits durassiens. L'impossibilité de la fusion avec le frère cadet et avec l'Autre d'une manière générale est, paradoxalement, l'essence même de toute passion chez les personnages de Marguerite Duras. Dans « le roman familial », la monstruosité de Pierre s'oppose à la sainteté de Paul, la haine portée au grand frère répond à l'amour ressenti pour le petit frère. Ce sont là les pôles antithétiques à partir desquels Duras instaure le mythe familial. Et c'est probablement ces antagonismes caractérisant la mythologie familiale qui font éclater l'unité du « je » durassien. Mais curieusement, ce « je » renaît de ses cendres, transcende l'ambivalence du cercle familial et retrouve son unité grâce à l'écriture. Seule l'écriture venge la mort du petit frère et détruit symboliquement la mère et le grand frère.

La famille durassienne est sans cesse créée, inventée et ne se révèle que pour mieux se dérober. Marguerite Duras revient toujours sur l'injustice de la

---

[28] Marguerite Duras, *L'Amant de la Chine du Nord, op. cit.*, p. 28.
[29] *Ibidem*, p. 13.
[30] Danielle Bajomée, *Duras ou la douleur*, Bruxelles, De Boeck Université, « Culture et communication », 1989, p. 45.

mère et sur la violence du grand frère. Comme si seule l'activité créatrice lui permettait de conjurer la cruauté et l'exclusion. Comme si écrire, pour elle, n'était pas un choix mais une nécessité.

Hélène Cixous et le livre du frère :
de *Tours promises* aux *Rêveries de la femme sauvage*[1]

Christa Stevens
Chercheur indépendant

A-t-on jamais lu un personnage refuser de figurer dans un roman ? Si, pour l'auteur, ce personnage est un personnage chéri et, de plus, inspiré par son frère, « mon frère » comme cela s'écrit « à l'intérieur d'un genre qui a l'air autobiographique[2] », le choc peut être si grand – « terrible, mortel sont les mots[3] » – qu'il exerce sur le cœur de l'auteur « la virulente souffrance que la phrase "*Mademoiselle Albertine est partie*" produit sur la "psychologie" du narrateur proustien[4] ». Ainsi le formule, dans *Tours promises*, Hélène Cixous ou, plus précisément, la scriptrice-narratrice-je qui s'identifie comme l'auteur de ce livre et qui se réfère ici à un incident qui, en réalité, s'est passé dans la vie d'Hélène Cixous. L'incident a donc une date et un lieu : le 24 mai 2003, à la Bibliothèque nationale de France, où a lieu un colloque à l'occasion du legs qu'Hélène Cixous a fait de l'ensemble de ses manuscrits et archives[5]. L'auteur elle-même, lors de sa grande conférence, évoque son frère et le « livre de mon frère », qu'elle déclare ne jamais écrire[6], ne sachant pas qu'à ce moment la personne en question, son frère Pierre, est déjà sortie

---

[1] *Les Rêveries de la femme sauvage. Scènes primitives*, Paris, Galilée, 2000, 177 p. ; *Tours promises*, Paris, Galilée, 2004, 256 p.

[2] *Tours promises, op.cit.*, p. 131. Il s'agit ici d'une citation implicite de Jacques Derrida qui, dans sa conférence prononcée au même colloque à la BN, qualifie les fictions d'Hélène Cixous comme « fictivement autobiographiques ». Voir Jacques Derrida, *Genèses, généalogies, genres et le génie. Les Secrets de l'archive*, Paris, Galilée, 2003, 101 p., p. 18.

[3] *Tours promises, op.cit.*, p. 85.

[4] *Ibidem.*

[5] Il s'agit du colloque « Hélène Cixous: Genèses Généalogies Genres », organisé par Mireille Calle-Gruber, qui s'est tenu à la Bibliothèque nationale de France, du 22 au 24 mai 2003.

[6] Dans *Tours promises*, l'auteur rappelle qu'elle a déjà fait une promesse semblable. Lors d'un colloque au Canada elle avait déclaré publiquement « que je n'écrirais jamais de livre sur ma mère, j'avais même daté ma profession de foi du jour anniversaire de ma mère », mais que « tout de suite après j'ai fait le contraire » (p. 95). Voir Hélène Cixous, « En octobre 1991.... » dans Mireille Calle-Gruber (dir.), *Du féminin*, Sainte-Foy (Québec), Ed. Le Griffon d'argile, et Grenoble, Presses universitaire de Grenoble, 1992, 266 p., pp. 115-137. En vérité, Cixous déclare dans ce texte qu'il lui « semble que nous ne pouvons pas écrire de notre mère » (p. 134). Lors de la décade Cixous à Cérisy-la-Salle, Hélène Cixous lit son premier texte sur sa mère, intitulé « Vues sur ma terre ». Il est publié dans Mireille Calle-Gruber (dir.), *Hélène Cixous – croisées d'une œuvre*, Paris, Galilée, 2000, 472 p., pp. 235-254.

de la salle et de son œuvre, comme il le lui annoncera quelques jours plus tard.

Dans *Tours promises*, l'incident est annoncé dès la « prière d'insérer », la feuille volante qui discrètement mais stratégiquement nous invite à la lecture :

> Vous verrez comment j'étais debout sur la scène du Grand Auditorium de la BN. Je lisais ces lignes d'une conférence : "À la fin de ce texte dis-je, je pars en visite à Montaigne avec lui. Nous allons dans la Tour comme d'habitude", disais-je éblouie. Je me croyais avec lui. Je les avais rédigées un mois plus tôt. "Quel personnage", disais-je, pensant à mon frère. Je nous voyais dans trois jours à notre tour, comme d'habitude, nous allons à Montaigne comme nous allons à New York, à Montaigne, à New York, de tour en tour. Aveuglée par la puissante lumière blanche de l'éclairage de scène je ne voyais personne dans la salle, mais je m'adressais quand même à mon frère réel, ne sachant pas alors qu'il s'était "taillé", comme il me le dit deux jours plus tard, non seulement de la BN, mais de toute mon œuvre [...].[7]

À l'intérieur du livre, la scène de la BN sera mentionnée seulement à partir de la page 77, au bout d'un ensemble de sections et de chapitres qui, avec des titres comme « commencement du 15 juillet », « commencement du 11 juillet », se proposent comme des pré-textes au récit du frère, comme son avant-œuvre, d'autant plus que la narratrice y réfléchit sur le livre qu'elle veut écrire, sans préciser s'ils s'agit de *ce* livre-ci, du « livre de mon frère » du colloque, ou encore du « livre que je n'écrirai pas », qui est le spectre livresque qui hante les derniers livres de Cixous, accompagné par des réflexions sur « le secret » et sur ce qu'« il ne faut pas [...] dire[8] ». Dans cette série de commencements, le frère de l'auteur-narratrice – avec en plus un étrange « semifrère » (p. 50) – figure comme il le fait depuis une dizaine d'années dans l'œuvre cixousienne : comme la personne à la fois la plus familière et la plus différente qui l'accompagne lors de ses promenades, comme son double dans le souvenir de leur enfance passée en Algérie, comme un regard autre porté sur les relations familiales, enfin comme un être profondément aimé et nécessaire.

Au bout de ce long pré-texte, le récit prend son départ avec un chapitre qui, à en voir la mise en page et la typographie de la Table des matières, se détache des sections précédentes pour former un ensemble – un livre ? – avec les chapitres suivants. À la première page on retrouve l'incident de la BN, raconté plus en détail :

> [...] quel personnage dis-je, aveuglée par la puissance blanche de l'éclairage de scène je ne voyais personne dans la salle, j'aurai pu me parler à moi-même, mais je m'adressais quand même à mon frère dans la salle ne sachant pas alors qu'il s'était

---

[7] « Prière d'insérer » à *Tours promises*, *op.cit.*, page 1.
[8] Selon le soutitre de *Benjamin à Montaigne. Il ne faut pas le dire*, Paris, Galilée, 2001, 250 p.

"taillé sitôt après la part du lion" comme il me le dit deux jours plus tard. Je croyais lui parler. La part du lion faisait référence à la conférence *roi-yale* dit mon frère de Derrida dont il n'aurait pas voulu perdre une miette et qu'il avait saluée par ces mots : "le lion a rugi", sur quoi la panse pleine de ce qu'il estime être un mets viril mon frère file. (p. 79)

Ce dernier terme de « file », qui remplace le « taillé » de la citation du frère, exerce une fonction poétique stratégique. Par l'écho qu'il fait à « viril », « lion » et « il[9] », le départ du frère se donne aussitôt à entendre comme un acte, connoté masculinement, de séparation et de coupure. Le terme « file » correspond aussi au titre du chapitre qui figure à la page précédente : « A la bibliothèque nationale. Le fil coupé ». Ce « fil »-ci, avec l'adjectif « coupé » sanctionne le « filer » du frère comme une véritable coupure, mais en même temps il neutralise cette coupure en évoquant aussi un autre « filer » – transformer en fil, faire un lien – dont les connotations de développement, d'écoulement, de suite, ainsi que les notions de la filature et de la filiation, défont le travail de « file »-coupure du frère.

Ce même titre de chapitre « À la Bibliothèque nationale. Le fil coupé », avec sa structure nominale et comme coupée en deux, donne lieu à un éventail d'interprétations où les notions d'avant-œuvre et d'archives, de liens familiaux et de liens textuels, de pré-texte et d'après-texte, se recoupent et se poursuivent. Car autant que « le fil coupé » annonce la sortie du frère de l'œuvre de sa sœur, il évoque aussi, à cet endroit du livre, la coupure entre les pré-textes (le couple des commencements) et le livre qui va enfin (re-) commencer, ou encore, par la référence hors-textuelle à la BN, celle entre une autre avant-œuvre, c'est-à-dire les archives cixousiennes données à la BN, détachées dès lors de leurs racines, et le livre, ce livre-ci et les autres encore à venir. Considéré dans la chronologie de l'œuvre cixousienne, il suggère enfin la coupure entre les livres où le frère figure et les autres où il ne figurera plus, ou autrement. Car si, comme le lecteur de Cixous a pu le constater entre-temps, le frère figure toujours dans les fictions les plus récentes[10], la question reste de savoir si et comment ce frère-ci se rapporte au personnage fraternel d'avant la sortie et, parallèlement, si et comment il le fait au frère « réel », celui qui, par l'intermédiaire de « mon frère », avait déclaré à la narratrice qu'il ne voulait plus lui servir de frère textuel.

Ces observations préliminaires indiquent que ce livre de Cixous s'articule sur les motifs du fil coupé et du fil recousu, ou refilé autrement, du séparable et du réparable, de l'inséparable, dont le point de départ et l'enjeu

---

[9] Un autre écho se trouve encore dans « versatilité », qui, selon la narratrice, est le mot « que j'avais en effet prononcé le concernant », sur quoi son frère a quitté la salle de la conférence (p. 85).

[10] Notamment *L'Amour même dans la boîte aux lettres*, Paris, Galilée, 2005, 213 p. et *Hyperrêve*, Paris, Galilée, 2006, 224 p.

est l'écriture elle-même. La comparaison avec l'Albertine de Proust est ici éclairante. Car si la disparition brutale d'Albertine a permis au narrateur proustien de « tisser un magnifique voile de deuil » (p. 87), la narratrice cixousienne n'a pas cette chance : elle n'a pas perdu son frère réellement. « Il a *seulement* […] en secret tué un personnage, un très grand personnage que j'aimais » (p. 87). Mais en tuant ce personnage, « c'est moi en bonne partie qu'il tue évidemment » et avec elle, à travers elle, « un texte déjà bien formé, viable, un véritable enfant » (p. 87). Pourtant ce n'est pas le destin de ce texte spécifique qui est en jeu, mais celui de l'écriture cixousienne elle-même. Par la décision de son frère, la narratrice-auteur se rend compte qu'elle a toujours eu besoin d'un « élément masculin conducteur un personnage de frère proche de la sœur » (p. 132) « pour flanquer le côté de mon récit d'un corps fiable » (p. 179). Ce besoin est bien sûr lié à la particularité de son travail : une écriture qui, sans être autobiographique, se nourrit « de la chair et du sang de mon entourage[11] » et explore dès lors les limites du fictif et du vécu, celui du présent comme du passé, représenté par les grands biographèmes de l'œuvre cixousienne dont la mort du père jeune, omniprésent dans son œuvre, la mère allemande, les ascendances juives et la perte du pays natal.

« Remplace-moi » (p. 119), dit le frère pour apporter une solution. Un cousin, une sœur, ou un semifrère pourraient faire l'affaire, mais la narratrice sait que les liens de famille, ni la proximité, ni le genre ne se remplacent aussi facilement. Déjà les rapports entre son frère réel, son frère en elle et « mon frère » dans le texte sont hautement problématiques. *Tours promises* se propose dès lors comme un livre sur le remplacement ; sur ce qui, dans une relation familiale, irremplaçable par définition, se remplace et ne se remplace pas ; sur ce qui se perd ou est gagné dans le remplacement ; enfin sur l'écriture comme l'art du remplacement même. Pour en suivre les modalités dans *Tours promises*, on retournera d'abord à *Les Rêveries de la femme sauvage* où on analysera les liens et les coupures qui constituent le rapport sœur-frère.

Du « double enfant » …

On n'a pas à chercher loin pour trouver les premières traces de la présence fraternelle dans l'œuvre cixousienne : d'une certaine manière, le frère a toujours été là, formant le double de la voix narratrice dans ses évocations du passé familial. Il est présent dès *Dedans* (1969)[12], le premier roman de Cixous qui traite de l'univers clos, mais menacé, de la famille, où « mon

---

[11] « Hélène Cixous : "La langue est le seul refuge", dans *La Quinzaine littéraire*, 1 octobre 2000, p. 10.

[12] Je fais ici abstraction du premier texte d'Hélène Cixous, *Prénom de Dieu*, Paris, Grasset, 1967, 205 p.

frère et moi » font ensemble leur apprentissage de la vie et de la mort. À quel point la sœur et son petit frère sont semblables et liés, formant comme un seul corps (mais toujours duel), se lit par exemple dans *Portrait du soleil*, où une allusion implicite au *Jardin des délices* de Jérôme Bosch décrit la même sphéricité heureuse du dedans familial et sa fin imminente du premier roman : « Brusquement tout va si vite, la poche se vide, crache ses couples, éjecte ses jumeaux »[13]. Dans *Osnabrück*, une remarque comme « Nous sommes encore un seul enfant[14] » explicite l'idée de l'enfant double, le terme « encore »/« en corps » soulignant à la fois la corporalité fusionnelle des deux enfants, sans âge ou sexe pour les distinguer, et sa fin prochaine.

Tours promises fait aussi état de cette gémellité heureuse et perdue : la narratrice, en deuil fraternel, affirme par exemple que son personnage de frère « est à moitié moi, en le peignant je me peins, en me plaignant je le plains » (p. 87). Ce qui dans la décision du frère l'a ahuri le plus, c'est que « Je me crois dans l'intimité la plus ancienne, dans le dedans le plus familier, je suis dehors » (p. 91). Même le titre, renvoyant à la tour de Montaigne et à celles de Manhattan, s'explique dans cette perspective : comme les tours jumelles de Manhattan, l'une Tour est toujours la « Tour sœurfrère de la Tour frèresœur » (p. 147) – même si l'Histoire en a décidé autrement[15].

Dans la mesure où cette gémellité est seulement perçue dans le discours de la narratrice-je, le frère occupe à peine le statut de personnage. Dans *Tours promises*, la narratrice-auteur affirme en effet que le personnage-frère est arrivé tard dans son œuvre : « je me rappelais l'arrivée de "mon frère", la première fois, dans *Les Rêveries de la femme sauvage* – c'est là que tout avait commencé, l'histoire du personnage » (p. 132). Mais avant *Les Rêveries* le frère-personnage fait une première apparition dans *Or. Les lettres de mon père*[16], significativement dédié « à mon frère Pierre » : c'est lui qui, toujours dans une narration à la première personne, décide de donner les fameuses lettres laissées par le père à la narratrice ; ce sont les souvenirs et les interprétations du passé familial à lui qui entrent dans le discours de la narratrice. L'apparition du personnage fraternel et sa fonction particulière s'avèrent donc intimement liées au développement de l'œuvre cixousienne elle-même où, sous l'apparence d'une écriture plus explicitement autobiographique, s'effectue, d'un livre à l'autre, un retour à l'histoire familiale, et notamment au passé algérien, avec les secrets et les crimes qui font de l'enfance à la fois un trésor de récits inépuisable et le creuset d'une thématique qui sera explorée tout au long d'une œuvre.

---

[13] *Portrait du soleil*, Paris, Denoël, 1973, 181 p., p. 8.
[14] Paris, des femmes, 1999, 230 p., pp. 166-167.
[15] La narratrice semble se référer à un voyage fait avant septembre 2001. Elle évoque cependant un carnet dans lequel elle a noté le 12 juillet 2001 que « tout est composé de scènes douces et apocalyptiques » (p. 146).
[16] Paris, des femmes, 1997, 199 p.

... au « premier couple »

« Tu n'as pas connu l'Algérie », dit le frère plusieurs fois dans *Les Rêveries de la femme sauvage*, et c'est par cette parole donnée à lui que la quête du passé algérien se transforme en une mémorisation à deux, avec le frère comme personnage-partenaire.

> Tu n'as pas connu l'Algérie, [...] c'était sa sentence et sa conclusion. C'est ainsi qu'il attaque le sujet. Comme toujours nous étions assis dans les fauteuils dans lesquels nous prenons place chaque fois qu'à notre insu la scène qui fait de nous le premier couple recommence. Naturellement cette scène je ne la vois pas quand j'y suis dans le fauteuil c'est seulement maintenant en faisant un pas d'une page sur le côté que je nous vois et je reconnais la nécessité des fauteuils en tant que garde-fous. La pièce si calme soit-elle en apparence est en réalité parcourue par de grands courants de violence, en apparence nous nous parlons, mais jamais de bavardage, en vérité sans avoir l'air de quitter nos fauteuils c'est titanesque ce que nous soulevons et renversons [...] (p. 19)

Dans ce fragment, la gémellité reste un motif de base, mais elle est concurrencée par le « premier couple », notion aux résonances bibliques et dès lors porteuse de l'idée d'une séparation originaire, qui est sexuellement motivée[17]. Dans la conversation entre le frère et sa sœur une telle séparation a également lieu, non seulement à cause du sujet abordé, mais aussi à cause de leurs positions, mémoires et visions divergentes : « nous sommes deux dans une seule mémoire » (p. 175). La coupure sexuelle sur laquelle la mémorisation s'articule ne fonctionne pas de la même façon pour la sœur comme pour le frère. Un premier exemple est donné dans le fragment suivant, qui fait référence à l'environnement social et politique dans lequel les enfants ont grandi et qui était particulièrement hostile aux Juifs qu'ils étaient. Dans ce contexte précis le couple uni du frère et de la sœur trouve à la fois son fondement et ses limites : son caractère apparemment neutre a eu besoin de se sexualiser, ce qu'il fait d'abord par voie monosexuelle, car il a fallu deux frères plutôt que deux enfants, deux êtres humains, pour faire face aux défis :

> Rien de ce que nous échangeons depuis les fauteuils à travers les décennies ne fut jamais insignifiant. [...] c'est souvent une guerre dans laquelle nous sommes frères jurés originaires, côte à côte face aux successifs masques de l'ennemi mondial, et serrés l'un contre l'autre dans la lutte contre le monde par le feu d'une lutte interne qui se rallume et que nous rallumons au contact l'un de l'autre, par le frottement de nos humeurs également aiguisées. [...] Dans les fauteuils je suis à côté de mon frère à son côté et à ses côtés d'un côté en tant que sœur de frère et de l'autre côté en tant que

---

[17] L'idée du « double enfant », mâle et femelle, se transformant, se séparant en un « premier couple » fait également penser au mythe, raconté dans *Le Banquet* de Platon, de l'androgyne, l'être doublement sexué, qui fait l'expérience douloureuse de la section c'est-à-dire de la sexuation, par sa division en deux sexes.

frère supplémentaire. Car si à l'intérieur nous nous frottons jusqu'au heurt, face au monde nous fûmes un seul camp multiplié. (pp. 20-21)

C'est donc la sœur qui se divise, autrefois et cinquante ans plus tard, entre sœur de frère et « frère supplémentaire », selon les obligations de la situation. L'envers ne se produit pas et s'il semble s'imposer, le couple frère-sœur s'en trouve aussitôt menacé. L'exemple le plus éclatant se trouve dans l'histoire du « Vélo » qui est comme suit.

Un vélo offert aux deux enfants par leur mère, veuve pauvre et étrangère, tourne en un drame familial quand ce vélo s'avère être un vélo de femme, ce qui pour le frère est inacceptable : il se rendrait totalement ridicule aux yeux des « petizennemis » (p. 37), « les petizarabes[18] » (p. 45) du Clos-Salembier, le quartier algérois qu'ils habitent. Cinquante ans plus tard il s'en sent encore offensé, fulminant devant sa sœur qu'« offrir un vélo de fille à son fils », comme leur mère l'a fait, par esprit d'économie certes, constitue « *un crime définitif*[19] » (p. 35) – « et pourquoi pas une robe alors, s'écrie-t-il » (p. 35) –, une « amputation » (p. 35). Le geste maternel est d'autant plus impardonnable que, à l'époque, c'était le « moment du symbole de l'homme magnifié et par-dessus le marché au Clos-Salembier » (p. 37), et ceci d'autant plus que le vélo était offert le jour de ses treize ans : « Toujours je voudrais savoir s'il y a *une femme juive dans l'histoire* qui le jour des treize ans de son fils lui offre un vélo de femme. [...] Maman n'a *même pas voulu me castrer*[20] » (p. 37), c'est-à-dire qu'elle n'aurait jamais perçu l'homme en son fils. L'incapacité de la mère de voir dans son couple d'enfants deux êtres sexués, son ignorance du fait que « tout ce qui nous arrivait au Clos-Salembier nous venait en féminin et en masculin » (p. 24) est sûrement aussi liée à sa propre étrangeté : elle n'avait pas seulement acheté un vélo allemand, mais encore *en* allemand, vu que le vélo, *das Fahrrad*, et son destinataire, les enfants, *die Kinder*, singulier *das Kind*[21], sont tous les deux des mots-concepts neutres.

À l'époque, le frère a pourtant su transformer le mauvais cadeau en un avantage : après une fugue d'une nuit, il rentre le lendemain, enfourche le vélo et sort de nouveau, comme transfiguré. Le « vélo-pour-deux » (p. 39) de

---

[18] Hélène Cixous joue ici avec l'usage colonial de ce terme. Dans « Mon Algériance », l'auteur explique que la désignation « les Arabes » était utilisée par opposition à « les Français », sans que le terme corresponde à aucune réalité historique, ethnographique ou politique. Les Juifs, qui avaient la nationalité française, étaient rangés parmi « les Français », au moins aux yeux des Algériens, les Français les considérant comme des « indigènes ». Hélène Cixous, « Mon Algériance », dans *Les Inrockuptibles*, 1997, p. 70.
[19] Italique dans le texte.
[20] Italique dans le texte.
[21] Je fais cette interprétation à la base d'une remarque d'Hélène Cixous dans *La Venue à l'écriture* à propos de langues comme l'anglais et l'allemand où « l'enfant est d'un neutre, en sursis de décision sexuelle » (Paris, des femmes, 1986, 204 p., p. 36).

la mère, la bicyclette de fille refusée, devient pour le jeune homme un outil pour acquérir sa masculinité par un autre biais : quitter la famille, une famille notamment clouée en son for intérieur par les agressions du monde extérieur, et aller à la « conquête du pays » (p. 22), à la recherche d'autres liens. L'envol désormais quotidien du garçon, « filant haut, cerf-volant sublime dont la queue est composée d'un ruban de haillons morveux » (p. 39), constitue pour le frère comme pour sa sœur la fin de leur couple, une séparation définitive, qui s'articule également sur le modèle de la différence sexuelle. Avec le vélo qu'il s'est approprié, dont il a fait un seul vélo pour homme(s), le frère laisse derrière lui non seulement une maison de femmes[22], mais encore le couple de « frères » jurés qu'il formait avec sa sœur, refusant le côté féminin de leur couple quand il a refusé le vélo de femme pour deux. D'autre part, préférant la compagnie des « haillons morveux », les anciens « petizennemis » arabes, il entre encore dans un autre ordre sexuel, dans la mesure où son identité juive, auparavant objet de haine et de rejet, se dissout dans une masculinité partagée. Le ré-emploi, dans *Tours promises*, du terme « filer » et l'insistance faite sur la masculinité de la conférence de Derrida, préférée à celle de sa sœur, indique que la sortie du frère ne constitue pas un acte isolé mais un geste répété à travers les âges.

À l'époque, pour la sœur, la sortie du frère sur ce qui est devenu son vélo à lui a causé le sentiment d'un profond délaissement et d'une séparation irréparable, d'autant plus que, pour elle, dans le contexte culturel et social de l'Algérie des années 40 et 50, une sortie pareille était impossible[23] :

> en plus au Clos-Salembier c'était la guerre des sexes guerre brute crue [...] guerre divisée en deux fronts, d'une part la guerre entre garçons, de même sexe à même sexe, il faut le souligner car elle avait lieu entre circoncis [...] d'autre part la guerre des mêmes contre les autres, dans laquelle je me trouvai la plupart du temps isolée sans frère et sans amie. [...] Or cette double guerre je suis la seule à pouvoir en parler car moi seule j'y étais au Clos-Salembier des deux côtés, en tant que frère par mon frère et en tant que fille sans mon frère qui en ce cas n'aurait jamais pu être ma sœur. (pp. 43-44)

Frère avec son frère dans la guerre « entre circoncis » (Juifs et « Arabes »), mais seule, ne pouvant pas se faire valoir comme sœur de frère et encore moins comme fille sans frère, la jeune Hélène a vécu une adolescence algérienne douloureuse, avec et sans son frère, à son côté mais lui pas toujours au côté d'elle. C'était l'Algérie, l'appel qu'elle leur faisait, les guerres dans lesquelles elle les entraînait, chacun différemment selon son

---

[22] En fait quatre femmes : sa mère, sa sœur et ses deux grand-mères.
[23] En témoignage de son grand attachement à l'Algérie de son enfance, Cixous se déclare « inséparabe » (p. 45) ; notons que cette double articulation de l'inséparable/séparable implique aussi sa relation au frère : contrairement à elle il a pu passer la frontière sociale et culturelle qui les séparait des « Arabes ».

sexe, qui a signé la fin réelle de leur couple. La sœur a quitté le pays natal dès que possible, en 1955 ; le frère, qui a rejoint sa sœur en France pour faire ses études, est rentrée en Algérie pour adopter la nationalité algérienne, mais s'est trouvé expulsé en 1962. Pour lui l'Algérie constitue le Paradis Perdu, pour elle l'Enfer Perdu, ou plutôt : « l'enfer du paradis » (p. 121), car *Les Rêveries*, malgré les souvenirs durs, respire à chaque page l'amour du pays natal perdu.

Côte à côte : la promenade au risque de l'écriture

Depuis *Or*, les fictions cixousiennes brossent le portrait à deux de la sœur et de son frère. Autant que la sœur est quelqu'un qui vit avec et dans l'écriture, qui vit sa vie comme on lit un livre[24], le frère est une personne qui aime le concret et la réalité quotidienne. Médecin par profession, il soigne les maux du corps, mais ne veut rien savoir des peines psychiques dont lui parle sa sœur, surtout si elles sont liées à l'écriture : il est « médecin pour mes angines mais pas pour mes angoisses[25] ». Le frère apprécie d'ailleurs peu les activités littéraires de sa sœur : dans *Benjamin à Montaigne*, la narratrice décrit longuement comment son frère ne prend pas son travail au sérieux, la prend à la rigueur pour une « ramasseuse de déchets et conservatrice de délires[26] » et fait toujours de son mieux, comme autrefois, pour la déranger dans son travail ou de la surprendre « en état de péché[27] », c'est-à-dire en train d'écrire : elle se trouve « piégé[28] » (p. 93), comme elle écrit encore dans *Tours promises*.

Les motivations profondes de ce comportement fraternel sont données entre autres dans *Les Rêveries* : l'isolement de l'écrivain dans son bureau, son abandon de la famille et du monde, sa tendance à aimer l'écriture plus que tout au monde, signifient pour le frère son délaissement à elle du couple qu'ils formaient et du désir qu'ils partageaient en tant qu'enfants : sortir de l'enclos familial, aller à la découverte du grand monde :

> Toi, dès qu'il y a eu le Vélo, je t'ai vue le premier jour du vélo rentrer plus profondément encore dans la maison au fond de ta chambre que tu ne quittais presque jamais, te creuser un terrier ou une tanière si tu préfères dans les quelques livres que tu avais, et de ce jour et les dernières années tu ne faisais que travailler, travailler, me disais-je et non vivre et moi du haut du Vélo je savais que je m'envolais très loin au-dessus du Clos-Salembier et de nos chaînes communes et respectives. Et l'Algérie je l'ai connue. (p. 25)[29]

---

[24] Voir *L'Amour du loup et autre remords*, Paris, Galilée, 2003, 213 p.
[25] *Benjamin à Montaigne, op.cit.*, p. 74.
[26] *Ibidem*, p. 76.
[27] *Ibidem*.
[28] Lisons ce terme aussi dans sa sonorité parlante : Piégé : Pierre - je ; Pierre j'ai.
[29] Se référer aussi à *Benjamin à Montaigne, op.cit.*, pp. 76-77.

Les promenades avec le frère qui, dans les livres les plus récents, ont remplacé les conversations dans les fauteuils, constituent des moments où la narratrice essaie de remédier à ce délaissement du frère. Situés à des endroits narratifs stratégiques, dans *Manhattan*[30] au début du livre par exemple, ces promenades jouent aussi avec l'idée d'une écriture qui naît, qui se promène, entre vivre et écrire : dans ses pages préparatoires, est-on déjà dans le Récit ou suit-on l'auteur dans des balades loin du livre entrepris ? Son frère-compagnon lui donnera-t-il du sujet à débattre ou la détourne-t-il de l'écriture ? C'est « côte à côte avec mon frère[31] » que la narratrice voudrait faire la promenade, dans une relation de sœur à frère et non pas d'écrivain à « mon frère », mais « au lieu de passer de mon côté je passe de l'autre côté », c'est-à-dire qu'elle sent venir l'écriture sous la forme d'un « carnet carré caché dans la poche de gauche de ma chemise [qui] pèse sur mon cœur comme animé aussi de mes regrets, à ma droite aussi je suis en état de péché du côté de mon frère[32] ». « L'état de péché[33] », « mes regrets » : ces termes suggèrent que la narratrice ressent bien cet appel de l'écriture comme une autre mise en crise du couple qu'elle forme avec son frère, la constellation « côte à côte » étant à son tour défaite par la localisation du péché aux côtés gauche et droite et le « côté de mon frère » de la narratrice :

> [...] j'ai beau marcher au côté de mon frère, ça ne marche pas du même pas, le décollement commence, l'antique persécution inavouable, j'avance les pieds successivement, tandis qu'au fond ça crépite, le dédoublement avait commencé. N'y pense pas pensai-je, ça va passer, colle au frère, ne pense pas à ne pas penser, colle, colle, colle[34]

Dans ce livre écrit une année avant le départ annoncé du frère, la narratrice n'aurait pu imaginer que ce « décollement », son « péché » à elle, un jour serait du côté de son frère, que ce serait lui qui lui tendrait un tout nouveau « piège »....

Le remplacement du semifrère

Livre sur le fil coupé comme on l'a vu, *Tours promises* est aussi un livre de la dépossession : dépossession du frère-personnage et du livre arrêté avant terme, dépossession aussi des manuscrits, et donc du passé, sa mémoire et ses histoires. Comme dans les livres précédents, la narratrice évoque sa maison envahie de piles de caisses entreposées. La dérangeant et la

---

[30] *Manhattan. Lettres de la préhistoire*, Paris, Galilée, 2002, 241 p.
[31] *Manhattan, op.cit.*, p. 9.
[32] *Ibidem*, p. 10.
[33] Voir aussi, dans *Benjamin à Montaigne* : « J'ai un métier lui dirai-je s'il ouvre soudain la porte dans mon dos et brandit son épieu en carton. Heureusement le magnétophone tournait lorsque la peur d'être prise en état de péché arrêtait ma main au-dessus du papier » (p. 76).
[34] *Manhattan, op.cit.*, p. 20.

provoquant par leurs noms – « Lycée », « Fiancée » – elles sont comme des spectres et des revenants – la référence à Hamlet est par ailleurs omniprésente. Un revenant d'une autre stature est le photographe canadien François Tremblay, un ami d'enfance d'Hélène Cixous, longtemps perdu de vue et oublié, qui un jour littéralement surgit devant elle quand elle se trouve pour un colloque au Canada. Se rappelant leur amitié presque fraternelle du temps qu'ils fréquentaient le lycée, elle l'adopte comme « semifrère », pour voir par la suite passer son « personnage de secours à l'état de personnage de plus en plus distinct jusqu'à n'être pas loin bientôt de devenir un héros » (p. 238).

Que ce soit par le biais de son frère, par celui de la caisse « Lycée » ou encore par celui de la rencontre avec François qui, à son tour, va donner à la caisse « Fiancée » une signification inattendue[35] : tout semble inviter la narratrice à se rappeler d'« une de ces histoires […] qui peuvent dormir cinquante ans » (p. 182) et trouver là le véritable sujet de son livre : non pas le départ du frère, mais la première fiancée de son père. Quand il faisait ses études à Alger, une jeune femme française a voulu se fiancer avec lui, ce qu'il a gentiment refusé, étant sans ressources pour entretenir une famille.

Avant que la narratrice entre dans les détails de cette histoire, elle décrit longuement ses souvenirs de François dans une narration qui, significativement, se met sous le signe de la recherche de liens. Ils se sont rencontrés le jour de l'examen d'entrée au Lycée Fromentin, « c'est-à-dire l'examen d'entrée dans les temps modernes et la vie nouvelle » (p. 183), qui sacralise la sortie définitive de la famille. Lui l'a aidé en informant le professeur de son incapacité de voir les questions écrites au tableau noir : « Il avait aidé l'éclopée, maintenant j'aidais le misérable, lui mes yeux moi son secours en calcul. Ce lien n'a pas de nom. Il vient d'un temps très ancien où existaient les Liens » (p. 184). François n'a pas de mère ; Hélène perdra bientôt son père : « Maintenant le lien se renforce : elle aussi elle est orpheline. Par métonymie l'héroïne devient aussi pauvre que le héros. Plus pauvre même. Même pas vieux même pas sale même pas postier » (p. 185) – la narratrice se réfère ici au père de François qui, déjà bien âgé, était trop fatigué pour s'occuper de son fils cadet. Ce lien avec la personne que la narratrice appelle maintenant son « petit frère » (p. 186), « mon propre allié, mon compagnon de misère, mon frère de cœur » (p. 193), « mon ancien petit amifrère » (p. 212) subit une crise quand la jeune Hélène, depuis un certain temps déjà aux prises d'un désir d'idéalisation de son père, le moribond bientôt mort pauvre, avait « besoin de mon compagnon et acolyte pour accomplir la transfiguration » (p. 193) et lui déclare un jour que son père était milliardaire. François lui lance aussitôt qu'elle ment, que son père à lui

---

[35] La caisse se présente d'abord comme contenant les manuscrits de *La Fiancée juive*, Paris, des femmes, 1995, 203 p.

a connu son père parce qu'il louait une chambre chez eux : « ton père [...] était fiancé avec ma sœur » (p. 196). Aussitôt le Milliardaire fait place au Fiancé, et un récit monté mais « *tellement vrai* qu'*il l'était*[36] » (p. 187) à la réalité qui joue un « coup de fiction » (p. 196), à croire ou à ne pas croire. La sœur de François, par surcroît appelée Albertine, était partie après sa naissance parce qu'elle ne voulait pas s'occuper de lui. S'il s'était passé quelque chose chez les Tremblay, ni François ni la narratrice n'en dit un mot.

Le remplacement du frère que la narratrice a jugé nécessaire pour pouvoir continuer à composer la « machine-famille vivante[37] » fait maintenant court-circuiter la double machine familiale mythique et narrative : le récit principal, déjà perdu en cours de route par la défection du frère, perd de nouveau son fil à cause d'un récit secondaire qui semble prendre le devant ; le semifrère, choisi pour remplacer le frère, s'avère être, peut-être, un demi-frère et en même temps un frère pas tout à fait. C'est que, dans les échanges entre Hélène et François aussi bien qu'entre la narratrice et son semifrère, l'appellation « mon père » les rapproche en même temps qu'elle les sépare l'une de l'autre, chacun n'ayant pas connu « son père » de la même façon, chacun étant visité différemment pas le fantôme paternel, elle par son spectre divinisé, lui, le « Hamlet de Murnau » (p. 241), par son démon, car il s'avère que François a été hautement traumatisé par ses origines incertaines : « Et le démon le redouté le haï le persécuteur séculaire le bourreau l'horreur, à ma grande stupeur c'était mon père », écrit la narratrice (pp. 240-241). À son tour, le Fiancé d'Alger, en 1935, n'a jamais été celui d'Oran, en 1936, la Fiancée dans les deux cas n'ayant pas été la même, tandis qu'il s'est totalement figé dans la mémoire de François : persécuté par le fantôme du Fiancé disparu qui supplée au père faux, il avoue toujours avoir voulu prendre la place de celui-ci auprès de la Fiancée de 1935, ce qui fait qu'il a passé sa vie en essayant de faire taire « son père » en lui. Mêmes les Albertines, tout en se relayant, n'exercent pas la même fonction : toutes parties, l'une a donné lieu à une œuvre, le livre de Proust, où l'auteur arrive à faire son deuil, l'autre à une œuvre photographique, celle de François Tremblay, dont il est dit qu'elle a la particularité d'être sans trace humaine, signe d'une hantise particulière, enfin l'autre encore à une œuvre, ce livre de Cixous, qui par le biais du frère perdu *cq.* retrouvé, avoue que sa véritable perte, à réparer, se trouve d'ores et déjà dans la figure-spectre de « mon père » et, par conséquent, le véritable enjeu de son écriture dans le geste qu'il constitue « d'empêcher la fuite d'une personne vitalement aimée » (p. 190).

---

[36] Italiques dans le texte.
[37] « Prière d'insérer », page 3.

Qu'est-ce qui donc, dans une relation familiale, se remplace et ne se remplace pas ? Qu'est-ce qui, dans la machinerie familiale mythe, entre frère et sœur se remplace : un semifrère, un faux père, une autre sœur encore ? Et qu'est-ce que c'est encore qu'une sœur quand elle peut être aussi un frère supplémentaire ou encore une mère ; un père quand il se révèle être un faux père ou encore un fiancé ? On aurait pu penser qu'« une famille [...] est toujours unie » (p. 179) et que le remplacement se ferait sans pertes, mais :

> C'est quelque chose de grandiose et déroutant la famille on ne sait même pas ce que ça veut dire, on est beaucoup plus que ce que l'on croit être, qui peut dire ici commence ici finit, la famille, qui peut compter les comptes. Et lui avec ses faux et ses vrais pères, ses faux vrais, ses imaginaires pères sa sœur pour mère ou inversement et moi avec lui pour lieutenant de frère et mon père qui aurait pu être et avait été mon père pour personne royale et moi avec mon trafic de fictions et de prières et lui avec son trafic de photos, tout est vrai, le faux qui fait souffrir est une vérité. (p. 256)

Et qu'est-ce qui advient encore à la famille quand sa machinerie a l'écriture comme intermédiaire principal, quand elle se fait littérature, tenu compte aussi de trois facteurs que la narratrice relève, à savoir que : 1. la réalité est toujours plus extraordinaire que la fiction ; 2. les grandes douleurs qu'on rencontre dans sa vie se trouvent déjà mises en littérature, ce qui fait que l'épreuve que vous subissez est « un classique dans la vie humaine » (p. 86) ; 3. le combat dans une fiction est toujours entre « la Vérité et le Mensonge, qui sont frère et sœur » (p. 180) ? Dans l'écriture cixousienne le remplacement ne s'effectue pas : le *quiproquo* est de l'ordre du déplacement, sinon du dépassement, et il n'est peut-être même pas de l'ordre de ce livre-ci, mais du « Livre-que-je-n'écris pas ». Ainsi le dit aussi la phrase finale : « tout est à côté ».

Les relations familiales dans les livres
d'enfance et de jeunesse au Maroc

Latifa El Hadrati
Université Hassan II- Mohammedia

Au Maroc, le statut de la famille a connu une grande évolution. Avant les années 80, la famille était composée généralement de plusieurs membres : parents, grands-parents, enfants, tantes… qui cohabitaient ensemble. Ceci est dû à des problèmes qui sont spécialement d'ordre culturel, social et économique. Le père avait un grand pouvoir sur toute la famille ; les enfants n'allaient pas souvent à l'école ; quant aux femmes, elles restaient généralement aux foyers. L'architecture de la maison et sa superficie étaient réalisées selon cette grande famille. Elle comprenait, dans la majorité des cas, plusieurs pièces avec un patio au centre où se regroupaient tous les membres pour discuter et manger ensemble. Actuellement, la famille s'est éclatée en plusieurs groupes : grands-parents/parents et enfants/tante/oncle… Ceci est lié principalement aux changements socioculturels et économiques qu'à connu le Maroc ces derniers temps. Par exemple la femme commence à occuper une place importante dans tous les domaines (l'économie, la politique, la pédagogie, la psychologie, la sociologie, les sciences…), la nouvelle stratégie menée afin de faire face au problème de l'analphabétisme, l'influence du Maroc par la culture occidentale, etc.

Notre analyse consiste à préciser les différentes relations qui s'établissent entre les membres de la famille et ceci telles qu'elles sont présentées dans les textes d'enfance et de jeunesse, parus au Maroc. Parmi 50 ouvrages choisis au hasard, 30 mettent en scène des personnages qui entretiennent des liens familiaux : parents/enfants, mère/fille, cousin/cousine, oncle/neveu… Souvent la fille ou le fils joue un rôle principal, les autres membres n'existent que par rapport à ces deux instances. Rare où tous les membres de la famille sont présents : parents, enfants, tante, grand-père, grand-mère…

La plupart des œuvres étudiées sont éditées au Maroc[1] ; parues entre 1992 et 2006 ; elles sont écrites en langue française par des auteurs marocains ou étrangers, elles sont de différents genres : romans, contes, récits courts[2] et bandes dessinées.

---

[1] J'ai pu me procurer ces ouvrages par le biais des libraries qui se trouvent à Rabat.
[2] Le récit court : est une histoire brève, dont les personnages sont en nombre limité et la majorité d'entre eux sont des êtres humains. L'intrigue est souvent constituée d'un nombre réduit d'actions. L'histoire aborde des valeurs sociales comme l'amitié, l'importance de l'école et du travail…Le merveilleux n'est pas vraiment présent ce qui distingue ce genre de

Les parents

En général, ils s'occupent de l'éducation de leurs enfants ; ils sont à leur écoute ; ils sont prêts à se sacrifier pour eux, afin de les rendre heureux. Ils leur donnent des conseils ; leur proposent des promenades.

Dans le conte « Lalla Zina fille du sultan et sidi Zine el-Abidine[3] », les parents de Lalla Zina sont « heureux et fiers » de leur fille, ils lui apportèrent de l'affection et lui : « donnèrent une bonne éducation[4] ». Après sa séparation avec son mari Zine el-Abidine, Lalla Zina fut vraiment malheureuse ; ses parents étaient désespérés. Ils proposaient une grande somme d'argent à toute personne qui pouvait la guérir. Quand la fille était en difficulté, elle se confiait à ses parents. Ces derniers l'aidaient à surmonter tous les obstacles. Il en est de même dans le conte « Sidi Shems Doha[5] » où, la fille Basma révéla son secret à ses parents : elle voyait souvent dans ses rêves un serpent qui venait lui demander sa main. Lors de la disparition de son bien-aimé Sidi Shems Doha, elle leur confia qu'elle était décidée d'aller le chercher. Ses parents l'approuvèrent.

Cependant les parents s'occupaient non seulement de l'éducation de leurs enfants, mais aussi de leurs mariages une fois l'âge atteint. En effet les parents de Lalla Zina lui cherchaient un mari qui correspondait à leurs attentes : « ils essayèrent de trouver un bon mari parmi les princes des pays voisins pour régner plus tard sur ce peuple administratif devant la beauté de leur princesse[6] ».

Ils pouvaient même intervenir pour rompre un mariage envisagé par les futurs mariés. En expliquant l'histoire des deux lacs Isli et Tislit[7], la vieille Hannou révélait que deux jeunes bergers qui s'appelaient : Tislit (fille) et Isli (garçon) s'aimaient et décidaient de se marier. Cependant leurs parents s'y opposèrent car les deux familles étaient en relation conflictuelle. Les jeunes amoureux avaient tant pleuré leur sort dans la prairie que leurs larmes formèrent deux lacs qui portent leurs noms[8].

Dans certains récits, les parents qui, autrefois, étaient autoritaires, commencent à perdre progressivement leur pouvoir avec l'âge ; par exemple,

---

texte du conte. (à ce sujet, voir notre thèse de doctorat : *Enquêtes sur les textes destinés à l'enfance et à la jeunesse marocaine*, Rabat, Université Mohammed V, Faculté des Lettres et des Sciences Humaines, 2002, p. 11.

[3] Ouardia Bennis, Carole Gourrat, (illustrateur), coll. Contes du Maroc, Rabat, éd. Yomad, 2003, 41 p.

[4] *Ibidem.*, p. 10.

[5] Ouardia Bennis, Tasnneem Allouch (illustrateur), dans *Il était mille et une fois... Contes de dada Yasmine*, coll. Contes du Maroc, Rabat, Yomad, 2004, 75 p.

[6] Ouardia Bennis, Carole Gourrat (illustrateur), *Lalla Zina fille du sultan et sidi zine el-Abidine, op. cit.*, p. 10.

[7] Khalla Saidi, *La Naissance du doute*, coll. Les Ondes de l'Atlas, Casablanca, AL madariss, 1992, 24 p. (récit court).

[8] Ces deux lacs existent actuellement au Maroc.

le jeune Houmad décida d'aller en ville pour travailler, mais ses : « parents ne peuvent pas le retenir car ils sont vieux[9] ».

Les récits montrent l'importance du père par rapport à la mère, il est le patriarche. C'est grâce à lui que la famille survit. Dans le récit « Buvez-moi comme jus », la mère reconnaît la place du père dans la famille. Quand son fils lui offrit une pomme, elle préférait la donner à son mari, car c'est lui qui la méritait, puisqu'il se sacrifiait pour elle et ses enfants, il : « passe toute la journée à l'usine et dépense toute sa force et son énergie pour subvenir aux besoins de notre famille [...]. Chaque matin, il se réveille avant le lever du soleil pour pouvoir être à l'heure à son travail[10] ».

Les parents dans les œuvres étudiées sont en général idéaux, ils sont soit riches, puisqu'ils ont les moyens favorables pour rendre leurs enfants heureux ; soit issus de famille modeste mais qui n'ont qu'un garçon et une fille et ne connaissent pas vraiment de problèmes, ils mènent une vie très heureuse avec leurs enfants.

Le père et le fils

Le père est un être affectif, il veille à l'instruction de son fils et l'aide à s'intégrer dans la vie professionnelle. Dans le conte « Saïf Addine et la princesse Abla l'Africaine[11] », il lui donna de l'argent et l'envoya avec son oncle en Afrique Noire afin d'exercer le commerce.

Le père communique bien avec son fils. Quand Moha se révolta contre sa situation de berger, tout le village le prenait pour un fou[12]. Toutefois, le père décida de discuter avec lui. Celui-ci lui faisait comprendre qu'il refusait de rester toute sa vie un berger et qu'il voulait visiter d'autres villes, principalement Tazizaout (village se situant en Haut-Atlas) pour effectuer un pèlerinage. Néanmoins, il reconnaissait qu'il n'est jamais sorti de son village et qu'il manquait d'expérience. Le père était à l'écoute de son enfant. Il répondit à toutes les questions qu'il lui posait sur la ville de Tazizaout. Il comprenait qu'il n'avait plus de pouvoir sur son fils puisqu'il ne pouvait pas l'empêcher d'effectuer ce voyage.

Ceci montre que le fils aspire au changement et cherche à se libérer des traditions et des coutumes. Il joue un rôle important surtout dans la famille traditionnelle marocaine : il assure sa continuité et porte son nom et protège ses biens et aide son père dans les travaux des champs. Le conte

---

[9] B. Dbilij et M. Zahi, *La Désillusion*, dans BD six, Casablanca, imprimerie Najah El Jadida, 1992, p. 2 (bande dessinée).
[10] Larbi Benjelloun, A. Lahlou (traduction et adaptation), série L'Imagination scientifique, Casablanca, Al madariss, 2002, 2ème édition, pp. 7- 8. (récit court)
[11] Ouardia Bennis, Tasnneem Allouch (illustrateur), dans *Il était mille et une fois...Contes de dada Yasmine, op. cit.*
[12] Khalla Saidi, *En pèlerinage*, coll. Les Ondes de l'Atlas, Casablanca, AL madariss, 1992, 22 p. (récit court)

« L'Epée merveilleuse[13] », révèle que quoique le sultan ait des filles, il n'était pas vraiment satisfait et heureux. Il souhaitait avoir des garçons. Chaque jour, dans ses prières, il demandait à Dieu de réaliser son vœu. Enfin, celui-ci se concrétisa quand sa femme accoucha d'un garçon.

Le conte « Lalla Zina fille du sultan et sidi Zine el-Abidine » informe que le roi aimait bien sa femme, cependant il fut malheureux car ils n'ont pas eu d'enfants ; il se maria avec trois autres femmes pour avoir « un héritier au trône[14] ».

Par ailleurs, le récit de la femme Hannou apprenait aux jeunes qui l'entouraient que le fils aîné devait rester avec son père même s'il se mariait. Elle conseillait à Moha de ne pas abandonner son père qui commençait à vieillir : « et qui voudrait se targuer auprès de ses pairs d'avoir un héritier digne de sa réputation ?

Quelle sera sa raison de vivre quand son fils aîné le quittera pour s'établir à Imilchil ?[15] ».

Le fils remplace le père, quand celui-ci vieillit ou meurt. Il s'occupe de la maison, veille sur la famille, lui apporte ce dont elle a besoin pour survivre, etc.

Le conte « La Graine Enchantée » dévoile que le père Si-Hassan préfère le fils Réda par rapport à ses filles. Il lui offrit dès sa naissance un Talisman, ce qui lui a valu le nom de « *Réda Moul El Herz* » (Réda -porte-Talisman). En effet, durant son voyage dans le désert, son père a rencontré un étranger qui gisait, Il lui a apporté de l'eau. En guise de reconnaissance, l'homme lui offrit un talisman en lui disant : « grade-le précieusement, un jour il sera utile à toi et aux tiens ?[16] ». Si Hassan décida alors de le remettre à son premier fils, quoiqu'il ait avant trois filles. Ce talisman distingue l'enfant de ses sœurs et des autres enfants du village, il lui assigne le pouvoir. Grâce à lui, il a pu s'aventurer, en traversant le désert, l'océan, les montagnes, les forêts pour pouvoir apporter à son père la graine enchantée afin de sauver leur commune menacée par la famine.

L'amour qu'apporte le père à son fils est important ; quand son fils Si Taleb était malade, le roi était prêt à se sacrifier pour lui, il : « avait fait la promesse de partager son royaume avec celui qui guérirait son unique fils[17] ».

D'où, nous notons l'intérêt et l'importance du statut du fils dans la famille.

---

[13] Nacer Ouaramdane, Kamil Capra (illustrateur), coll. Contes du Maroc, Tanger, Tingis, 2006, 73 p.

[14] Ouardia Bennis, Carole Gourrat (illustrateur), *op. cit.*, p. 5.

[15] Khalla, Saidi, *La Naissance du doute*, *op.cit*, pp. 19-20.

[16] Mahmoud Megri, Miloudi Nouiga (illustrateur), Rabat, The Aries, 1996, p. 15.

[17] Ouardia Bennis, Tasnneem Allouch (illustrateur), *Taleb l'houa* dans *Il était mille et une fois…Contes de dada Yasmine, op. cit.*, p. 23.

Le père et la fille

Les livres montrent le pouvoir du père sur la fille. Aïcha voulait aller à l'école, son père s'y opposait sous prétexte que les fournitures scolaires étaient trop chères, et qu'elle devait aider sa mère en lui apportant de l'eau. La fille, par contre, apprenait à lire et à écrire grâce à son amie Fatiha. Au souk, elle a pu sauver son père d'un voleur qui voulait lui soutirer de l'argent en lui faisant payer une taxe falsifiée. Le père n'a accepté son inscription à l'école qu'après avoir appris par l'instituteur de l'école qu'un nouveau puits va être installé près de la maison. Quant à la mère, quoiqu'elle apparaisse sur l'image, elle n'intervenait pas dans la discussion. Le père exerce son autorité non seulement sur la fille mais aussi sur toute la famille. Il est le chef du groupe ; il distribue les tâches à accomplir dans la maison. Quand il annonçait à Aïcha qu'il comptait l'inscrire finalement à l'école, il lui disait :

> "Ta grand-mère viendra habiter avec nous, elle le souhaitait depuis longtemps. Elle pourra surveiller les petits à préparer les repas. Ta mère s'occupera de l'eau en attendant la construction d'un nouveau puits... Et toi, comme tu as beaucoup de retard à rattraper ; eh bien, tu iras à l'école dès demain, je t'ai déjà inscrite". Le père intervenait dans le mariage de sa fille. Jaafar, le conseiller du roi, demanda la main de la princesse Yasmin auprès de son père.[18]

Mais la fille refusa ; de peur que le sultan l'obligeât à ce mariage, elle prit la fuite. Aladin s'est présenté au roi pour demander la main de Yasmin. Cependant, son père hésita car il l'a promise à Jaafar. La princesse, par contre, pleurait et se révoltait contre l'opinion de son père. Néanmoins, c'est après avoir découvert l'orgueil et la méchanceté du conseiller que le roi autorisa sa fille à se marier avec Aladin. Ce qui précise l'absence de dialogue entre le père et sa fille.

Par ailleurs, les récits traités montrent l'affection et l'amour qu'apporte le père à sa fille. Aïcha fut l'unique fille du maalem nejjar qui la choyait[19]. Lorsque la fille lalla Ghzali se maria avec Sidi Omar, elle : « pleura beaucoup en faisant ses adieux à son père qui la serra dans ces bras, lui souhaita beaucoup de bonheur auprès de son époux et lui promit d'aller lui rendre visite dans sa nouvelle demeure[20] ».

La fille peut se confier, parfois, avec liberté à son père ; lors de la disparition de son bien-aimé Si Taleb, Nejma avoua à son père son amour pour celui-ci. Elle l'informa qu'elle était résolue à partir à sa recherche. Son père accepta sa décision. Il l'aida en lui donnant un bon cheval et de l'or. Il lui proposa de s'habiller en homme : « et l'accompagna jusqu'à la sortie de

---

[18] Auteur anonyme, *Aladin et la lampe merveilleuse*, coll. Le Petit royaume des enfants, Rabat, Dar nachr el maarifa, 15 p. (conte)

[19] Ouardia Bennis, Tasnneem Allouch (illustrateur), *Lalla Aïcha bent nejjar*, dans *Il était mille et une fois...Contes de dada Yasmine, op. cit.*

[20] Ouardia Bennis, Tasnneem Allouch (illustrateur), *Khalkhal lalla Ghzali*, dans *Il était mille et une fois...Contes de dada Yasmine, op. cit.*, p. 58.

la ville. Il l'embrassa en pleurant, lui souhaita bonne chance et retourna prier le bon Dieu de veiller sur elle »[21].

En outre, le père crée, dans certains cas, un désordre au sein de sa famille ; quand il a plusieurs filles, il engendre un sentiment de jalousie entre elles. En effet, il a une certaine préférence pour la plus jeune. Il entretient avec elle une relation de complicité. Par exemple, Nejma a pu séduire Si Taleb grâce au flacon que son père le lui apporta de la Mecque lors de son pèlerinage[22]. En effet son bien aimé lui offrait chaque jour de l'or, des cadeaux et des pierres précieuses. La fille donnait ce trésor à son père, ce qui lui permettait d'accéder à la richesse. Il en est de même de l'héroïne Basma, celle-ci était la plus jeune et la plus belle de ses sœurs, elle voyait dans ses rêves un serpent qui voulait l'épouser. Chaque matin, elle trouvait une pierre précieuse dans sa chambre. Quand elle a ramassé un nombre important d'émeraudes, de rubis, de saphirs et de perles, elle les offrait à son père et lui racontait son histoire avec le serpent. Le père lui expliquait que l'animal : « ne pouvait être qu' un prince du royaume des djinns déguisé en serpent et qu'il ne fallait pas en avoir peur[23] ». Il lui conseilla de ne révéler cette histoire à personne même à ses sœurs qui la jalousaient.

La fille donc est un être faible aux yeux du père, il faut la protéger, lui donner plus d'amour et de tendresse que le fils, la surveiller et l'aider à réussir à trouver son prince charmant.

La mère et la fille

La mère remplace le père quand il est absent. Or elle n'a pas vraiment un grand pouvoir par rapport à celui-ci. Dans le conte « Lounja l'ghzala[24] », elle veillait à ce que sa fille Lounja ne sortît pas, car l'extérieur représentait un danger pour elle. Cependant ses amies voulaient l'inviter à la forêt pour ramasser le bois. Sa mère avait certes peur pour elle, mais influencée par les supplications de Lounja et ses amies, elle la laissa partir. Néanmoins, cette sortie fut une catastrophe pour la fille, elle rencontra un djinn qui voulait l'épouser. Celle-ci refusa, elle l'informa qu'elle était fiancée à son cousin. Or le djinn revint un jour chez elle et l'enleva. Ceci dit en l'absence du père, de mauvais événements peuvent survenir, la mère n'a pas su surveiller sa fille, par conséquent elle la perd.

Il en résulte que la mère ne joue pas un rôle principal, même si elle est évoquée tout au long du récit.

---

[21] Ouardia Bennis, Tasnneem Allouch (illustrateur), *Taleb l'houa* dans *Il était mille et une fois…Contes de dada Yasmine, op. cit.*, p. 21.
[22] *Ibidem.*
[23] Ouardia Bennis, Tasnneem Allouch (illustrateur), *Sidi Shems Doha*, dans *Il était mille et une fois…Contes de dada Yasmine op. cit.*, p. 42.
[24] Jocelyne Laâbi, Karim Yahia (illustrateur), coll. Yemma, Rabat, Yomad, Paris, Paris Méditerranée, 2000, 61 p.

La belle-mère et la belle-fille

La belle-mère représente le mal, elle traite durement sa belle-fille. Rahma fut orpheline de mère ; elle est très aimée par son père. Or sa belle-mère était jalouse de cette relation. Elle l'envoyait tous les matins très tôt chercher de l'eau au lac. Elle l'insultait et la battait en présence de son père : « qui n'osait pas prendre sa défense de peur de mécontenter son épouse[25] ». Cependant le bien l'emporta sur le mal, c'est dans la forêt que Rahma rencontra le prince charmant et l'épousa. Elle devint une princesse.

Il en est de même de la jeune lalla Ghzali, sa marâtre se comportait très mal avec elle. Le père avoua à son beau-fils : « Je suis conscient que ma fille est maltraitée par sa marâtre mais je ne peux rien faire, car je n'ai pas où aller[26] ». La belle-mère ne supportait pas la présence de lalla Ghzali et fut même heureuse quand elle apprit son mariage car elle se débarrassait enfin d'elle.

La tante et la nièce

La tante entretient une mauvaise relation avec sa nièce. Le récit « Lalla Zina fille du sultan et sidi Zine el-Abidine[27] » révèle qu'elle voulait marier son fils à sa nièce, mais celle-ci fut amoureuse de Zine El Abidine. La tante était qualifiée de perfide, elle était la cause de la séparation de ce jeune couple amoureux. Parallèlement, dans le roman « Zaïna et le fils du vent[28] », l'héroïne Zaïna était rejetée par sa tante et ses cousines, elle était considérée comme une fille étrangère car sa mère était une française, elle ne faisait pas partie du bled. Elle se révolta contre sa tante, elle refusa de se plier totalement à ses ordres et aux coutumes du village. Elle préférait aller aux champs pour garder les moutons au lieu de rester à la maison auprès de sa tante.

Il en découle que le mariage mixte n'est pas apprécié par les familles traditionnelles : les futurs mariés doivent appartenir à la commune de la famille ou celle voisine.

La tante et le neveu

Le traitement que la tante réserve au neveu est presque identique à celui de la nièce. Dans « Sidi Shems Doha[29] », la tante se montra très agressive. Elle tua sa sœur pour venger l'honneur de sa fille, « humiliée » et « délaissée » par Shems Doha, fils de la victime, le jour de ses noces. En effet, la mère n'a pas réussi à convaincre son fils de se marier avec sa nièce. Au moment de la fête du mariage, Shems Doha prit la fuite avec sa bien-aimée Basma.

---

[25] Ouardia Bennis, Tasnneem Allouch (illustrateur), *Rahma et les grenouilles*, dans *Il était mille et une fois... Contes de dada Yasmine*, op. cit., p. 51.
[26] Ouardia Bennis, Tasnneem Allouch (illustrateur), *Khalkhal lalla Ghzali*, op. cit., p. 58.
[27] Ouardia Bennis, Carole Gourrat (illustrateur), *op. cit.*
[28] Charlotte Bousquet, Rabat, Yomad, 2ème édition, 2001, 142 p.
[29] Ouardia Bennis, Tasnneem Allouch (illustrateur), *op. cit.*

L'oncle et la nièce

La présence de l'oncle est rare, il maintient avec sa nièce une relation d'affection. Remarquant la souffrance de sa nièce pour son fiancé disparu, il décida de l'aider à retrouver son bien-aimé[30]. Les deux instances peuvent avoir un rapport de complicité. Dans « Zaïna et le fils du vent[31] », l'oncle Ahmed acheta un cheval pour participer à la fantasia[32] du *moussem*[33], mais il n'a pas réussi à le monter car il était très violent. Cependant sa nièce Zaïna a pu, grâce à son intelligence, communiquer avec l'animal et le dompter. N'ayant pas de fils, l'oncle accepta que sa nièce participe au défilé des chevaux, quoique cela ne soit pas permis aux femmes de sa commune. Zaïna a fait preuve de volonté, elle a pu remporter la victoire non seulement dans cette activité, mais aussi dans la course consacrée spécialement aux Arabes-barbes[34].

L'oncle et le neveu

L'oncle remplace le père quand celui-ci est absent. Il représente l'affection. Dans le conte « Saïf Addine et la princesse Abla l'Africaine[35] », Sidi Saïf Addin accompagna son oncle en Afrique Noire. Il le soutenait dans son travail. Le neveu connut une princesse qui tomba amoureuse de lui ; il se confia à son oncle qui l'aida à l'épouser.

Le cousin et la cousine

Les cousines entretiennent entre elles une relation de jalousie. Par exemple la cousine de Zaïna vola à celle-ci son cheval, car elle a remporté la victoire dans le défilé des chevaux[36].

Par contre, le cousin est intimement lié à sa cousine par des rapports d'affection et de compassion. Venant de la France afin de passer ses vacances au bled avec ses grands-parents, l'enfant Driss fut bien accueilli par sa cousine Zahra[37]. Celle-ci s'occupait de lui. Elle lui faisait visiter le village, et traduisait son discours du français à l'arabe. Lorsque Driss était fatigué et n'arrivait pas à marcher, elle courait lui chercher un âne ; elle lui apportait de la boisson fraîche, quand il avait soif. Elle lui expliquait leur

---

[30] Jocelyne Laâbi, Karim Yahia (illustrateur), *op. cit.*

[31] Charlotte Bousquet, *op. cit.*

[32] La fantasia : est une course de chevaux organisée par les Arabes en général.

[33] Le moussem : est une cérémonie rituelle organisée par les Marocains. Il existe plusieurs types de moussem , par exemple celui organisé à Imilchil est consacré au mariage.

[34] Arabes barbes : ce sont les chevaux du Nord de l'Afrique.

[35] Ouardia Bennis, Tasnneem Allouch (illustrateur), *op. cit.*

[36] Charlotte, Bousquet, *op. cit.*

[37] Véronique Abt, *Des vacances au bled*, coll. Nostalgie, Rabat, Yomad, 2003, 28 p. (récit court).

culture. Il en est de même de l'enfant Kelvin[38], celui-ci venant de la France, il voyageait avec sa cousine et la mère de celle-ci à travers le Maroc.

En effet, le cousin représente le futur mari de la cousine, il assure la continuité de l'arbre généalogique de la famille traditionnelle. La fille se marie souvent avec son cousin ou un proche de la famille. Le conte « Lalla Zina fille du sultan et sidi Zine el-Abidine », nous apprend que le cousin de lalla Zina envisageait de se marier avec elle. Sidi Zine El Abidine parlant de sa femme lalla Zina précise : « j'ai appris que son cousin allait me devancer et demander sa main au roi qui n'aurait pas pu lui refuser. De peur que la princesse lalla Zina ne m'échappe, j'ai devancé le temps et le cousin et je l'ai épousé avant que le mauvais sort ne prenne fin[39] ».

Le conte « Lounja L'ghzala[40] » informe que Lounja s'est fiancée avec son cousin. Quand elle fut enlevée par un djinn, il partit à sa quête et traversa plusieurs épreuves pour pouvoir la libérer des mains du djinn, et l'épousa finalement.

Dans « La Naissance du doute », quand un jeune dévoilait à Moha qu'il pouvait chercher sa future femme dans le *moussem*, Hannou protestait, elle affirmait : « Vous commettez un pêché impardonnable en poussant ce jeune homme vers sa perte ou plutôt vers le malheur de sa famille. Celle-ci a certainement des projets. Et que deviendra le rêve de quelques cousines impatientes de devenir son époux ?[41] ».

Le cousin en tant que prétendant de sa cousine est apprécié par toute la famille. Lorsque le cousin de Lounja se présenta pour demander celle-ci au mariage « on la lui accorda volontiers[42] ».

Les sœurs

Comme les cousines, les sœurs sont souvent en relation de jalousie, surtout quand l'une d'elle se distingue des autres par sa beauté et par l'amour que lui voue son père ou un prince charmant.

Les sœurs, par exemple, de Nejma étaient jalouses de celle-ci car elle était la préférée du père, et elle venait de connaître un jeune homme[43]. Elles étaient la cause de la séparation de leur sœur avec son bien-aimé Si Taleb.

Ce sentiment de jalousie révèle l'intérêt du mariage aux yeux des filles dans la famille traditionnelle.

---

[38] Annick Le Doze (auteur et illustrateur), *Le Petit Renne au Maroc*, coll. Les Doudous, Casablanca, La croisée des Chemins, 2003, 29 p. (récit court).

[39] Ouardia Bennis, Carole Gourrat (illustrateur), *op. cit.*, p. 37.

[40] Jocelyne Laâbi, Karima Yahia (illustrateur), *op. cit*

[41] Khalla, Saïdi, *op. cit.*, p.19.

[42] Jocelyne Laabi, Karima Yahia (illustrateur), *op. cit*, p. 6.

[43] Ouardia Bennis, Tasnneem Allouch (illustrateur), *Taleb l'hwoua, op. cit.*

Les époux

Les récits illustrent les traditions et les coutumes qui relient les époux ; après les fiançailles de Lounja avec son cousin, elle ne pouvait pas sortir car la femme est faite pour le foyer : « Le jour où elle fut fiancée, on se mit à lui interdire toute sortie. Or Lounja aimait sentir le vent frais frissonner sur sa peau, elle aimait l'écouter, lui raconter les petits secrets des nuages et des oiseaux[44] ».

Les textes montrent les habitudes propres au mariage dans certaines tribus marocaines, Honnou précisait qu'Aghbala (région située en Haut-Atlas), le trousseau de la fête est excessivement cher ; la mariée : « remettra après trois jours ces habits à sa mère et à ses tantes », voir « La Naissance du doute[45] ».

Le même récit dévoile qu'à Imilchil (village situé en Haut-Atlas), chaque année, un *moussem* est organisé pour le mariage où les jeunes garçons venaient pour choisir leurs futurs épouses[46]. Hannou affirmait : « Le moussem aura lieu dans deux semaines ; toutes les filles en âge d'être mariées seront présentes, le visage découvert ; elles feront étalage de leurs charmes ; les jeunes hommes aussi d'ailleurs. Tu peux y venir ; comme tu es beau garçon, les prétendantes ne manqueront pas ; et si l'une d'elles te plaît, tu mettras fin à ta solitude[47] ».

Les futurs mariés doivent en général appartenir à la même tribu ou aux tribus voisines. Ce qui explique le rejet du mariage mixte, chez les familles traditionnelles. Zaîna, une orpheline, est considérée par sa tante, ses cousines et les hommes du village, comme une étrangère et une ensorceleuse (*seharra*), elle n'est pas vraiment une berbère : « puisque sa mère était une seharra française qui avait ensorcelé son père. Et à présent, ils étaient morts tous les deux[48] ».

Les enfants sont importants dans la vie d'un couple, et spécialement les garçons qui apportent le bonheur ; lalla Ghzali[49] n'a pas eu d'enfants avec son mari Sidi Omar, mais puisqu'il faut avoir un héritier qui préserve les biens de la famille et lui permette sa continuité, elle convainquit son mari d'épouser une deuxième femme. Elle la lui choisit : c'était Mina, l'une de ses servantes. Or dès que celle-ci a eu des enfants, elle se montra très orgueilleuse et jalouse de lalla Ghzali. Lors du voyage de Sidi Omar à la Mecque, elle transforma lalla Ghzali en une colombe au moyen d'une huile et des aiguilles magiques fabriquées par une sorcière. Après son retour, Sidi Omar découvrit la disparition de sa femme et la mort de ses deux enfants. Cependant un soir l'oiseau vint se poser sur son épaule, Sidi Omar reconnut

---

[44] Jocelyne Laâbi, Karima Yahia (illustrateur), *op. cit.*, p. 7.
[45] Khalla, Saïdi, *op. cit.*, p. 18.
[46] Les jeunes filles ou garçons viennent accompagner souvent de leurs familles.
[47] *Ibidem.*, p. 18.
[48] Charlotte Bousquet, *op. cit.*, p. 7.
[49] Ouardia Bennis, Tasnneem Allouch (illustrateur), *op. cit.*

sa femme par *Khalkhal*[50], il enleva les aiguilles plantées sur sa tête et lalla G'hzali retourna à son état initial. Le mari fut très surpris de découvrir la vérité et renvoya la perfide, sa deuxième femme. Il en est de même dans « Lalla Zina fille du sultan et sidi Zine el-Abidine », le roi était aimé de sa jeune femme : « à laquelle il vouait une grande tendresse depuis son enfance[51] ». Faute d'enfant, il se maria avec une deuxième, une troisième, puis une quatrième femme.

Les textes dénoncent bien le problème de la polygamie et ses conséquences néfastes sur la vie des enfants et des parents ; elle peut mener jusqu'au crime. Mina par jalousie ne s'intéressait plus à ses enfants qui moururent par la suite. Elle était préoccupée par lalla Ghzali, elle voulait coûte que coûte se débarrasser d'elle. Les récits dévoilent également le pouvoir qu'exerce le mari sur sa femme. Il peut se marier sans prendre son avis, être très orgueilleux, Il méprisa sa femme lorsqu'il constata qu'elle était plus intelligente et plus forte que lui. Par exemple lalla Aïcha fut vengée par son mari[52], fils de Haj Driss, car elle était plus intelligente que lui. Le jour de ses noces, il l'enferma dans une *matmora*[53] où elle passa trois ans. Il voulait lui montrer par ce châtiment sévère qu'il est le plus fort et le plus rusé.

La femme apparaît, dans les livres abordés, comme un être faible qui doit se soumettre à l'homme, Hannou affirmait que dans le Haut-Atlas : « les hommes sont nés pour diriger, penser et donner des ordres que les femmes exécutent[54] ». Quoique la femme soit dans une situation méprisante, elle joue un rôle essentiel au niveau économique :

> Elles accomplissent toutes les tâches concrètes ; elles entretiennent les potagers qui produisent essentiellement des pommes de terre et des navets ; elles moissonnent, ramassent le fourrage et gardent le bétail. En un mot, la femme est le pivot de l'économie du Haut-Atlas. Ces activités dures accomplies dans le gel, sous la pluie et la neige ne l'empêchent cependant pas d'acquérir beaucoup de sagesse, fruit de l'expérience.[55]

La femme en général restait dans son foyer ; elle ne pouvait discutait avec un étranger. En arrivant à Tazizaout, Moha fut surpris de trouver la vieille Hannou qui monopolisait la parole devant les hommes. Par contre : « dans sa tribu et dans toutes les tribus voisines qu'il connaît, les femmes n'ont jamais droit à la parole devant des inconnus[56] ».

Cependant la relation entre les époux n'est pas très claire ; souvent c'est un couple idéal, originairement riche (issu d'une famille royale

---

[50] Khalkhal : c'est un type de bijou traditionnel porté par les femmes marocaines.
[51] Ouardia Bennis, Carole Gourrat (illustrateur), *op. cit.*, p.5.
[52] Ouardia Bennis, Tasnneem Allouch (illustrateur), *Lalla Aïcha bent nejjar*, *op. cit.*
[53] Matmora : désigne un silo souterrain.
[54] Khalla, Saïdi, *La Naissance du doute*, *op. cit.*, p.12.
[55] *Ibidem*.
[56] *Ibidem*., p.11.

(prince/princesse) ou bourgeoise) ou qui s'est enrichi (passe d'une situation pauvre à une autre riche). Dans la plupart des cas, le prince charmant passe par plusieurs épreuves pour épouser sa bien- aimée. Le récit s'achève parfois par un discours du genre ils « vécurent longtemps heureux et eurent beaucoup d'enfants[57] ». Ce qui ne reflète pas vraiment la réalité marocaine actuelle.

Les grands-parents

La présence des grands-parents n'est pas importante. Ces instances jouent le rôle de conteurs, ils racontent à leurs neveux ou leurs nièces des histoires pour les amuser et les instruire. Le grand-père est plus présent que la grand-mère. Il est attaché à sa culture et à ses traditions ; il porte des habits traditionnels. C'est lui qui assume les travaux extérieurs, veille sur la famille et lui apporte de quoi survivre quand le père est absent. Lorsque l'enfant Driss est arrivé au Maroc, c'est le grand-père qui le reçut à l'aéroport, car son père était en France. Mais il n'était pas content car son neveu parlait que le français ; par contre il ignorait « l'arabe, la langue de ses ancêtres[58] ».

Les grands-parents sont signe de sagesse, ils donnent des conseils, Moha précisait aux jeunes qui l'accompagnaient : « mon regretté grand-père que Dieu ait son âme m'a laissé en mémoire bien des conseils…[59] ». Quant à la grand-mère Ouarda[60], elle partageait la chambre avec sa nièce Zaïna, elle lui racontait des histoires, lui donnait des conseils, l'encourageait à faire face aux difficultés. C'est grâce à elle, que l'héroïne a pu monter à cheval et a fait preuve de volonté et d'intelligence. Elle a gagné à la course des chevaux, attira l'attention des hommes et des femmes, et fut la première femme qui participa à la course des chevaux et y remporta la victoire.

Conclusion

Cette recherche précise les différents rapports qu'entretiennent les membres de la famille entre eux : père, mère, filles, fils, tante, oncle, grand-père, grand-mère… Il existe en général un dialogue entre eux, mais celui-ci dépend du statut qu'occupe chacun dans la famille.

Le père communique bien avec le fils car il assure la continuité de la famille, conserve ses biens, remplace son père quand celui-ci est absent, malade, avance en âge ou meurt. Il veille sur la famille et subvient à ses besoins.

Le père représente le pouvoir, il est le chef de la famille, la protège. Il doit veiller surtout sur sa femme et ses filles car elles sont, pour lui, des êtres

---

[57] Ouardia Bennis, Tasnneem Allouch (illustrateur), *Sidi Shems Doha* dans *Il était mille et une fois…Contes de dada Yasmine*, op. cit, p. 50.
[58] Véronique Abt, *Des Vacances au bled*, op. ci,, p.8.
[59] Khalla, Saïdi, *La Naissance du doute*, op. cit., p. 21.
[60] Charlotte Bousquet, op. cit.

très faibles. Il est prêt à mépriser sa femme s'il voit qu'elle le devance du point de vue intelligence et pouvoir. Parallèlement, les femmes sont faites pour le foyer après leurs fiançailles et leurs mariages.

Les parents interviennent dans le choix d'un prétendant pour leur fille ou d'une prétendante pour leur fils. Ils peuvent refuser l'acte de mariage à leur fils ou fille s'ils n'apprécient pas la famille de l'autre.

Le cousin constitue un prétendant de la cousine ; dans la famille traditionnelle, la fille est prédestinée à son cousin ou à un autre membre de la famille ou de la tribu qui lui est proche.

La mère pousse son fils à épouser sa nièce, ou sa fille à se marier avec son cousin. Quant à la tante, elle voit en son neveu, le futur mari de sa fille, et en sa nièce, la prétendante de son fils. Ce qui explique le rejet du mariage mixte dans les familles traditionnelles.

Les sœurs n'ont pas de projet autre que le mariage, et dès qu'un prince charmant jette son dévolu sur l'une d'entre elles, les autres la jalousent.

Les textes dénoncent la polygamie, le mari peut épouser jusqu'à quatre femmes. Ceci engendre des conflits entre celles-ci, et les mènent à la superstition voire au crime. Les enfants sont les premières victimes dans ce type de mariage, ils reçoivent souvent une mauvaise éducation.

Les récits mettent l'accent aussi sur les rîtes et les coutumes du mariage dans certaines tribus telles que Imilchil où un *moussem* annuel est organisé spécialement pour le mariage. Les jeunes filles ou garçons peuvent choisir leurs âmes sœurs.

Les familles mises en scène sont généralement idéales : royales (prince/princesse) ou riches, connaissent certes des problèmes, mais grâce à leur richesse, leur notoriété, ils arrivent facilement à les résoudre. Par ailleurs, il existe des familles modestes qui se composent des parents et de deux enfants (un garçon et une fille) et qui mènent une vie paisible et heureuse.

Par contre la famille moderne est vraiment négligée. Certains problèmes évoqués ne reflètent pas vraiment la réalité marocaine actuelle comme, la polygamie[61], le mariage entre cousin et cousine. Des sujets liés à la famille et qui semblent importants ne sont pas traités tels que : les parents divorcés ; les parents face aux problèmes actuels que peuvent confronter leurs enfants (exemple : la drogue, la délinquance juvénile, l'échec scolaire, les mères célibataires… ; le mariage mixte (qui commence à apparaître au Maroc) ; la famille nombreuse est pauvre ; les enfants adoptés ; la famille ayant un enfant handicapé (handicap psychique ou mental) ; les enfants orphelins de leurs mères, pères ou les deux à la fois ; la famille recomposée comprenant des enfants issus de différents parents et vivant sous le même toit.

---

[61] L'application de la nouvelle Moudawana a fait régresser la polygamie d'une façon nette au Maroc.

Il est essentiel de reconnaître également le statut de la femme au sein de la famille, celle-ci peut être un leader. Elle réalise des projets, assure l'éducation et l'instruction à ses enfants par ses propres moyens. Il faut aussi revoir la place de la belle-mère, celle-ci est représentée toujours négativement, elle symbolise le mal et le châtiment.

Le statut de la famille marocaine dans les livres d'enfance et de jeunesse doit être élucidé davantage. En effet, actuellement, elle connaît une crise due spécialement aux problèmes sociaux et économiques, par exemple : la baisse du taux du mariage, le divorce, le mariage mixte, le chômage…).

Relations orageuses. L'adolescent et ses parents dans la fiction de langue française du XXe siècle

Hans Hartje
Université de Pau

Ma communication marque une étape d'un travail d'enseignement et de recherche en cours. Depuis deux ans je fais en effet travailler mes étudiants de première année sur « le jeune, héros de la fiction », tout en leur fournissant, dans le cadre du cours magistral, des éléments de réflexion.

L'idée de ce travail vient en premier lieu de mon expérience de père de deux enfants. Ils ont aujourd'hui quatorze et onze ans, ce qui me fait autant d'années d'immersion quotidienne dans l'univers d'abord enfantin et depuis peu, adolescent. Fort (comme on dit) de cette expérience, j'estime que le « métier » de parent est un des plus difficiles à exercer, pour au moins deux raisons : il n'y a pas de formation préalable, et la relation parent-enfant est impossible à objectiver. Dans cette situation (où l'aspect personnel est donc inséparable de l'aspect professionnel), la lecture (ou relecture) de récits dont les protagonistes occupent l'une ou l'autre des positions en question m'est apparue comme une piste intéressante à explorer. Comme je suis d'origine allemande je me suis bien sûr souvenu des *Désarrois de l'élève Törleß* (1906) de Robert Musil et de *Adieu aux parents* (1961) de Peter Weiss, mais en tant que comparatiste j'ai aussitôt cherché dans d'autres littératures nationales – et notamment dans la littérature française – des œuvres répondant aux mêmes critères. Au jour d'aujourd'hui et toutes époques et langues confondues, ma bibliographie compte une bonne centaine d'œuvres, et contrairement à ce que j'avais pensé, les textes écrits en français n'y sont nullement sous-représentés. Parmi eux, il y a un certain nombre où la relation parent(s)-adolescent(s) est plus prégnante que dans d'autres, c'est donc à ces œuvres-là que je vais m'intéresser dans le cadre de cette communication, sans oublier que l'absence d'une telle relation dans ce genre de récits est également significative. Nous verrons donc dans un premier temps les différentes relations entre pères, mères, filles et fils, avant de poser la question de la narration.

Qu'en est-il alors de cette relation, de façon générale ?

Avant tout, elle est asymétrique, car basée sur un rapport de force. Le ou les parents sont naturellement plus âgés que leurs enfants, et jusqu'à ce que ces derniers atteignent la majorité, les parents doivent s'en occuper. On voit immédiatement quel potentiel de conflits cette constellation recèle, ne serait-ce qu'au regard de la loi : on peut opposer à cet égard

-       autorité parentale et droits de l'enfant,

-      obligation alimentaire et désir d'indépendance,
-      devoir d'éducation et autonomie du sujet,
-      responsabilité et irresponsabilité civile et pénale,

et on peut y déceler autant d'enjeux pouvant donner lieu à des affrontements. Toutefois, avant une qualification juridique, ces conflits donnent lieu, dans les textes, à des discours relatant des paroles et des actes.

    Le rapport de force n'est évidemment qu'un aspect parmi bien d'autres de la relation parent(s)-enfant(s) où l'amour parental devrait logiquement primer. Or force est de constater que ce dernier est rarement narrativisé, ou alors sa prépondérance est signe de l'appartenance du texte en question à la littérature d'enfance et de jeunesse (LEJ), voire à la littérature dite « à l'eau de rose ».

    Mais il n'y a pas que l'âge des protagonistes et celui des lecteurs, il y a également l'âge du texte. Notre colloque prend en compte les littératures française et francophone des XXe et XXIe siècles. Les textes les plus anciens auxquels nous pouvons nous intéresser sont donc le fait d'auteurs nés bien avant 1900. Or n'y a-t-il pas des mondes entre *Claudine à l'école* de Colette publié en 1900 et *Antéchrista* d'Amélie Nothomb qui date de 2003 ? Ou entre *Le Grand Meaulnes* d'Alain-Fournier publié en 1913 et *La Classe de neige* d'Emmanuel Carrère qui date de 1995 ? Toutefois, ces exemples ne sont pas là pour leur seule date de publication et partant, la situation historique de leurs protagonistes – et lecteurs – par rapport à l'évolution des mœurs et partant, d'une relation parents-enfants type. Il y a là également des auteurs-femmes et des auteurs-hommes, des protagonistes-filles et des protagonistes-garçons, des relations érotisées et même un cas de pédophilie meurtrière. Les quatre textes évoqués ont toutefois un point en commun, c'est qu'il y est relativement plus question de vie de classe que de vie de famille - pour le meilleur ou pour le pire.

    Pour en revenir aux relations parent(s)-adolescent(s), il y a lieu de distinguer les relations père-fils, père-fille, mère-fils et mère-fille (pour ne rien dire ici des familles recomposées). Au sein de ce paradigme, on peut penser que les relations père-fille et mère-fils soient d'une autre nature que celles entre père-fils et mère-fille, mais n'anticipons pas. Ce qui est en jeu dans toutes ces relations, c'est bien la question des valeurs : elle est à la base même de tout projet d'éducation, mais il faut bien qu'à un moment donné l'adolescent décide quelles valeurs il a lui-même envie d'incarner. Le paradoxe inhérent à ce chemin vers l'autonomie est bien connu des parents et des pédagogues, sous le nom de « double contrainte » ou *double bind* : il est impossible de se conformer à l'injonction « sois libre ».

    Dans de nombreux textes, la relation père-fils implique l'autorité paternelle qui cherche à s'exercer sur les choix engageant l'avenir du fils. Si l'enjeu est souvent d'ordre matériel, il peut tout aussi bien concerner la vie affective. Voici trois exemples :

-Dans *Printemps au parking* (1969) de Christiane Rochefort, Christophe, seize ans, décide de quitter ses parents après une dispute avec son père. Au cours d'une fugue de trois jours il découvre des façons de vivre révolutionnaires en même temps que son homosexualité. Il rentre à la maison pour confronter ses parents à ses choix.

-Dans *Bille en tête* (1986) d'Alexandre Jardin, Virgile, seize ans et orphelin de mère, séduit Clara, une connaissance de son père. Ce dernier le punit en l'envoyant à l'internat et à la fin du roman, le chasse de la maison.

-Dans *Beni ou le paradis prive* (1989) et dans *Le Gône du Chaaba* (1998), Azouz Begag raconte la vie de familles d'origine algérienne dont un des fils (en fait un *alter ego* de l'auteur) est chargé par son père de réussir l'intégration à la société française là où lui-même n'y pouvait même pas songer.

En ce qui concerne la relation mère-fille, deux cas peuvent *a priori* se présenter, selon que l'attitude de la mère à l'égard de sa fille soit plutôt bien- ou malveillante[1]. Dans *Qui j'ose aimer* (1956) de Hervé Bazin et *Génie la folle* (1976) d'Inès Cagnati, Isa et Marie sont d'autant plus proches de leurs mères respectives que la place du père est vacante. Toutefois, si dans le roman de Bazin l'état matriarcal paradisiaque initial est reconstitué à l'issue de péripéties dans lesquelles l'homme-père s'avère être un loup pour la femme-fille, le roman d'Inès Cagnati se clôt sur un champ de ruines relationnelles. La mère d'*Une fille cousue de fil blanc* (1969) de Claire Gallois et celle d'*Une jeune fille bien comme il faut* (1991) d'Ysabelle Lacamp en revanche ont tout de l'ogresse dévoreuse de ses propres enfants. Toutefois, là où la première cherche à tout prix à imposer le respect des règles de la bienséance bourgeoise, la seconde pèche, en bonne soixante-huitarde, par une permissivité excessive. La réaction des deux filles ne se fait pas attendre : l'une se suicide et l'autre devient anorexique.

En ce qui concerne les relations père-fille et mère-fils, difficile d'échapper aux clichés, que ce soit en tant qu'auteur ou en tant que lecteur (voire, qui sait, en tant que parent…). Dans le cadre de la présente communication j'espère m'en sortir grâce au recours à des œuvres littéraires de factures et époques différentes, mais il n'empêche que tout choix est révélateur des idées préconçues de l'interprète. Devant ce dilemme il n'y a qu'à assumer, et c'est ainsi que j'ai choisi *Dans la maison du père* (2000) de Yanick Lahens et *Bonjour Tristesse* (1954) de Françoise Sagan pour aborder la relation père-fille, et *Vipère au poing* (1948) d'Hervé Bazin, la trilogie formée du *Grand Cahier* (1986), *La Preuve* (1988) et *Le troisième*

---

[1] voir le début de la « Conclusion » du livre *Mères-filles, une relation à trois* de Caroline Eliacheff et Nathalie Heinich (Paris, Albin Michel, 2002) : « Dans *La Naissance du jour* (1928), Colette livre un hymne à la louange de sa mère Sido, campagnarde détachée des conventions, qui lui a transmis son amour de la nature et de la liberté. Cet hommage tranche agréablement avec la noirceur des situations de crise qu'affectionnent les fictions, et dont nous avons nourri notre réflexion » (p. 383).

Mensonge (1991) d'Agota Kristof et *Garçons* (1969) de Henry de Montherlant pour aborder la relation mère-fils.

Yanick Lahens est une femme-écrivain haïtienne née en 1953. *Dans la maison du père*[2] suit *grosso modo* le modèle du roman d'éducation et de formation, en associant étroitement le devenir-femme-et-danseuse de la protagoniste et l'histoire politique de Haïti. Cette dernière est vue à travers le prisme de deux frères-ennemis[3] que sont le père plutôt modéré d'Alice et son oncle Héraclès qui prend le parti inverse. Quant à la jeune fille, son destin bascule le 22 janvier 1942, jour de ses treize ans, quand son père la corrige en public pour avoir pratiqué une danse inspirée de pratiques vaudoues proscrites.

> Ce soir-là, les anges ont définitivement cessé de passer. Ils ont fait place à des pensées de feu, celles pour lesquelles on pourrait mourir brûlé et en être heureux.
> Debout derrière les persiennes, je regarderai souvent mon père de dos, dans son costume en alpaga blanc, son panama vanille sur la tête, disparaître au coin de la rue. Il passera des années à vouloir atténuer ma joie répandue à grands flots, à me vouloir tranquille et cernée comme un lac. A dater de ce jour, nous serons l'un face à l'autre comme deux chasseurs à l'affût. Moi dépistant sa colère et lui traquant l'insolence de ma joie.
> Mon père était jusque-là mon héros magnifique et lointain. Il devint, ce jour-là, faillible, mortel mais toujours hors d'atteinte comme une contrée perdue. Longtemps après, il traversera mes sommeils d'exilée, mes rêves de noyée en agitant des lucioles. (p. 102)

Le geste du père, tout en étant violent, n'est pas pour autant injustifiable car il croit agir dans l'intérêt de sa fille. Or en la giflant ainsi en public il la propulse involontairement dans l'adolescence qui est par définition l'âge de la révolte. La « contrée perdue » qu'elle laisse derrière elle, c'est l'enfance, et à cette perte-là il n'y a pas de remède, sauf à prétendre qu'on puisse remonter dans le temps. Mais en termes d'évolution, l'adolescent joue toujours « à qui perd gagne », et c'est ainsi qu'il faut lire la fin du roman : « Au fil des ans mon père arriva à ce moment de sa vie où, juste avant ce déclin qui rend vulnérable, nous fûmes à égalité de pouvoir, aussi forts l'un en face de l'autre. Jamais je ne lui parlai de la dame à l'ombrelle et lui d'Edgard et de mes escapades. Il m'a simplement écrit un jour : "Tu as bien fait de partir. Tu as bien fait de ne pas m'écouter. N'écoute jamais personne" » (p. 152).

---

[2] Paris, Le Serpent à plumes, 2000.
[3] « Mon père, médecin sans histoire, se voyait dans les années quarante comme un libre penseur qu'il n'était déjà plus, qu'il n'avait peut-être jamais été. Ce qui se cristallisait autour d'oncle Héraclès était de même nature que ce qui avait nourri sa propre jeunesse mais les éléments y étaient différents. Eux voulaient changer le monde comme à son époque mais très vite et de fond en comble » (p. 119). « Contrairement à oncle Héraclès et à moi, mon père avait pris le monde tel qu'il l'avait trouvé et ne comptait pas le changer » (p. 143).

Contrairement à ce que son titre pourrait laisser entendre, Cécile, la jeune protagoniste du roman de Françoise Sagan est une adolescente plutôt épanouie et qui sait s'amuser. Ce n'est qu'à l'issue d'une série d'événements dramatiques qu'elle prend enfin conscience de la fragilité des rapports humains : « Quelque chose monte alors en moi que j'accueille par son nom, les yeux fermés : Bonjour Tristesse[4] ». L'unité profonde du roman réside dans le « couple » qu'elle forme avec son père, « veuf depuis quinze ans » (p. 11) et « meilleur ami » (p. 12) de sa fille. Or un jour une vieille amie de sa mère les rejoint sur leur lieu de villégiature et se met à séduire le père. C'est la panique dans l'esprit de Cécile :

> l'idée que [Anne] allait partager notre vie [...] me hérissait. Elle ne me semblait plus qu'habileté et froideur. Je me disais : " Elle est froide, nous sommes chaleureux ; elle est autoritaire, nous sommes indépendants ; elle est indifférente : les gens ne l'intéressent pas, ils nous passionnent ; elle est réservée, nous sommes gais. Il n'y a que nous deux de vivants et elle va se glisser entre nous avec sa tranquillité, elle va se réchauffer, nous prendre peu à peu notre bonne chaleur insouciante, elle va nous voler tout, comme un beau serpent. " Je me répétais un beau serpent... Un beau serpent ! (p. 83)

Conformément à son substrat culturel, le motif biblique est employé ici pour dire l'intrusion d'un élément susceptible de s'attaquer à l'unité du « couple » idéal et innocent. Toutefois, le temps court du récit – un été dont les événements sont racontés au cours de l'hiver suivant – et la mort accidentelle d'Anne dont on ne saura jamais s'il n'est pas plutôt le résultat d'un suicide, font que le « serpent » a été provisoirement terrassé. Il n'en va pas de même pour la vipère du livre d'Hervé Bazin.

Dans *Vipère au poing*, Hervé Bazin raconte en effet le combat impitoyable que Jean Rezeau, dit Brasse-Bouillon, et ses deux frères livrent à leur mère, une femme odieuse, qu'ils ont surnommée Folcoche. Le lecteur n'apprend pas vraiment d'où vient cette haine, mais le moment où la mère daigne enfin s'occuper de ses enfants en dit long de son ampleur : « Grand-mère mourut. Ma mère parut. Et ce récit devient drame[5] ».

Très vite les rôles dans ce que le narrateur qualifie de « film à prétentions tragiques » (p. 23) sont redistribués, et « affirmer son autorité chaque jour par une nouvelle vexation [devient] la seule joie de Mme Rezeau » (p. 35). Au fur et à mesure que l'histoire avance, la vie de famille se transforme en « guerre civile » (p. 119 et *passim*) entre la mère et ses fils, conflit où le père (« la plus grande loque de père que la terre ait portée » - p. 115) n'a plus qu'à bien se tenir. À deux reprises les garçons chercheront

---

[4] Paris, Julliard, 1954, p. 185. L'expression provient d'un poème du recueil *La Vie immédiate* de Paul Eluard qui figure en exergue du livre.
[5] Paris, Le Livre de poche, 2006, p. 19.

même à assassiner leur mère, acte dont Jean dit qu'il est « aussi naturel à
[s]es yeux que la destruction des taupes ou la noyade d'un rat » (p. 126).

Suite à une « punition » vécue comme une « injustice » (p. 140) Jean
Rezeau fugue jusqu'à Paris. Cette escapade et ses conséquences lui font
comprendre que ses « qualités » tout autant que ses « défauts », il les tient de
sa mère : « Nous partageons tout, hormis le privilège de la virilité, que le
Ciel lui a refusé par inadvertance et qu'elle usurpe allègrement. Il n'est
aucun sentiment, aucun trait de mon caractère ou de mon visage que je ne
puisse retrouver en elle » (p. 171).

Vers l'âge de quinze ans, Jean finira par obtenir l'autorisation de
quitter la maison, mais ce départ, il ne saurait le vivre comme une libération,
vu qu'il ne croit « plus à rien, ni à personne ».

> Toute foi, déclare-t-il dans ce qui ressemble à un réquisitoire et où il s'adresse
> directement à sa mère[6], me semble une duperie, toute autorité un fléau, toute
> tendresse un calcul. Les plus sincères amitiés, les bonnes volontés, les tendresses à
> venir, je les soupçonnerai, je les découragerai, je les renierai. L'homme doit vivre
> seul. Aimer, c'est s'abdiquer. Haïr, c'est s'affirmer. Je suis, je vis, j'attaque, je
> détruis. Je pense, donc je contredis. [...] Ni au commencement ni à la fin de ma vie,
> je n'ai l'occasion de donner mon consentement. On me fait naître et mourir. A moi,
> seulement, ce qui se trouve entre les deux, ce qui s'appelle pompeusement le destin.
> Mais ce destin lui-même, des Folcoche le préfacent, l'engagent, l'escroquent : cette
> escroquerie s'appelle éducation. (p. 185)

Le rapprochement entre *Vipère au poing* et la trilogie d'Agota Kristof peut
paraître étrange. Il l'est assurément si on ne tient compte que de la trame
apparente des deux récits, la « guerre civile » racontée par Bazin n'étant
nullement comparable en gravité avec la vraie guerre qui brise l'existence
des protagonistes du texte d'Agota Kristof. Ceci dit, le fait qu'au début du
Grand cahier une mère aux abois confie ses deux fils à une grand-mère qui
passera son temps à les chicaner, peut paraître comme une simple inversion
de la situation de départ de *Vipère au poing*. En ce qui concerne la capacité
que développeront les deux garçons à faire face aux conditions de (sur)vie
extrêmes, elle résulte d'une attitude d'adulte que n'aurait pas reniée la
Folcoche de Bazin : plus l'éducation est dure, moins l'enfant risque d'être
dupe de l'hypocrisie ambiante et mieux il s'en sortira. Mais c'est surtout le

---

[6] Les quatre dernières pages sont rédigées à la 2e personne, le narrateur tutoyant, puis
vouvoyant sa mère (« Mais non, vous ne serez pas de mon avis, ma mère » - p. 184), et pour
finir la tutoyant à nouveau : « Cette vipère, ma vipère, dûment étranglée, mais partout
renaissante, je la brandis encore et je la brandirai toujours, quel que soit le nom qu'il te plaise
de lui donner : haine, politique du pire, désespoir ou goût du malheur ! Cette vipère, ta vipère,
je la brandis, je la secoue, je m'avance dans la vie avec ce trophée, effarouchant mon public,
faisant le vide autour de moi. Merci, ma mère ! Je suis celui qui marche, une vipère au
poing ! » (p. 186). L'effet de ce texte n'est pas sans rappeler la « Lettre au père » de Franz
Kafka.

portrait de la mère au troisième tome de la trilogie[7] qui fait le lien : quoi qu'il fasse, le fils survivant sera toujours coupable, et en premier lieu de n'être pas son propre frère qui, lui, a disparu.

La relation mère-fils n'est pas au centre du roman Les Garçons[8] d'Henry de Montherlant, loin s'en faut. Il n'empêche que ce roman dont l'action se passe pour l'essentiel avant la première Guerre mondiale mais qui n'a été publié qu'en 1969, contient plusieurs épisodes représentatives de la forme que peut prendre cette relation, en l'absence du père. En voici un.

Alban est le fils unique de Mme de Bricoule, « une personne exceptionnellement libre d'esprit[9] » qui, « de sa vie de jeune fille [, avait] gardé un goût passionné pour les aventures du cœur[10] ». Or comme il n'y en a plus dans sa vie de veuve[11], elle en projette le désir sur son fils, en succombant à « cet irrésistible attrait pour le proxénétisme qu'ont les femmes, surtout les femmes isolées, et plus que toutes les isolées qui prennent de l'âge » (p. 67-68). Alban a alors quatorze ans. Avant, il « se contentait de dissimuler, de mentir, et d'encaisser : triste attitude, dit le narrateur, mais la seule qui soit permise aux pauvres enfants » (p. 58). Or à quatorze ans, « les griffes lui poussèrent et c'est lui qui, à l'occasion, se prit à manœuvrer sa mère[12] ». Cette occasion lui est offerte lorsque sa mère, un jour, déclare de but en blanc « savoir tout » d'une affaire qui n'a jamais existé - ou si peu. « Épisode remarquable. Pour la première fois de sa vie, Alban surprend sa mère à mentir » (p. 59). L'affaire déclenche en lui deux mouvements :

> Le premier fut d'excitation agressive, et si vif qu'il la jeta comme suit dans son journal intime, qu'il tenait de façon très succincte : " Que je suis heureux ! La seule chose que je n'avais pas, l'opposition de maman, je l'ai. Ah ! vous voulez la lutte ouverte ! J'accepte. Vous voulez me gêner, être un caillou sur mon chemin. Il ne me reste plus qu'à briser votre résistance, puisque vous avez la présomption de vous attaquer à moi. Vous m'auriez laissé tranquille, j'en aurais fait de même avec vous. Mais vous m'attaquez, je riposte. La partie va être belle si vous êtes capable d'être à la hauteur." (p. 59)
> Son second mouvement fut d'apprécier à sa valeur le fait d'avoir vu sa mère en piètre posture. Elle mentait. Elle disait " Je sais tout", quand il n'y avait rien à savoir. Il paraissait à cette époque un magazine très en vue, intitulé Je sais tout. Alban baptisa sa mère : Maman-je-sais-tout. (p. 60)

---

[7] Rappelons que Bazin a poursuivi son histoire de Jean Rezeau dans deux autres romans, à savoir La Mort du petit cheval (1950) et Cri de la chouette (1972).

[8] Paris, Gallimard, 1969.

[9] Éditions Gallimard, cool. Folio, 1998, p. 57.

[10] Ibidem.

[11] Par la voix du narrateur omniscient nous apprenons qu'elle « n'avait pas été heureuse ou, précisément, avait été heureuse trois ans seulement : de sa dix-neuvième année jusqu'à la naissance de son fils » (p. 68).

[12] Ibidem.

Cet extrait appelle deux commentaires. Tout d'abord Montherlant montre une mère possessive, voire abusive, au sens où la relation que Mme de Bricoule cherche à avoir avec son fils est censée compenser l'absence de relations d'un autre ordre, entre personnes adultes. Apparemment, l'adolescent ne fait que réagir, en cherchant à défendre son territoire. Mais dans son journal intime il dit bien son bonheur d'avoir enfin trouvé un adversaire grâce à qui il espère pouvoir prendre de la « hauteur » - et nous voilà dans une configuration en tous points semblable à celle formée par Brasse-Bouillon et Folcoche.

Après ce passage en revue de quelques constellations familiales élémentaires telles qu'on peut les rencontrer tout au long du XXᵉ siècle dans la fiction de langue française, il reste à se poser la question : qui nous en parle et à quelle fin ? Il semble en effet évident que la vision de ce genre de relations n'est pas du tout la même selon qu'elles sont racontées par un des personnages concernés, adolescent ou parent, ou par un tiers narrateur, qu'il soit intra- ou extradiégétique. Il y a par ailleurs la question de la distance temporelle par rapport aux événements relatés : nous l'avons vu, l'héroïne de Yanick Lahens qui fait le récit de son combat pour la liberté cinquante ans après les faits ne parvient pas du tout aux mêmes conclusions que celle de Françoise Sagan pour qui les faits ne remontent qu'à six mois. Il y a enfin la leçon que le lecteur peut ou doit tirer des événements racontés.

Plusieurs cas de figure doivent être distinguées. En règle générale, le fait de raconter l'histoire d'un adolescent permet à un écrivain – quel que soit son âge – d'en savoir plus sur sa propre histoire, et il y arrive d'autant plus facilement s'il la travestit en fiction. En ce qui concerne les modalités de la narration, l'usage de la première personne du singulier est une facilité et fait courir des risques : facilité dans le sens où on peut – pour ainsi dire – se laisser aller, en changeant juste les noms propres et ceux des lieux, mais on court alors le risque de diluer les frontières entre autobiographie et fiction. C'est notamment le cas en régime dit « autofictionnel », et le moins qu'on puisse dire c'est que les choses y sont tout sauf claires. Le recours à la fiction peut au contraire valoir à l'écrivain le reproche de n'avoir pas osé parler directement de son adolescence, or du coup c'est le mérite de la théorie de l'autofiction de nous avoir convaincus de l'inanité de telles reproches. Car la fiction permet toutes sortes de constructions dans le temps, dans l'espace et en termes de constellations de personnages, et libère ainsi l'écrivain de l'obligation d'une quelconque conformité entre « faits réels » (si tant est…) et le récit qu'il en fait. Enfin, que l'histoire soit racontée par un témoin qui dit je[13] ou par un narrateur extradiégétique n'est alors plus

---

[13] Exemples : *Le grand Meaulnes* (1913) d'Alain-Fournier, *Fermina Marquez* (1926) de Valéry Larbaud ou encore *Messieurs les enfants* (1997) de Daniel Pennac.

qu'une question technique selon qu'on veut augmenter ou diminuer le degré d'implication ou de distanciation.

En conclusion on peut dire qu'étant donné le nombre limité des constellations, c'est essentiellement la manière dont elles sont mises en récit qui décide de l'impact que l'histoire aura sur le lecteur et, selon que ce dernier ait plutôt l'âge du personnage adolescent ou celui de ses parents, de l'appartenance du texte à la littérature générale ou à la littérature pour la jeunesse.

Table des matières

L'HARMATTAN, ITALIA
Via Degli Artisti 15 ; 10124 Torino

L'HARMATTAN HONGRIE
Könyvesbolt ; Kossuth L. u. 14-16
1053 Budapest

L'HARMATTAN BURKINA FASO
Rue 15.167 Route du Pô Patte d'oie
12 BP 226
Ouagadougou 12
(00226) 50 37 54 36

ESPACE L'HARMATTAN KINSHASA
Faculté des Sciences Sociales,
Politiques et Administratives
BP243, KIN XI ; Université de Kinshasa

L'HARMATTAN GUINEE
Almamya Rue KA 028
En face du restaurant le cèdre
OKB agency BP 3470 Conakry
(00224) 60 20 85 08
harmattanguinee@yahoo.fr

L'HARMATTAN COTE D'IVOIRE
M. Etien N'dah Ahmon
Résidence Karl / cité des arts
Abidjan-Cocody 03 BP 1588 Abidjan 03
(00225) 05 77 87 31

L'HARMATTAN MAURITANIE
Espace El Kettab du livre francophone
N° 472 avenue Palais des Congrès
BP 316 Nouakchott
(00222) 63 25 980

L'HARMATTAN CAMEROUN
BP 11486
(00237) 458 67 00
(00237) 976 61 66
harmattancam@yahoo.fr

Achevé d'imprimer par Corlet Numérique - 14110 Condé-sur-Noireau
N° d'Imprimeur : 55471 - Dépôt légal : novembre 2008 - *Imprimé en France*